Raeliana

Warum sie die Verlobte des Dukes wurde

9

Whale

Original Story: Milcha

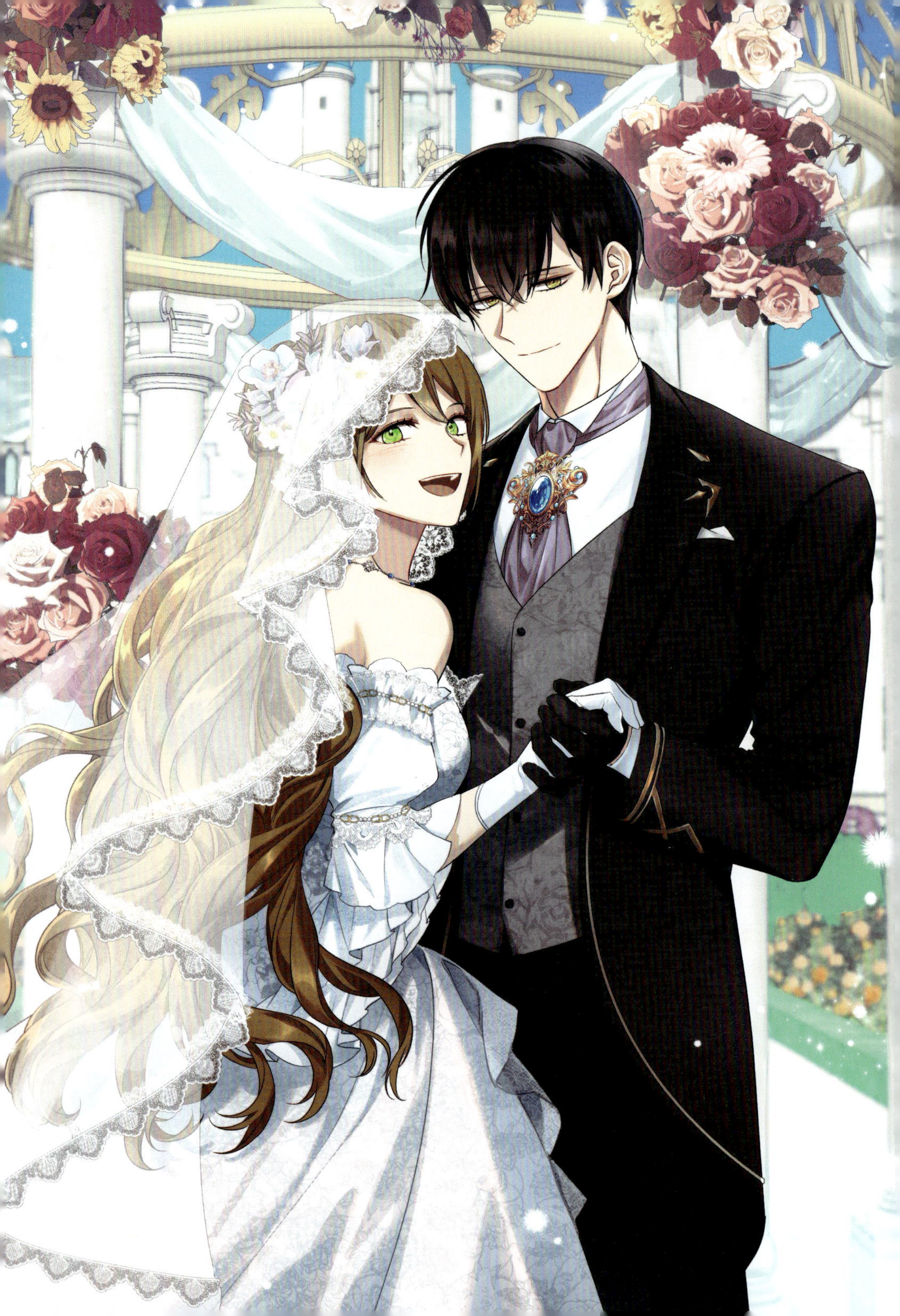

Whale
Original Story: Milcha

Raeliana
Warum sie die Verlobte des Dukes wurde

9

Die Wahl

»Ich würde losziehen, um dich zu finden.«

* Dieser Sammelband enthält Kapitel 141 bis Bonuskapitel 11 des Webtoons *Raeliana – Warum sie die Verlobte des Dukes wurde.*

Inhalt

Kapitel 24

Die Wahl

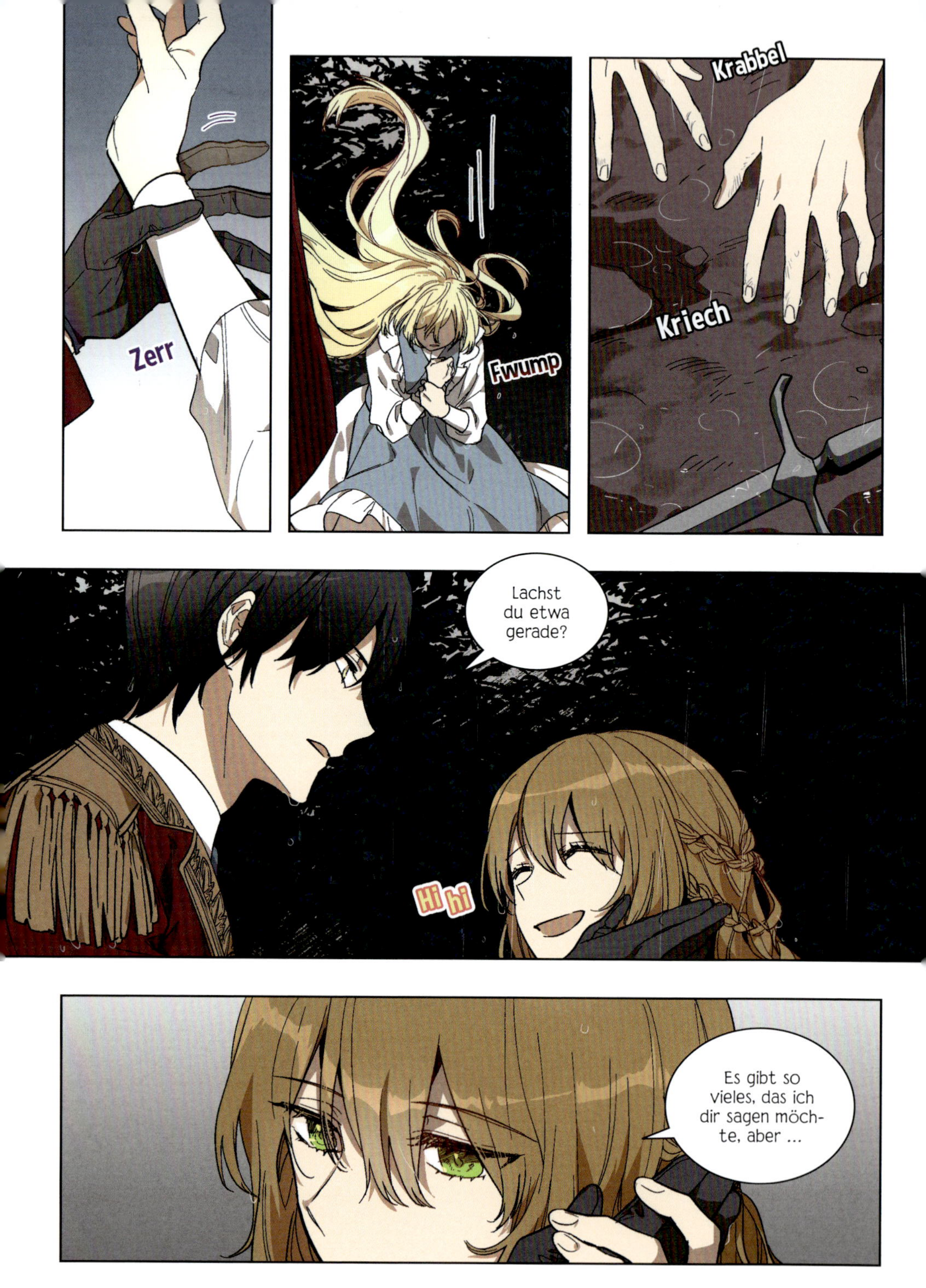
Zerr
Fwump
Krabbel
Kriech
Lachst du etwa gerade?
Hi hi
Es gibt so vieles, das ich dir sagen möchte, aber ...

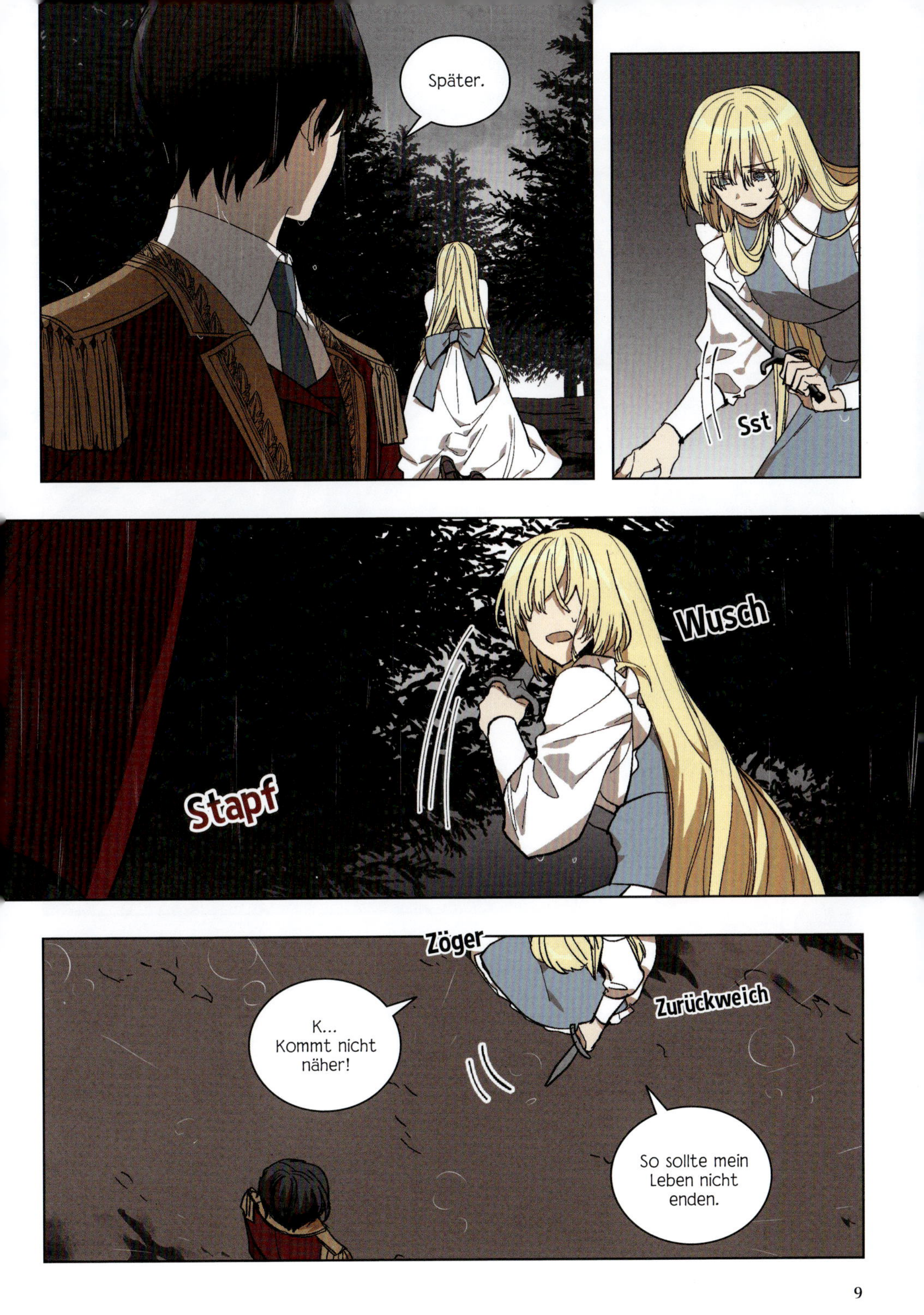
Später.
Sst
Wusch
Stapf
Zöger
Zurückweich
K...
Kommt nicht
näher!
So sollte mein
Leben nicht
enden.

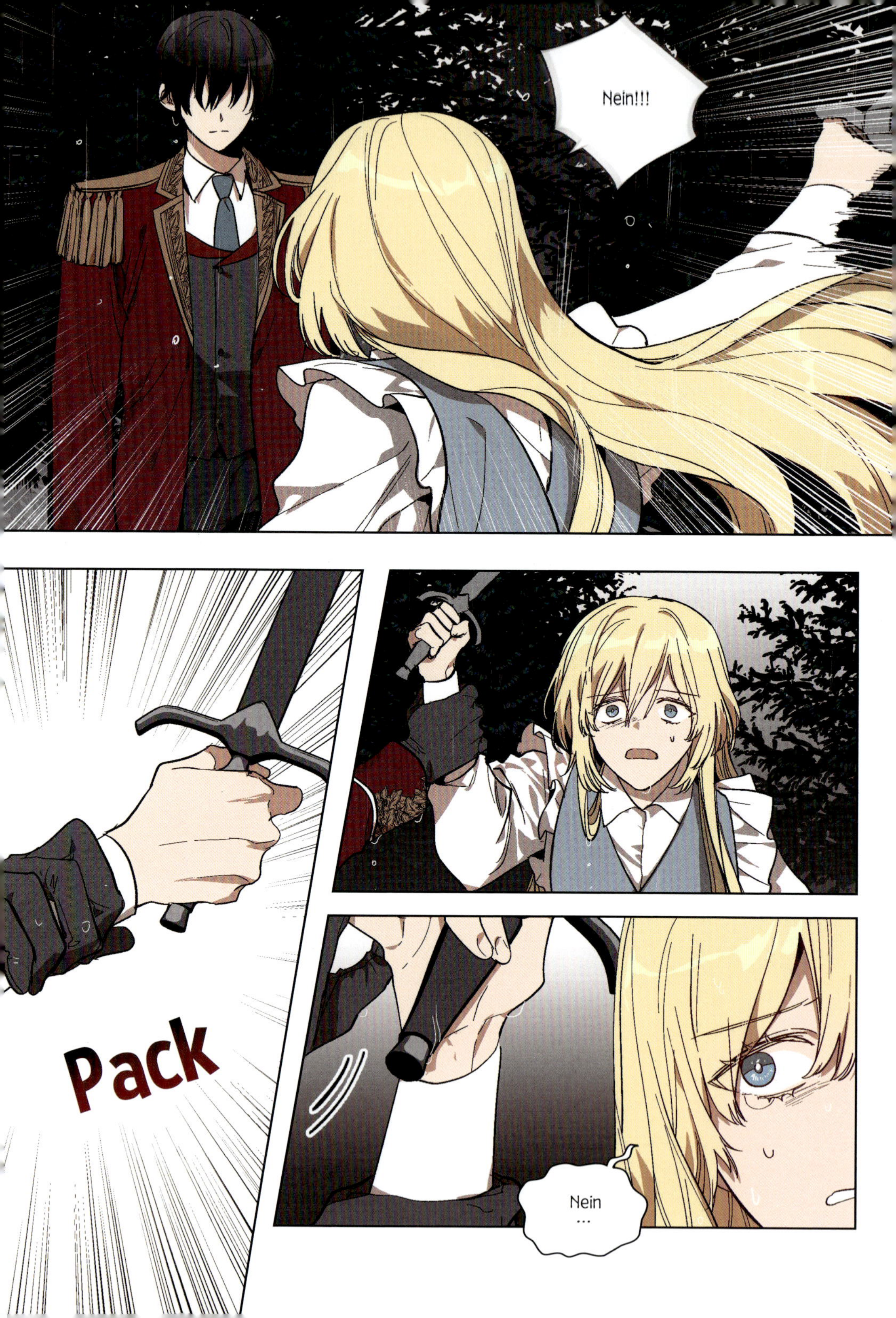
Nein!!!
Pack
Nein
...

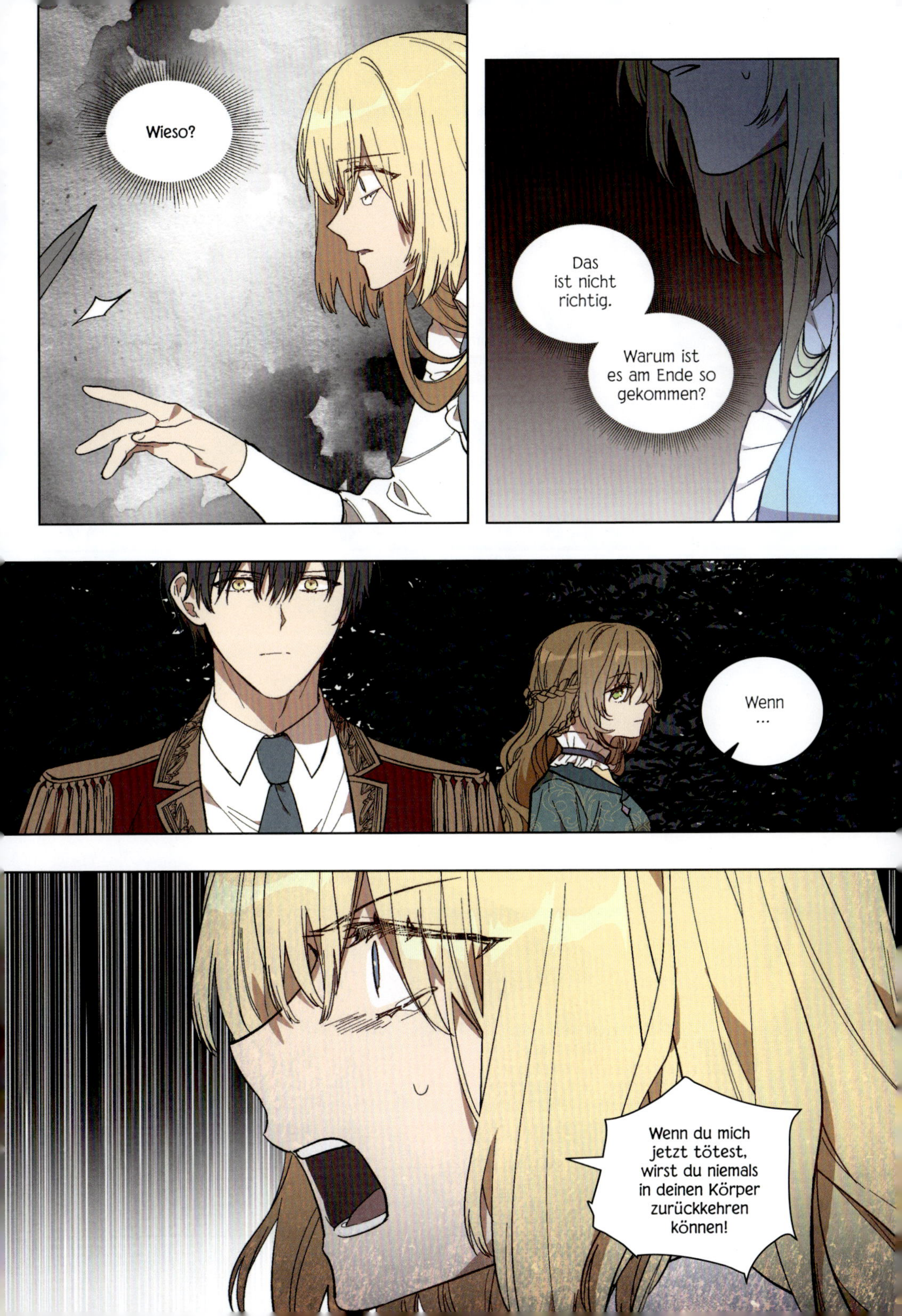

Wieso?
Das ist nicht richtig.
Warum ist es am Ende so gekommen?
Wenn …
Wenn du mich jetzt tötest, wirst du niemals in deinen Körper zurückkehren können!

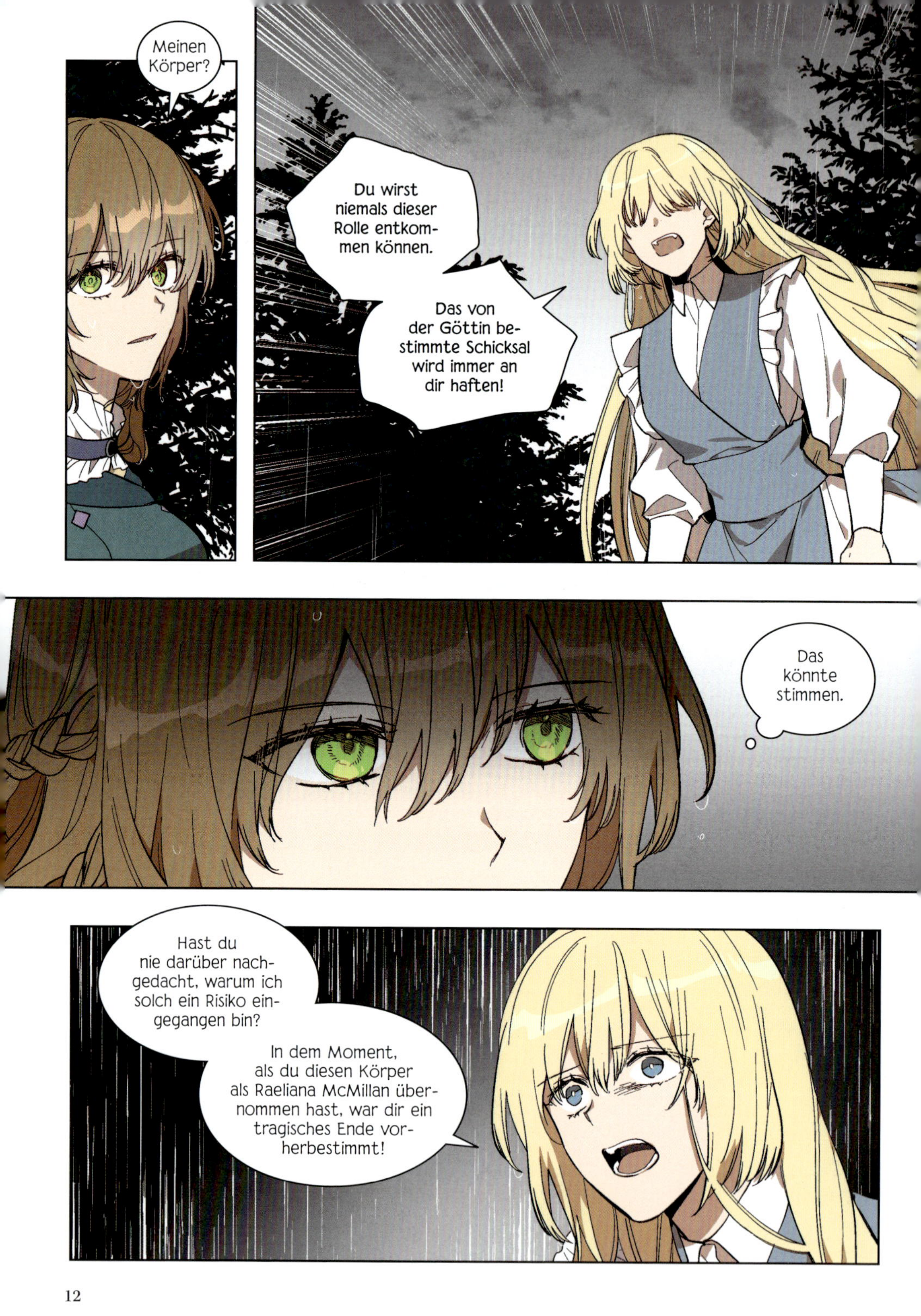
Meinen Körper?
Du wirst niemals dieser Rolle entkommen können.
Das von der Göttin bestimmte Schicksal wird immer an dir haften!
Das könnte stimmen.
Hast du nie darüber nachgedacht, warum ich solch ein Risiko eingegangen bin?
In dem Moment, als du diesen Körper als Raeliana McMillan übernommen hast, war dir ein tragisches Ende vorherbestimmt!

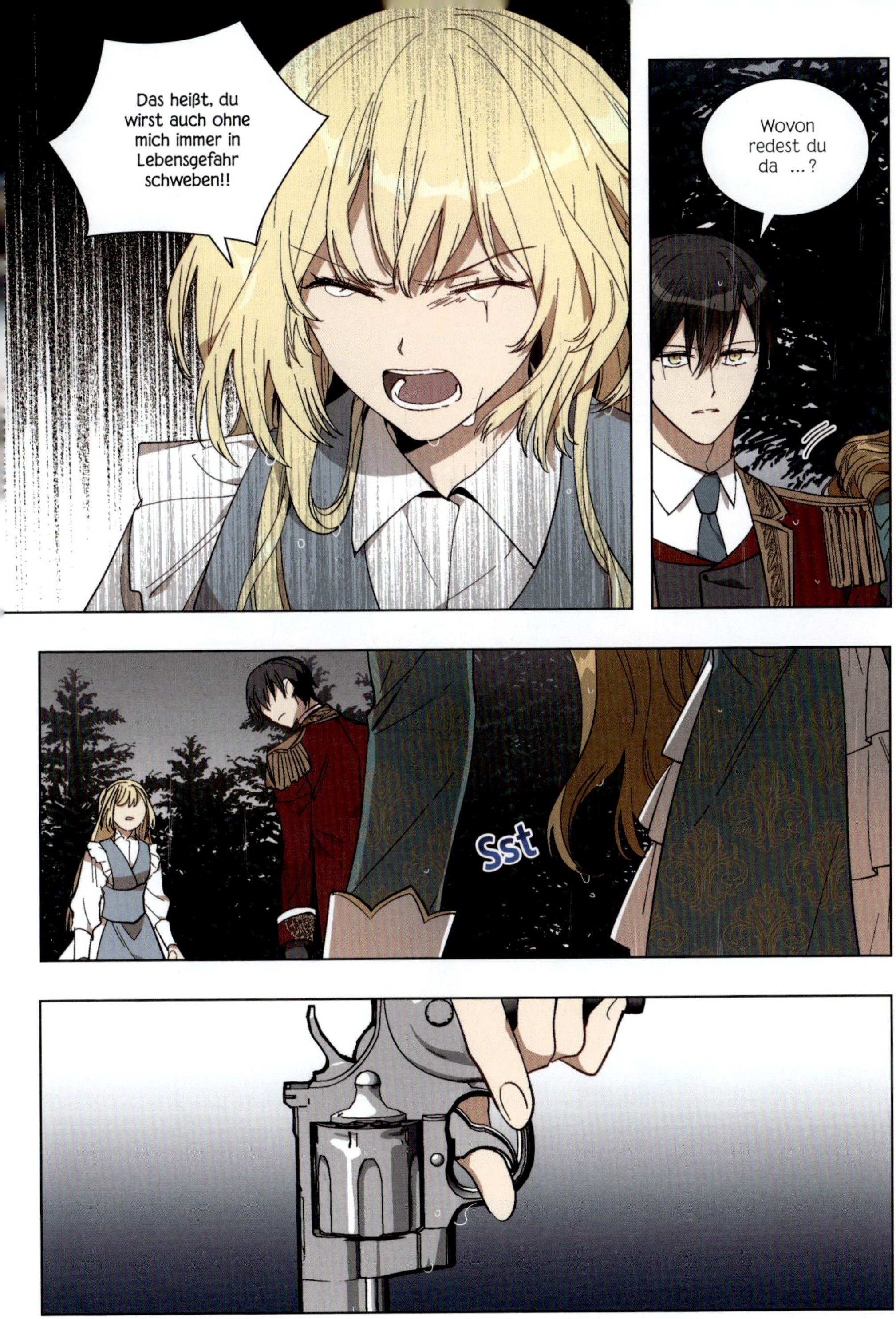
Das heißt, du wirst auch ohne mich immer in Lebensgefahr schweben!!
Wovon redest du da ...?
Sst

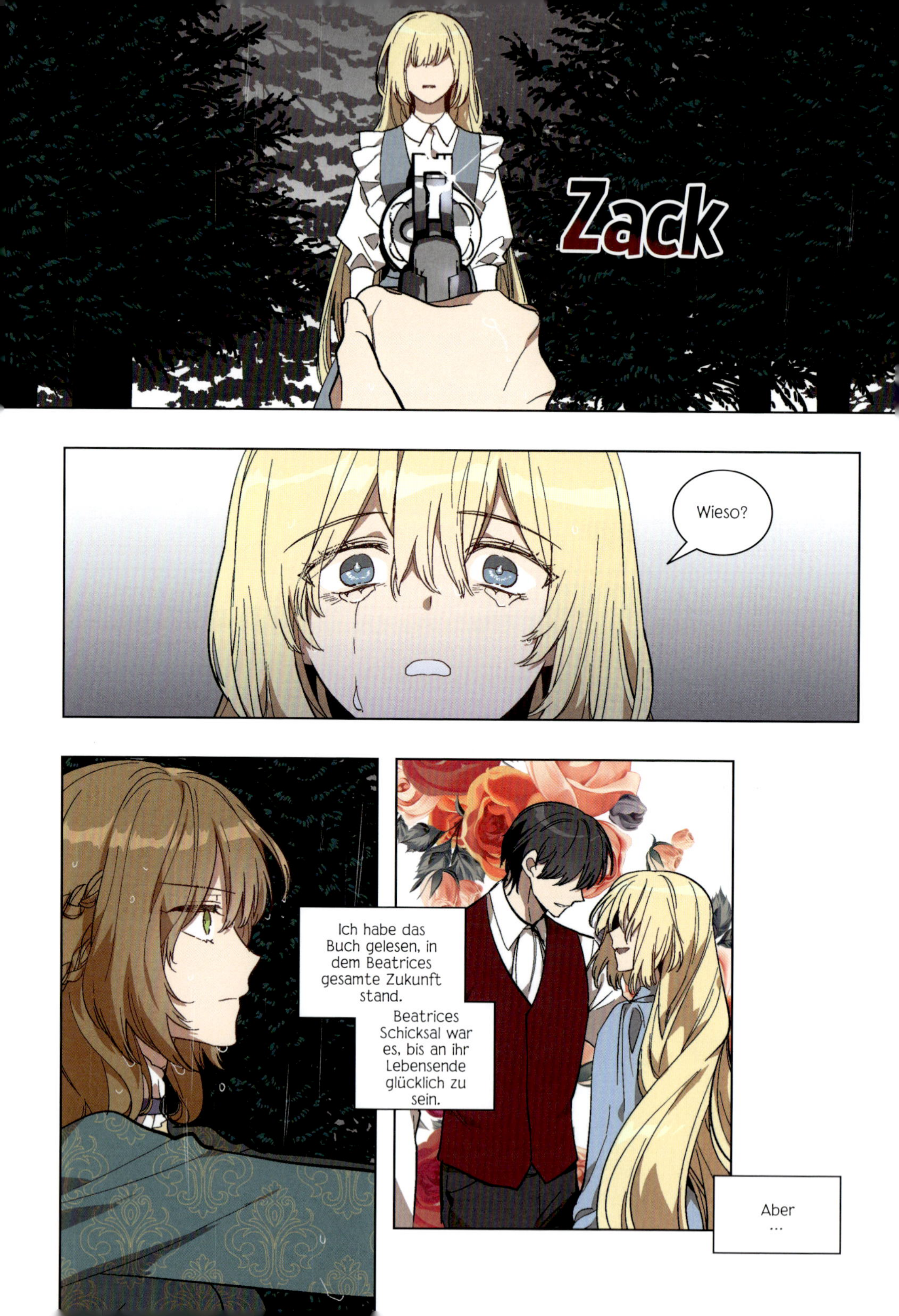
Zack
Wieso?
Ich habe das Buch gelesen, in dem Beatrices gesamte Zukunft stand.
Beatrices Schicksal war es, bis an ihr Lebensende glücklich zu sein.
Aber …

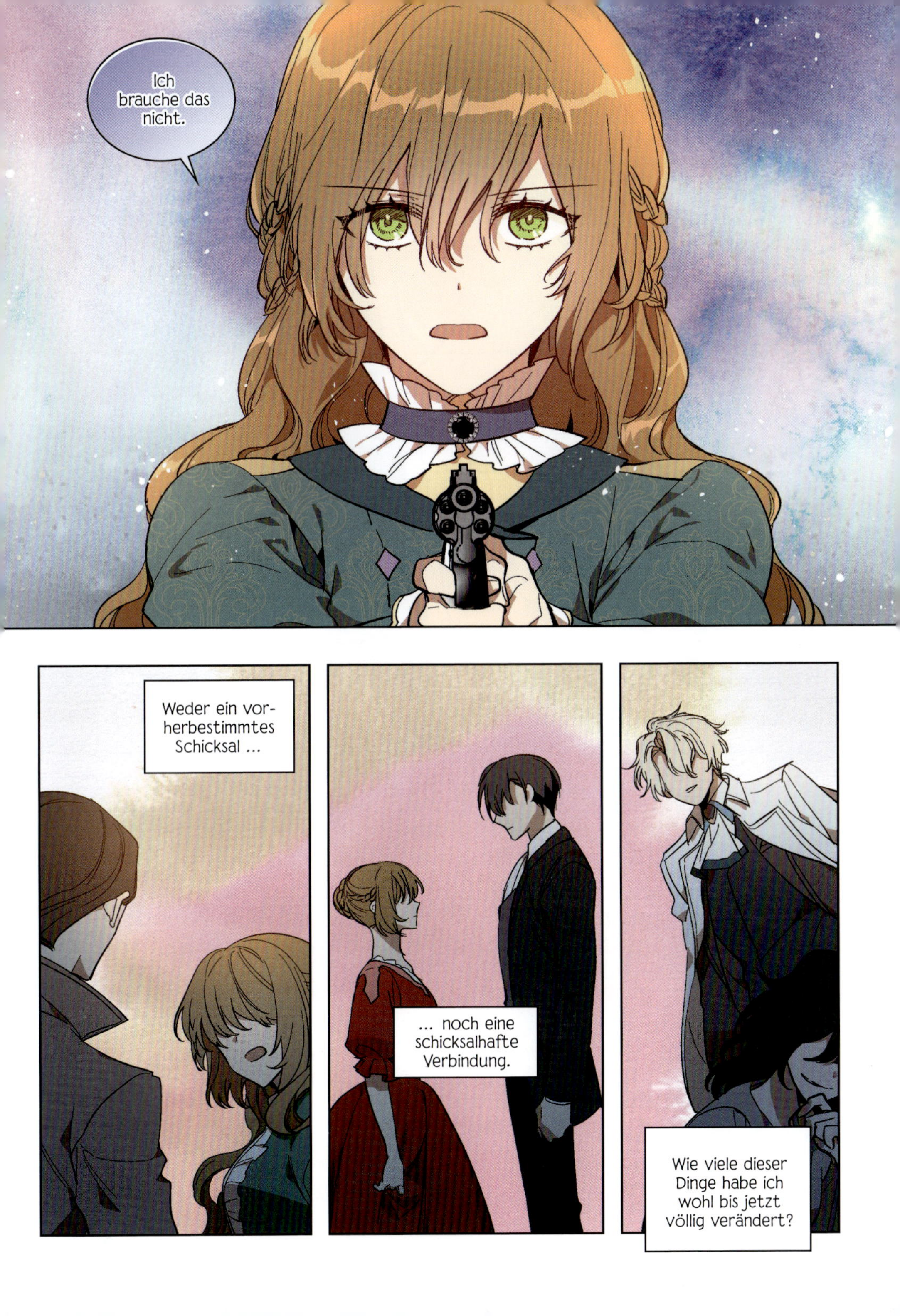
Ich brauche das nicht.
Weder ein vorherbestimmtes Schicksal ...
... noch eine schicksalhafte Verbindung.
Wie viele dieser Dinge habe ich wohl bis jetzt völlig verändert?

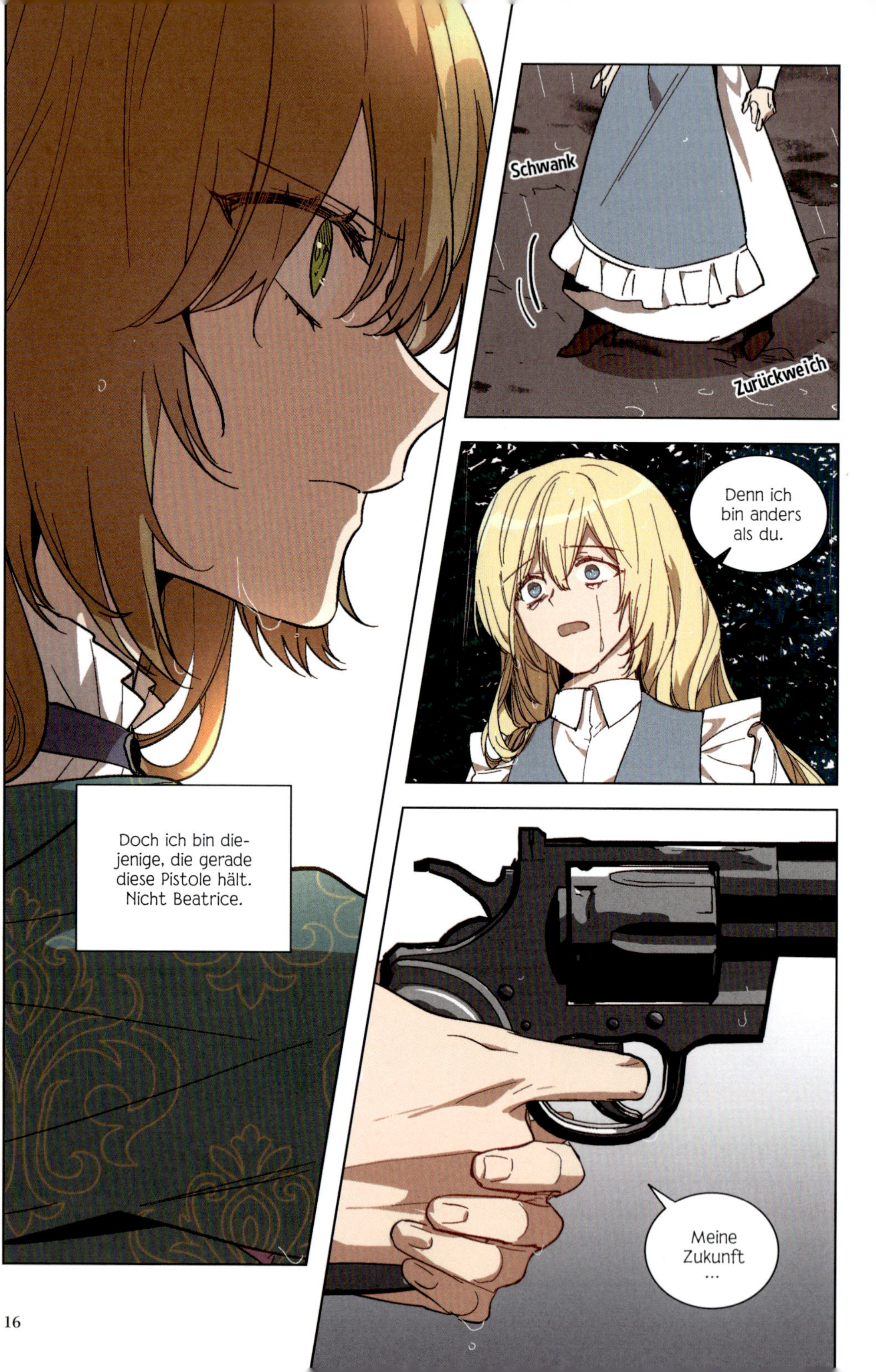
Schwank
Zurückweich
Denn ich bin anders als du.
Doch ich bin diejenige, die gerade diese Pistole hält. Nicht Beatrice.
Meine Zukunft …

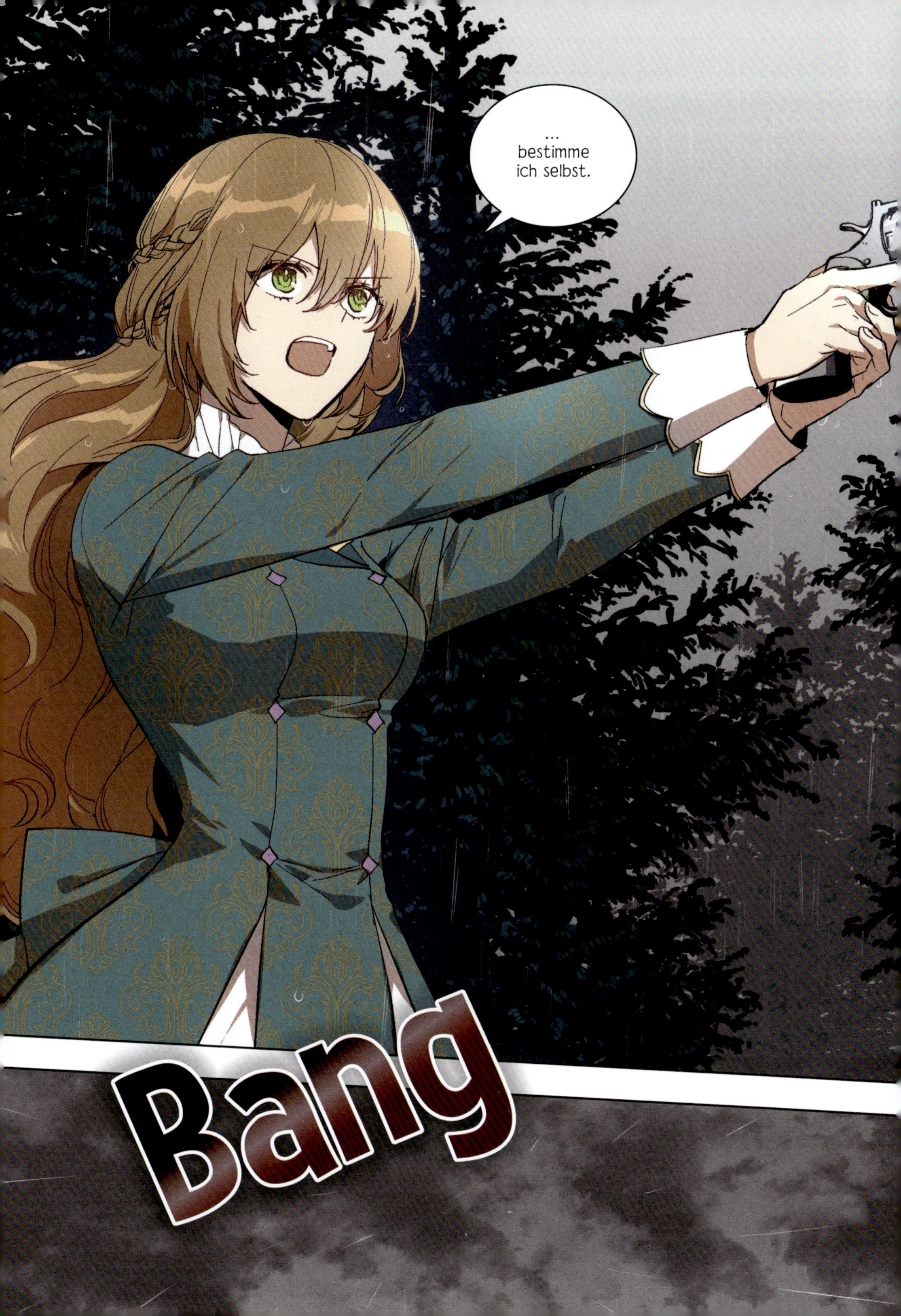
...
bestimme
ich selbst.
Bang

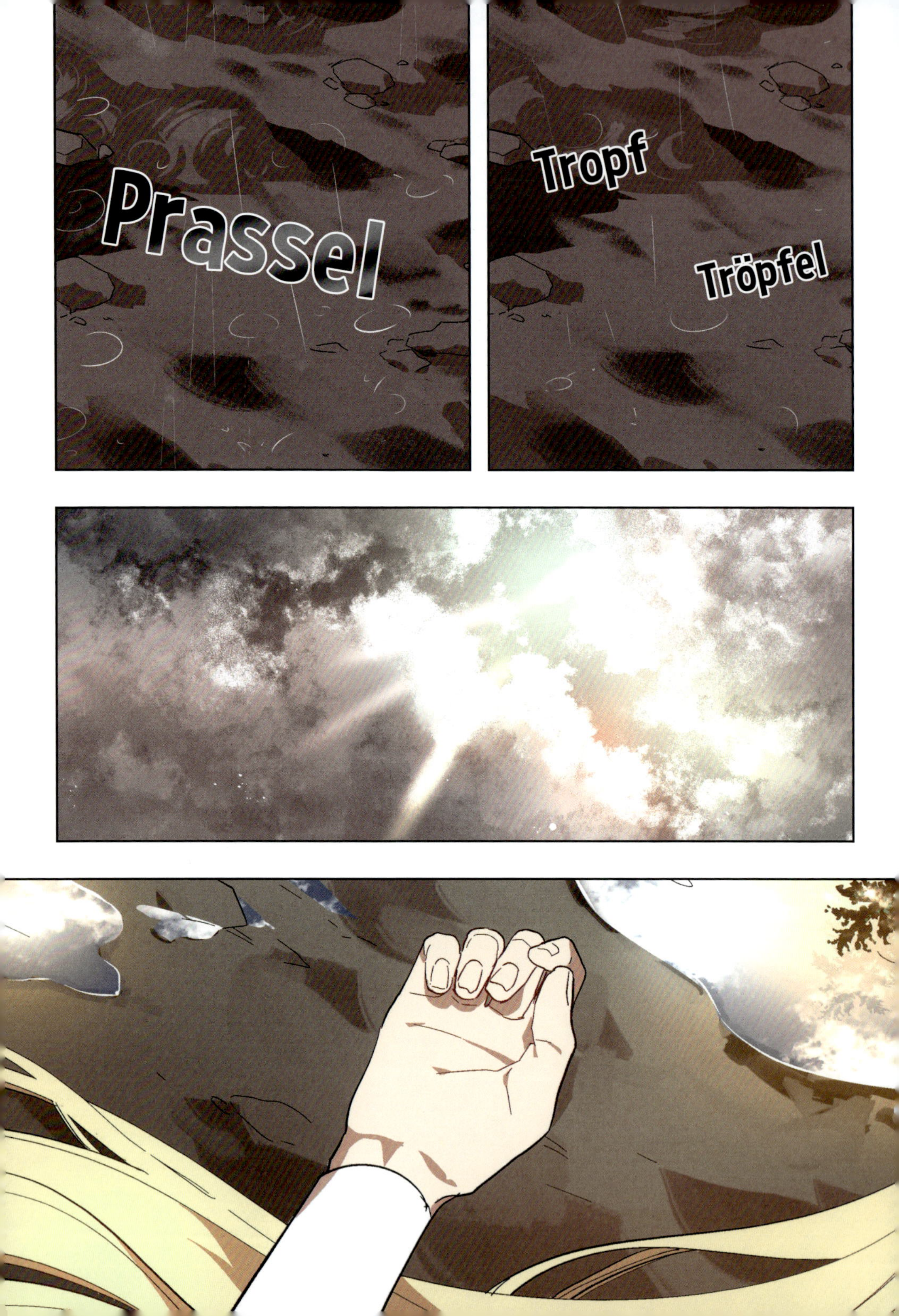
Prassel
Tropf
Tröpfel

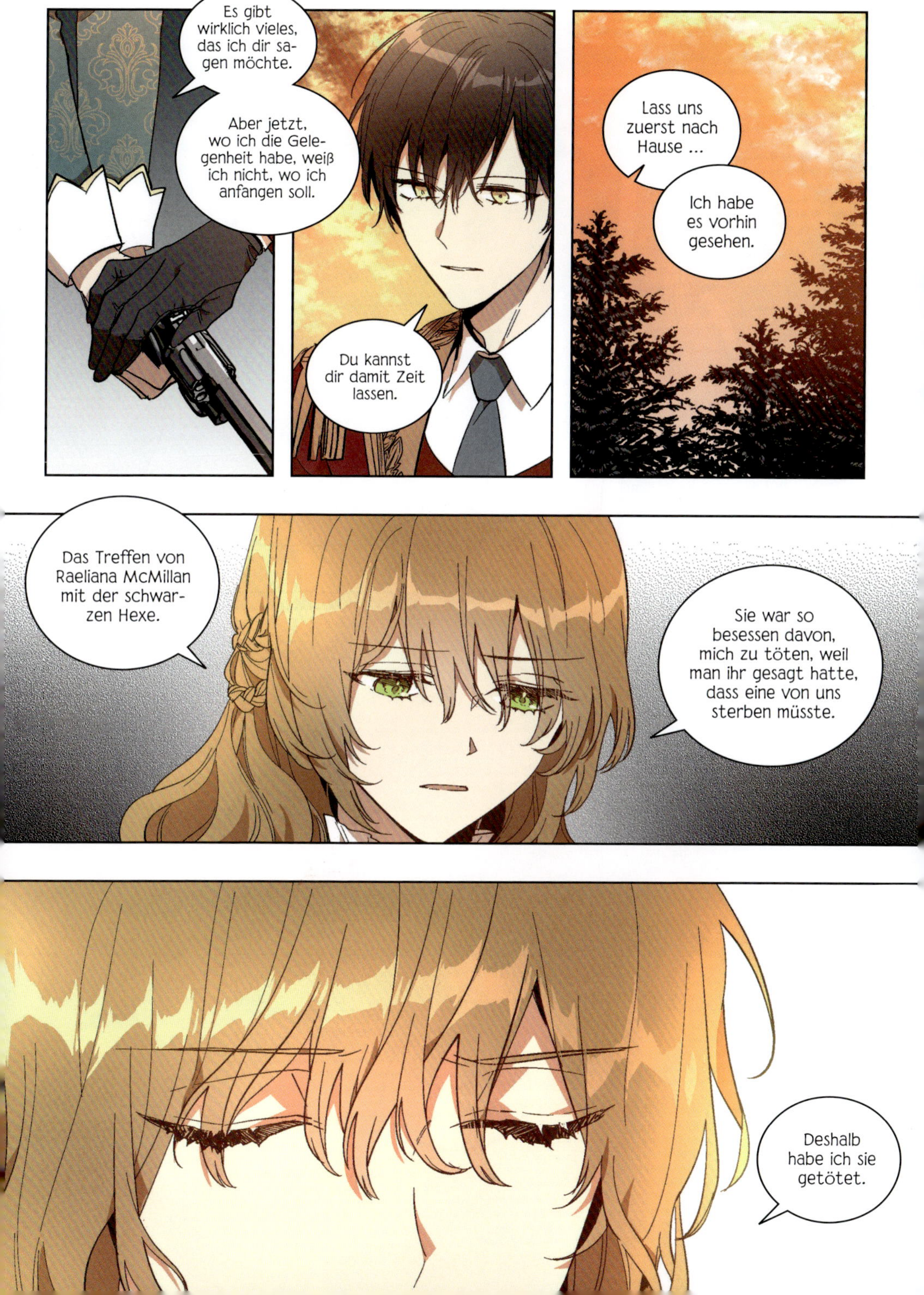
Es gibt wirklich vieles, das ich dir sagen möchte.
Aber jetzt, wo ich die Gelegenheit habe, weiß ich nicht, wo ich anfangen soll.
Du kannst dir damit Zeit lassen.
Lass uns zuerst nach Hause ...
Ich habe es vorhin gesehen.
Das Treffen von Raeliana McMillan mit der schwarzen Hexe.
Sie war so besessen davon, mich zu töten, weil man ihr gesagt hatte, dass eine von uns sterben müsste.
Deshalb habe ich sie getötet.

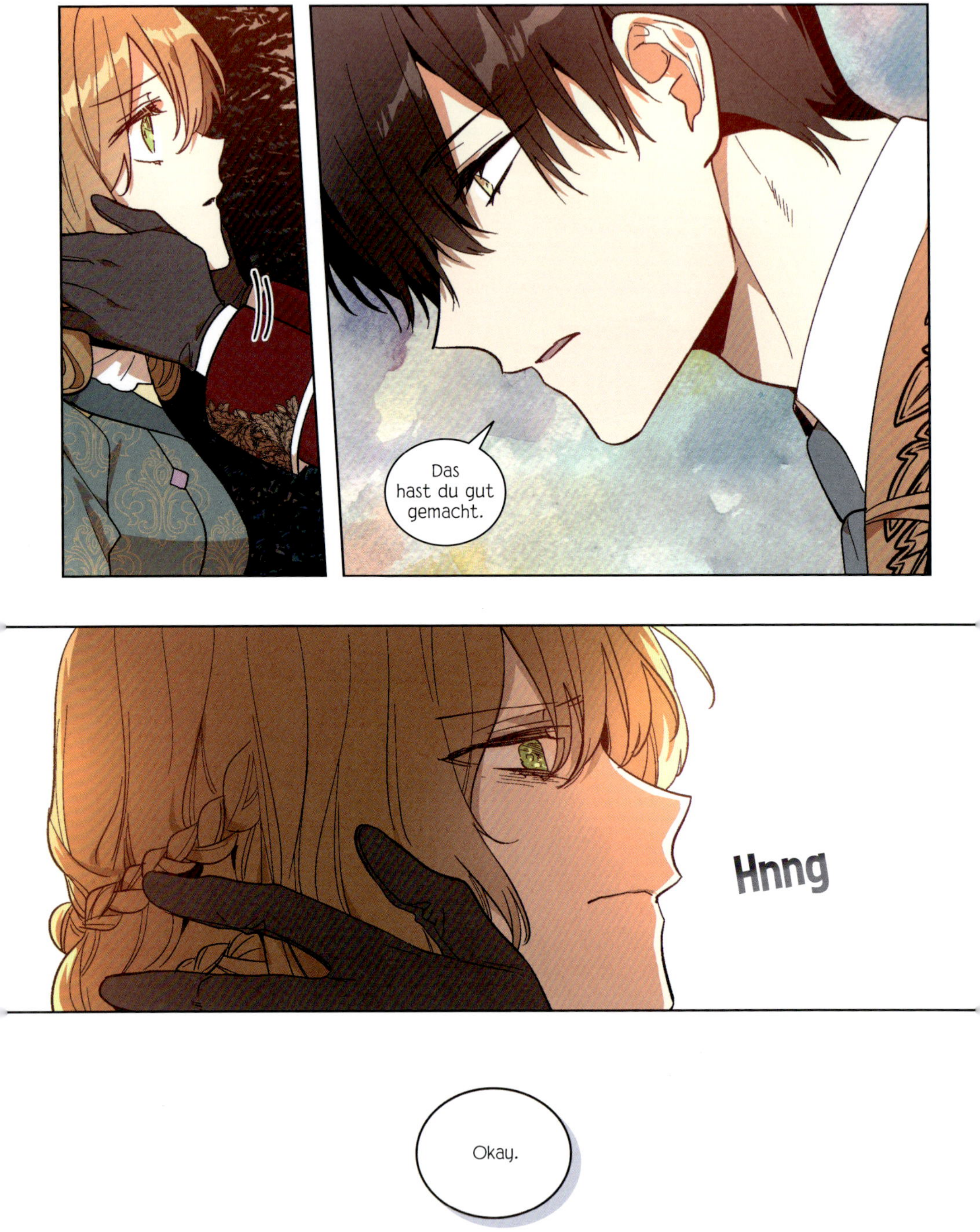
Das hast du gut gemacht.
Hnng
Okay.

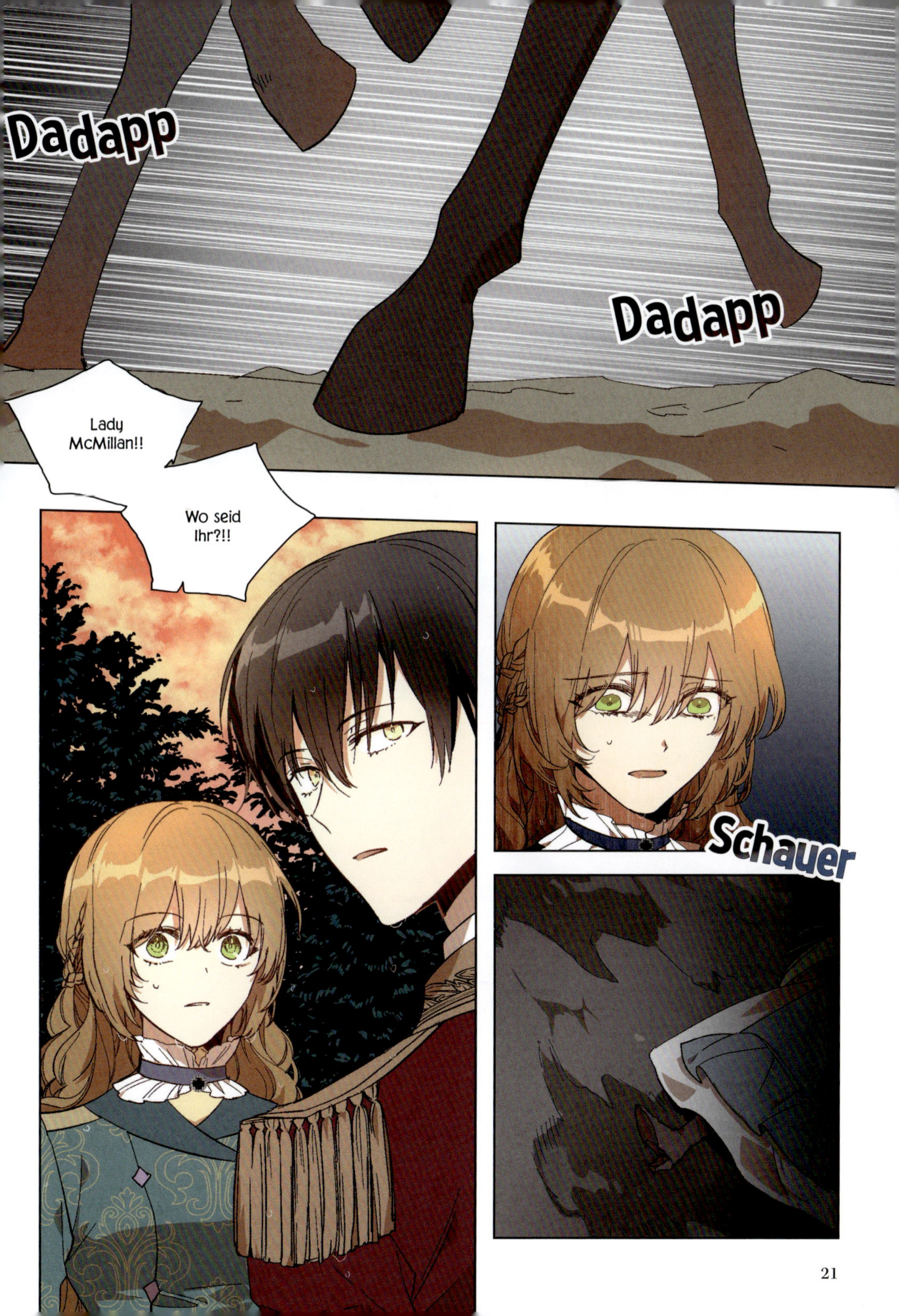
Dadapp
Dadapp
Lady McMillan!!
Wo seid Ihr?!!
Schauer

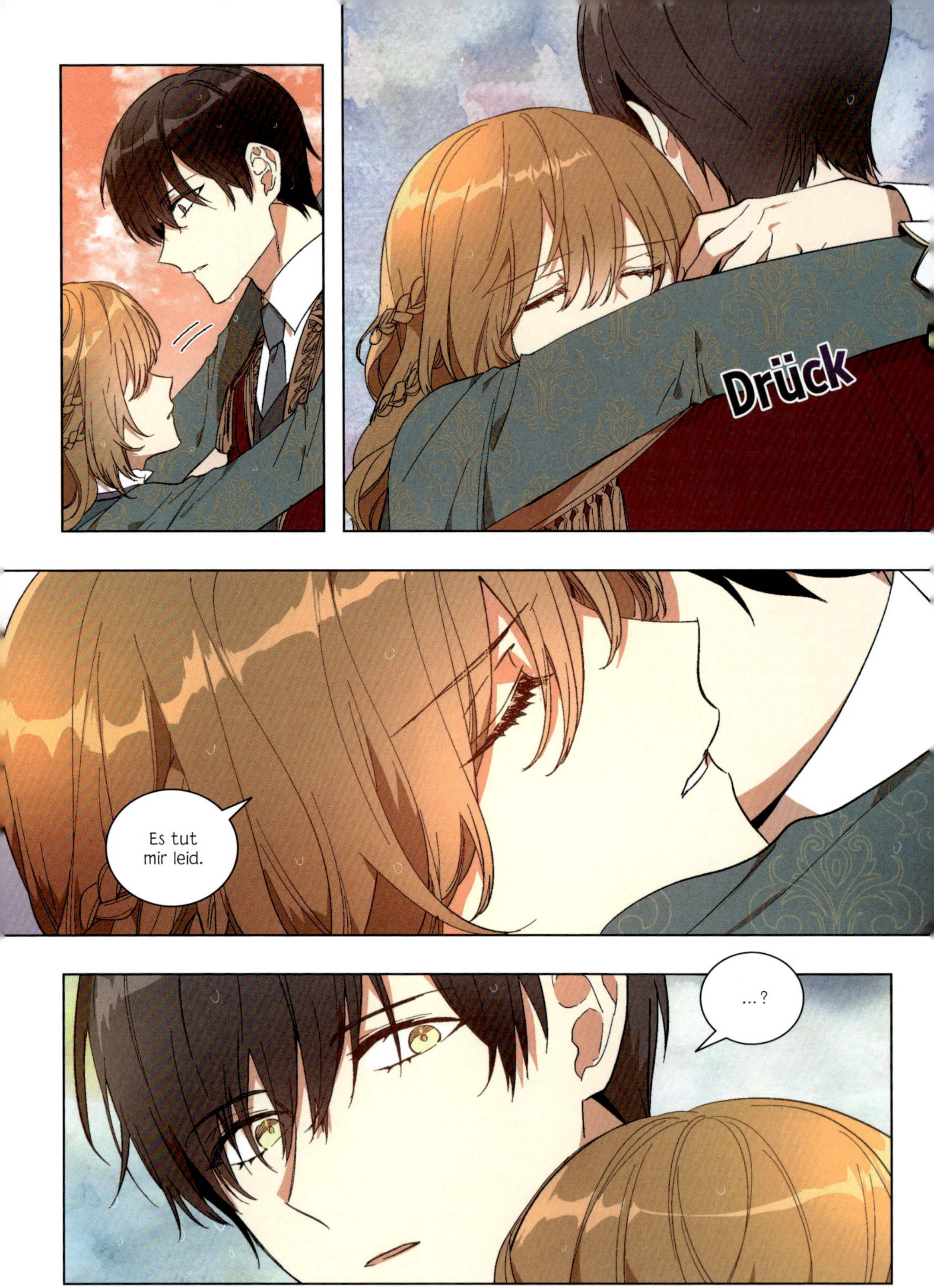
Drück
Es tut mir leid.
...?

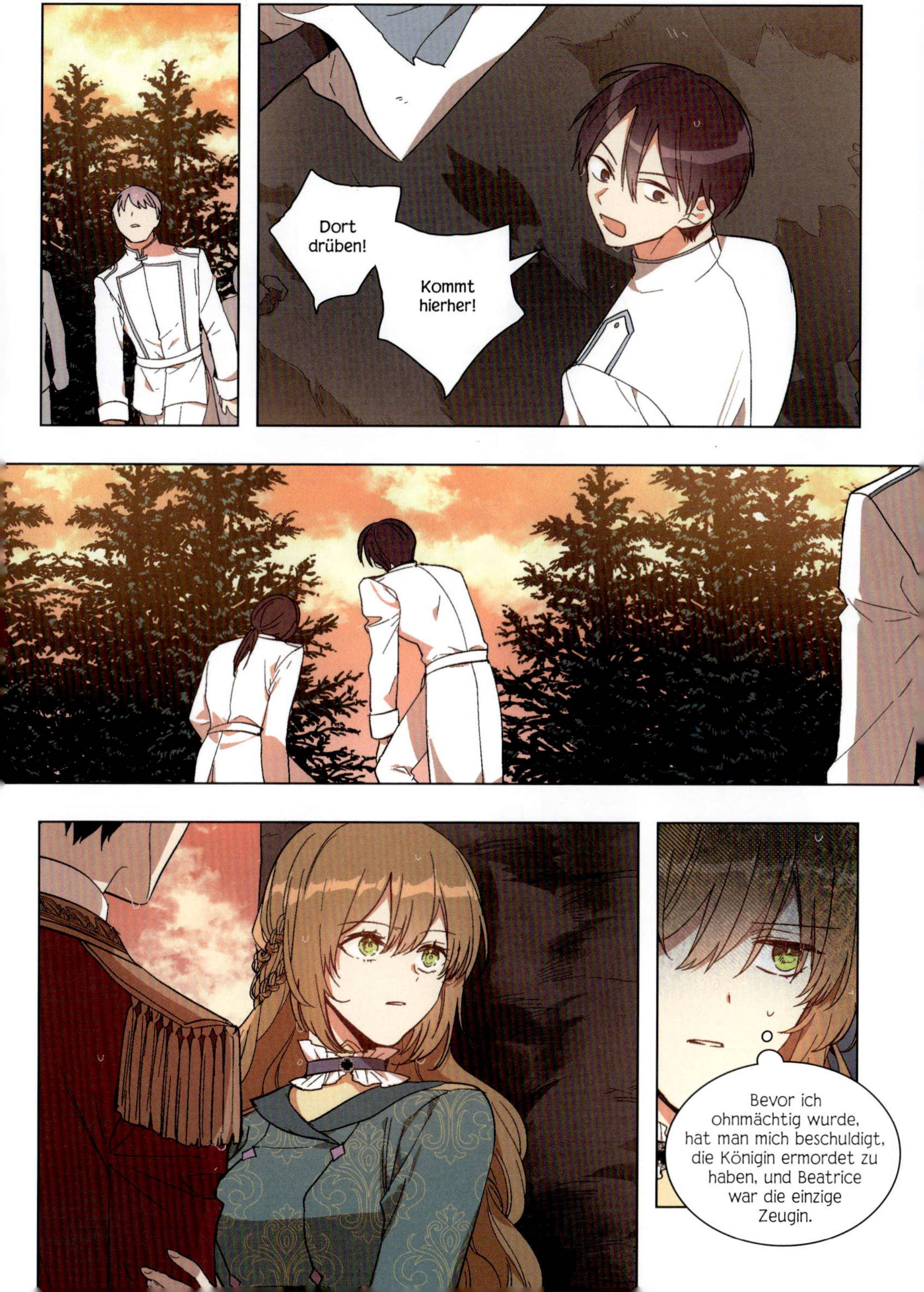
Dort drüben!
Kommt hierher!
Bevor ich ohnmächtig wurde, hat man mich beschuldigt, die Königin ermordet zu haben, und Beatrice war die einzige Zeugin.

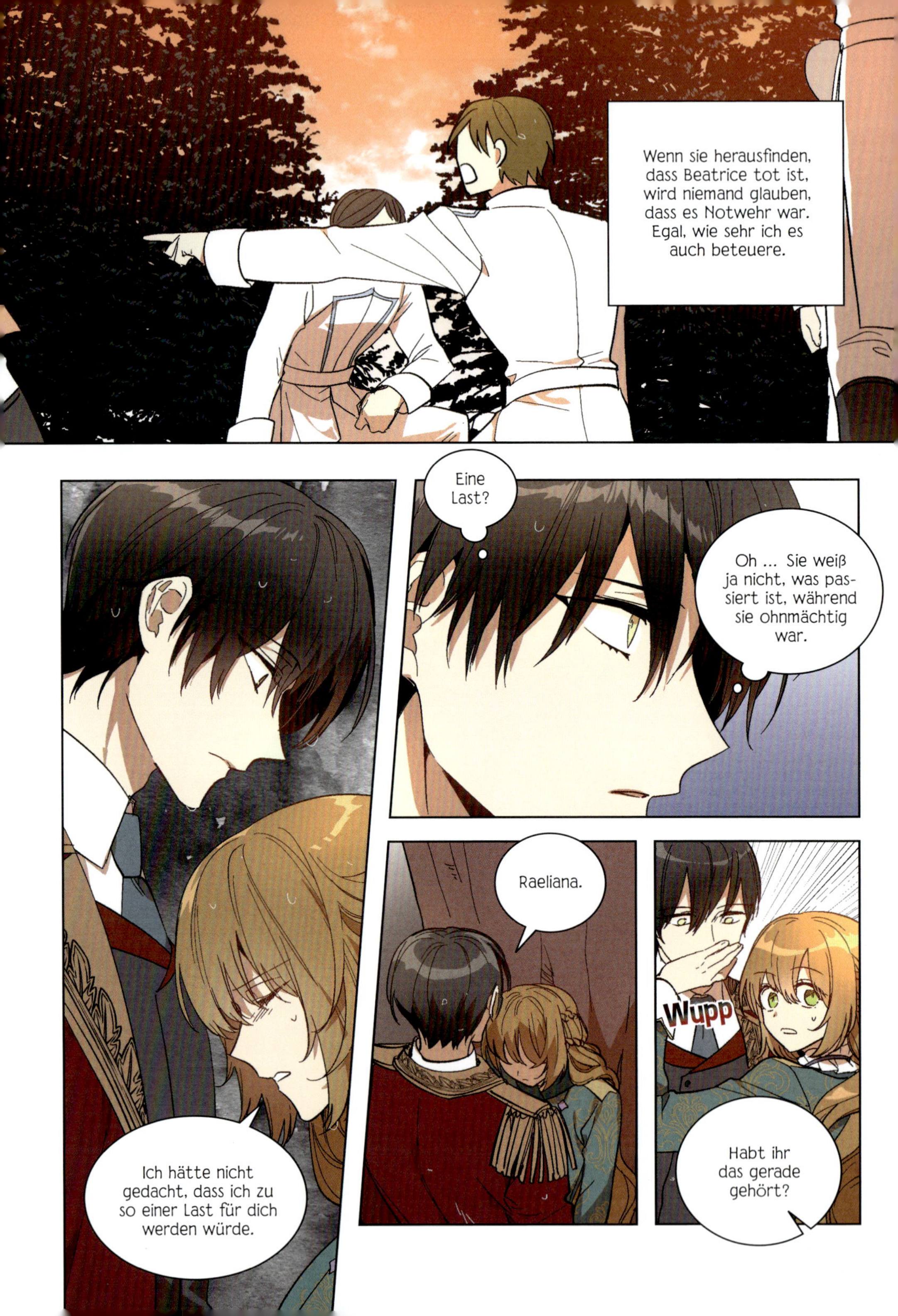
Wenn sie herausfinden, dass Beatrice tot ist, wird niemand glauben, dass es Notwehr war. Egal, wie sehr ich es auch beteuere.
Ich hätte nicht gedacht, dass ich zu so einer Last für dich werden würde.
Eine Last?
Oh ... Sie weiß ja nicht, was passiert ist, während sie ohnmächtig war.
Raeliana.
Wupp
Habt ihr das gerade gehört?

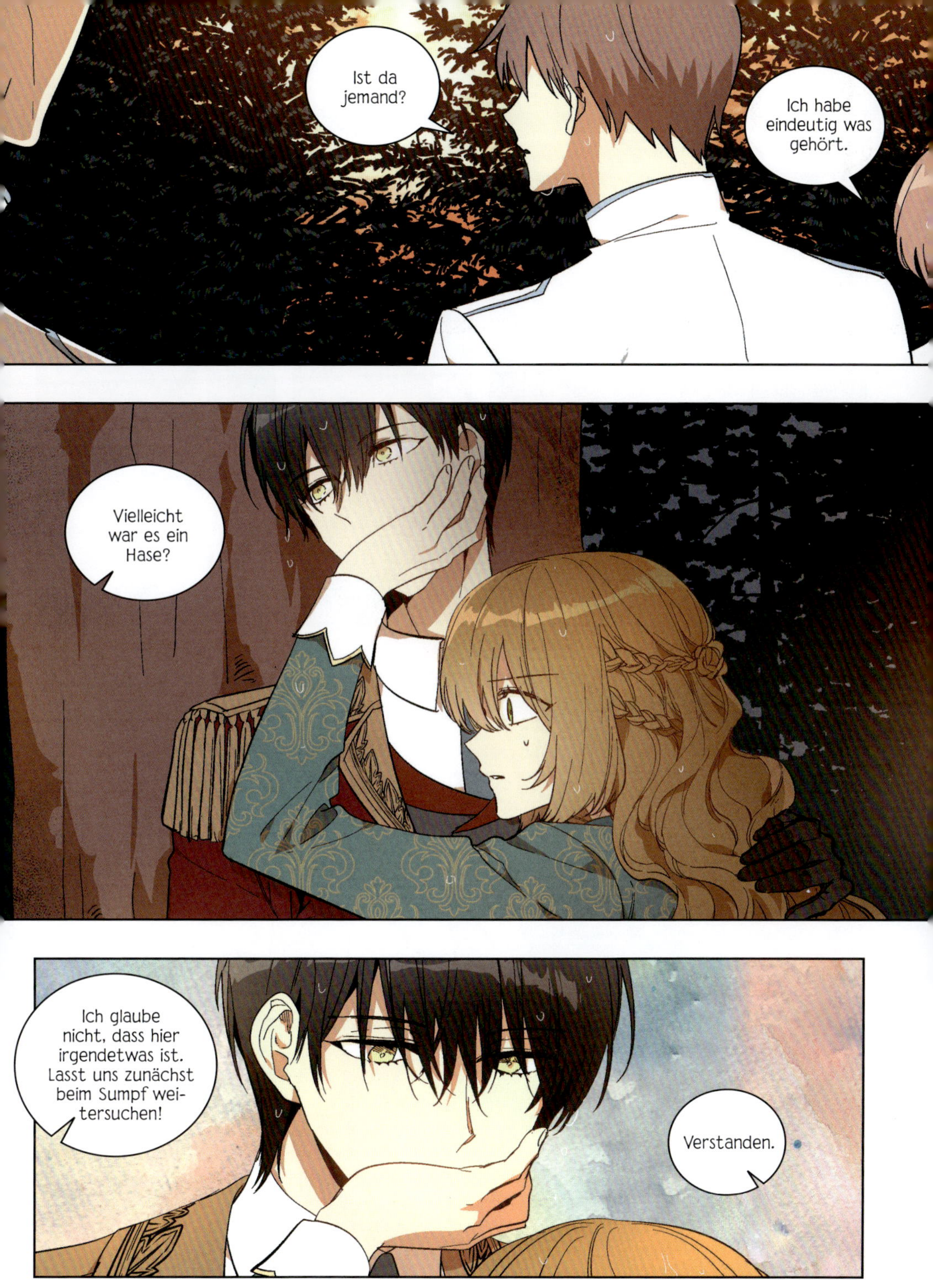
Ist da jemand?
Ich habe eindeutig was gehört.
Vielleicht war es ein Hase?
Ich glaube nicht, dass hier irgendetwas ist. Lasst uns zunächst beim Sumpf weitersuchen!
Verstanden.

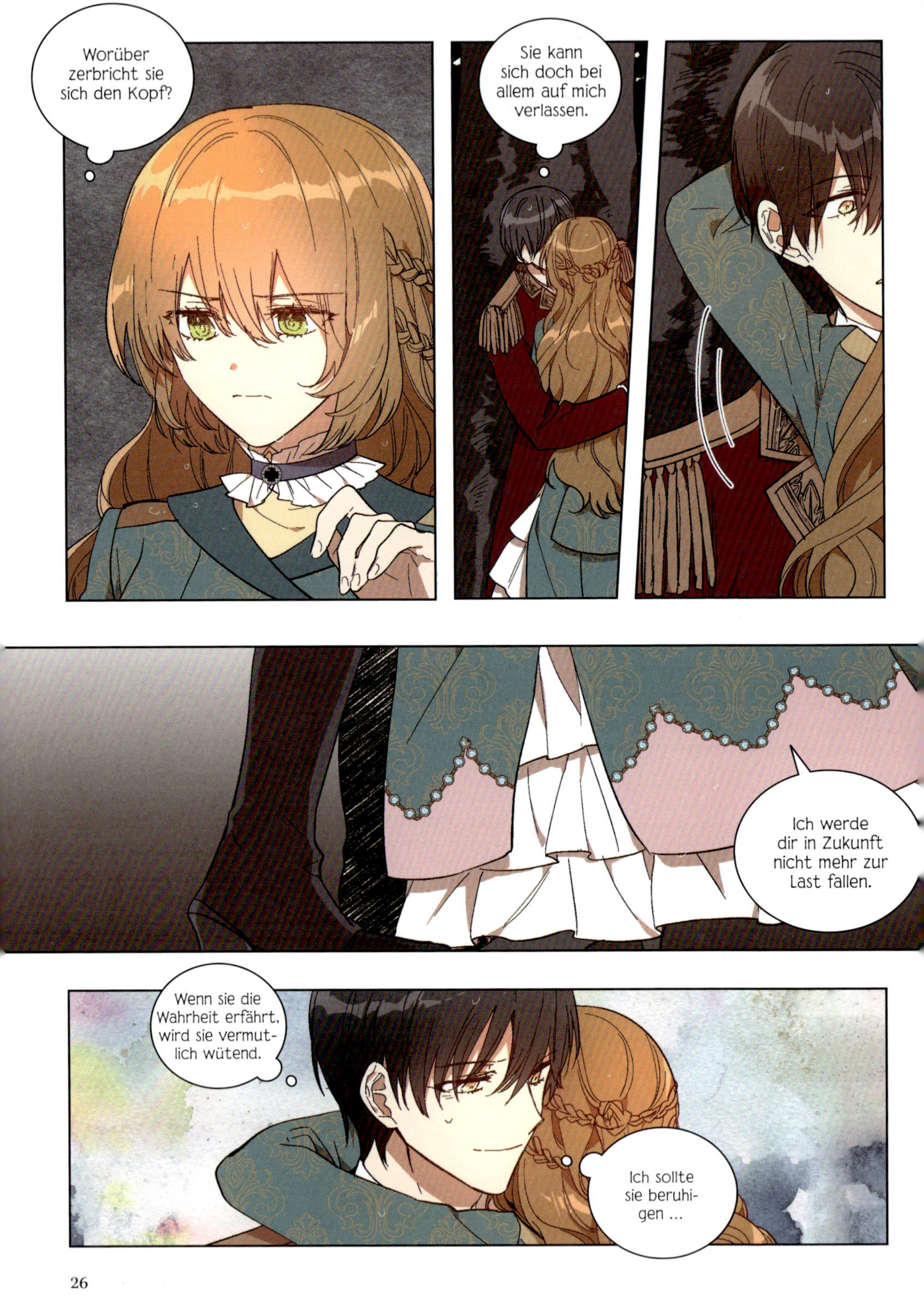
Worüber zerbricht sie sich den Kopf?
Sie kann sich doch bei allem auf mich verlassen.
Ich werde dir in Zukunft nicht mehr zur Last fallen.
Wenn sie die Wahrheit erfährt, wird sie vermutlich wütend.
Ich sollte sie beruhigen ...

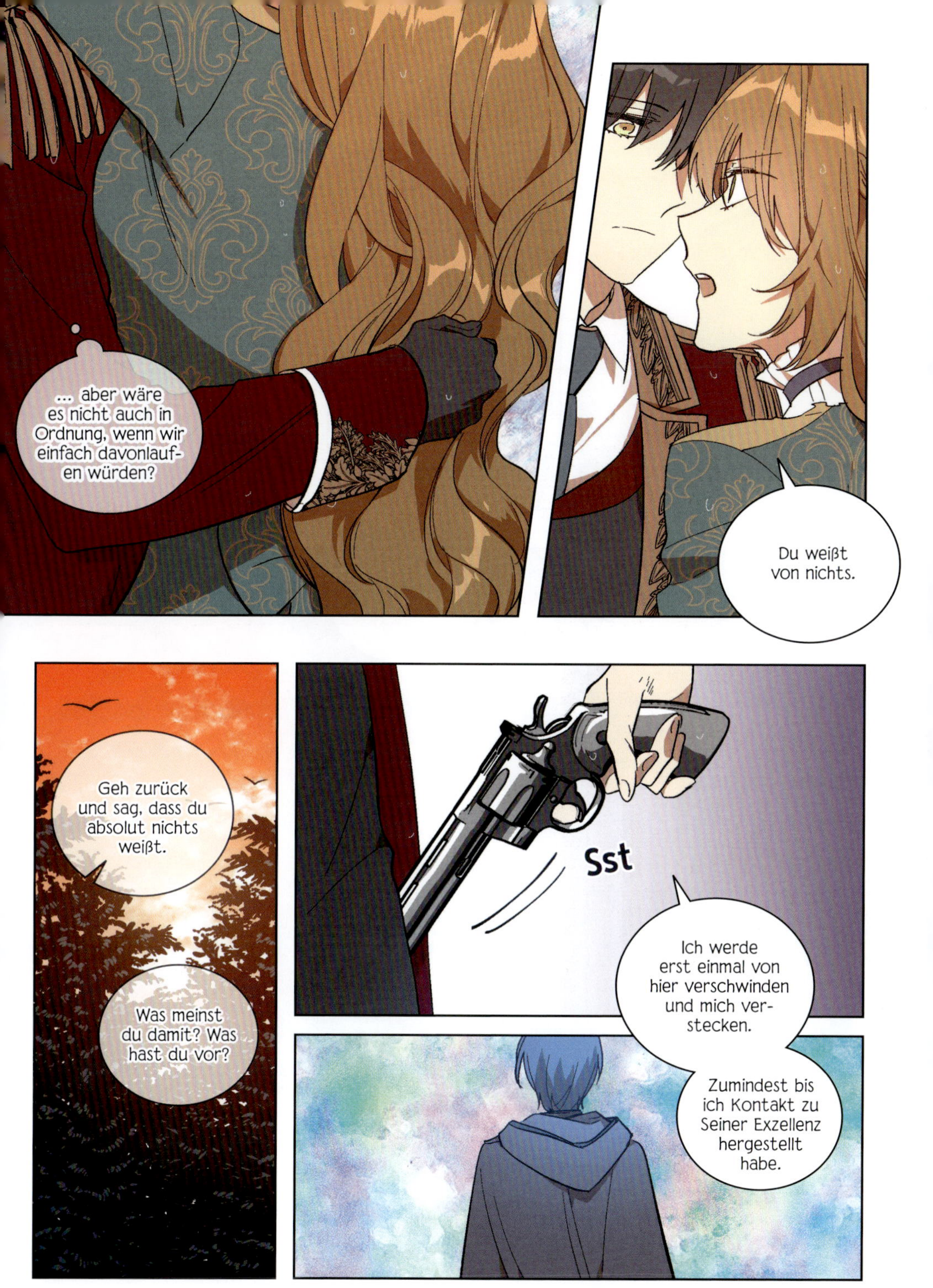
... aber wäre es nicht auch in Ordnung, wenn wir einfach davonlaufen würden?
Du weißt von nichts.
Geh zurück und sag, dass du absolut nichts weißt.
Was meinst du damit? Was hast du vor?
Sst
Ich werde erst einmal von hier verschwinden und mich verstecken.
Zumindest bis ich Kontakt zu Seiner Exzellenz hergestellt habe.

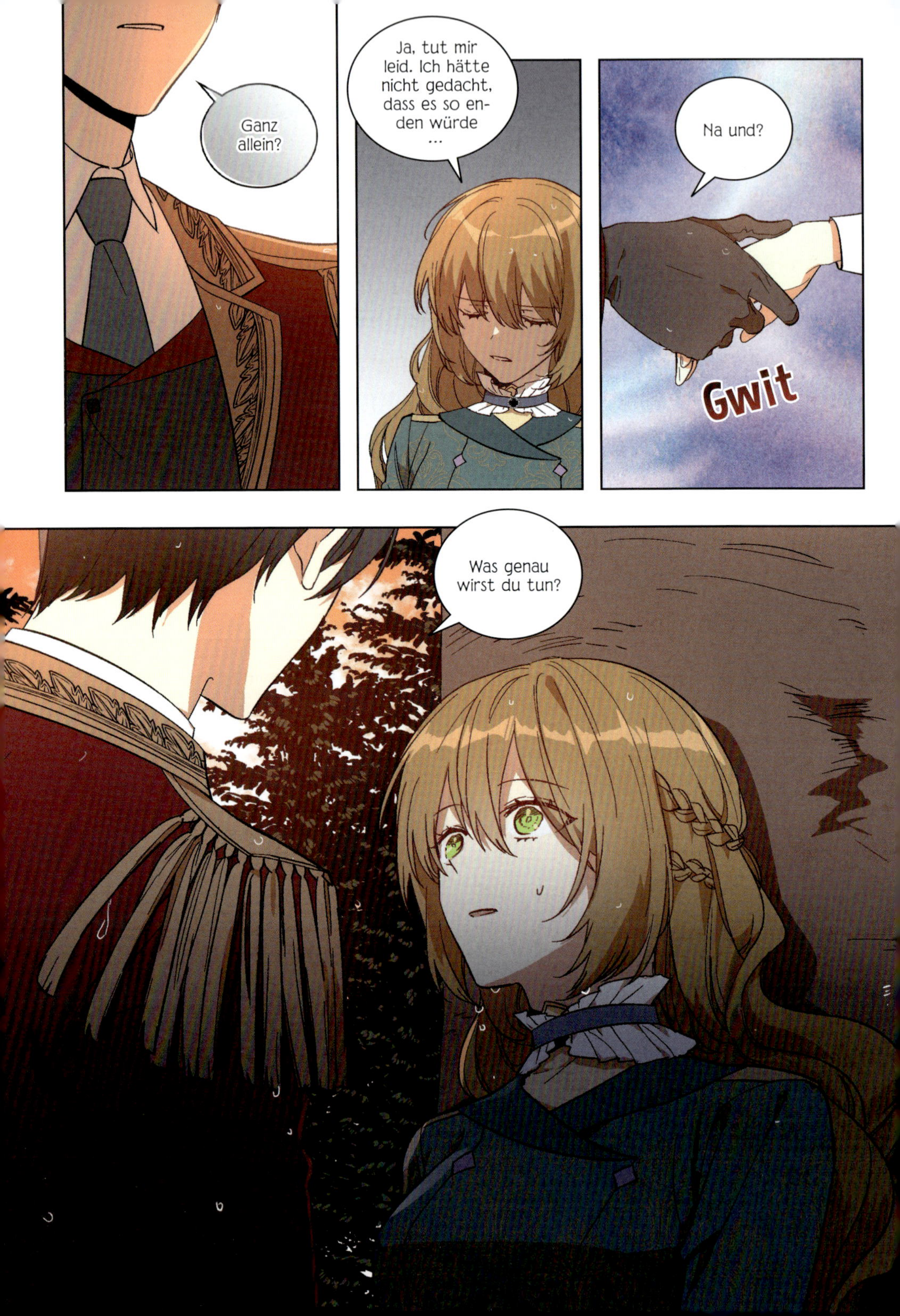

Ganz allein?
Ja, tut mir leid. Ich hätte nicht gedacht, dass es so en-den würde …
Na und?
Gwit
Was genau wirst du tun?

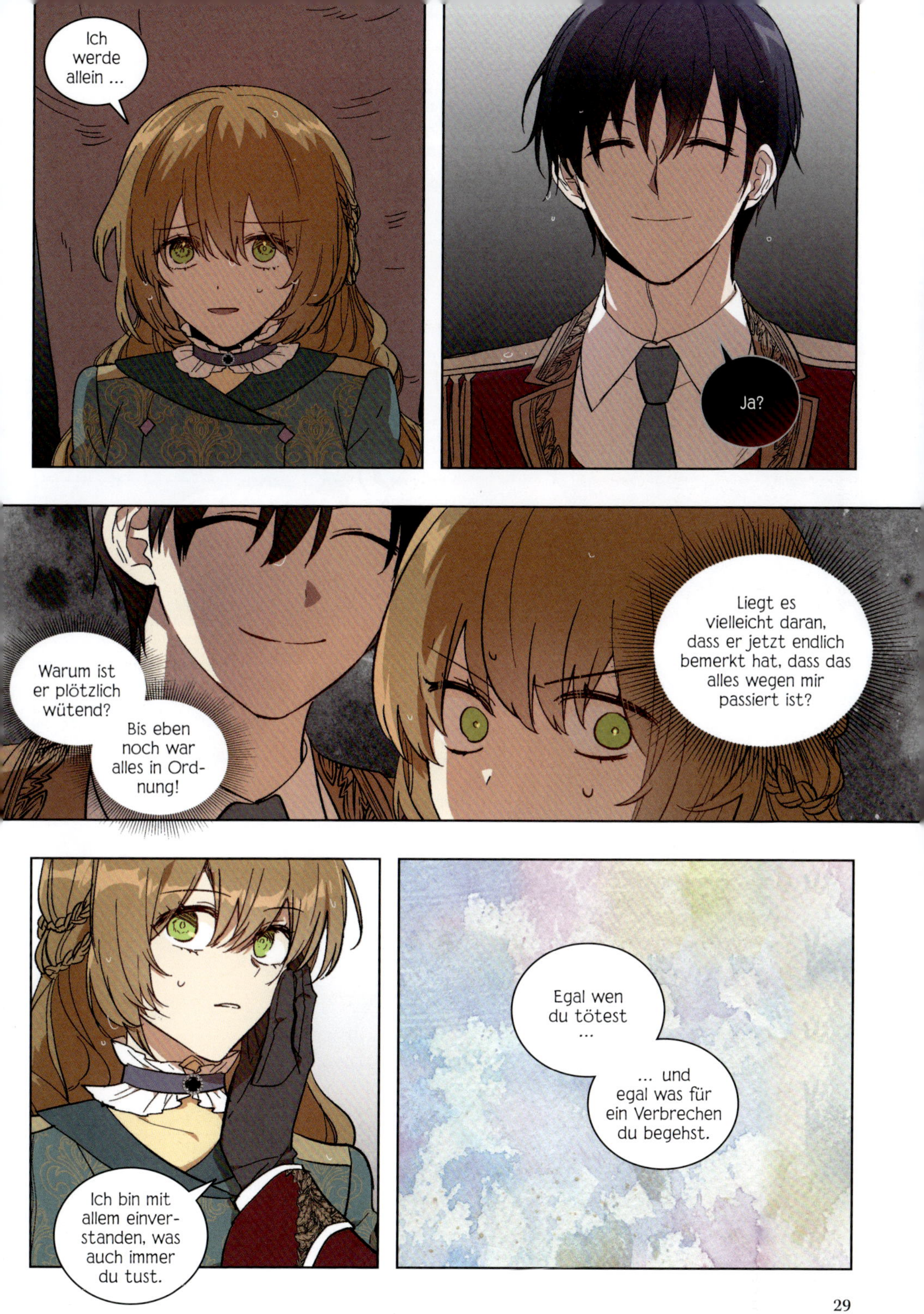
Ich werde allein ...
Ja?
Liegt es vielleicht daran, dass er jetzt endlich bemerkt hat, dass das alles wegen mir passiert ist?
Warum ist er plötzlich wütend?
Bis eben noch war alles in Ordnung!
Ich bin mit allem einverstanden, was auch immer du tust.
Egal wen du tötest ...
... und egal was für ein Verbrechen du begehst.

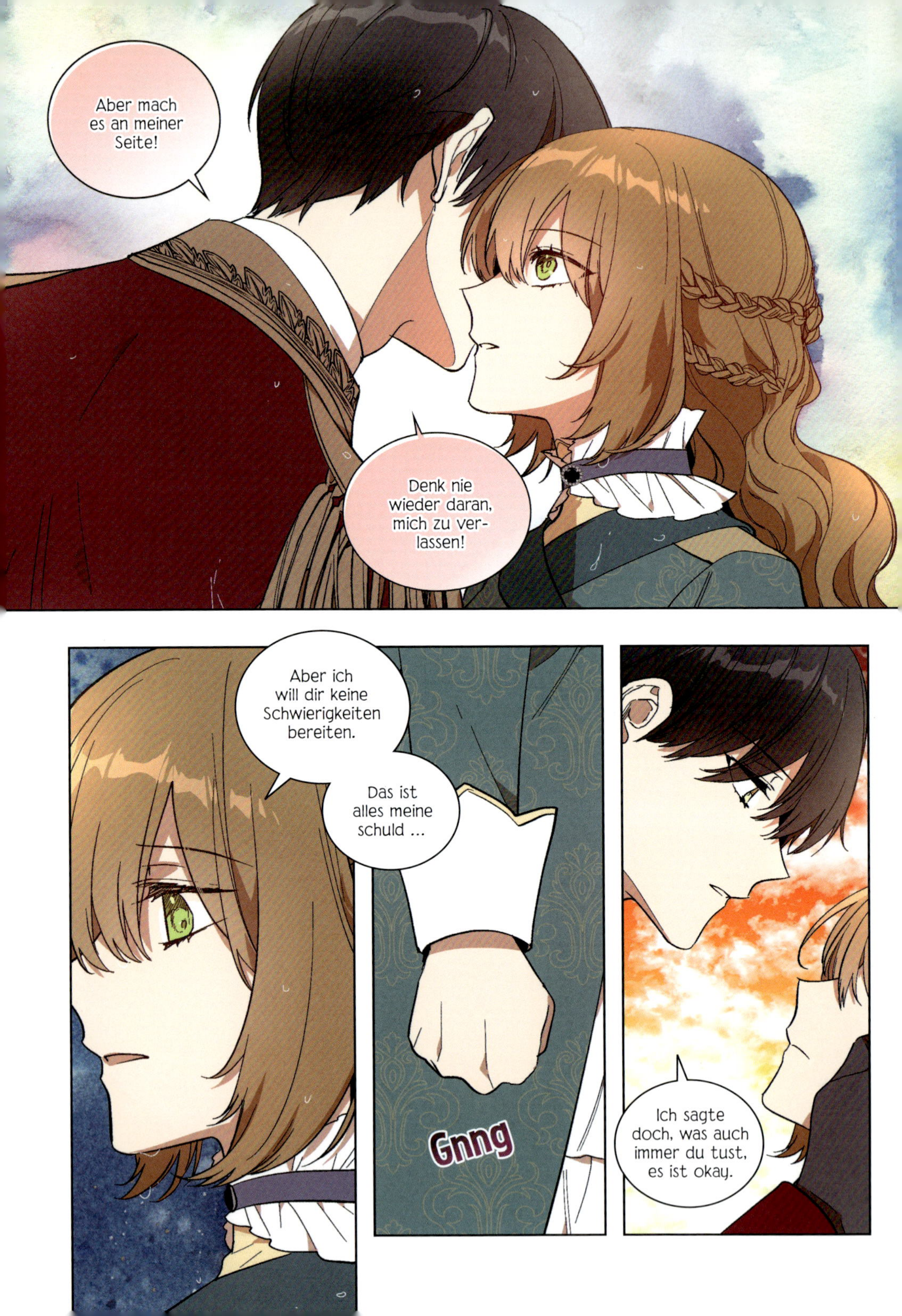
Aber mach es an meiner Seite!
Denk nie wieder daran, mich zu verlassen!
Aber ich will dir keine Schwierigkeiten bereiten.
Das ist alles meine schuld ...
Gnng
Ich sagte doch, was auch immer du tust, es ist okay.

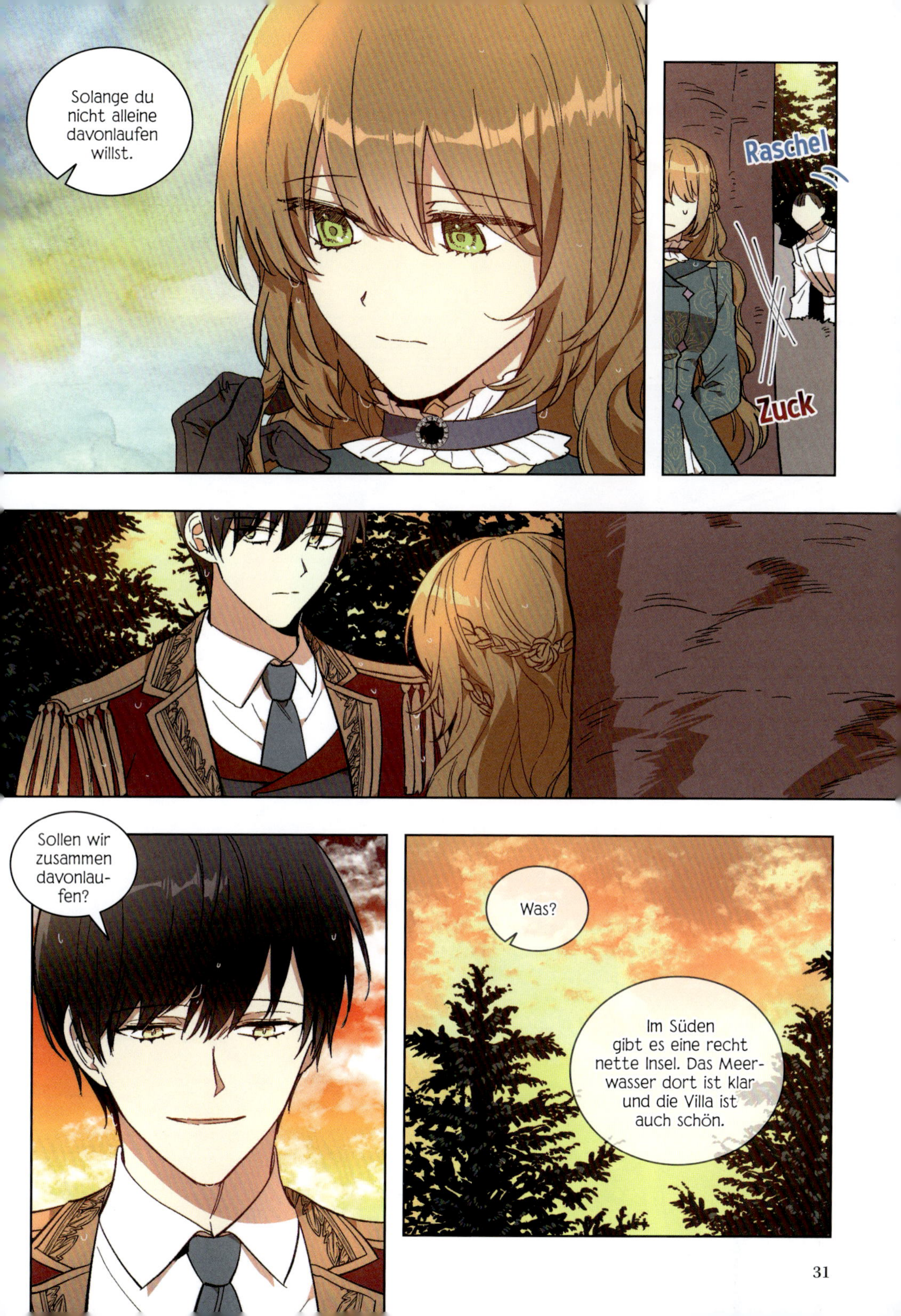
Solange du nicht alleine davonlaufen willst.
Raschel
Zuck
Sollen wir zusammen davonlaufen?
Was?
Im Süden gibt es eine recht nette Insel. Das Meerwasser dort ist klar und die Villa ist auch schön.

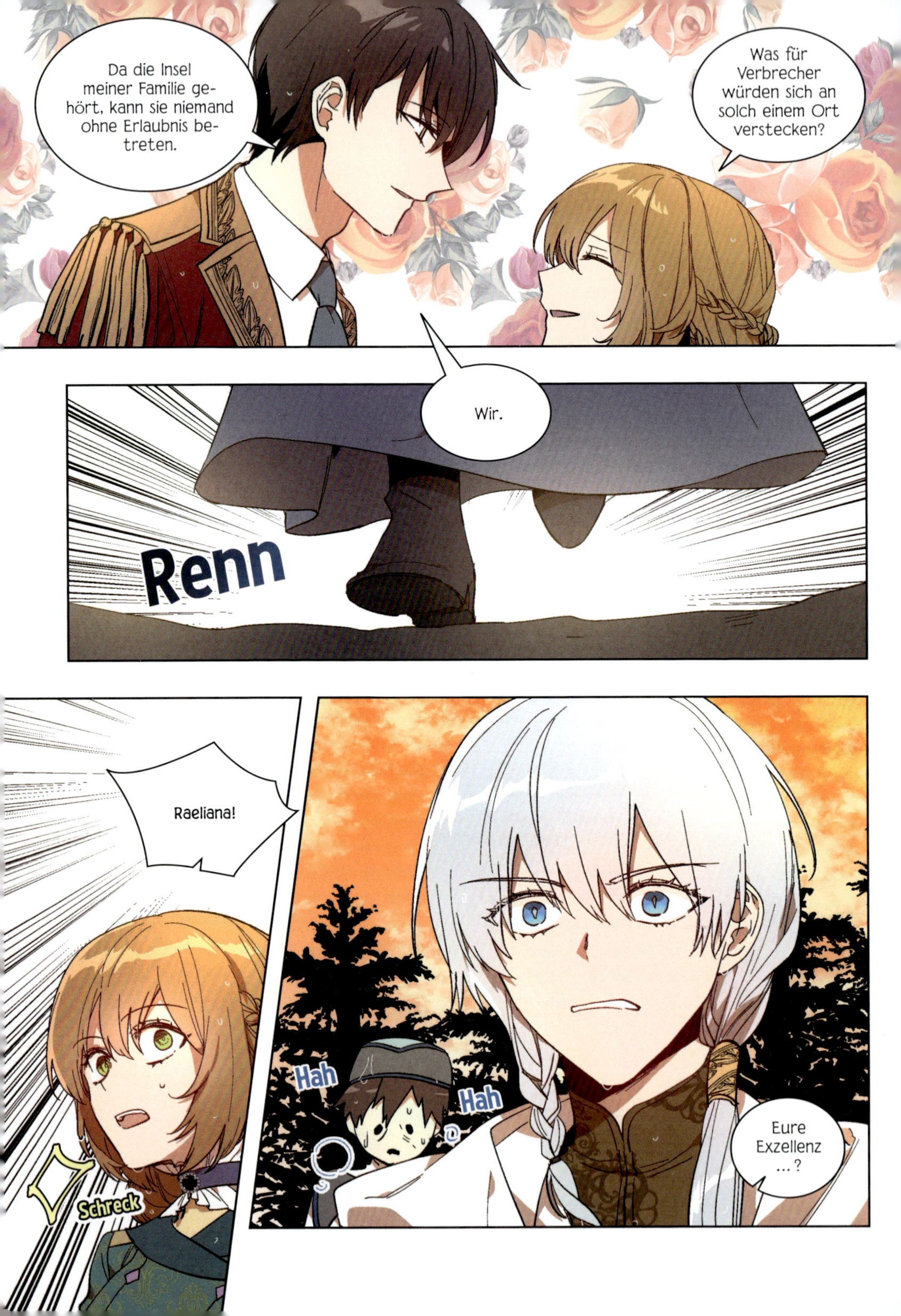
Da die Insel meiner Familie gehört, kann sie niemand ohne Erlaubnis betreten.
Was für Verbrecher würden sich an solch einem Ort verstecken?
Wir.
Renn
Raeliana!
Hah
Hah
Schreck
Eure Exzellenz ...?

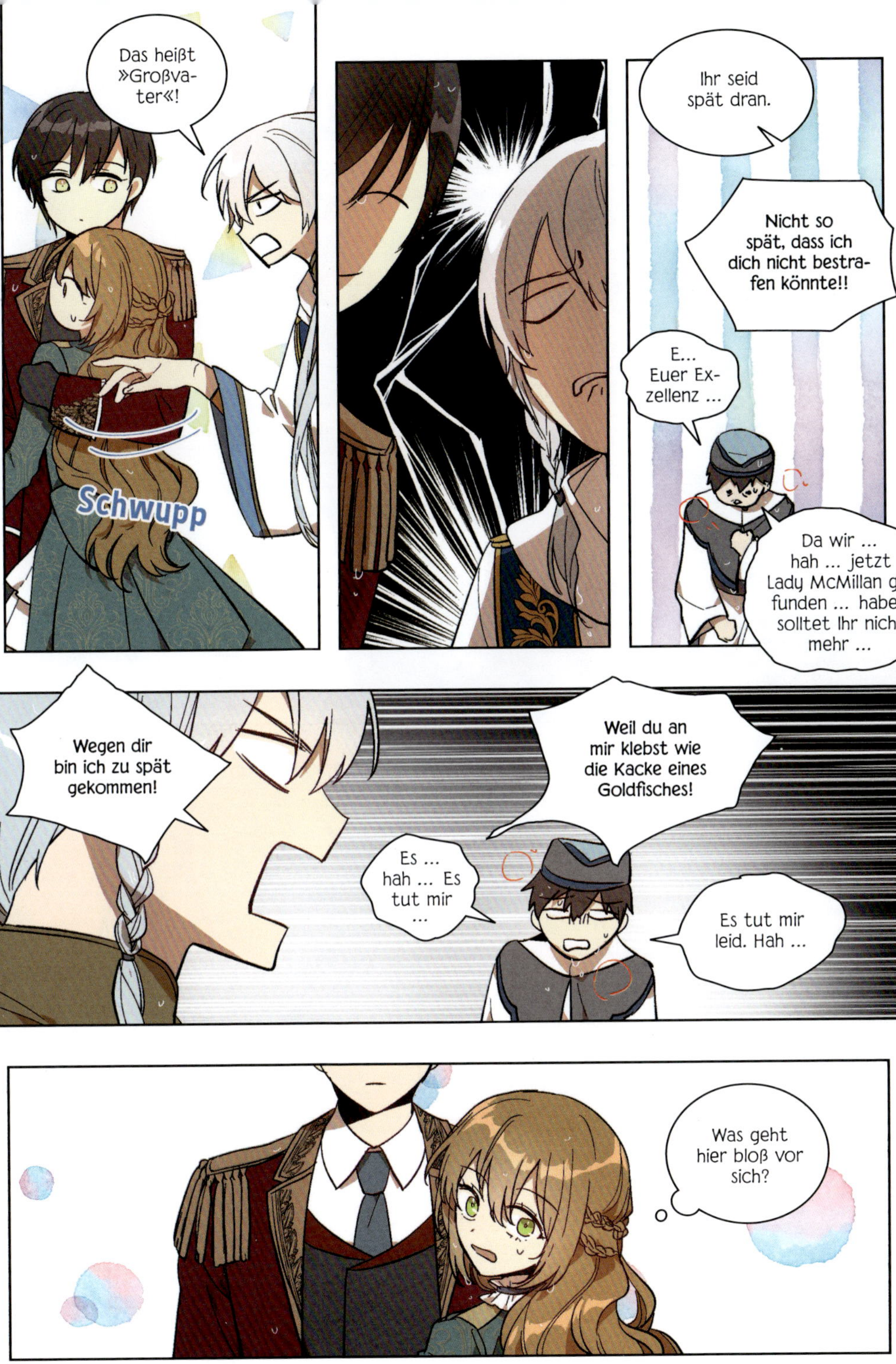
Das heißt »Großvater«!
Schwupp
Ihr seid spät dran.
Nicht so spät, dass ich dich nicht bestrafen könnte!!
E... Euer Exzellenz ...
Da wir ... hah ... jetzt Lady McMillan gefunden ... haben, solltet Ihr nicht mehr ...
Wegen dir bin ich zu spät gekommen!
Weil du an mir klebst wie die Kacke eines Goldfisches!
Es ... hah ... Es tut mir ...
Es tut mir leid. Hah ...
Was geht hier bloß vor sich?

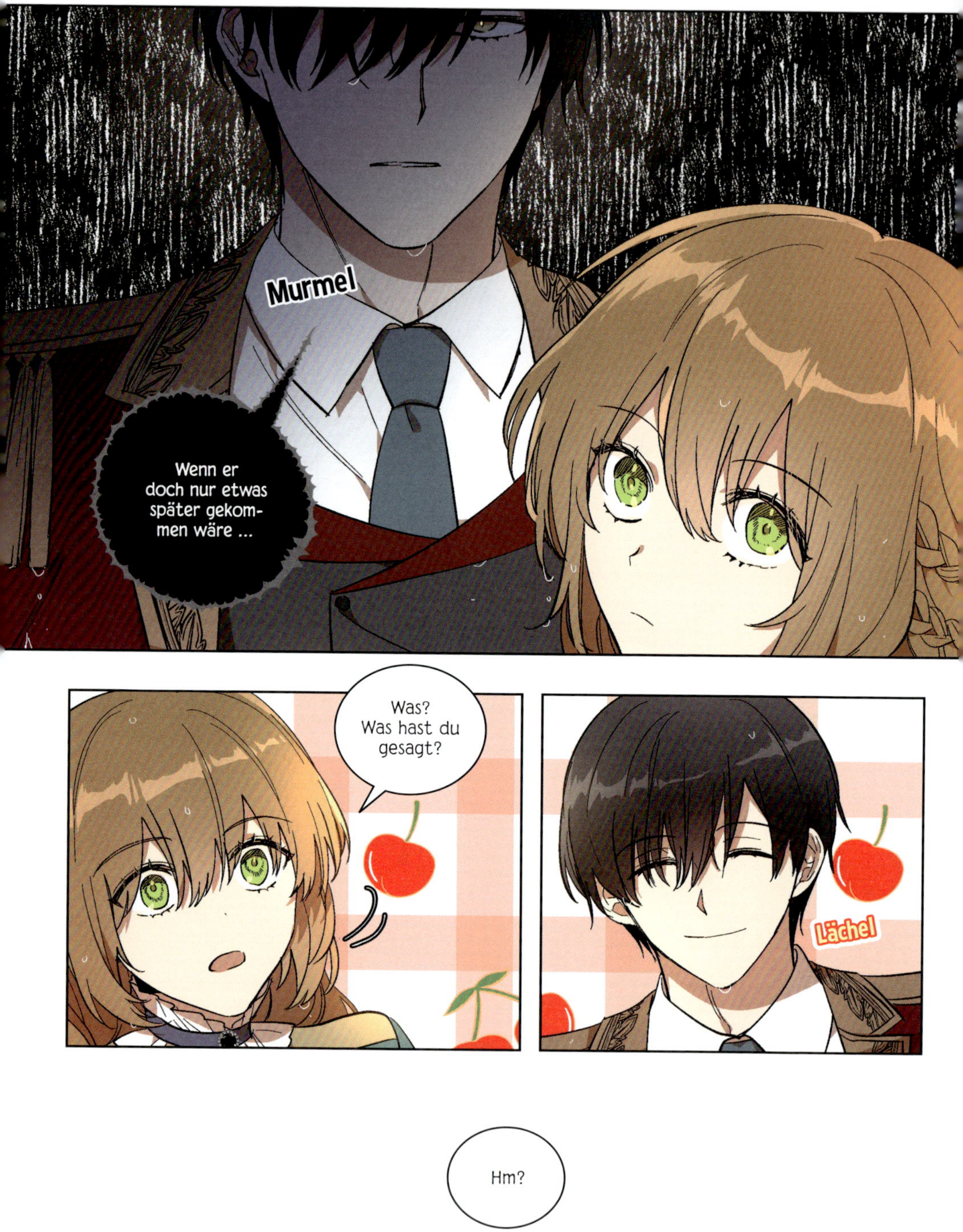
Murmel
Wenn er doch nur etwas später gekommen wäre ...
Was? Was hast du gesagt?
Lächel
Hm?

RAELIANA

Warum sie die Verlobte des Dukes wurde

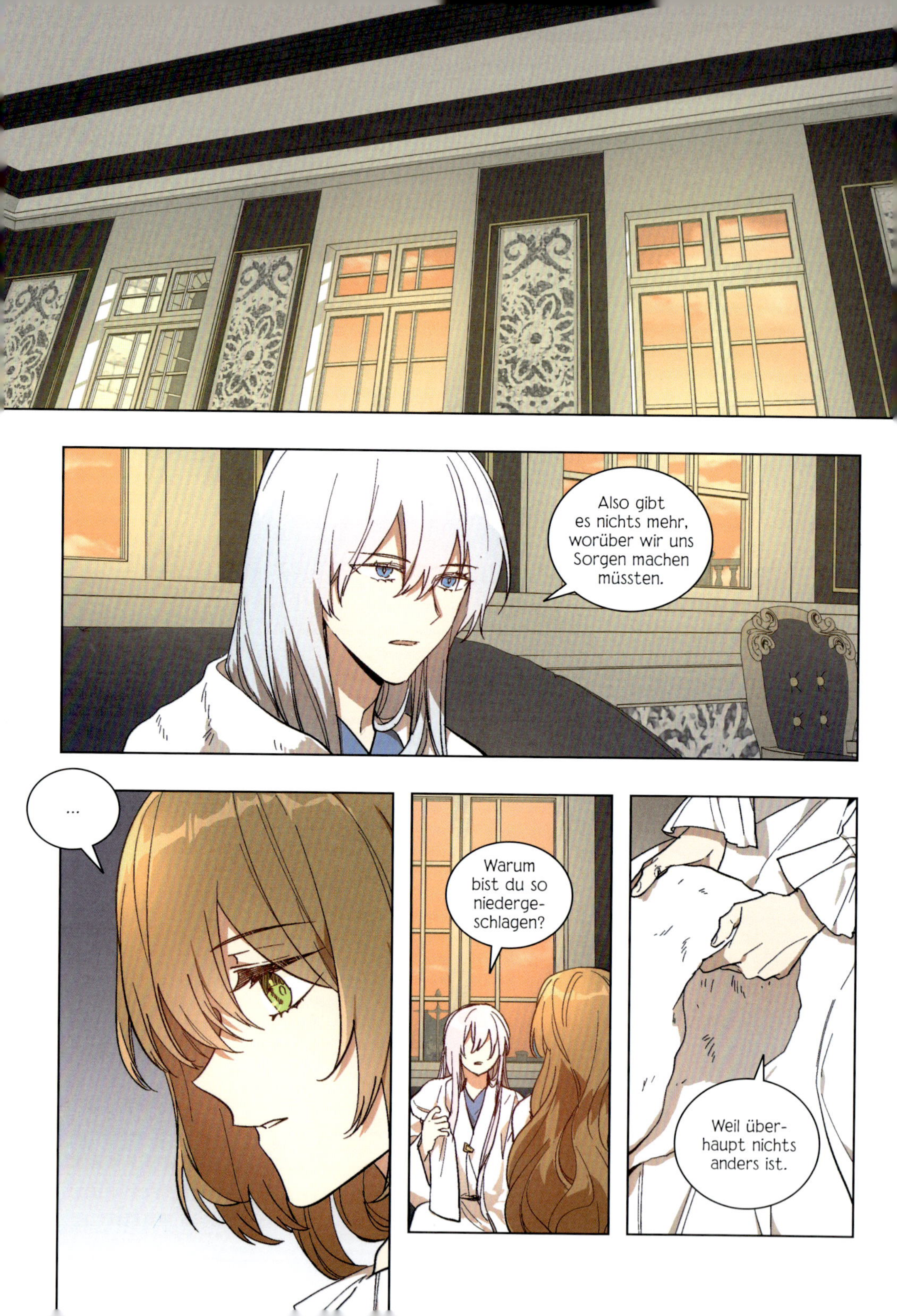
Also gibt es nichts mehr, worüber wir uns Sorgen machen müssten.
...
Warum bist du so niederge-schlagen?
Weil über-haupt nichts anders ist.

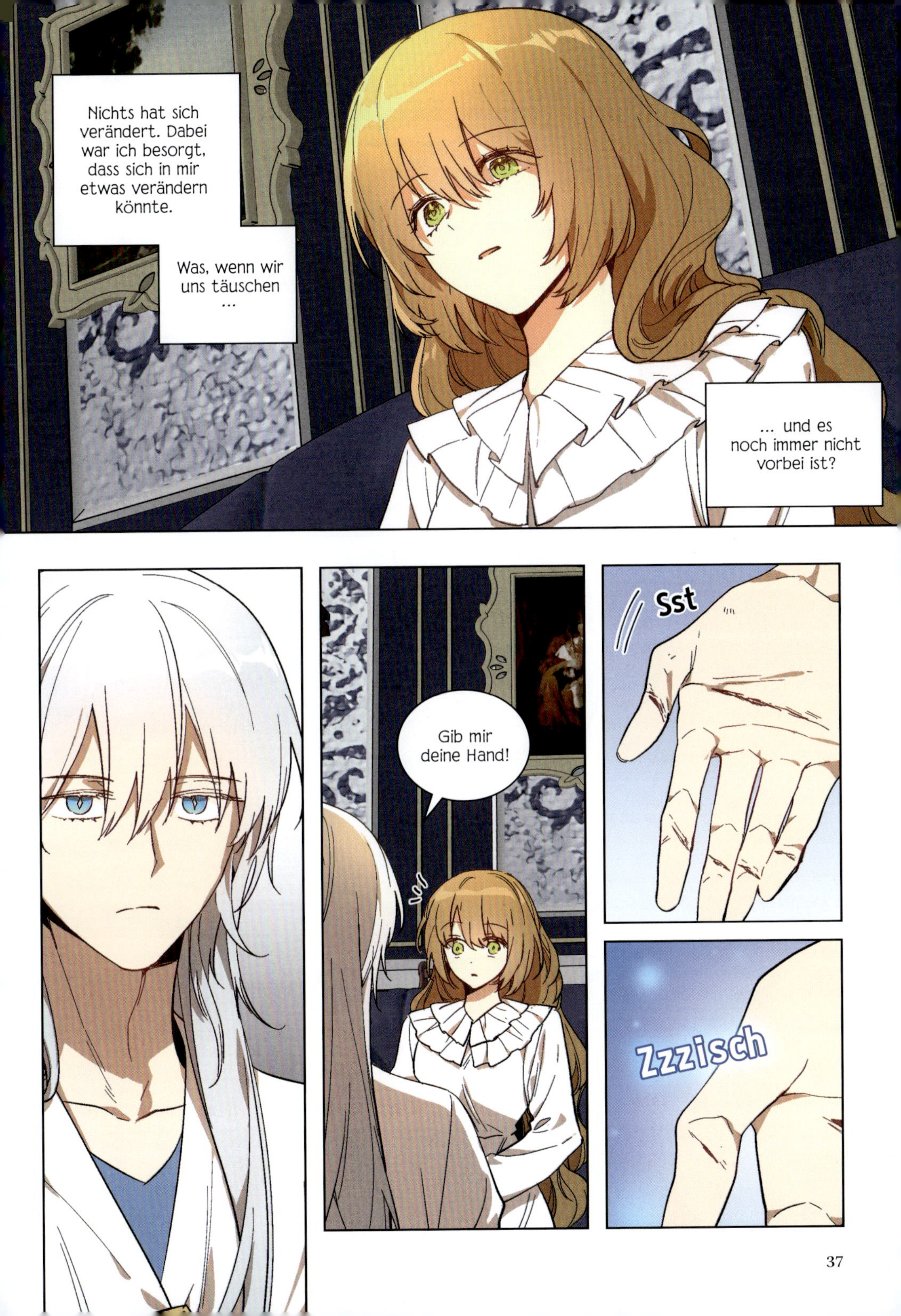
Nichts hat sich verändert. Dabei war ich besorgt, dass sich in mir etwas verändern könnte.
Was, wenn wir uns täuschen ...
... und es noch immer nicht vorbei ist?
Gib mir deine Hand!
Sst
Zzzisch

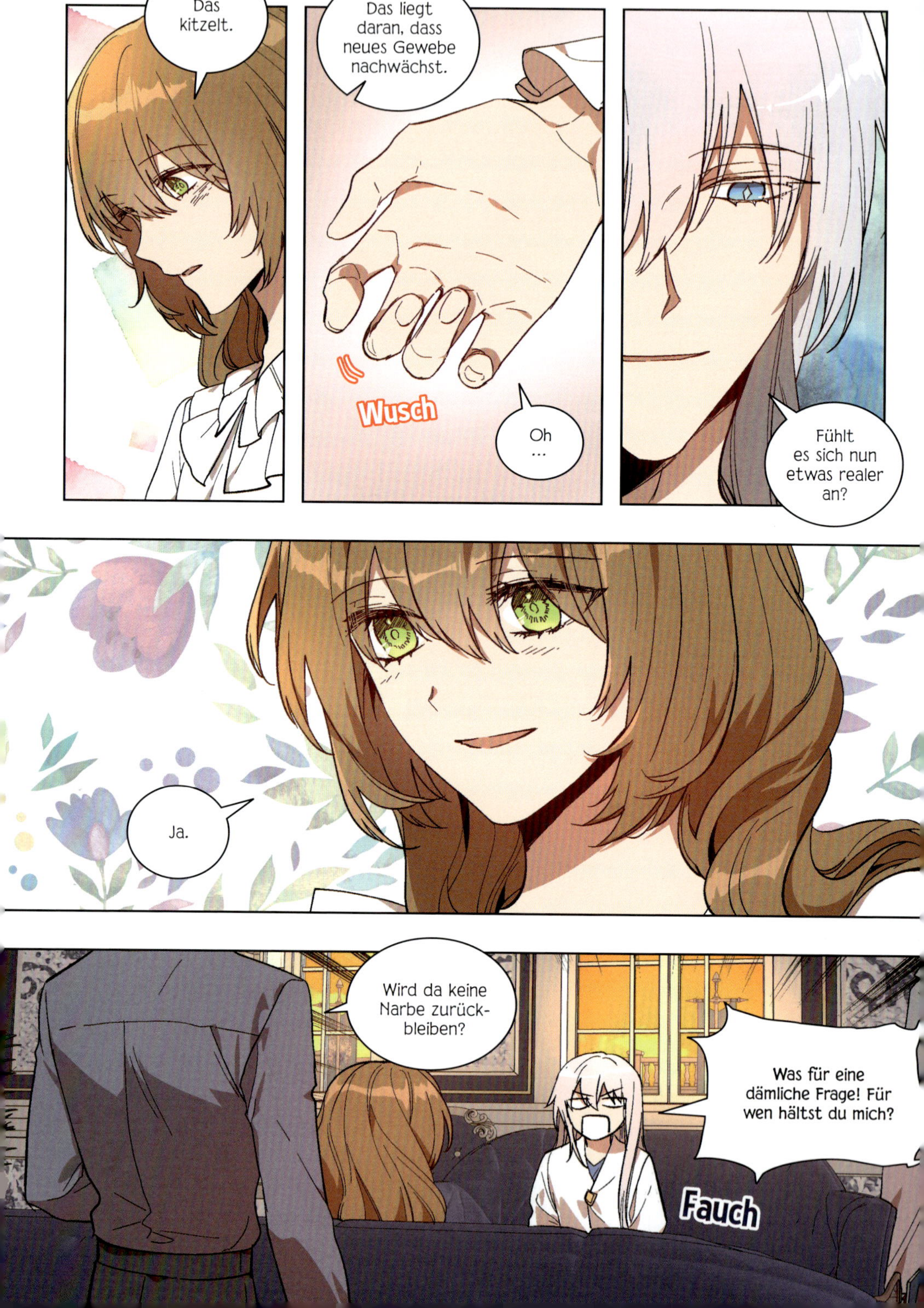
Das kitzelt.
Das liegt daran, dass neues Gewebe nachwächst.
Wusch
Oh …
Fühlt es sich nun etwas realer an?
Ja.
Wird da keine Narbe zurückbleiben?
Was für eine dämliche Frage! Für wen hältst du mich?
Fauch

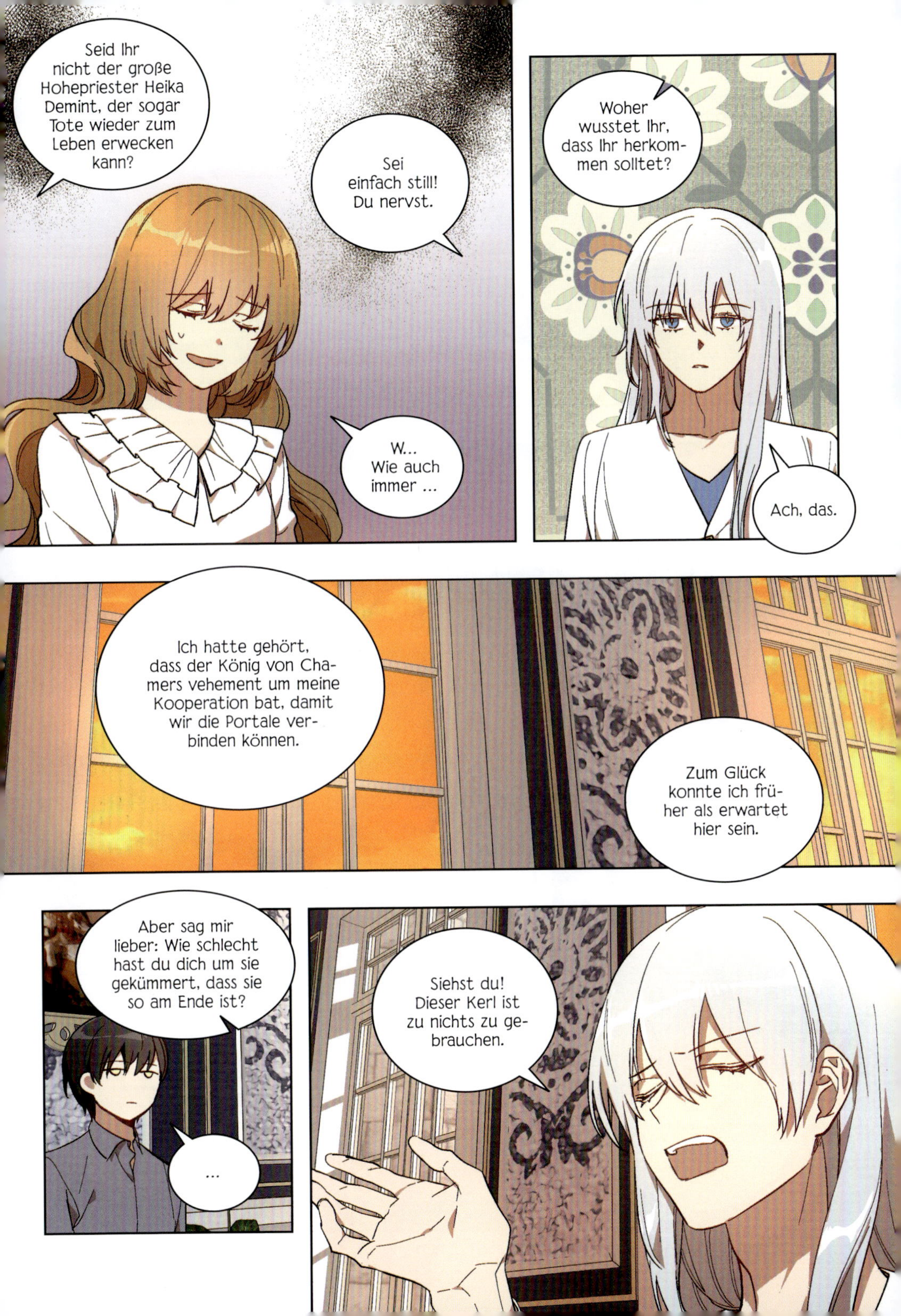
Seid Ihr nicht der große Hohepriester Heika Demint, der sogar Tote wieder zum Leben erwecken kann?
Sei einfach still! Du nervst.
W... Wie auch immer ...
Woher wusstet Ihr, dass Ihr herkommen solltet?
Ach, das.
Ich hatte gehört, dass der König von Chamers vehement um meine Kooperation bat, damit wir die Portale verbinden können.
Zum Glück konnte ich früher als erwartet hier sein.
Aber sag mir lieber: Wie schlecht hast du dich um sie gekümmert, dass sie so am Ende ist?
...
Siehst du! Dieser Kerl ist zu nichts zu gebrauchen.

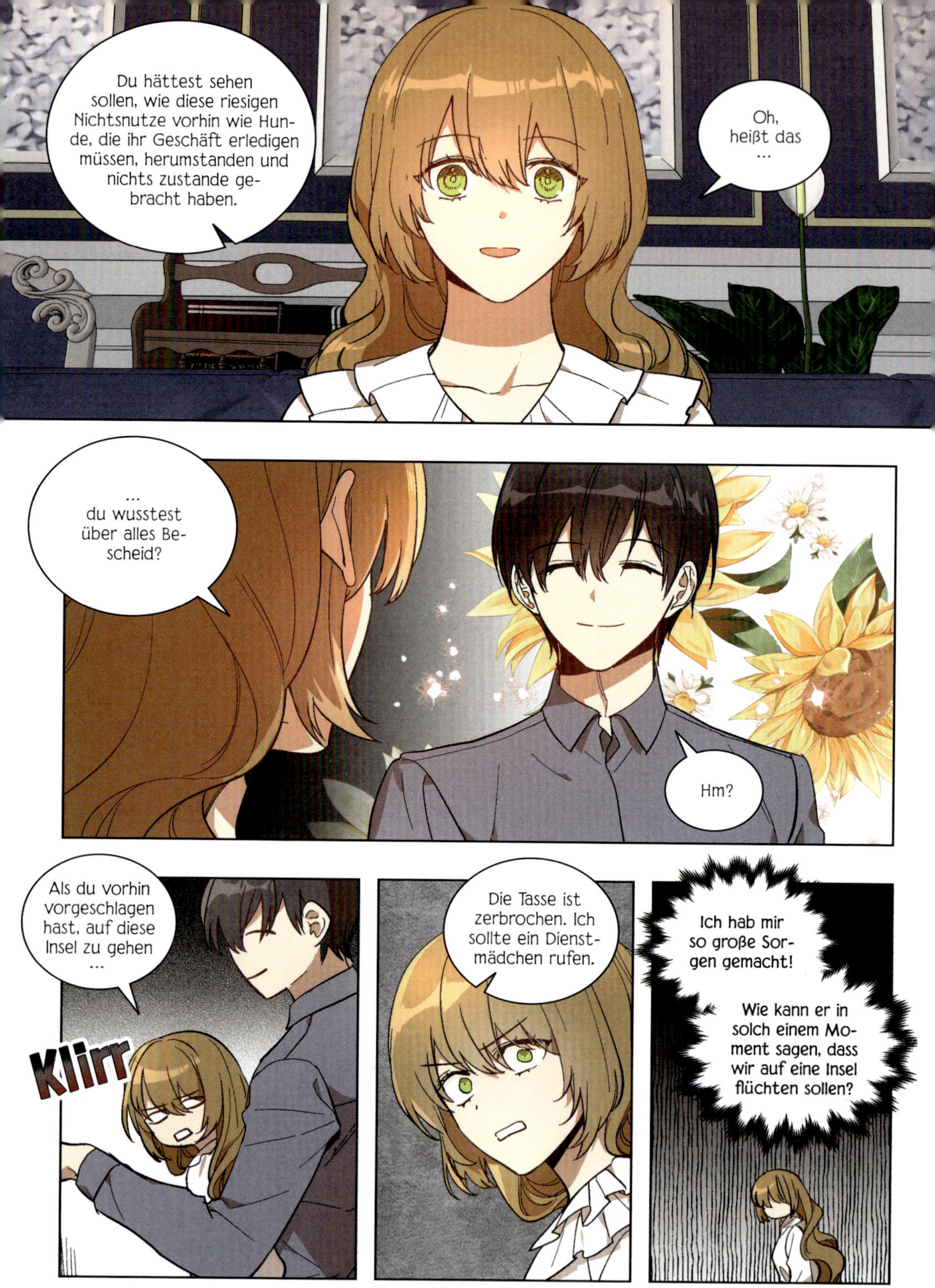
Du hättest sehen sollen, wie diese riesigen Nichtsnutze vorhin wie Hunde, die ihr Geschäft erledigen müssen, herumstanden und nichts zustande gebracht haben.
Oh, heißt das …
… du wusstest über alles Bescheid?
Hm?
Als du vorhin vorgeschlagen hast, auf diese Insel zu gehen …
Klirr
Die Tasse ist zerbrochen. Ich sollte ein Dienstmädchen rufen.
Ich hab mir so große Sorgen gemacht!
Wie kann er in solch einem Moment sagen, dass wir auf eine Insel flüchten sollen?

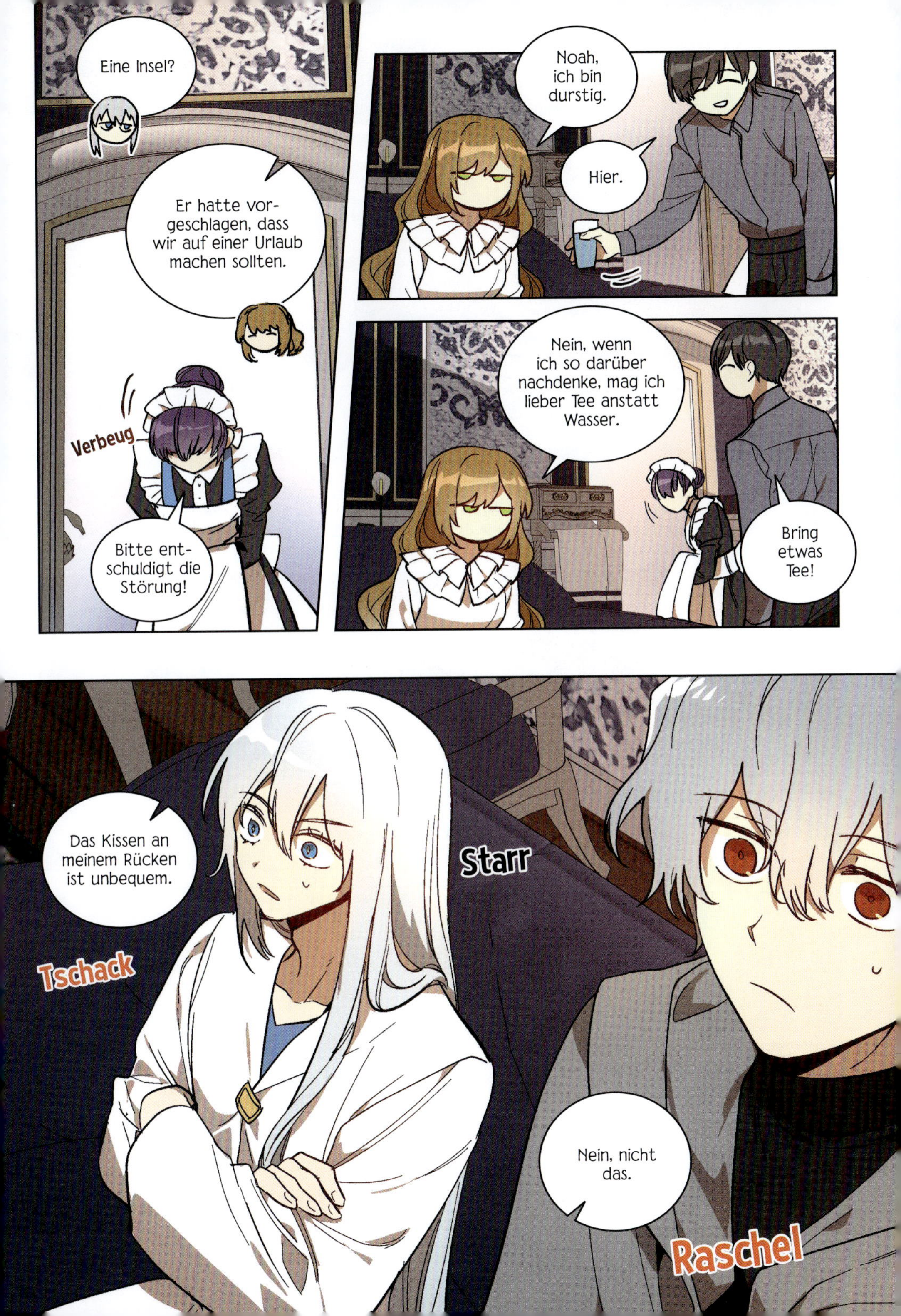
Eine Insel?
Er hatte vorgeschlagen, dass wir auf einer Urlaub machen sollten.
Verbeug
Bitte entschuldigt die Störung!
Noah, ich bin durstig.
Hier.
Nein, wenn ich so darüber nachdenke, mag ich lieber Tee anstatt Wasser.
Bring etwas Tee!
Das Kissen an meinem Rücken ist unbequem.
Starr
Tschack
Nein, nicht das.
Raschel

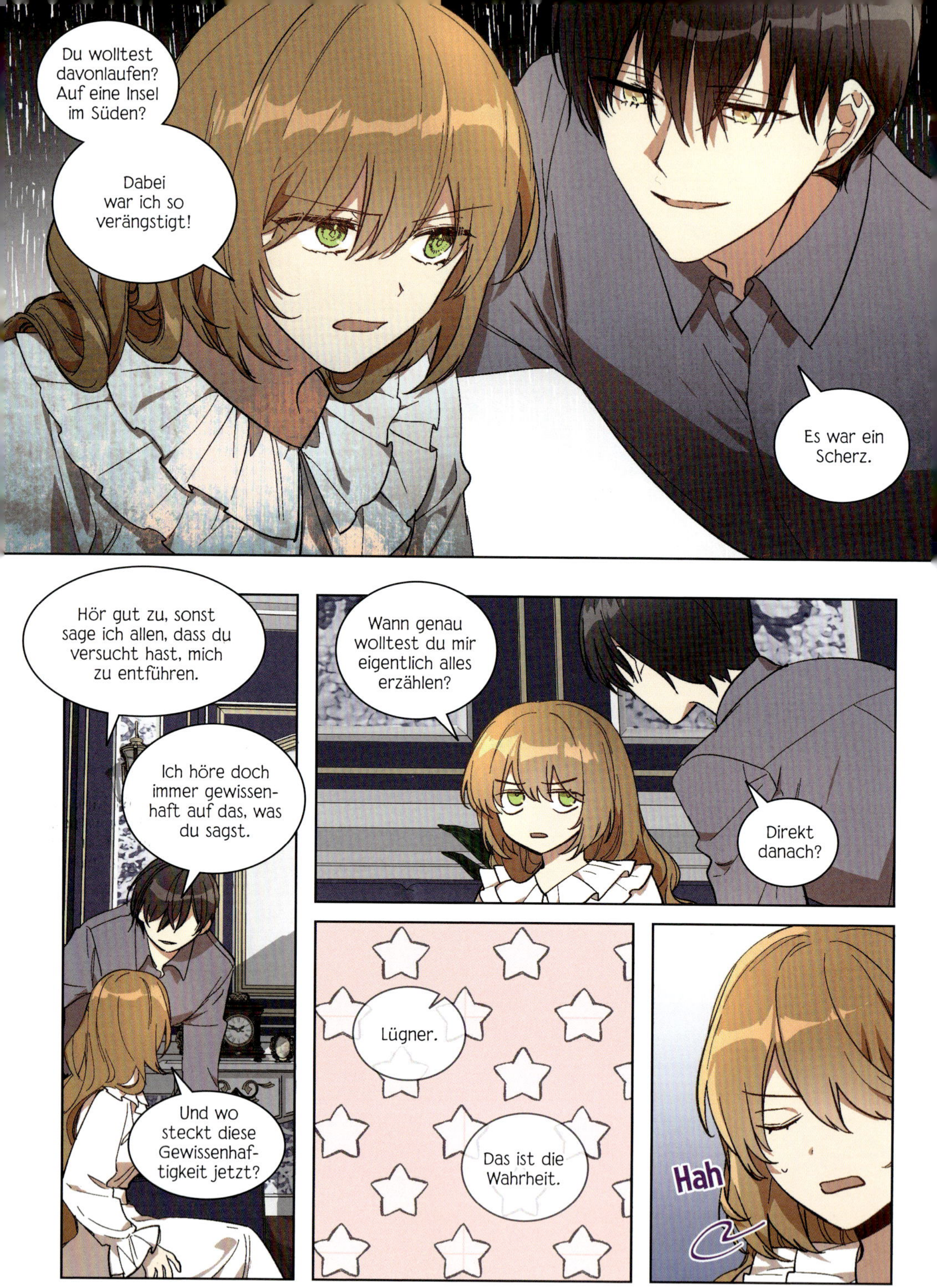
Du wolltest davonlaufen? Auf eine Insel im Süden?
Dabei war ich so verängstigt!
Es war ein Scherz.
Hör gut zu, sonst sage ich allen, dass du versucht hast, mich zu entführen.
Ich höre doch immer gewissenhaft auf das, was du sagst.
Und wo steckt diese Gewissenhaftigkeit jetzt?
Wann genau wolltest du mir eigentlich alles erzählen?
Direkt danach?
Lügner.
Das ist die Wahrheit.
Hah

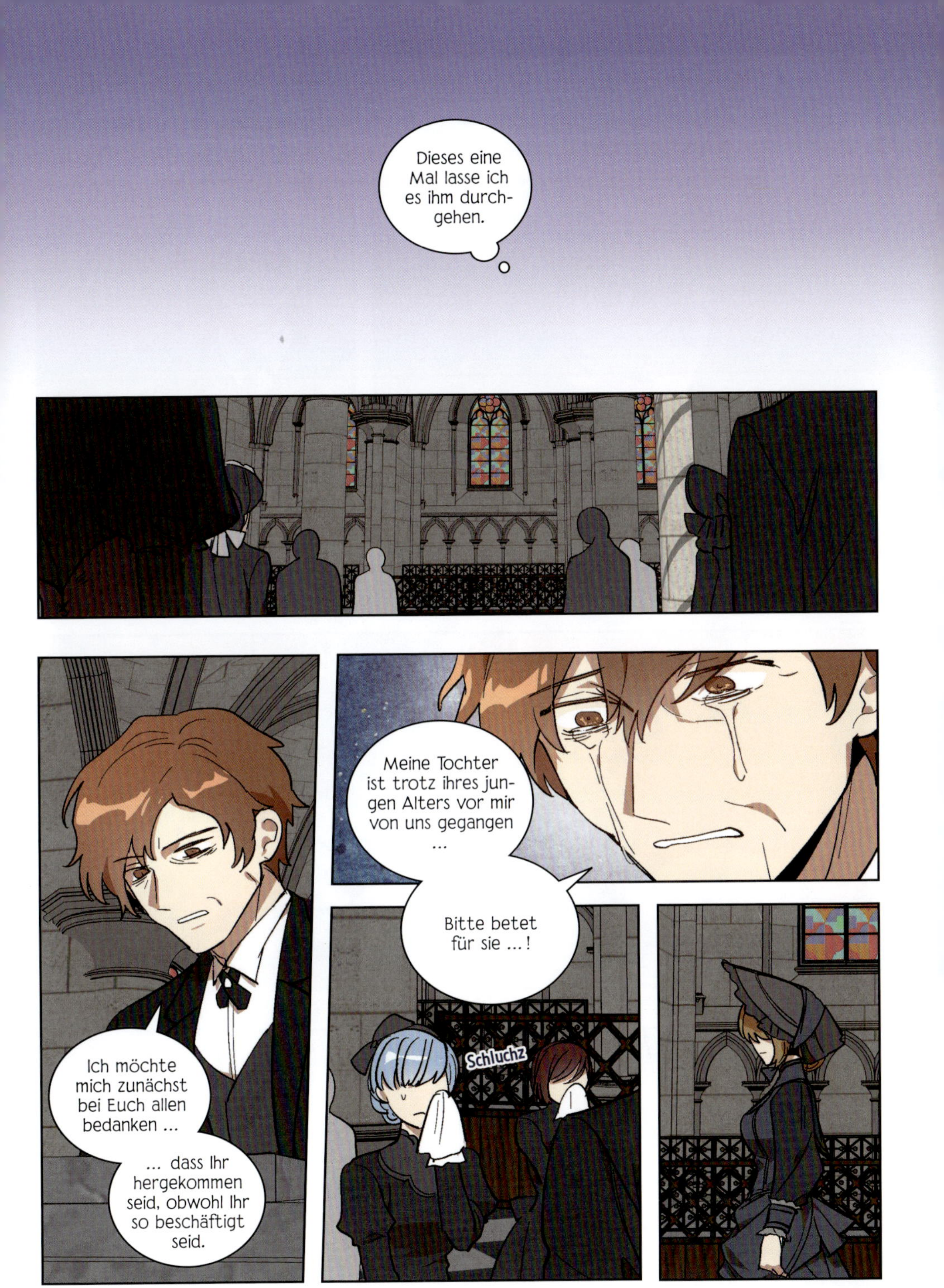
Dieses eine Mal lasse ich es ihm durch-gehen.
Ich möchte mich zunächst bei Euch allen bedanken ...
... dass Ihr hergekommen seid, obwohl Ihr so beschäftigt seid.
Meine Tochter ist trotz ihres jun-gen Alters vor mir von uns gegangen ...
Bitte betet für sie ... !
Schluchz

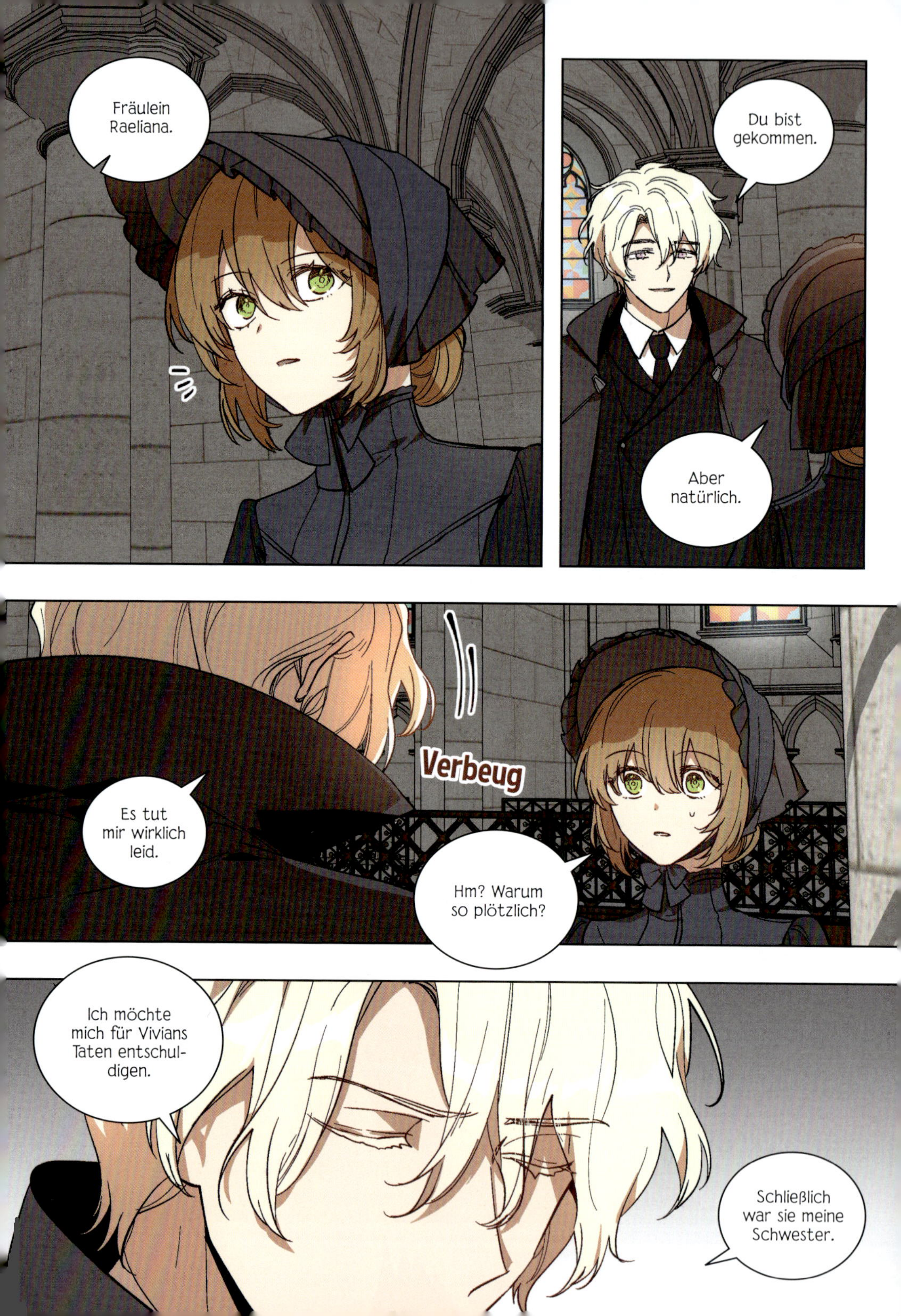
Fräulein Raeliana.
Du bist gekommen.
Aber natürlich.
Verbeug
Es tut mir wirklich leid.
Hm? Warum so plötzlich?
Ich möchte mich für Vivians Taten entschuldigen.
Schließlich war sie meine Schwester.

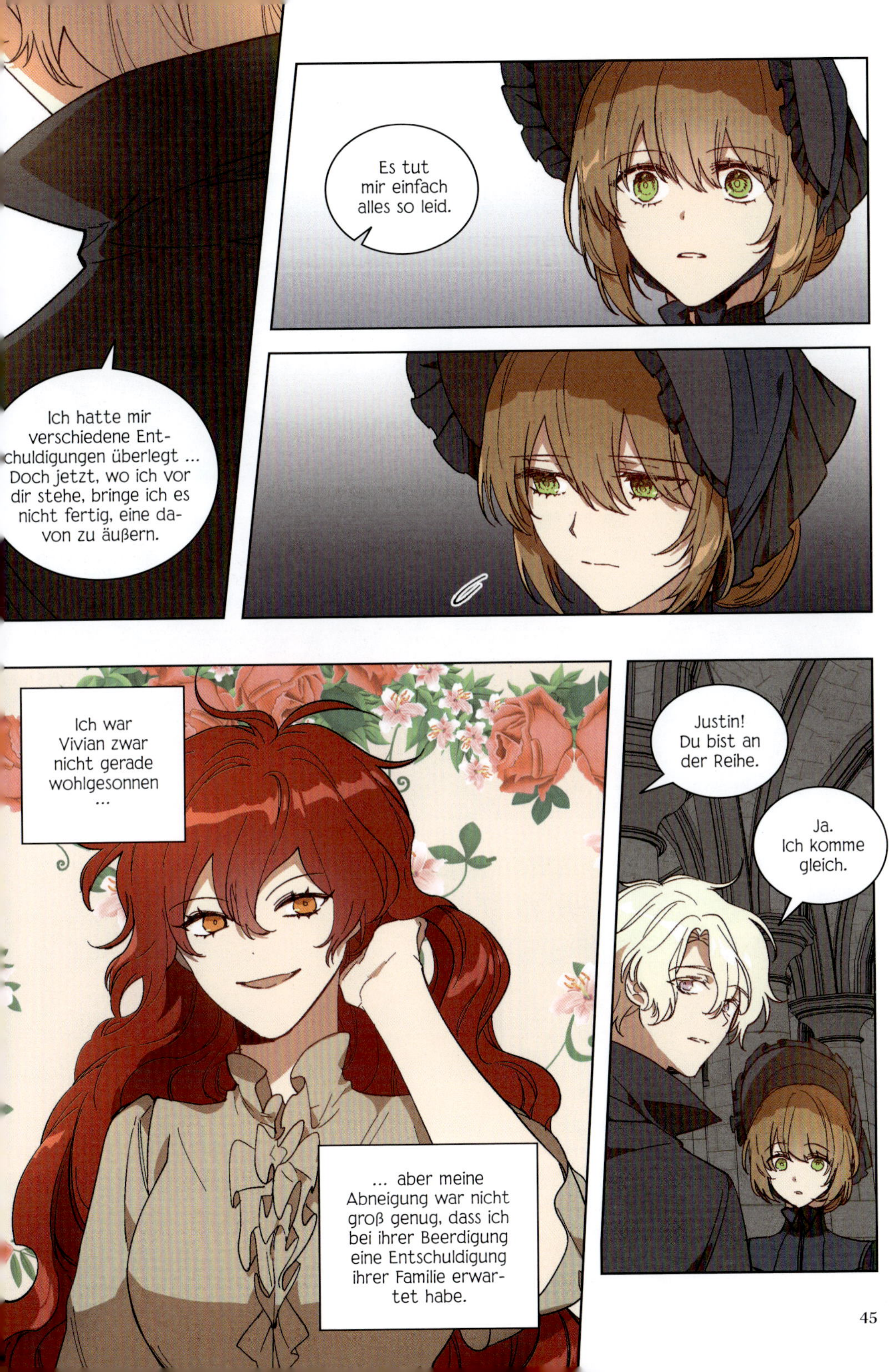
Es tut mir einfach alles so leid.
Ich hatte mir verschiedene Entschuldigungen überlegt … Doch jetzt, wo ich vor dir stehe, bringe ich es nicht fertig, eine davon zu äußern.
Ich war Vivian zwar nicht gerade wohlgesonnen …
… aber meine Abneigung war nicht groß genug, dass ich bei ihrer Beerdigung eine Entschuldigung ihrer Familie erwartet habe.
Justin! Du bist an der Reihe.
Ja. Ich komme gleich.

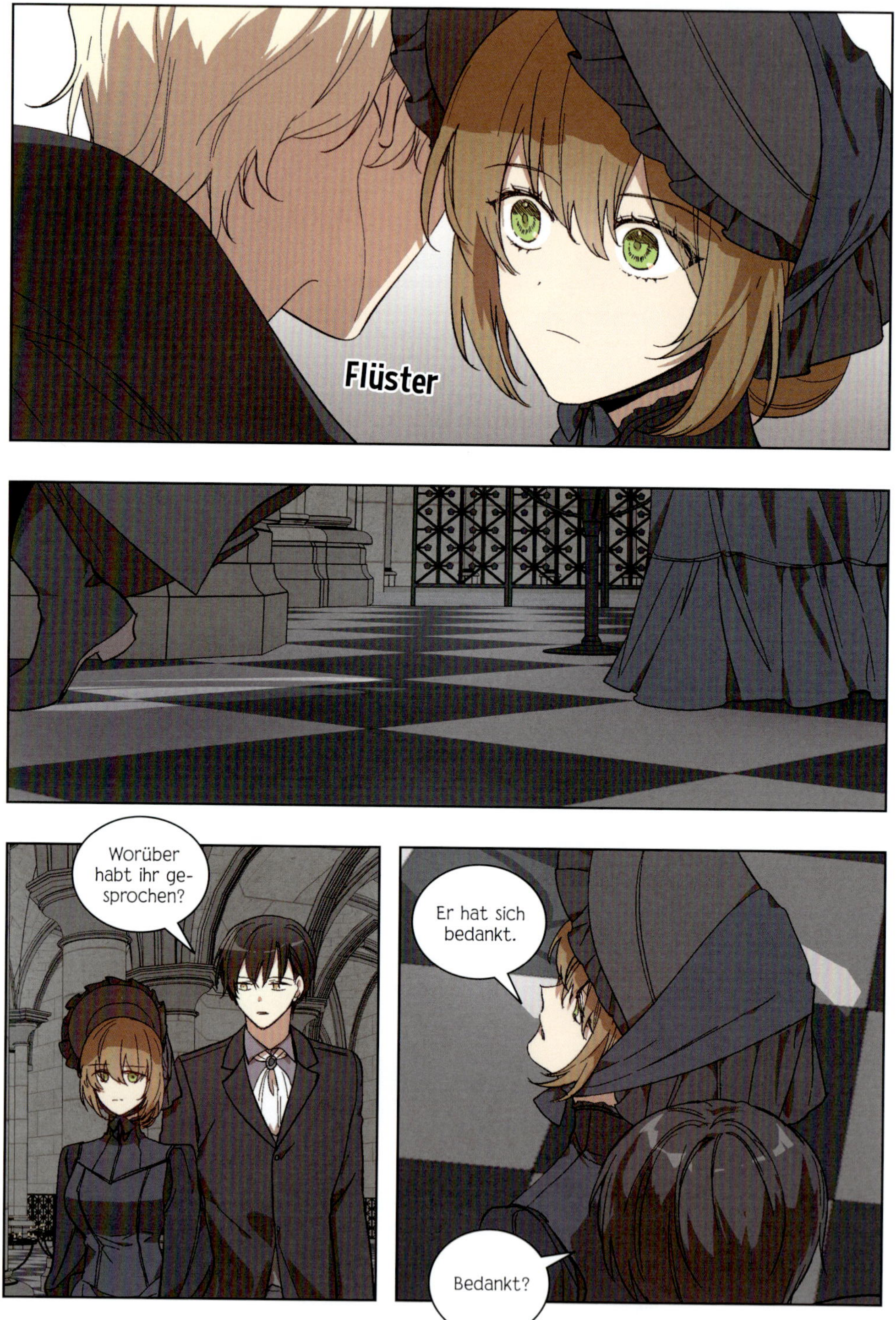
Flüster
Worüber habt ihr gesprochen?
Er hat sich bedankt.
Bedankt?

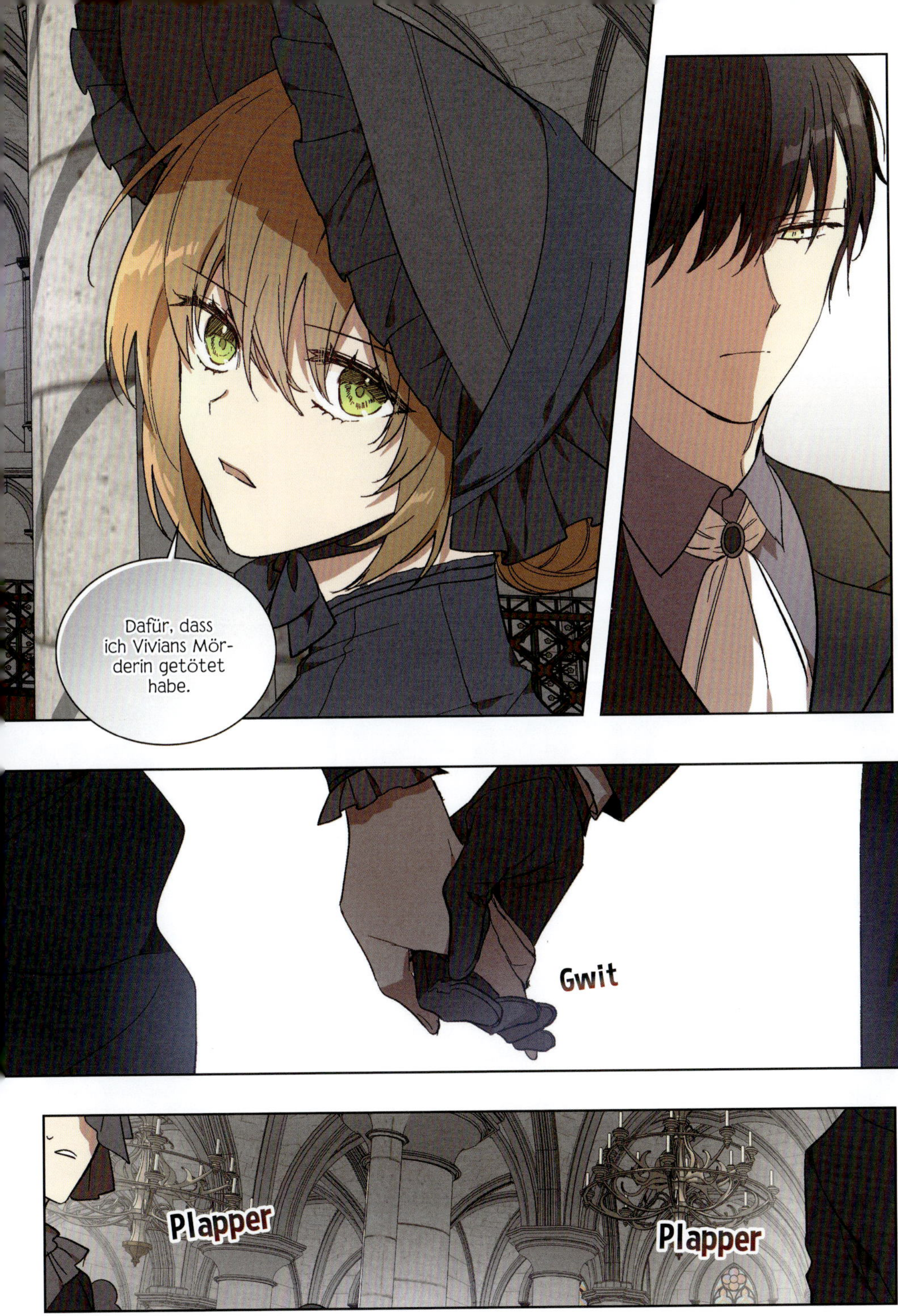
Dafür, dass
ich Vivians Mör-
derin getötet
habe.
Gwit
Plapper
Plapper

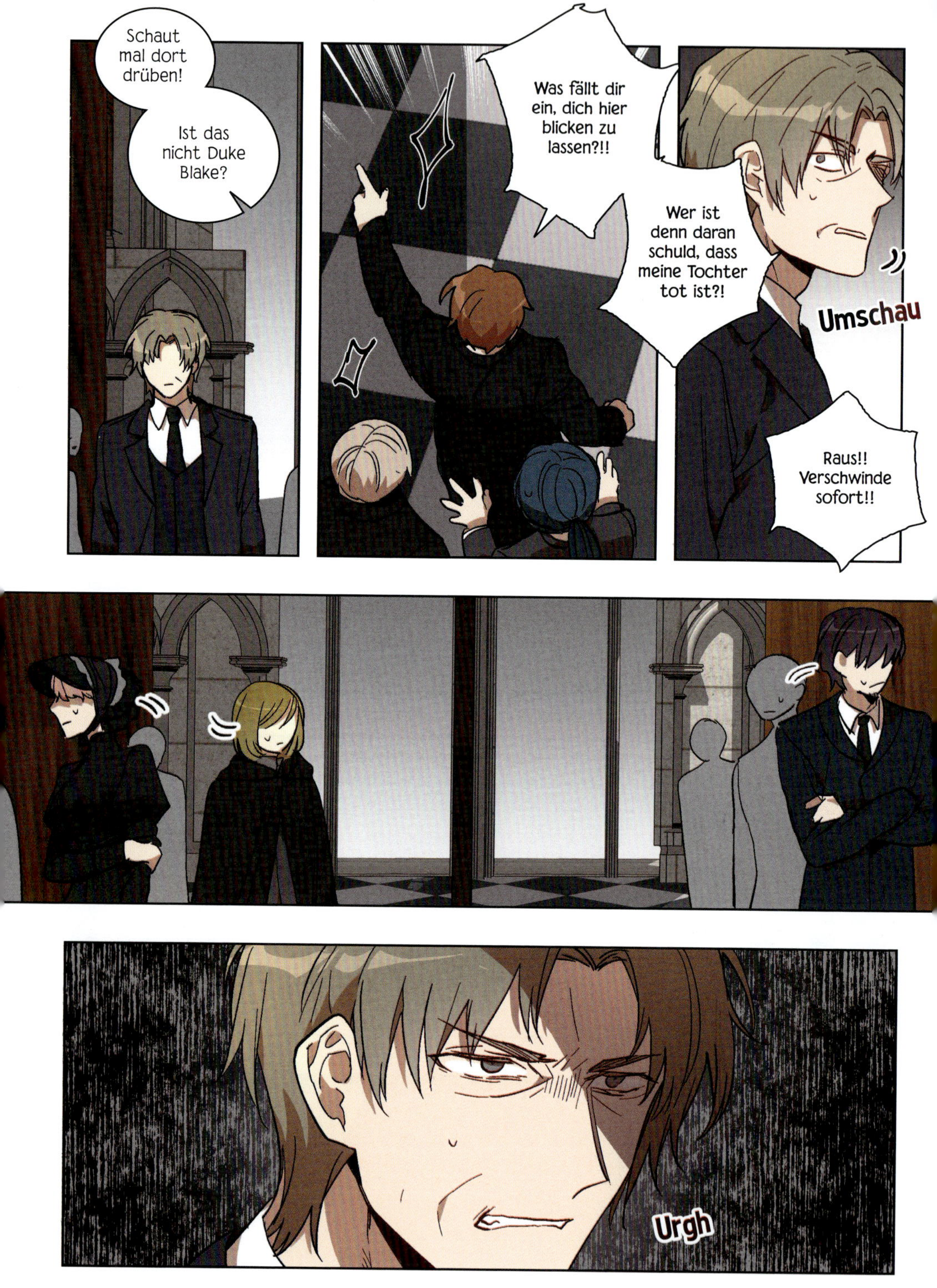
Schaut mal dort drüben!
Ist das nicht Duke Blake?
Was fällt dir ein, dich hier blicken zu lassen?!!
Wer ist denn daran schuld, dass meine Tochter tot ist?!
Umschau
Raus!! Verschwinde sofort!!
Urgh

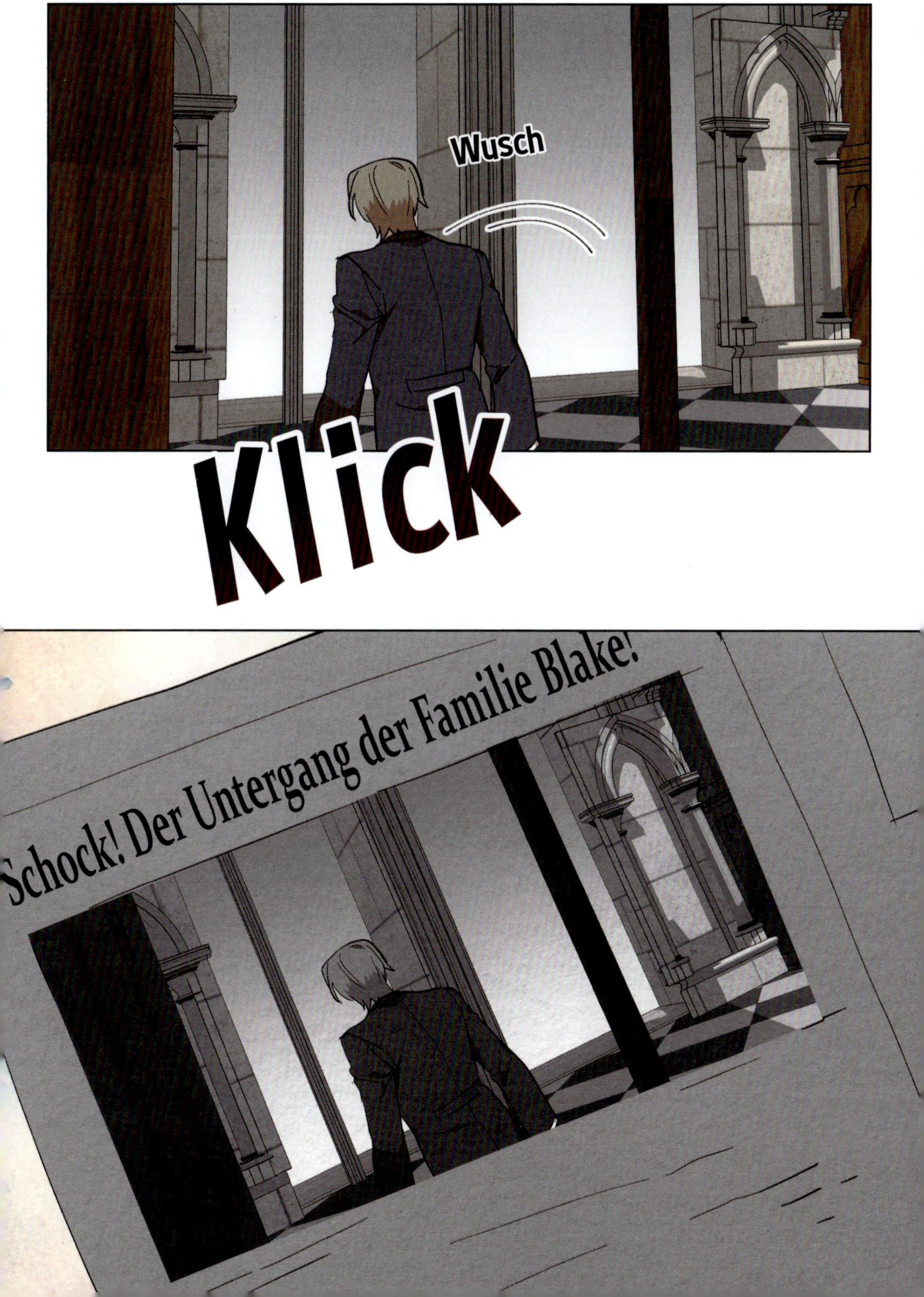
Wusch
Klick
Schock! Der Untergang der Familie Blake!

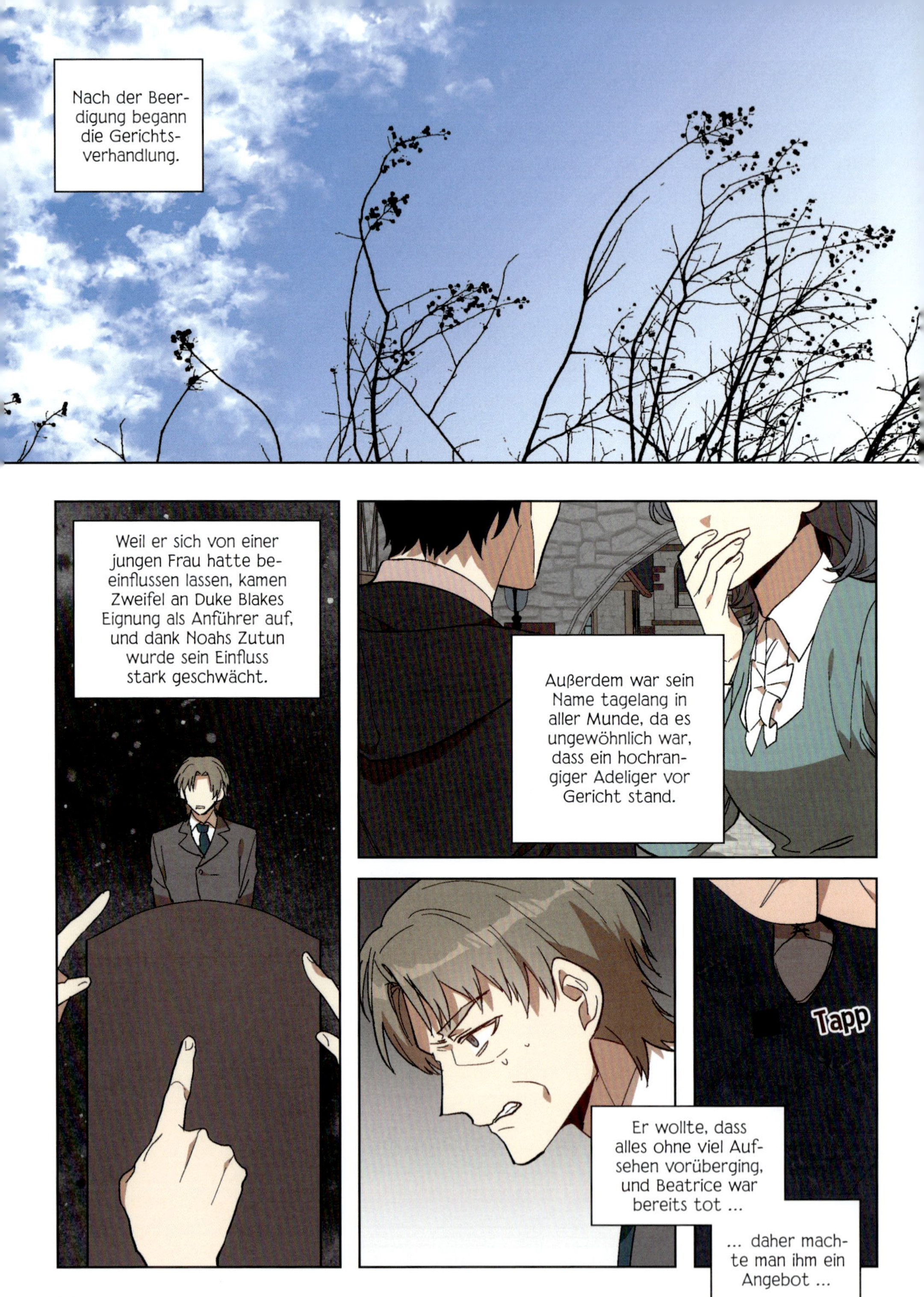
Nach der Beerdigung begann die Gerichtsverhandlung.
Weil er sich von einer jungen Frau hatte beeinflussen lassen, kamen Zweifel an Duke Blakes Eignung als Anführer auf, und dank Noahs Zutun wurde sein Einfluss stark geschwächt.
Außerdem war sein Name tagelang in aller Munde, da es ungewöhnlich war, dass ein hochrangiger Adeliger vor Gericht stand.
Tapp
Er wollte, dass alles ohne viel Aufsehen vorüberging, und Beatrice war bereits tot ...
... daher machte man ihm ein Angebot ...

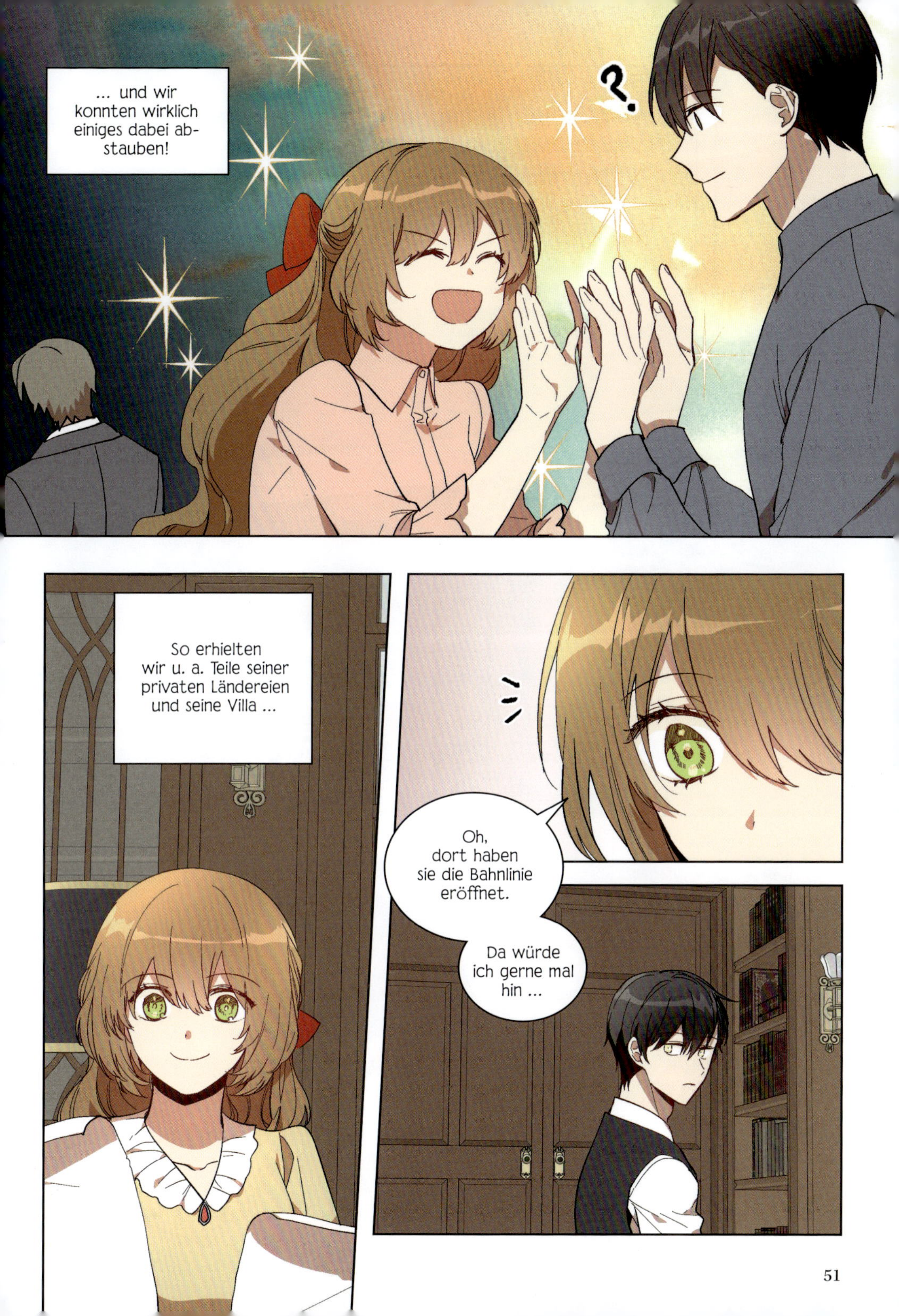
... und wir konnten wirklich einiges dabei abstauben!
?
So erhielten wir u. a. Teile seiner privaten Ländereien und seine Villa ...
Oh, dort haben sie die Bahnlinie eröffnet.
Da würde ich gerne mal hin ...

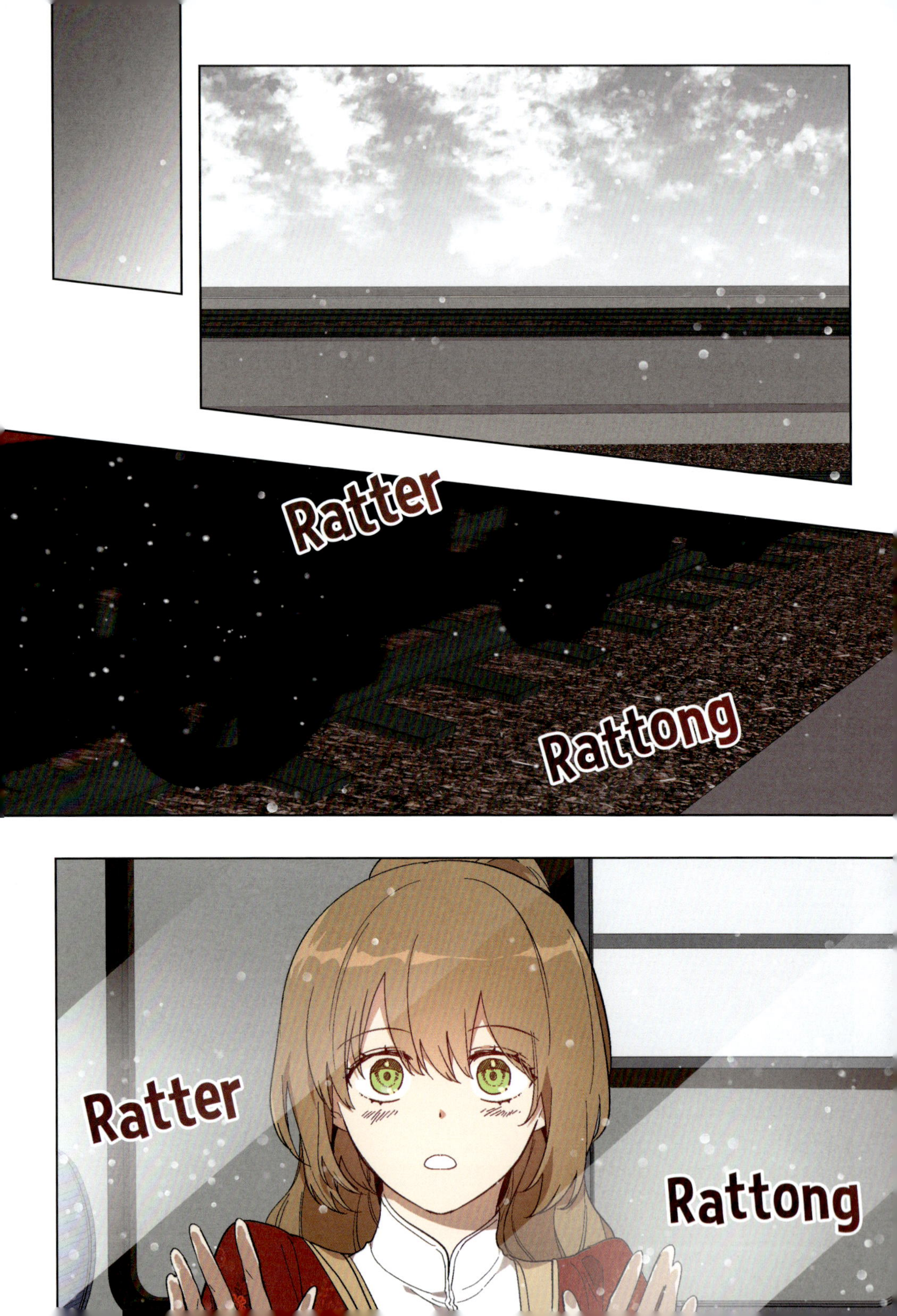
Ratter
Rattong
Ratter
Rattong

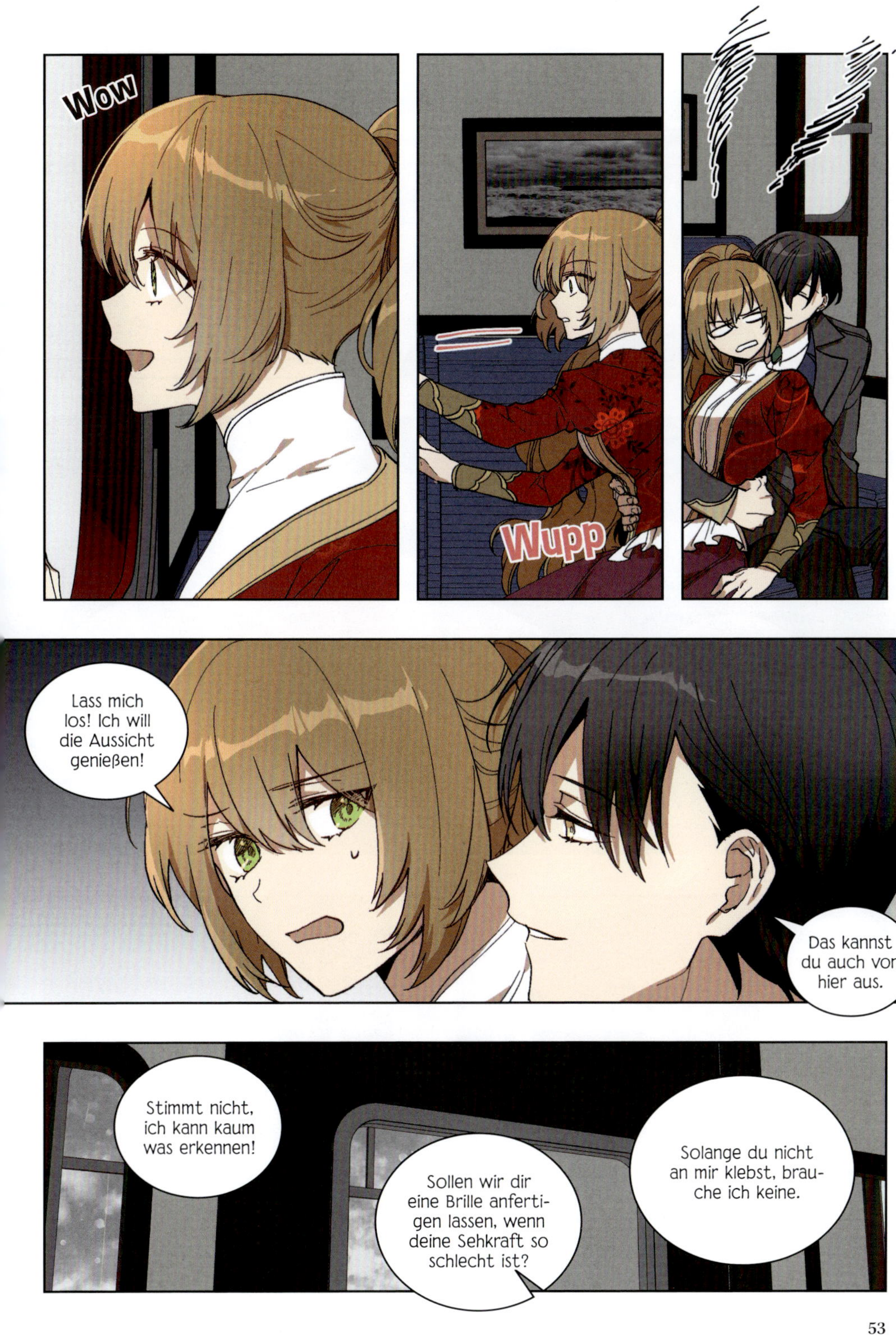
Wow
Wupp
Lass mich los! Ich will die Aussicht genießen!
Das kannst du auch von hier aus.
Stimmt nicht, ich kann kaum was erkennen!
Sollen wir dir eine Brille anferti-gen lassen, wenn deine Sehkraft so schlecht ist?
Solange du nicht an mir klebst, brau-che ich keine.

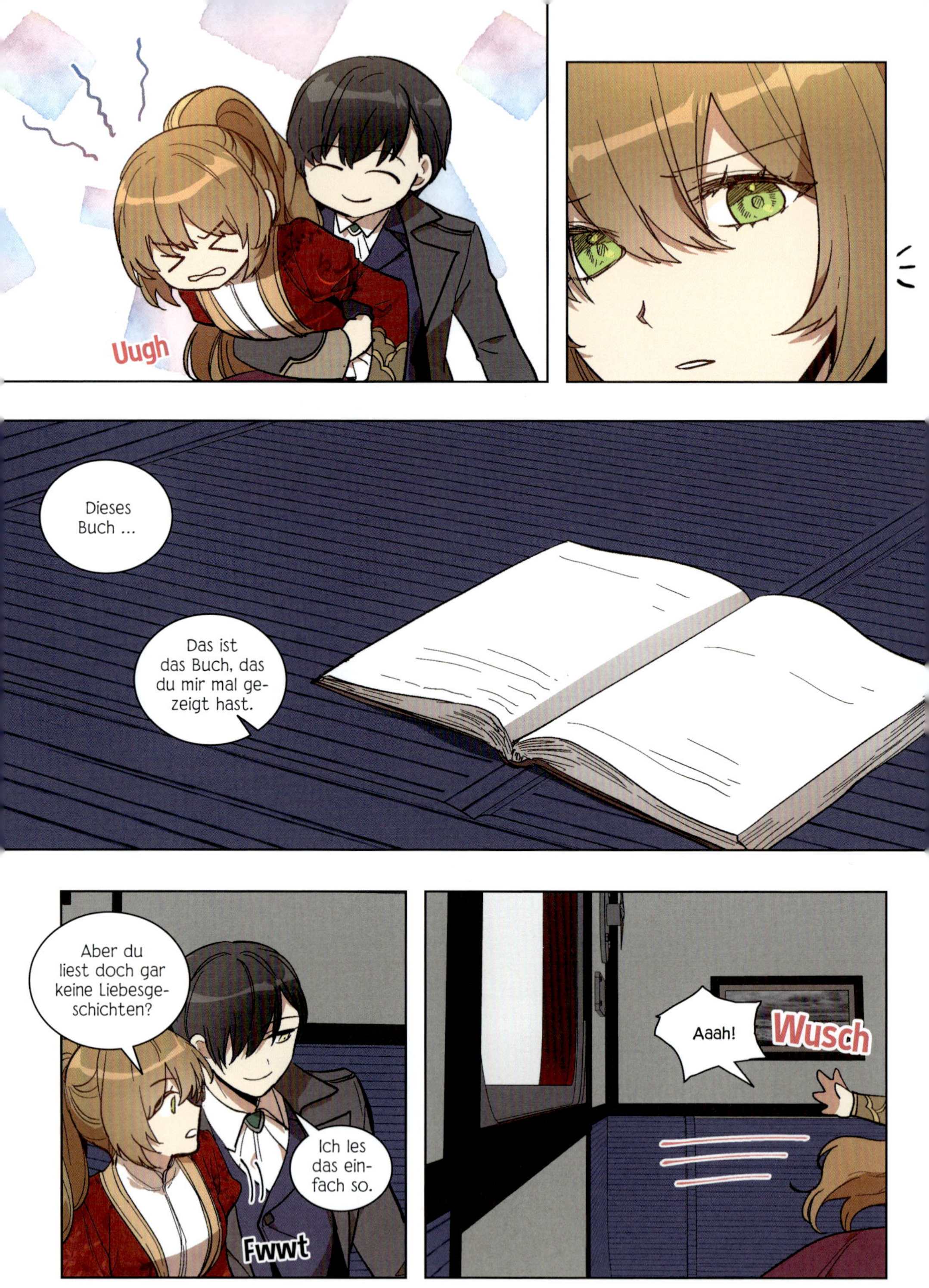
Uugh
Dieses Buch ...
Das ist das Buch, das du mir mal gezeigt hast.
Aber du liest doch gar keine Liebesgeschichten?
Ich les das einfach so.
Fwwt
Aaah!
Wusch

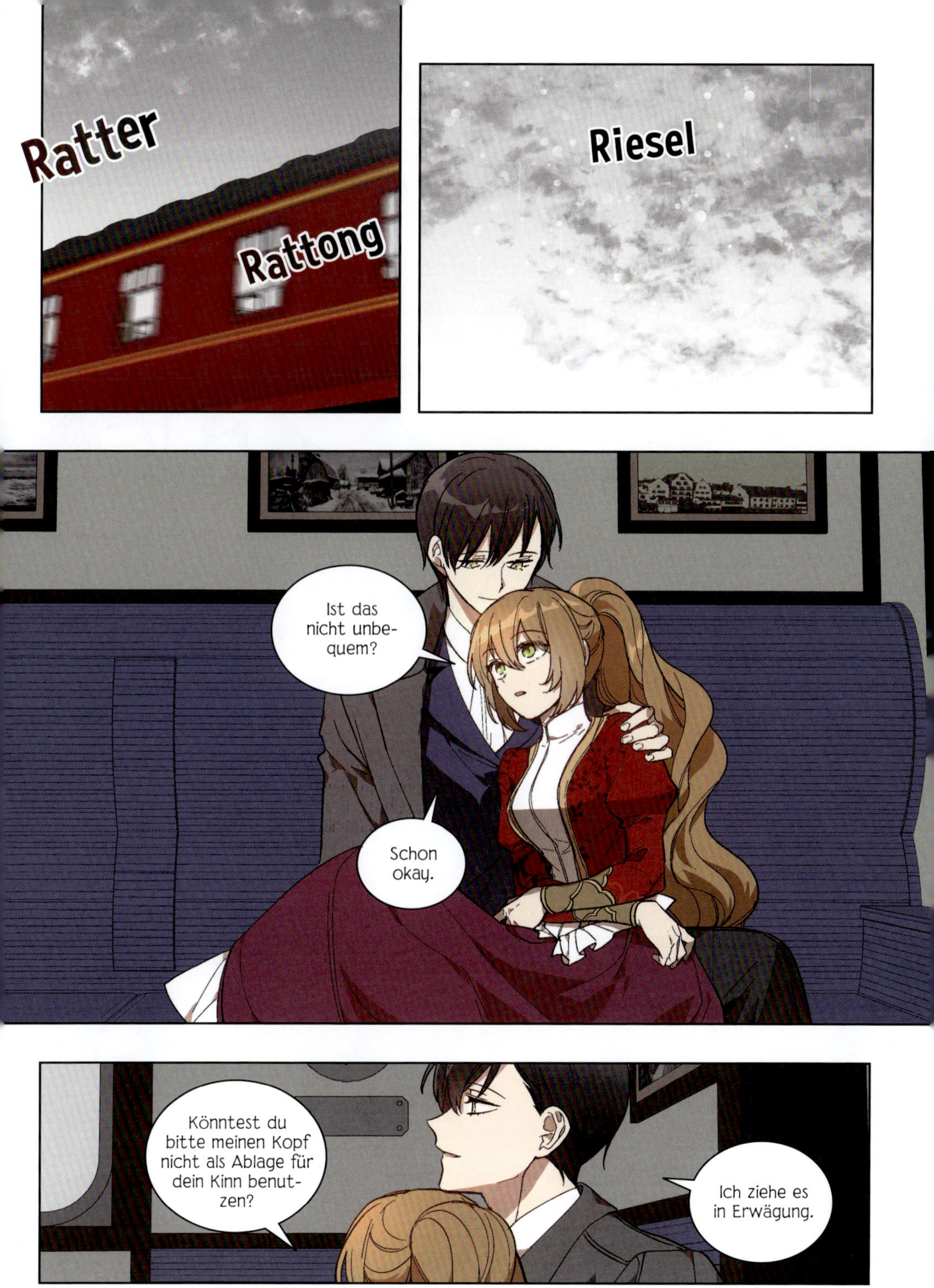
Ratter
Rattong
Riesel
Ist das nicht unbequem?
Schon okay.
Könntest du bitte meinen Kopf nicht als Ablage für dein Kinn benutzen?
Ich ziehe es in Erwägung.

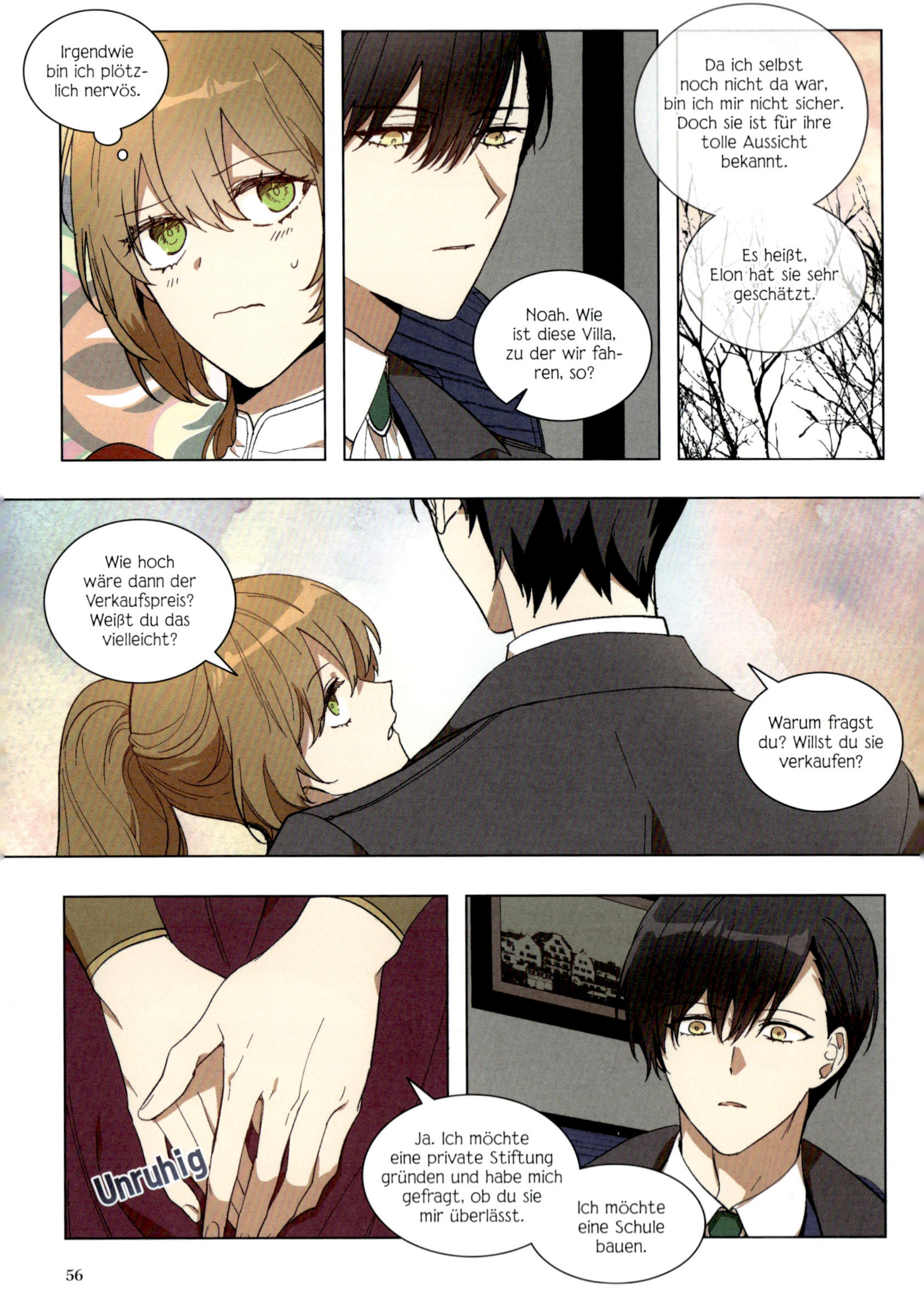
Irgendwie bin ich plötzlich nervös.
Noah. Wie ist diese Villa, zu der wir fahren, so?
Da ich selbst noch nicht da war, bin ich mir nicht sicher. Doch sie ist für ihre tolle Aussicht bekannt.
Es heißt, Elon hat sie sehr geschätzt.
Wie hoch wäre dann der Verkaufspreis? Weißt du das vielleicht?
Warum fragst du? Willst du sie verkaufen?
Unruhig
Ja. Ich möchte eine private Stiftung gründen und habe mich gefragt, ob du sie mir überlässt.
Ich möchte eine Schule bauen.

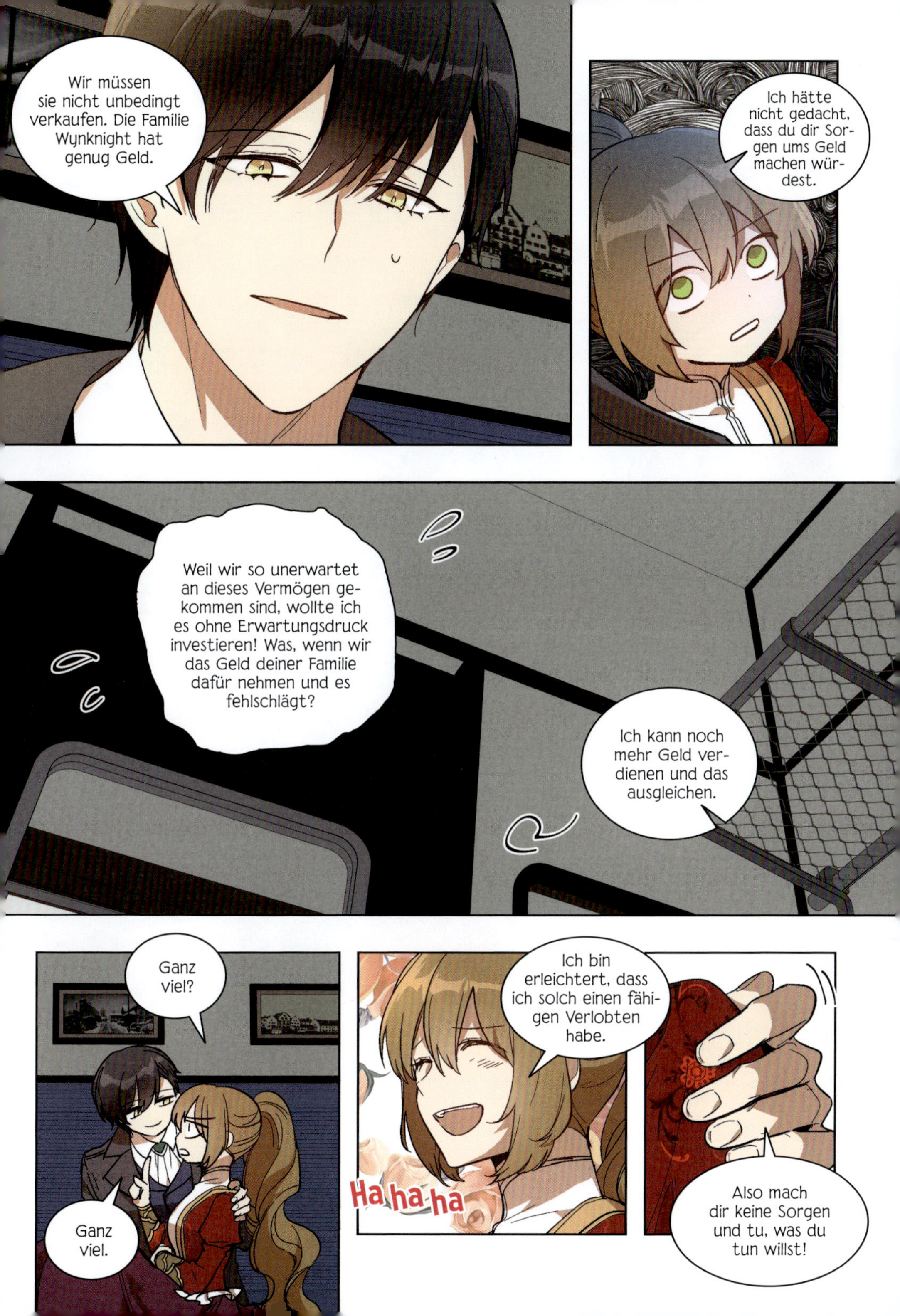
Wir müssen sie nicht unbedingt verkaufen. Die Familie Wynknight hat genug Geld.
Ich hätte nicht gedacht, dass du dir Sorgen ums Geld machen würdest.
Weil wir so unerwartet an dieses Vermögen gekommen sind, wollte ich es ohne Erwartungsdruck investieren! Was, wenn wir das Geld deiner Familie dafür nehmen und es fehlschlägt?
Ich kann noch mehr Geld verdienen und das ausgleichen.
Ganz viel?
Ganz viel.
Ich bin erleichtert, dass ich solch einen fähigen Verlobten habe.
Ha ha ha
Also mach dir keine Sorgen und tu, was du tun willst!

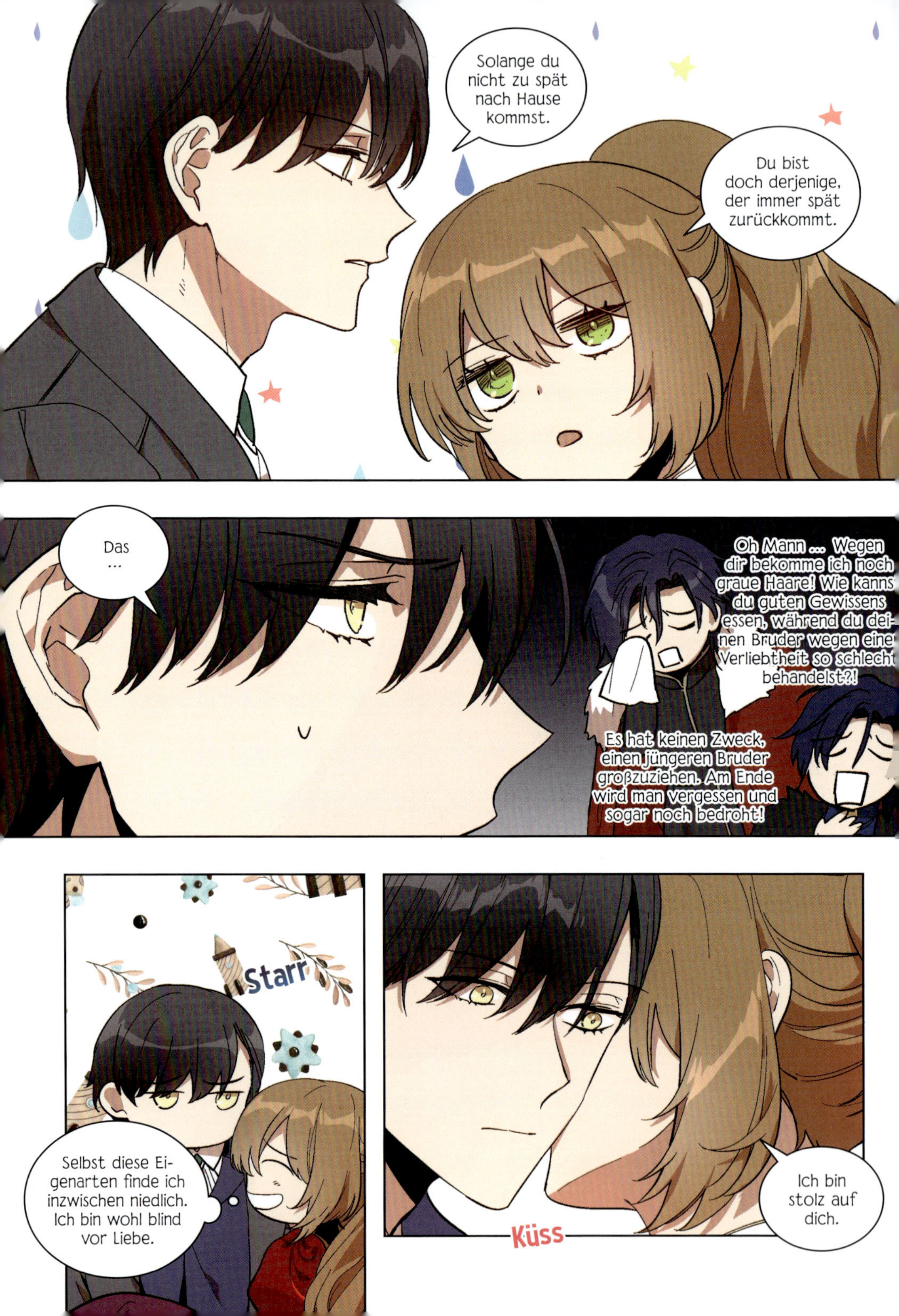
Solange du nicht zu spät nach Hause kommst.
Du bist doch derjenige, der immer spät zurückkommt.
Das …
Oh Mann … Wegen dir bekomme ich noch graue Haare! Wie kannst du guten Gewissens essen, während du deinen Bruder wegen einer Verliebtheit so schlecht behandelst?!
Es hat keinen Zweck, einen jüngeren Bruder großzuziehen. Am Ende wird man vergessen und sogar noch bedroht!
Starr
Selbst diese Eigenarten finde ich inzwischen niedlich. Ich bin wohl blind vor Liebe.
Ich bin stolz auf dich.
Küss

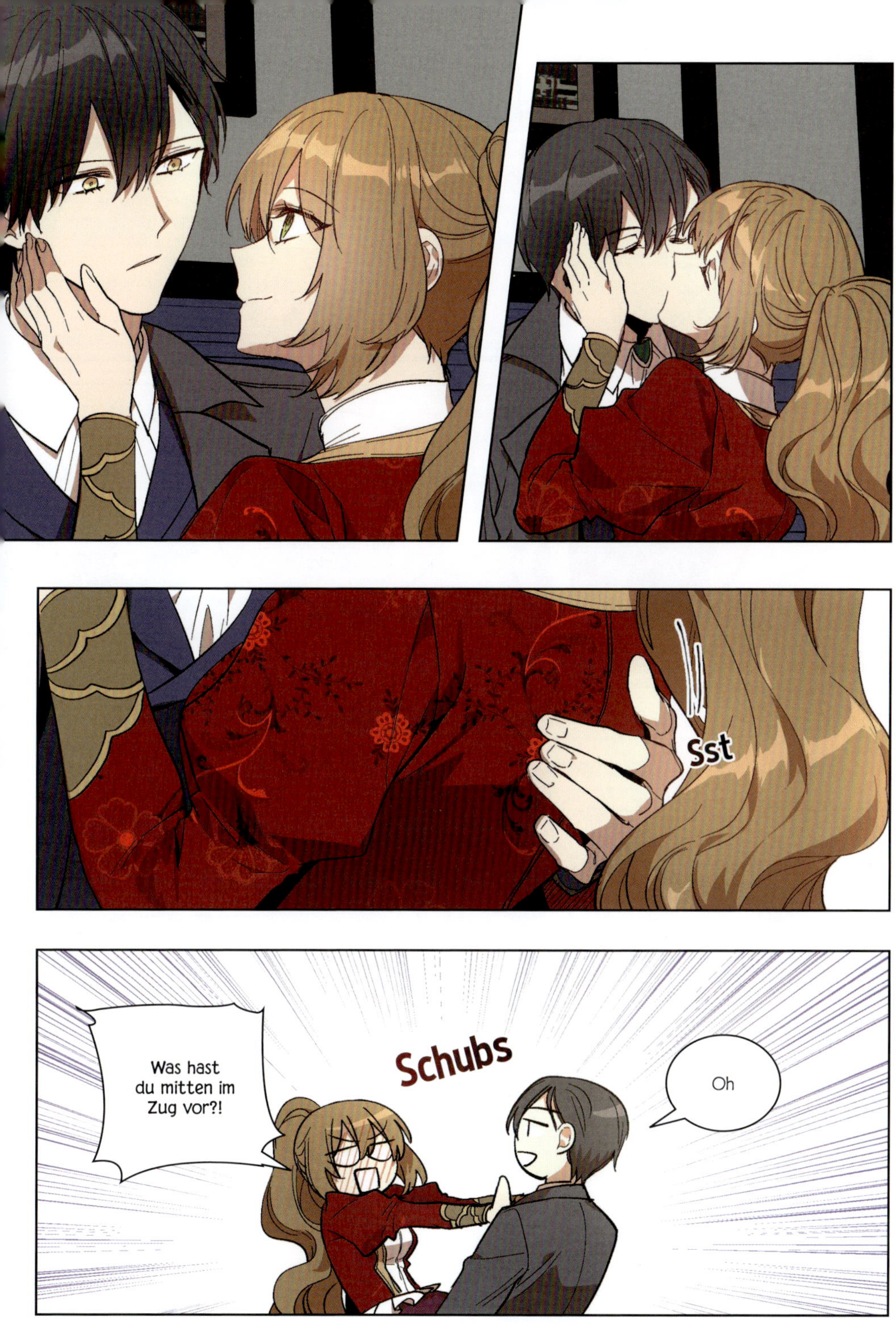
Sst
Was hast du mitten im Zug vor?!
Schubs
Oh

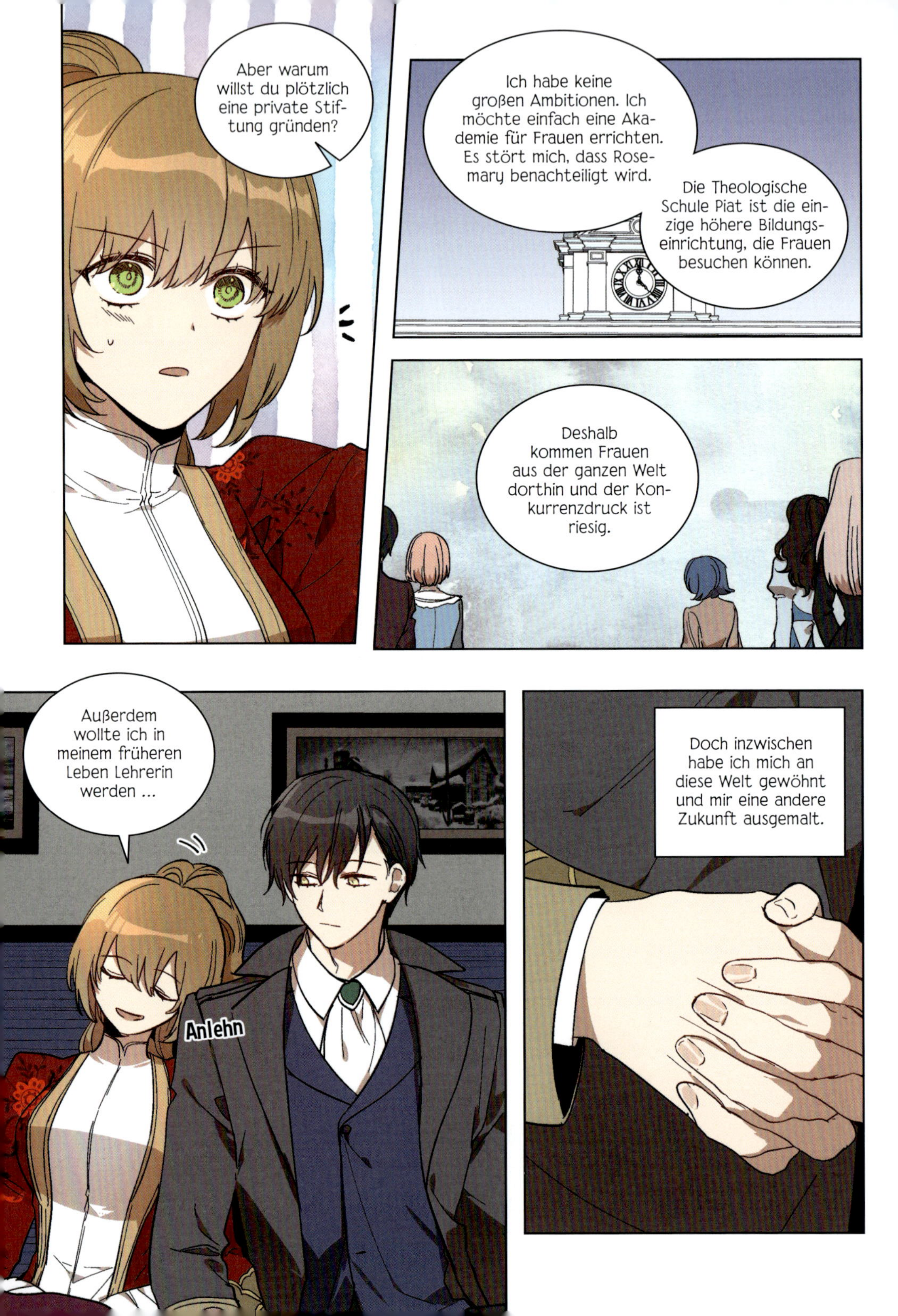

Aber warum willst du plötzlich eine private Stif-tung gründen?
Ich habe keine großen Ambitionen. Ich möchte einfach eine Aka-demie für Frauen errichten. Es stört mich, dass Rose-mary benachteiligt wird.
Die Theologische Schule Piat ist die ein-zige höhere Bildungs-einrichtung, die Frauen besuchen können.
Deshalb kommen Frauen aus der ganzen Welt dorthin und der Kon-kurrenzdruck ist riesig.
Außerdem wollte ich in meinem früheren Leben Lehrerin werden ...
Anlehn
Doch inzwischen habe ich mich an diese Welt gewöhnt und mir eine andere Zukunft ausgemalt.

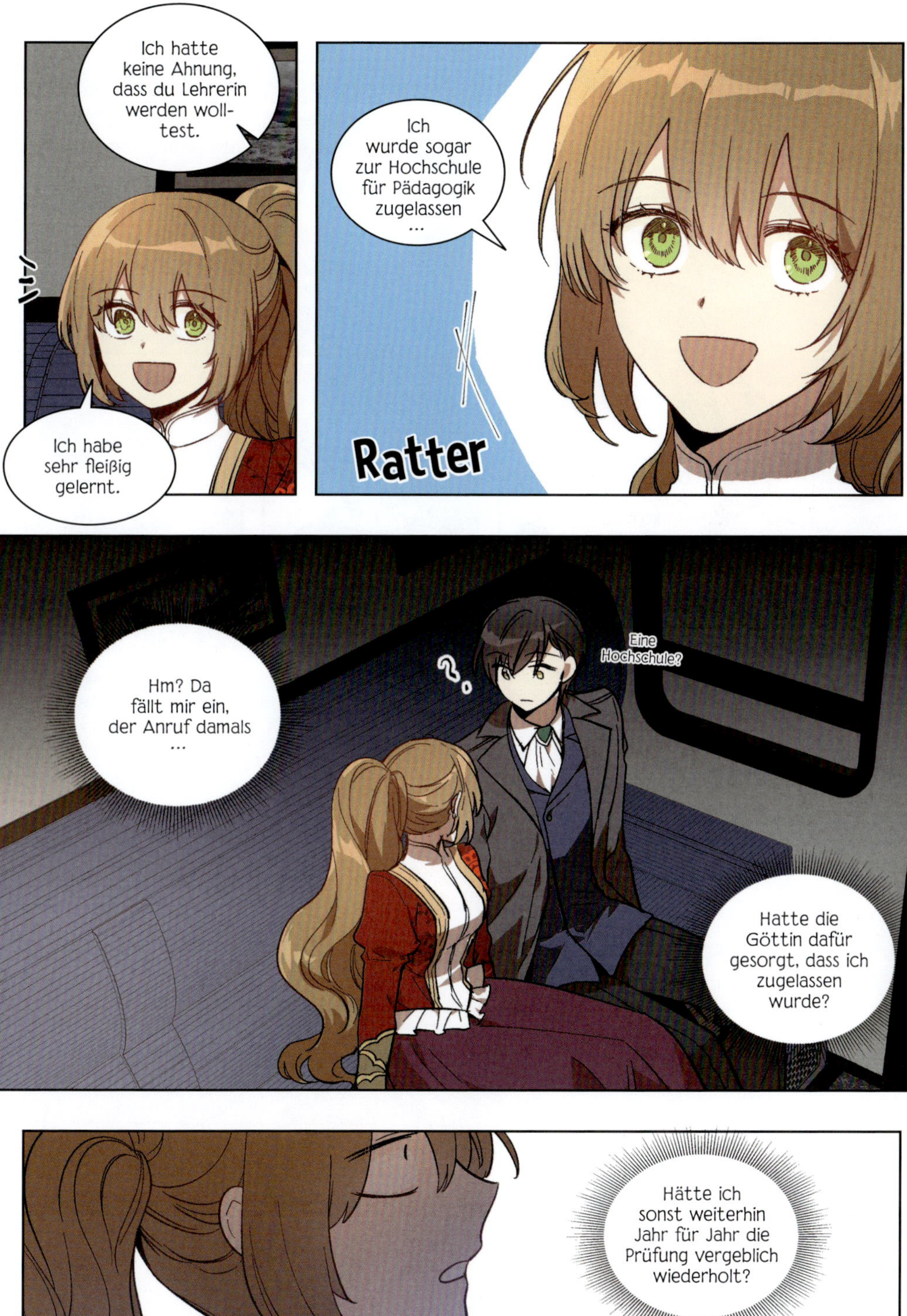
Ich hatte keine Ahnung, dass du Lehrerin werden wolltest.
Ich habe sehr fleißig gelernt.
Ich wurde sogar zur Hochschule für Pädagogik zugelassen …
Ratter
Hm? Da fällt mir ein, der Anruf damals …
Eine Hochschule?
Hatte die Göttin dafür gesorgt, dass ich zugelassen wurde?
Hätte ich sonst weiterhin Jahr für Jahr die Prüfung vergeblich wiederholt?

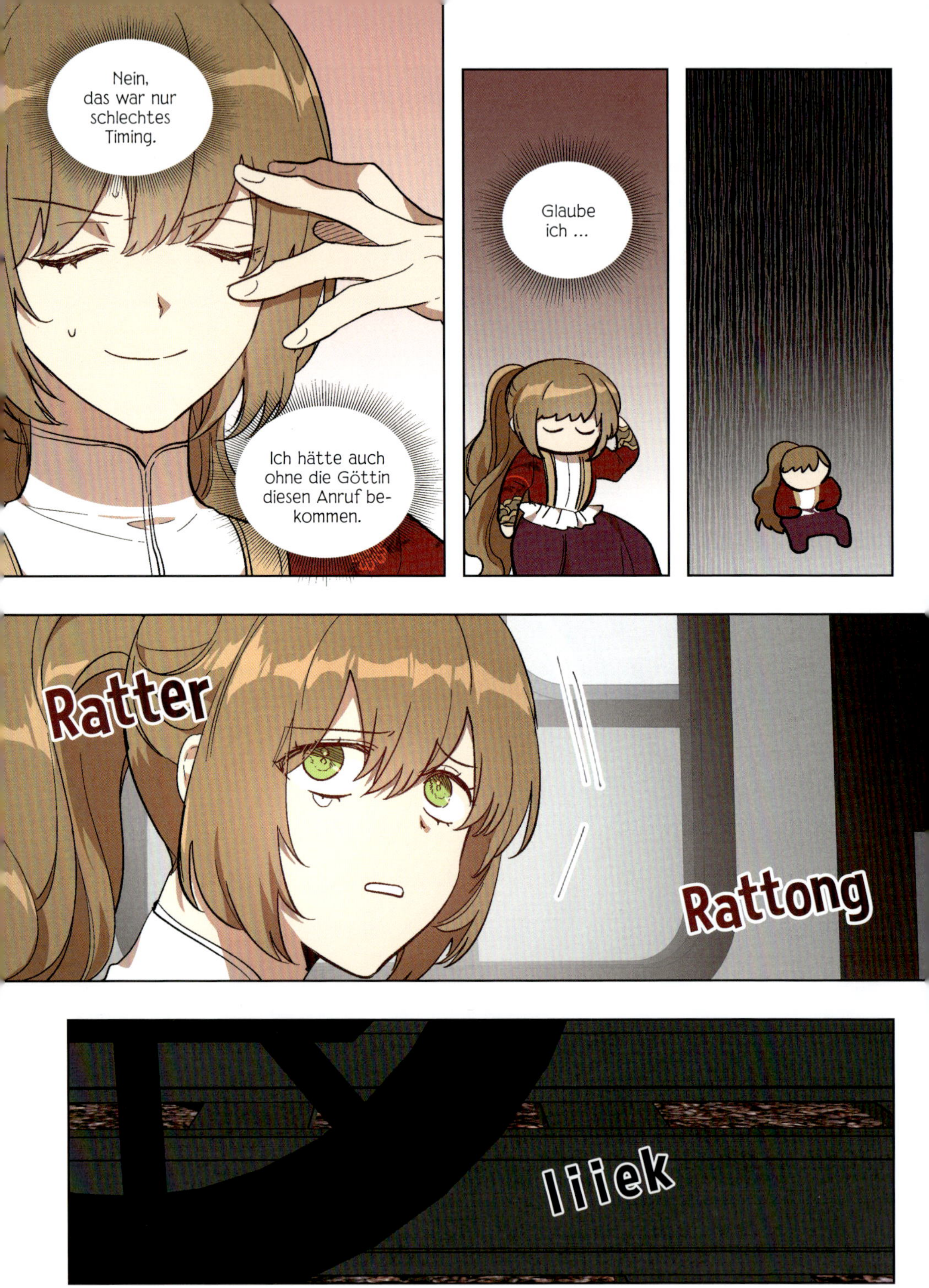
Nein, das war nur schlechtes Timing.
Ich hätte auch ohne die Göttin diesen Anruf bekommen.
Glaube ich ...
Ratter
Rattong
Iiiek

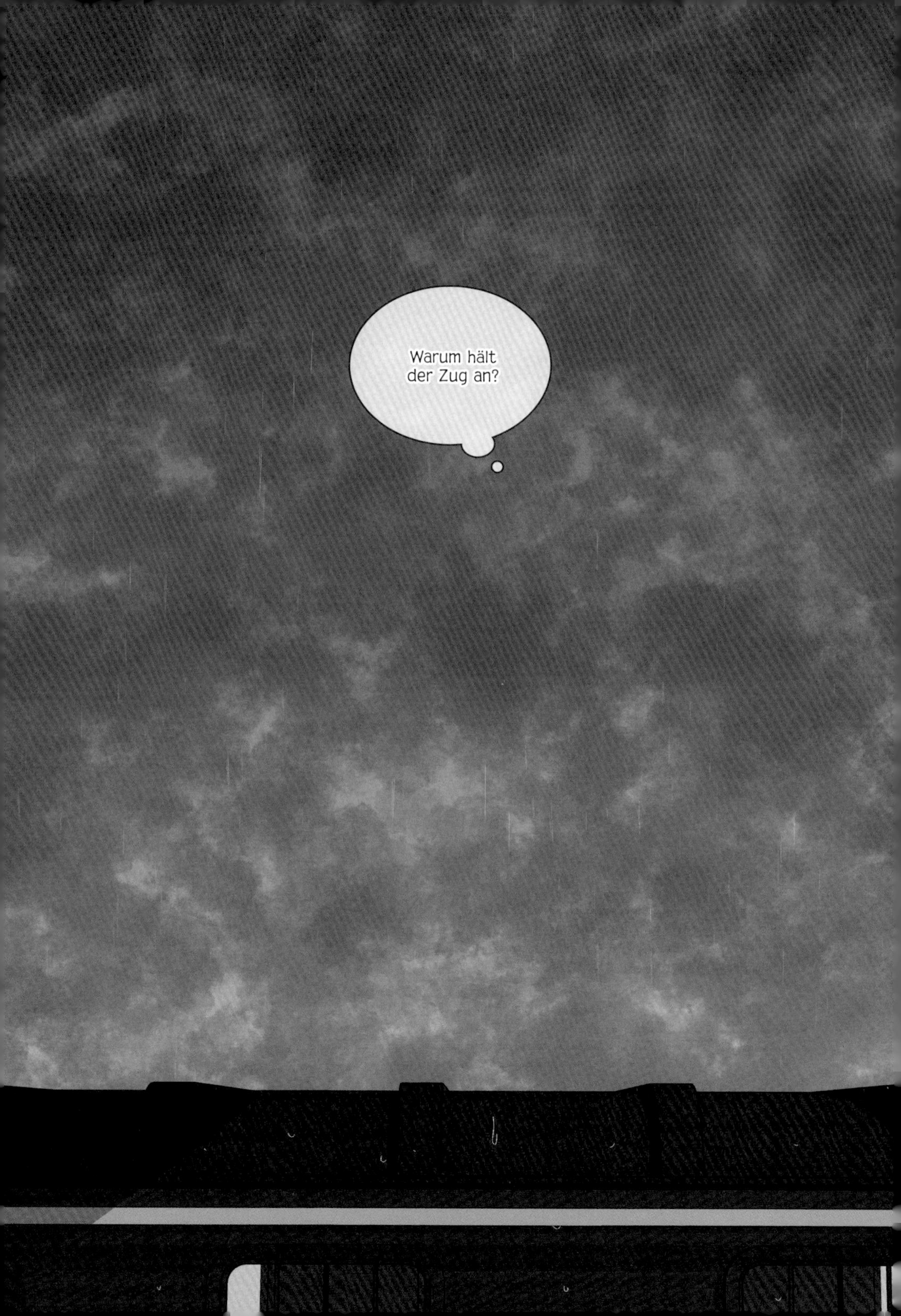
Warum hält der Zug an?

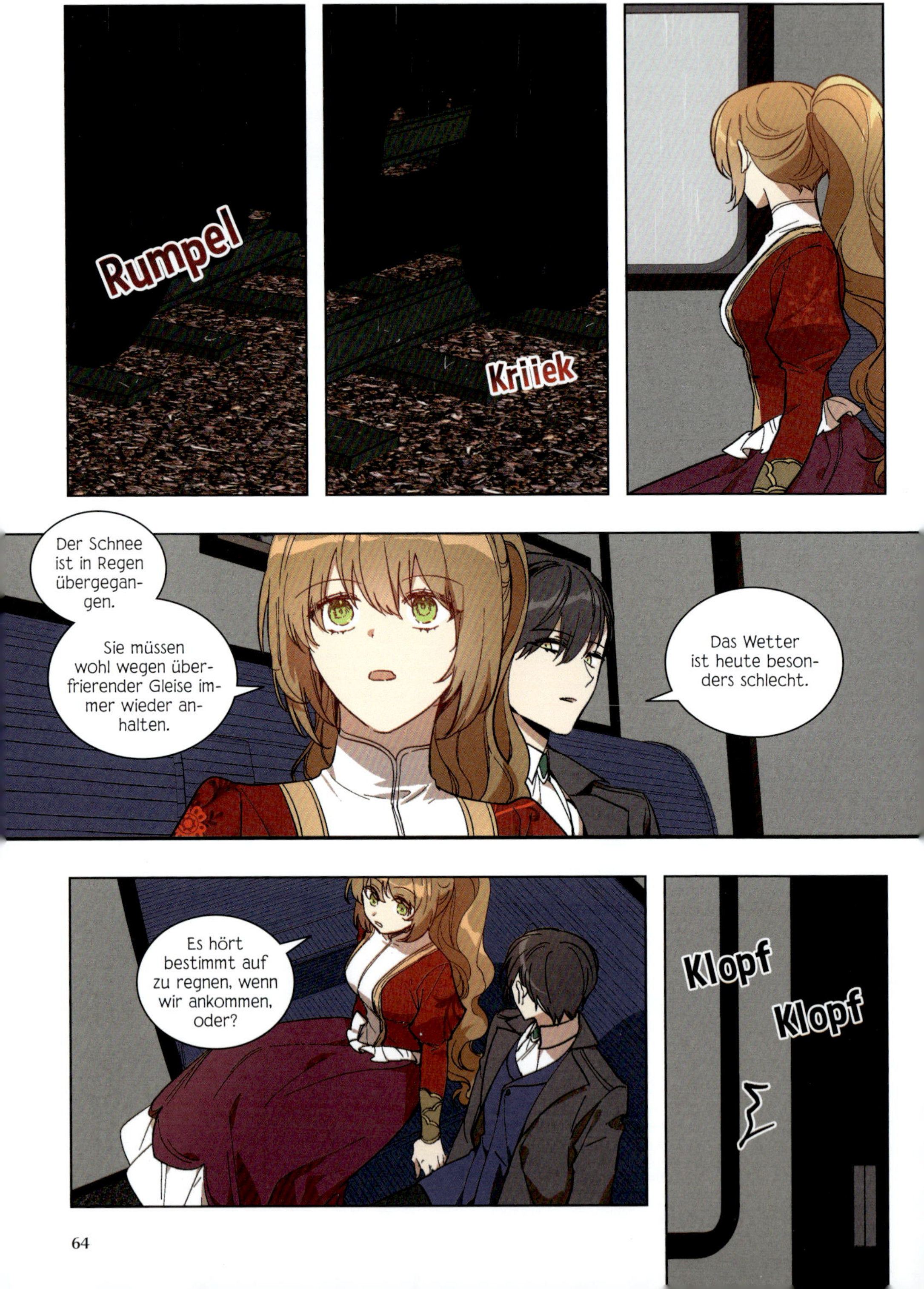
Rumpel
Kriiek
Der Schnee ist in Regen übergegangen.
Sie müssen wohl wegen überfrierender Gleise immer wieder anhalten.
Das Wetter ist heute besonders schlecht.
Es hört bestimmt auf zu regnen, wenn wir ankommen, oder?
Klopf
Klopf

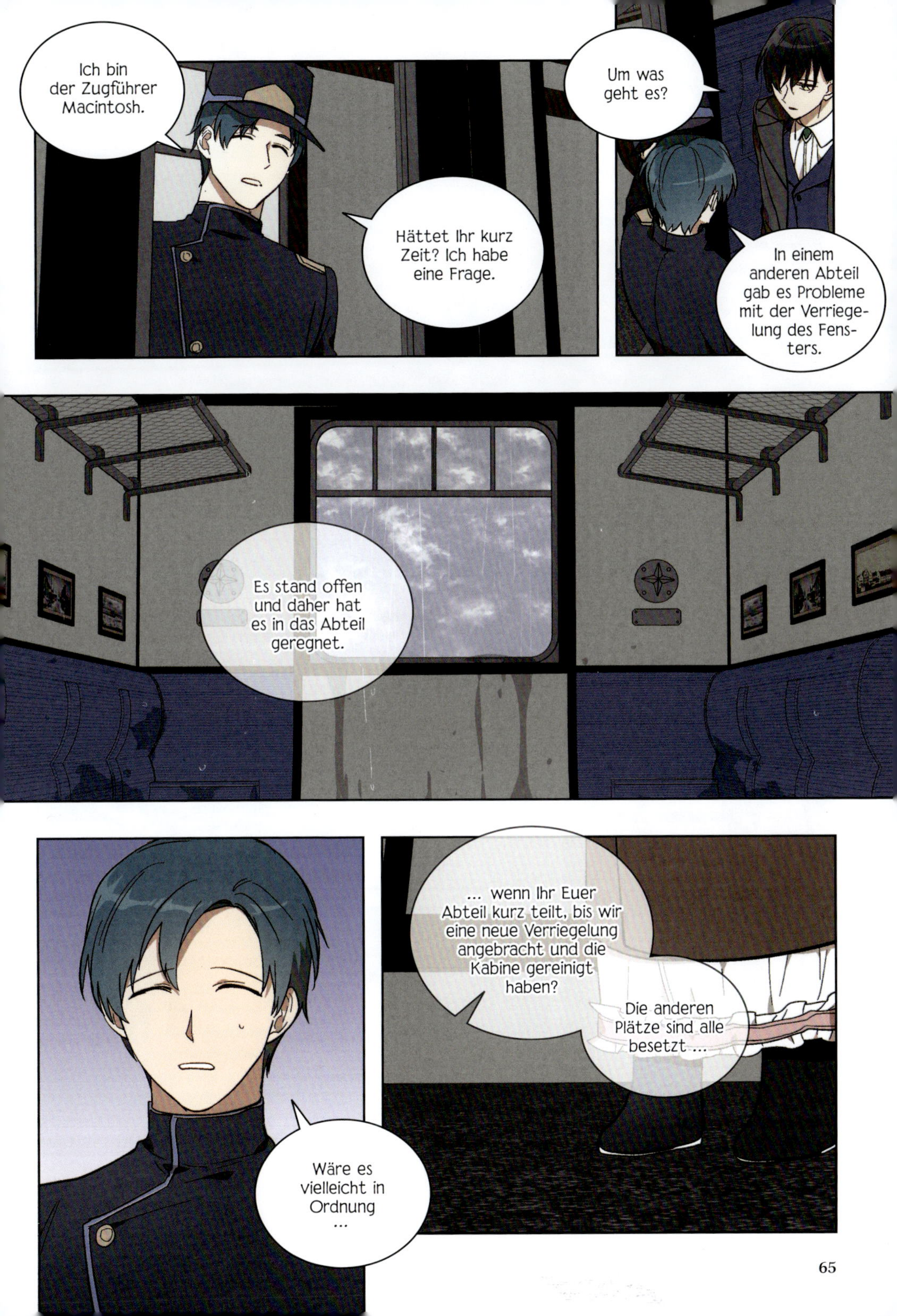
Ich bin der Zugführer Macintosh.
Hättet Ihr kurz Zeit? Ich habe eine Frage.
Um was geht es?
In einem anderen Abteil gab es Probleme mit der Verriegelung des Fensters.
Es stand offen und daher hat es in das Abteil geregnet.
Wäre es vielleicht in Ordnung ...
... wenn Ihr Euer Abteil kurz teilt, bis wir eine neue Verriegelung angebracht und die Kabine gereinigt haben?
Die anderen Plätze sind alle besetzt ...

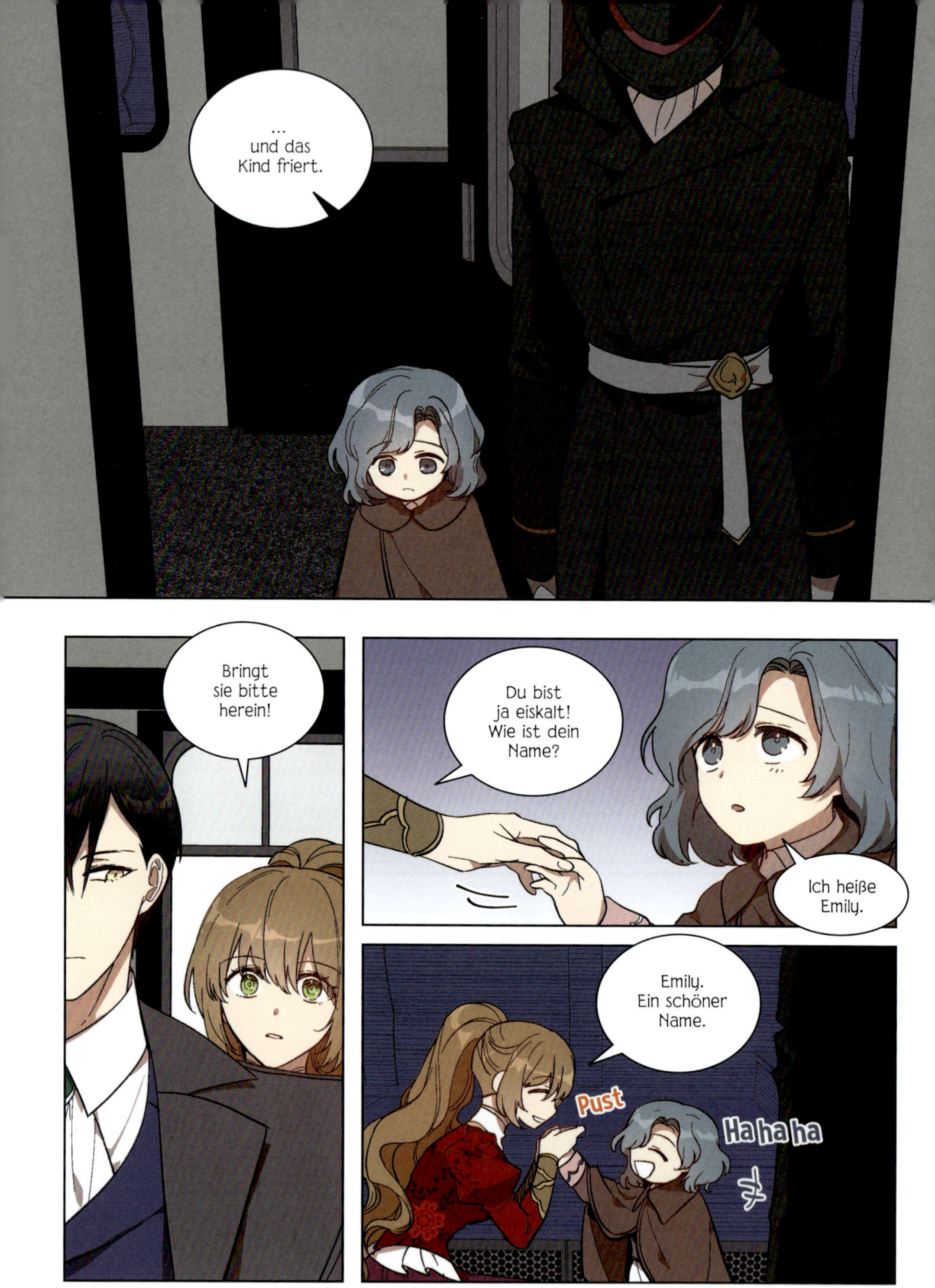
… und das Kind friert.
Bringt sie bitte herein!
Du bist ja eiskalt! Wie ist dein Name?
Ich heiße Emily.
Emily. Ein schöner Name.
Pust
Ha ha ha

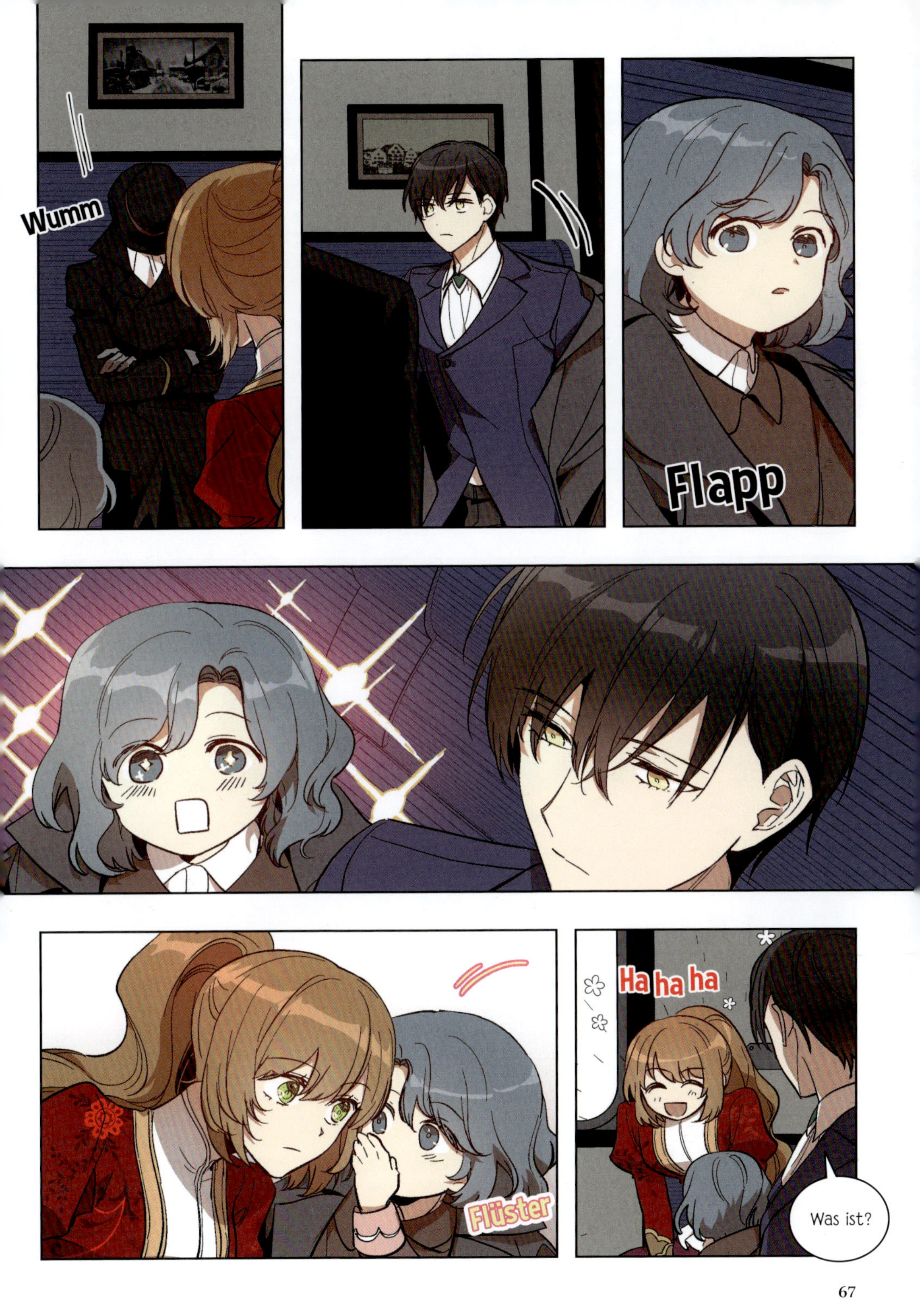
Wumm
Flapp
Flüster
Ha ha ha
Was ist?

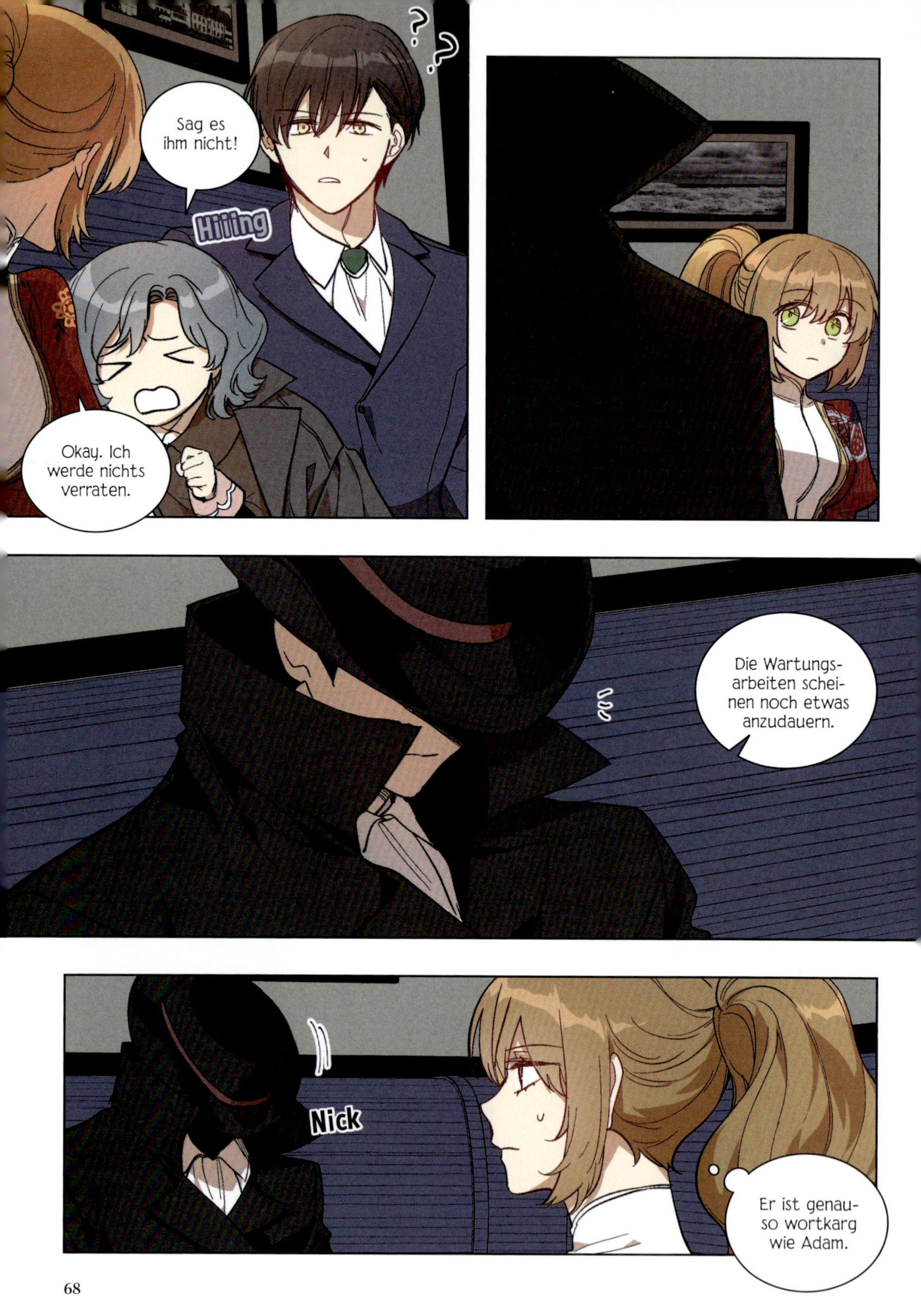

Sag es ihm nicht!
Hiiing
Okay. Ich werde nichts verraten.
Die Wartungs-arbeiten schei-nen noch etwas anzudauern.
Nick
Er ist genau-so wortkarg wie Adam.

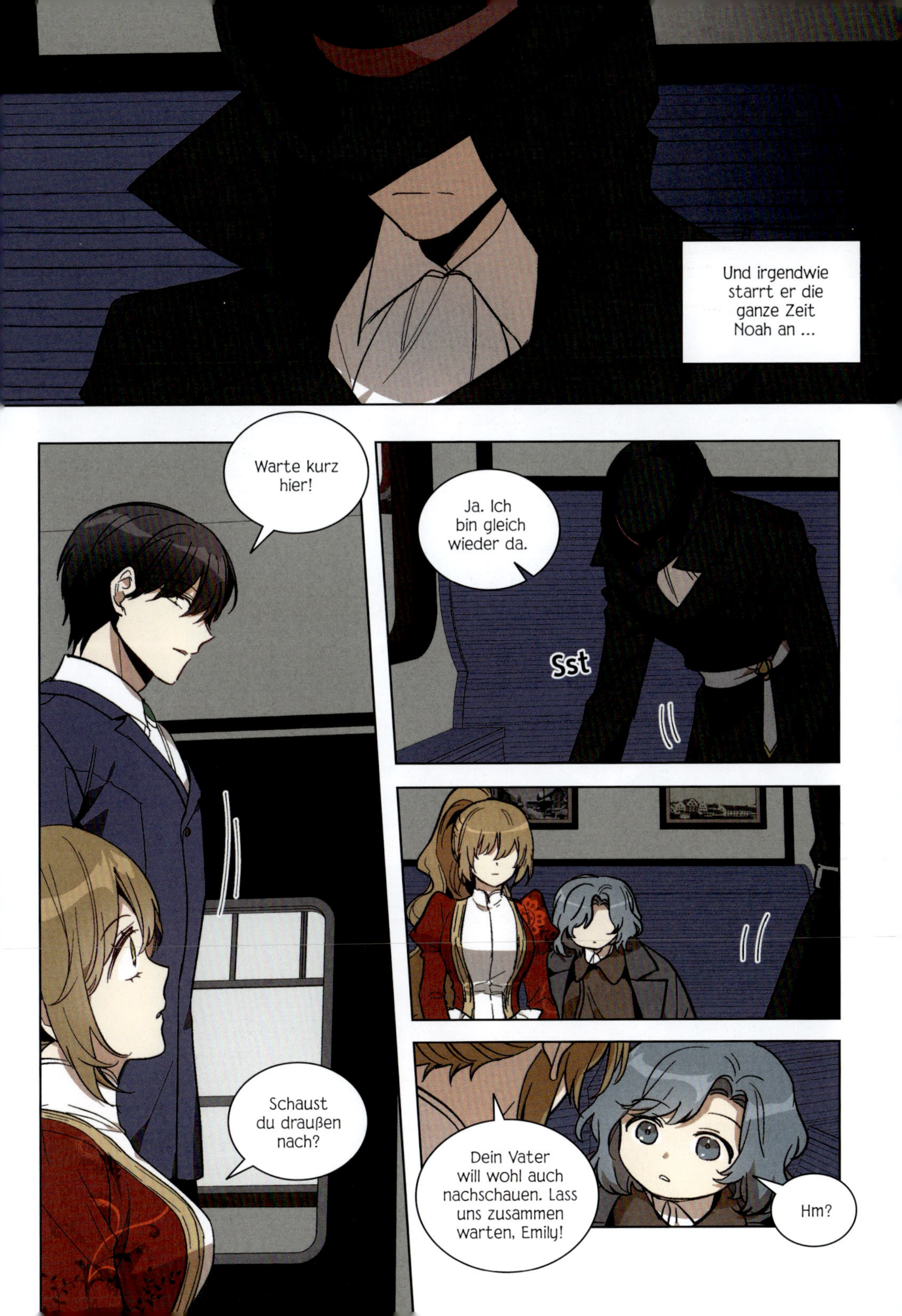

Und irgendwie starrt er die ganze Zeit Noah an ...
Warte kurz hier!
Ja. Ich bin gleich wieder da.
Sst
Schaust du draußen nach?
Dein Vater will wohl auch nachschauen. Lass uns zusammen warten, Emily!
Hm?

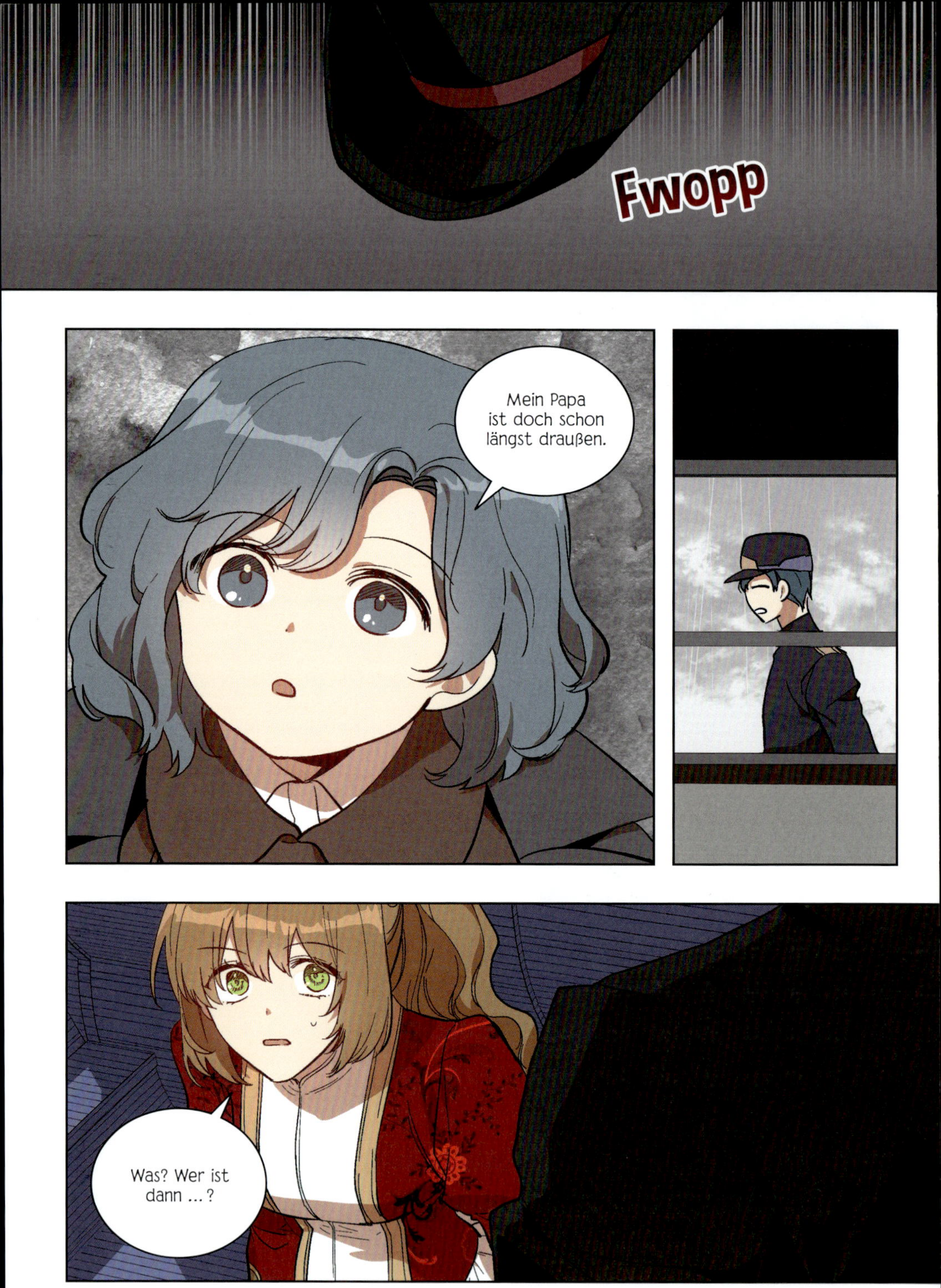
Fwopp
Mein Papa ist doch schon längst draußen.
Was? Wer ist dann ...?

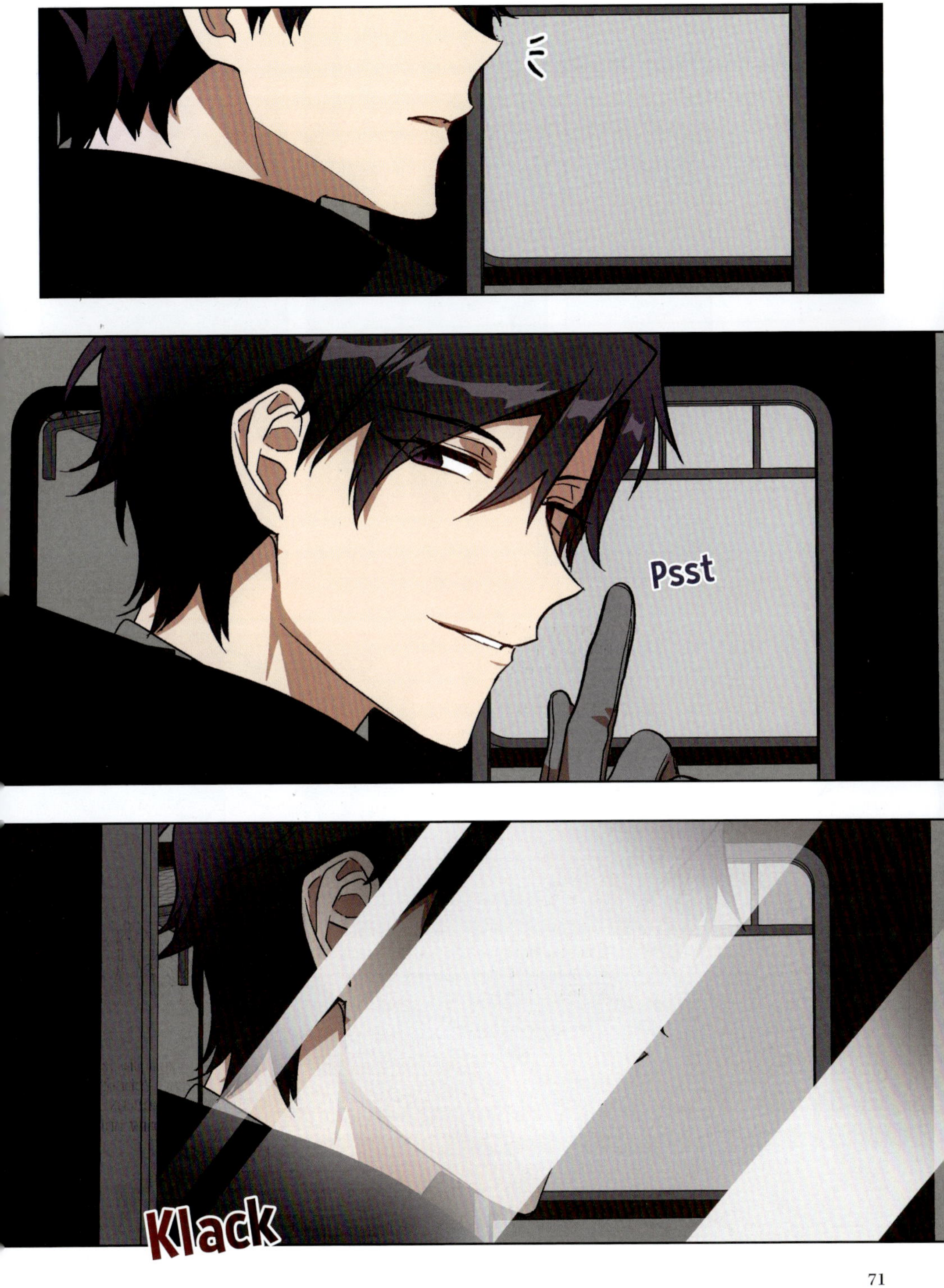
Psst
Klack

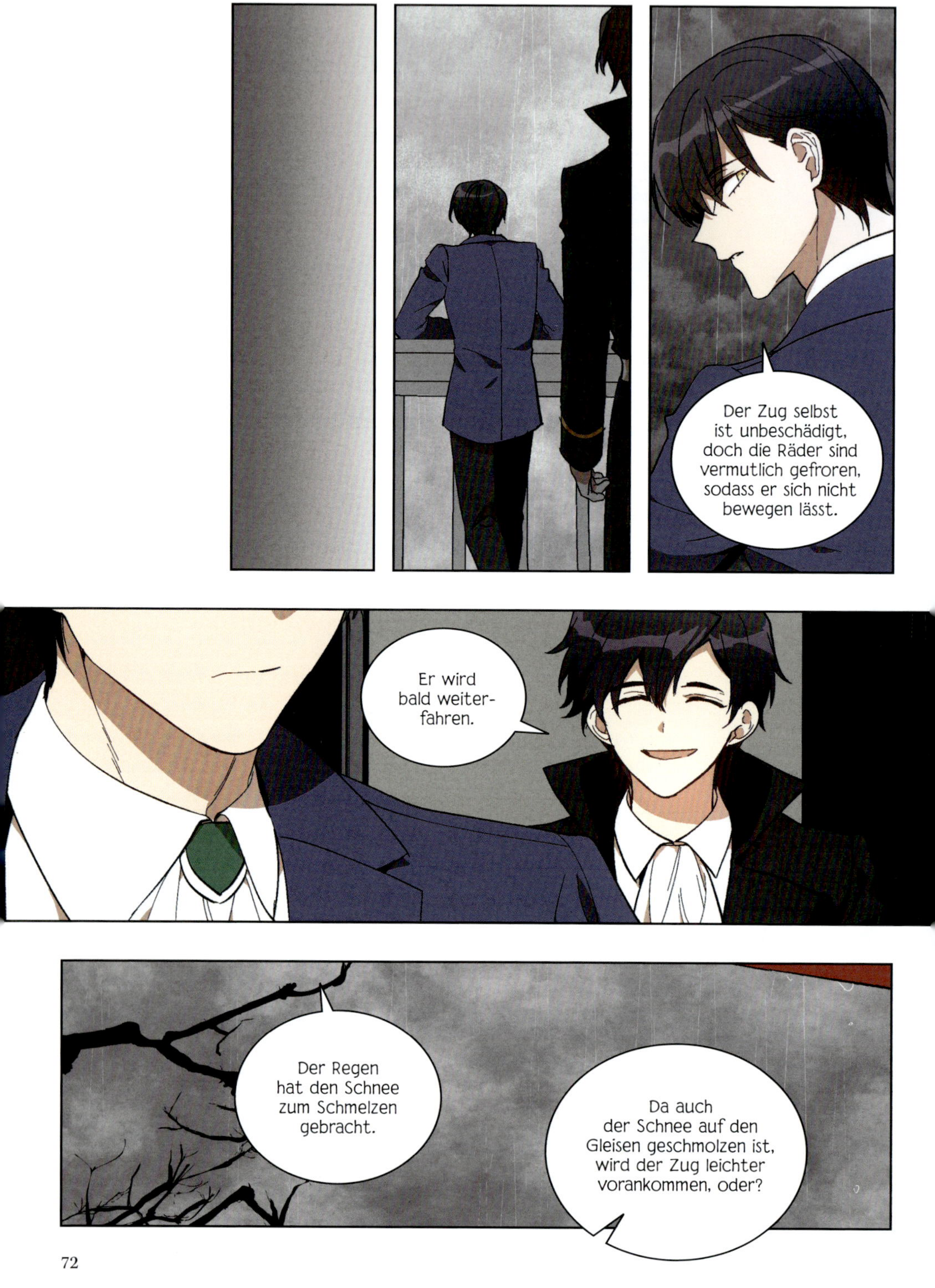
Der Zug selbst ist unbeschädigt, doch die Räder sind vermutlich gefroren, sodass er sich nicht bewegen lässt.
Er wird bald weiter-fahren.
Der Regen hat den Schnee zum Schmelzen gebracht.
Da auch der Schnee auf den Gleisen geschmolzen ist, wird der Zug leichter vorankommen, oder?

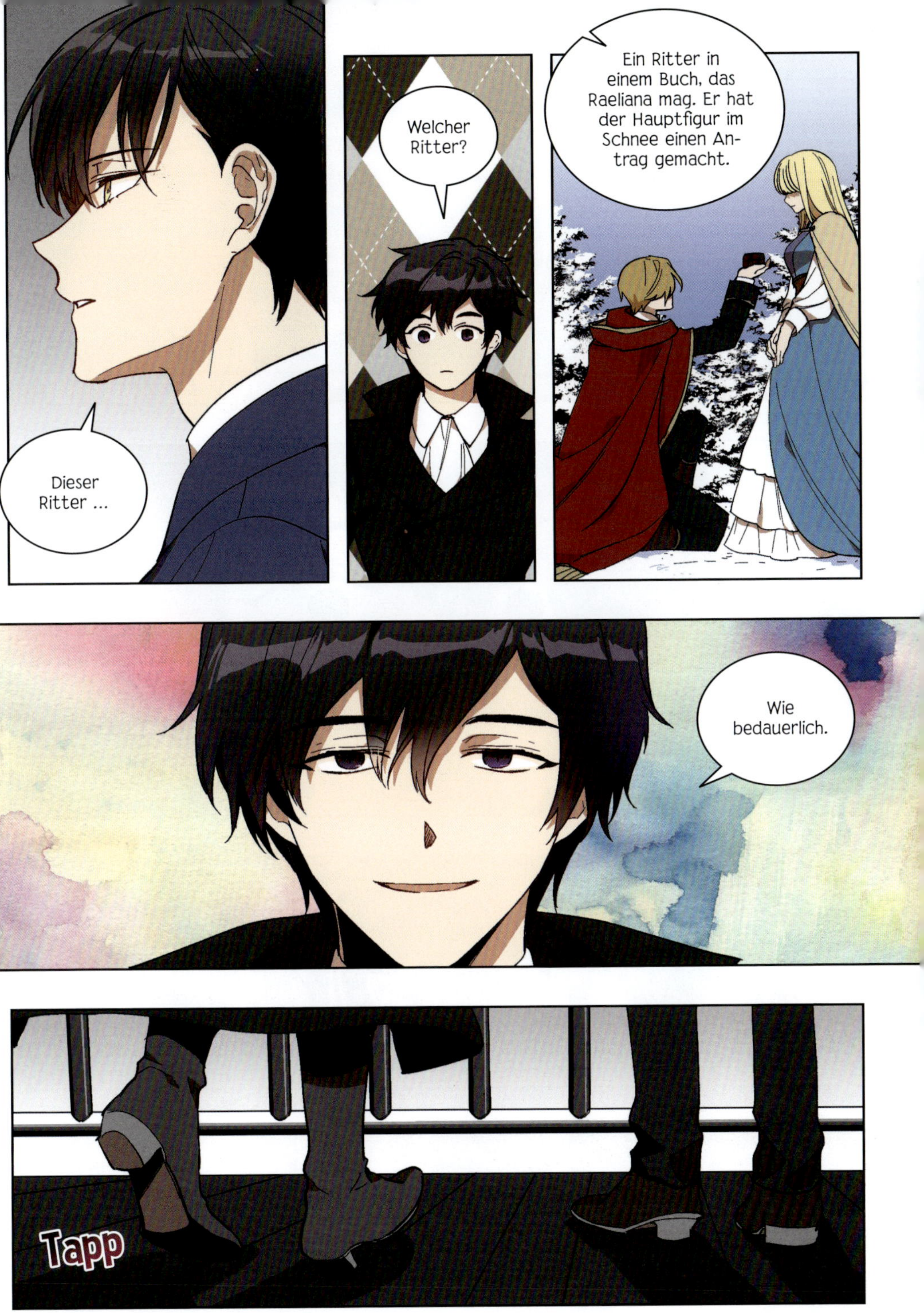
Dieser Ritter ...
Welcher Ritter?
Ein Ritter in einem Buch, das Raeliana mag. Er hat der Hauptfigur im Schnee einen Antrag gemacht.
Wie bedauerlich.
Tapp

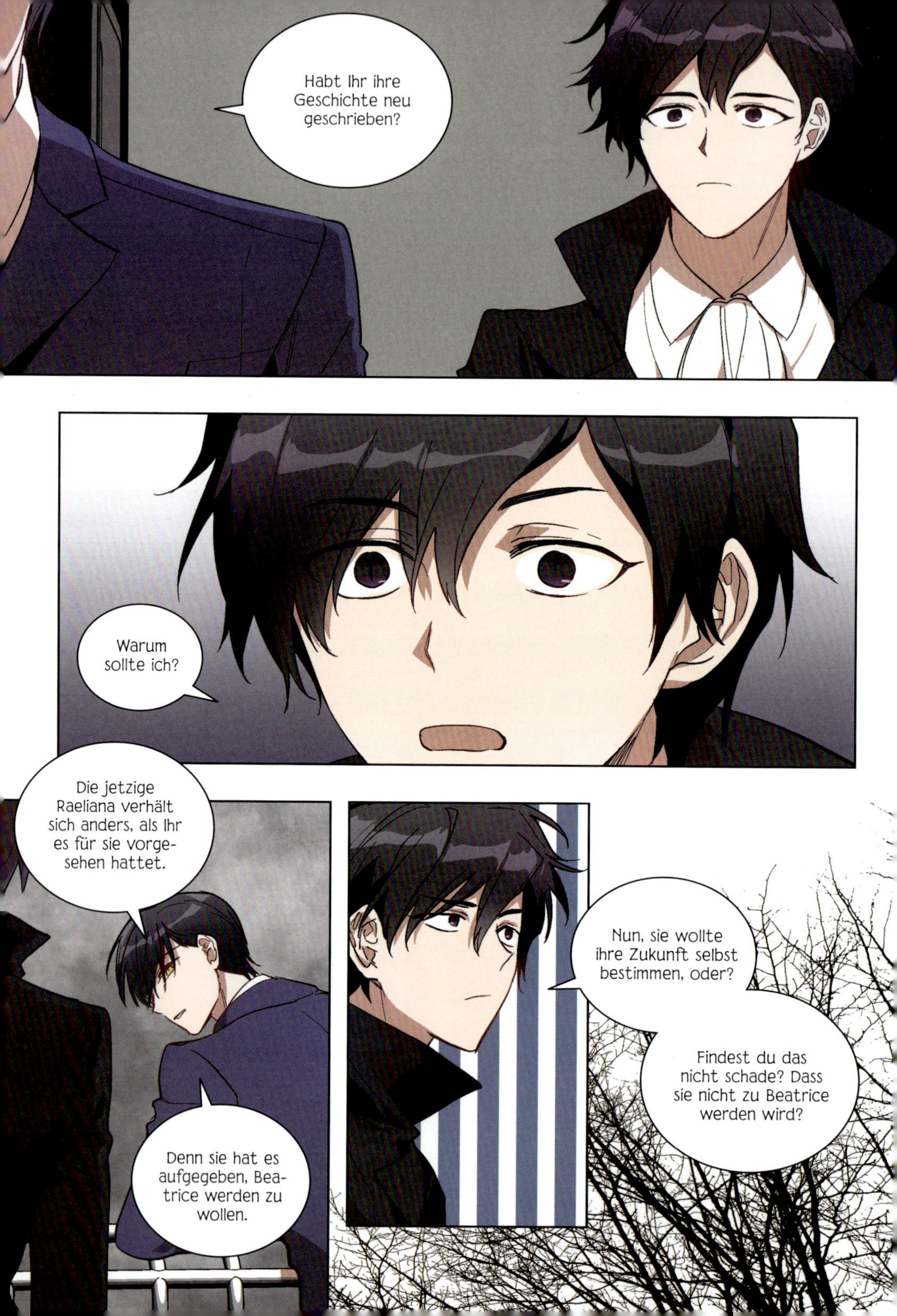

Habt Ihr ihre Geschichte neu geschrieben?
Warum sollte ich?
Die jetzige Raeliana verhält sich anders, als Ihr es für sie vorgesehen hattet.
Denn sie hat es aufgegeben, Beatrice werden zu wollen.
Nun, sie wollte ihre Zukunft selbst bestimmen, oder?
Findest du das nicht schade? Dass sie nicht zu Beatrice werden wird?

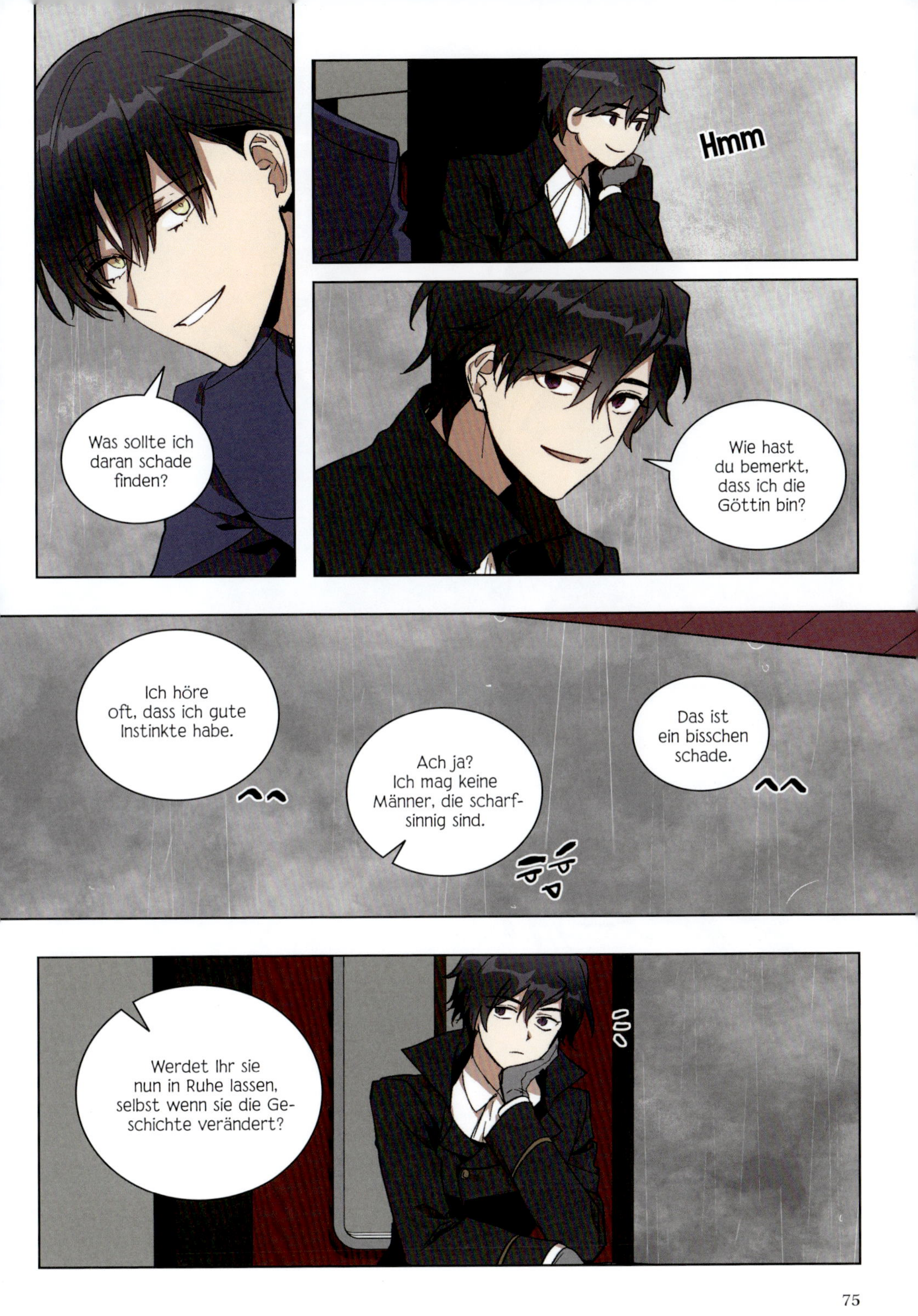
Hmm
Wie hast du bemerkt, dass ich die Göttin bin?
Was sollte ich daran schade finden?
Das ist ein bisschen schade.
Ach ja? Ich mag keine Männer, die scharf-sinnig sind.
Ich höre oft, dass ich gute Instinkte habe.
Werdet Ihr sie nun in Ruhe lassen, selbst wenn sie die Ge-schichte verändert?

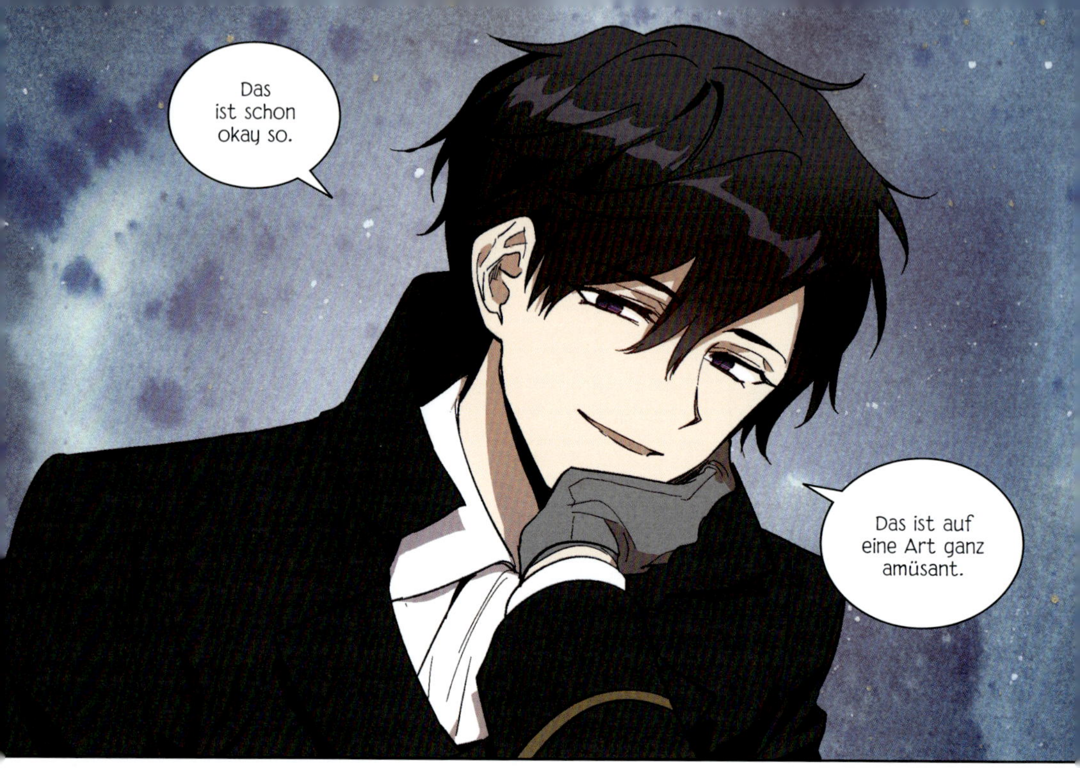
Das ist schon okay so.
Das ist auf eine Art ganz amüsant.

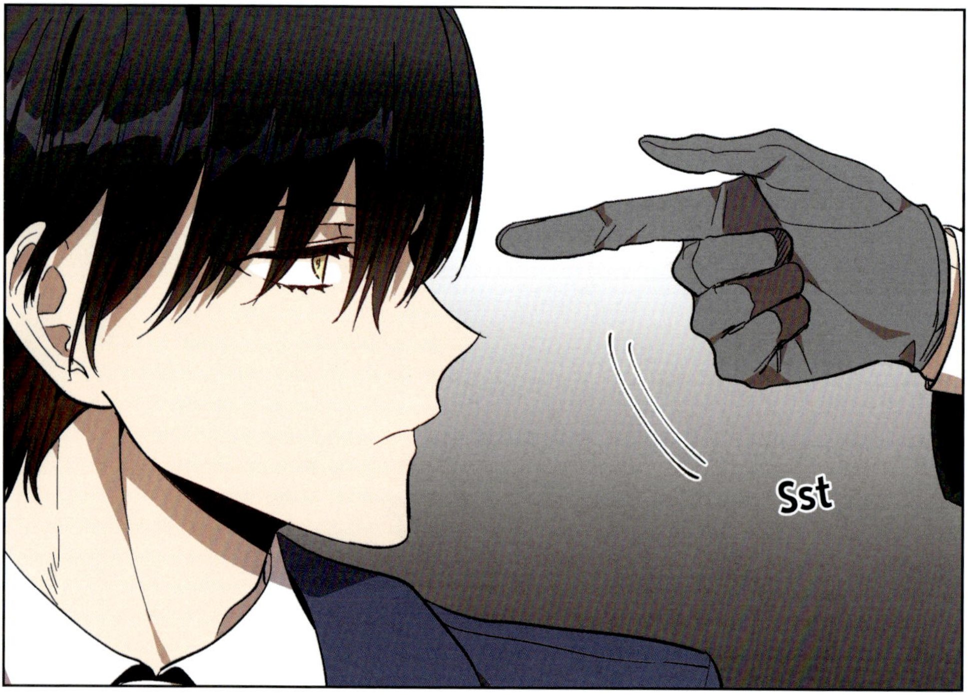
Sst

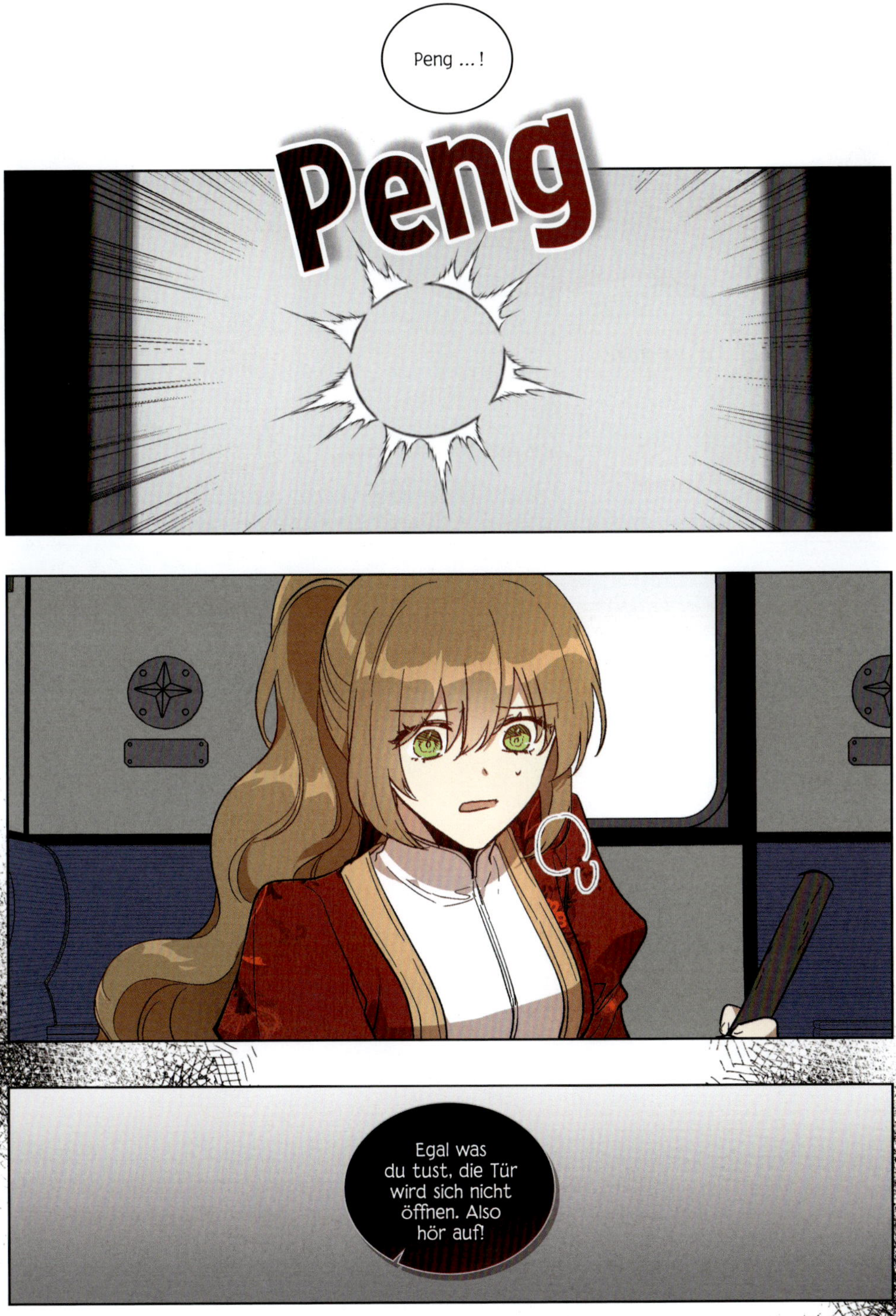
Peng ...!
Peng
Egal was du tust, die Tür wird sich nicht öffnen. Also hör auf!

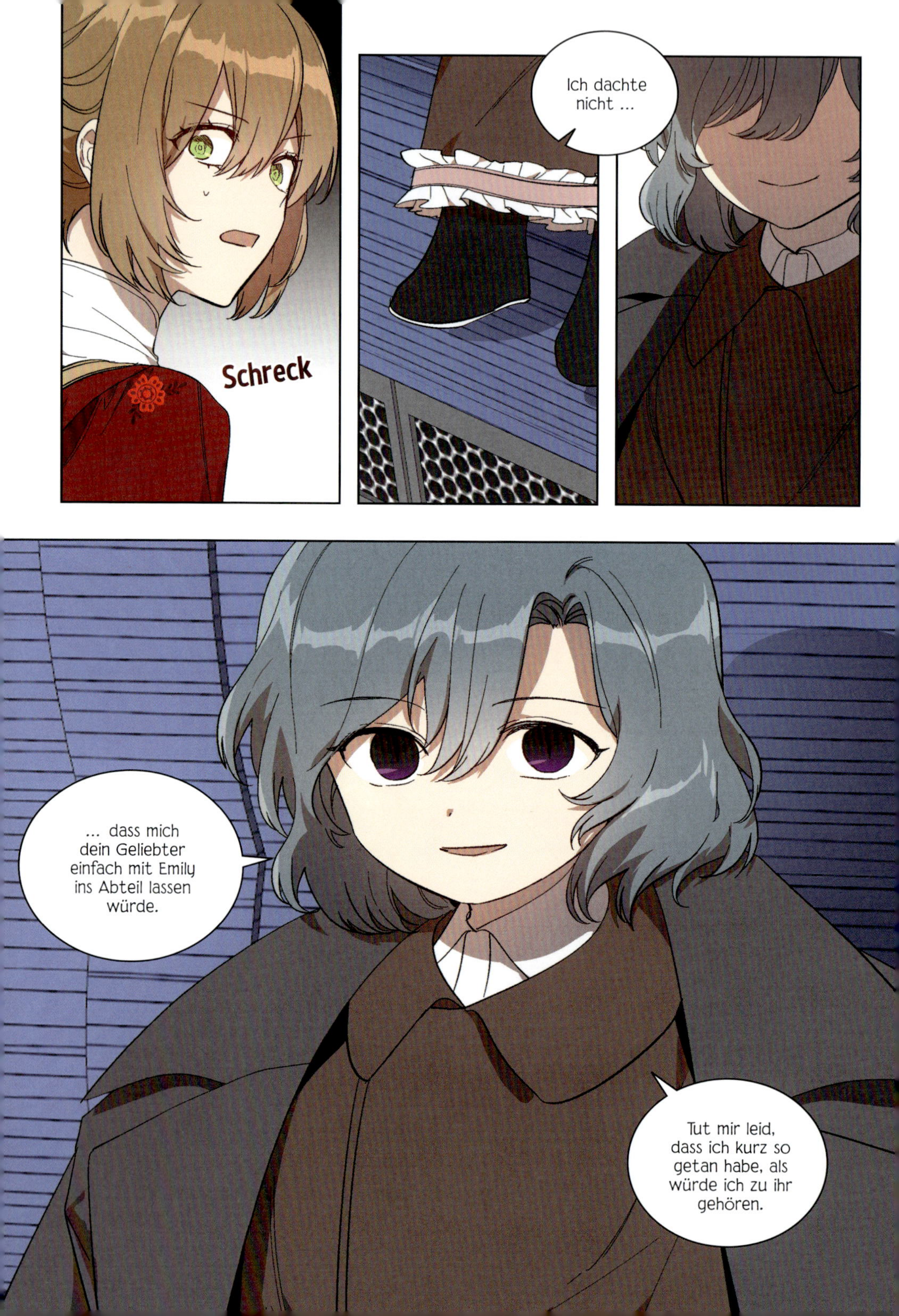
Schreck
Ich dachte nicht ...
... dass mich dein Geliebter einfach mit Emily ins Abteil lassen würde.
Tut mir leid, dass ich kurz so getan habe, als würde ich zu ihr gehören.

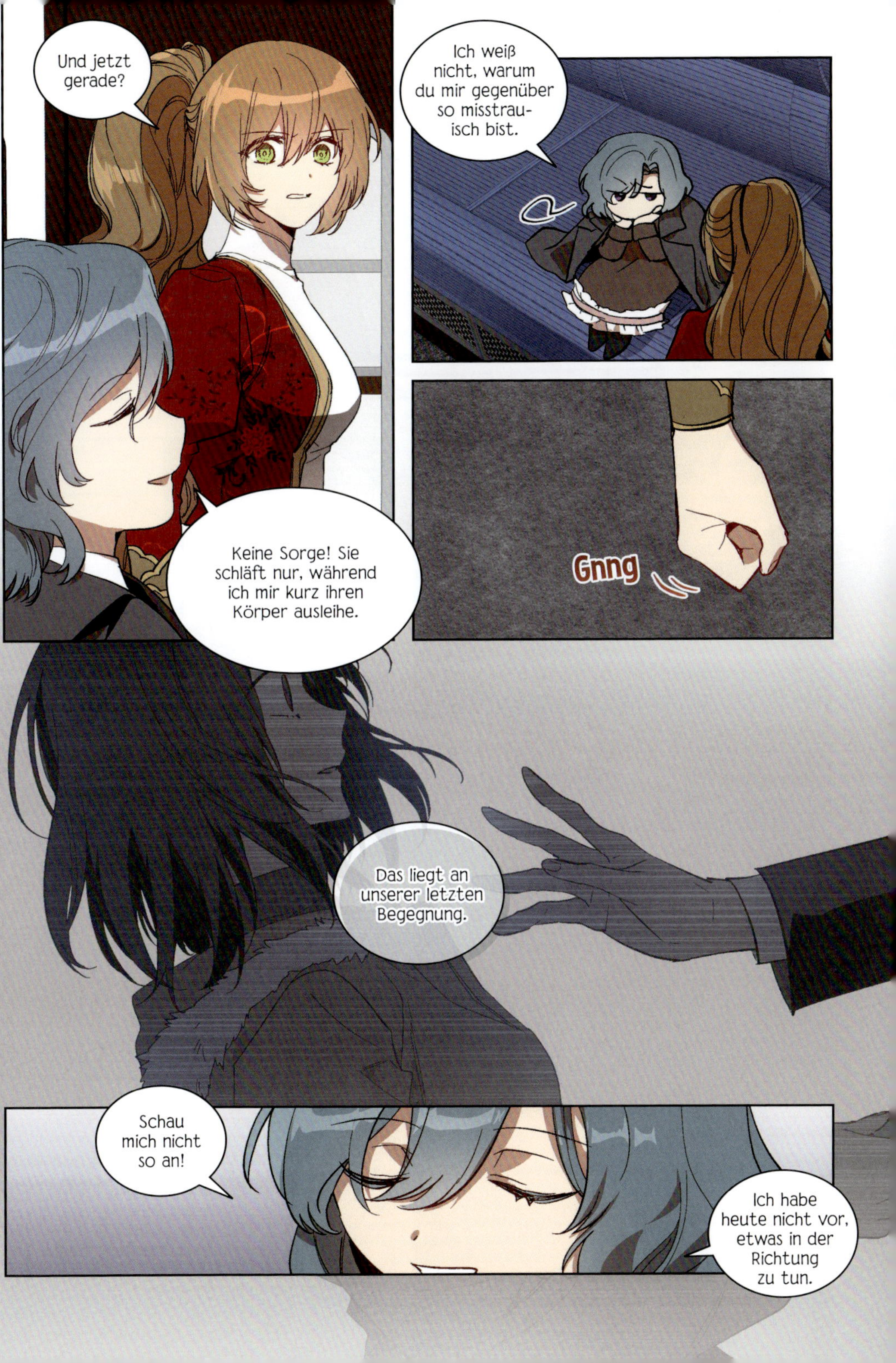
Und jetzt gerade?
Keine Sorge! Sie schläft nur, während ich mir kurz ihren Körper ausleihe.
Ich weiß nicht, warum du mir gegenüber so misstrau-isch bist.
Gnng
Das liegt an unserer letzten Begegnung.
Schau mich nicht so an!
Ich habe heute nicht vor, etwas in der Richtung zu tun.

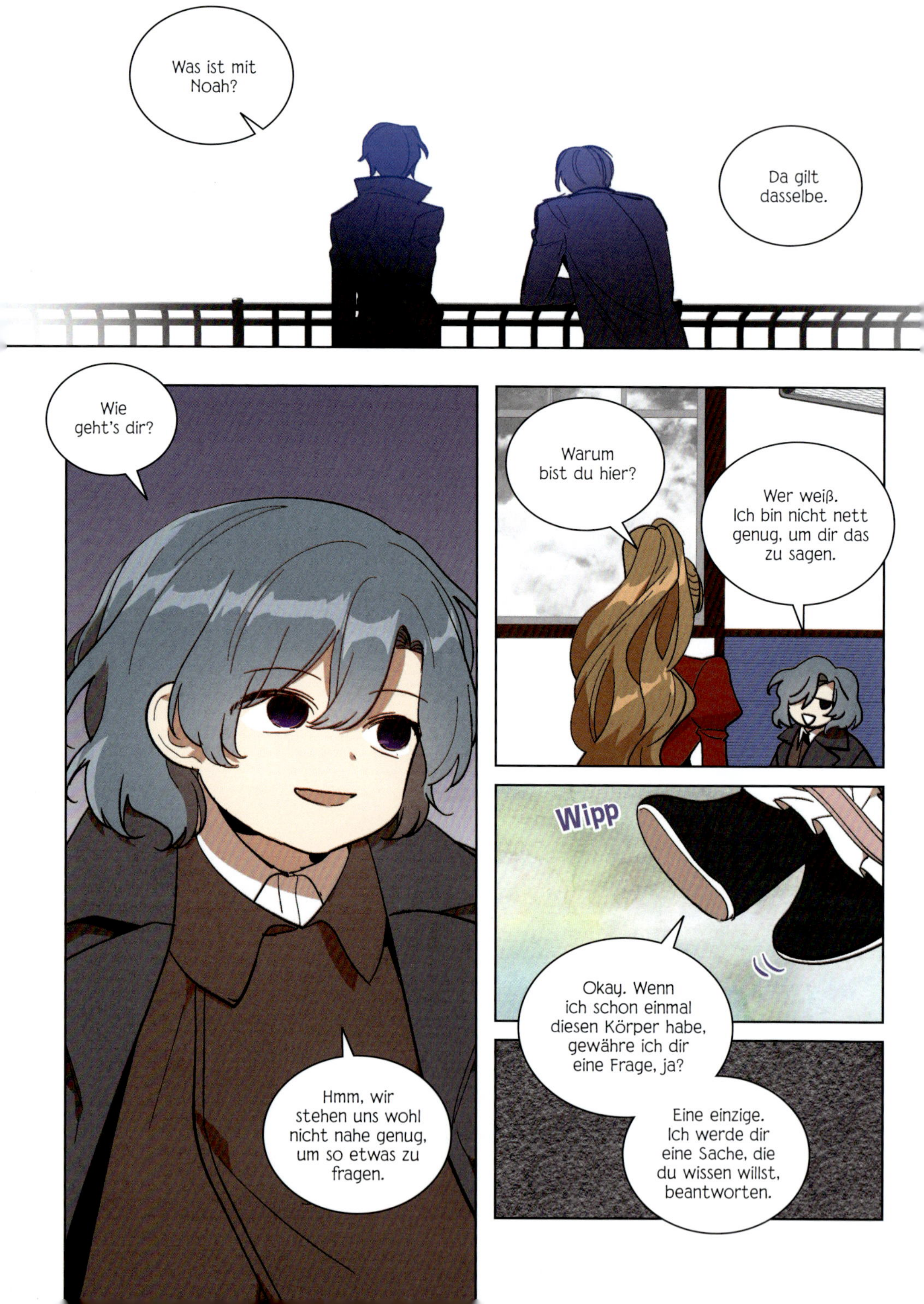
Was ist mit Noah?
Da gilt dasselbe.
Wie geht's dir?
Hmm, wir stehen uns wohl nicht nahe genug, um so etwas zu fragen.
Warum bist du hier?
Wer weiß. Ich bin nicht nett genug, um dir das zu sagen.
Wipp
Okay. Wenn ich schon einmal diesen Körper habe, gewähre ich dir eine Frage, ja?
Eine einzige. Ich werde dir eine Sache, die du wissen willst, beantworten.

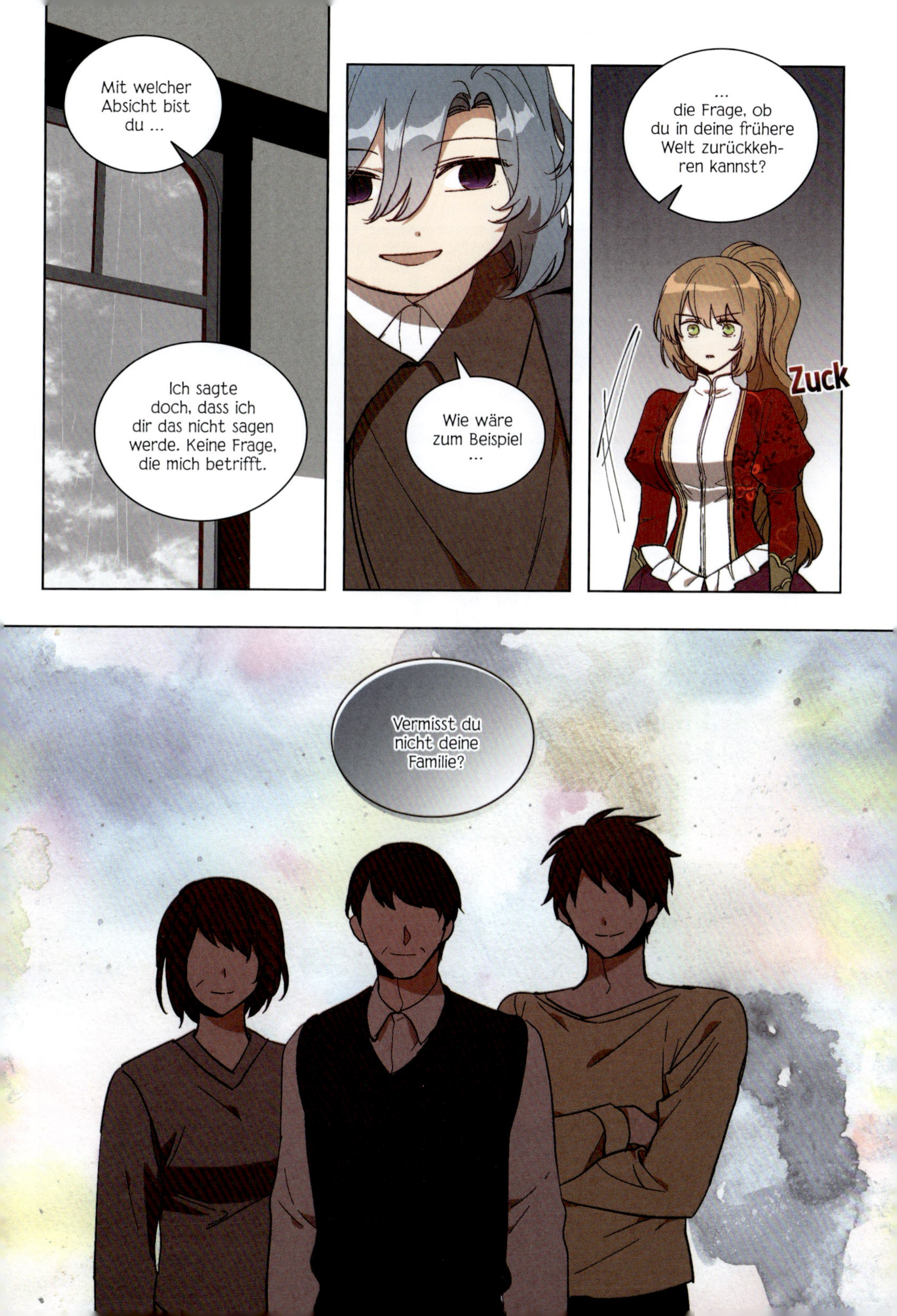
Mit welcher Absicht bist du …
Ich sagte doch, dass ich dir das nicht sagen werde. Keine Frage, die mich betrifft.
Wie wäre zum Beispiel …
… die Frage, ob du in deine frühere Welt zurückkehren kannst?
Zuck
Vermisst du nicht deine Familie?

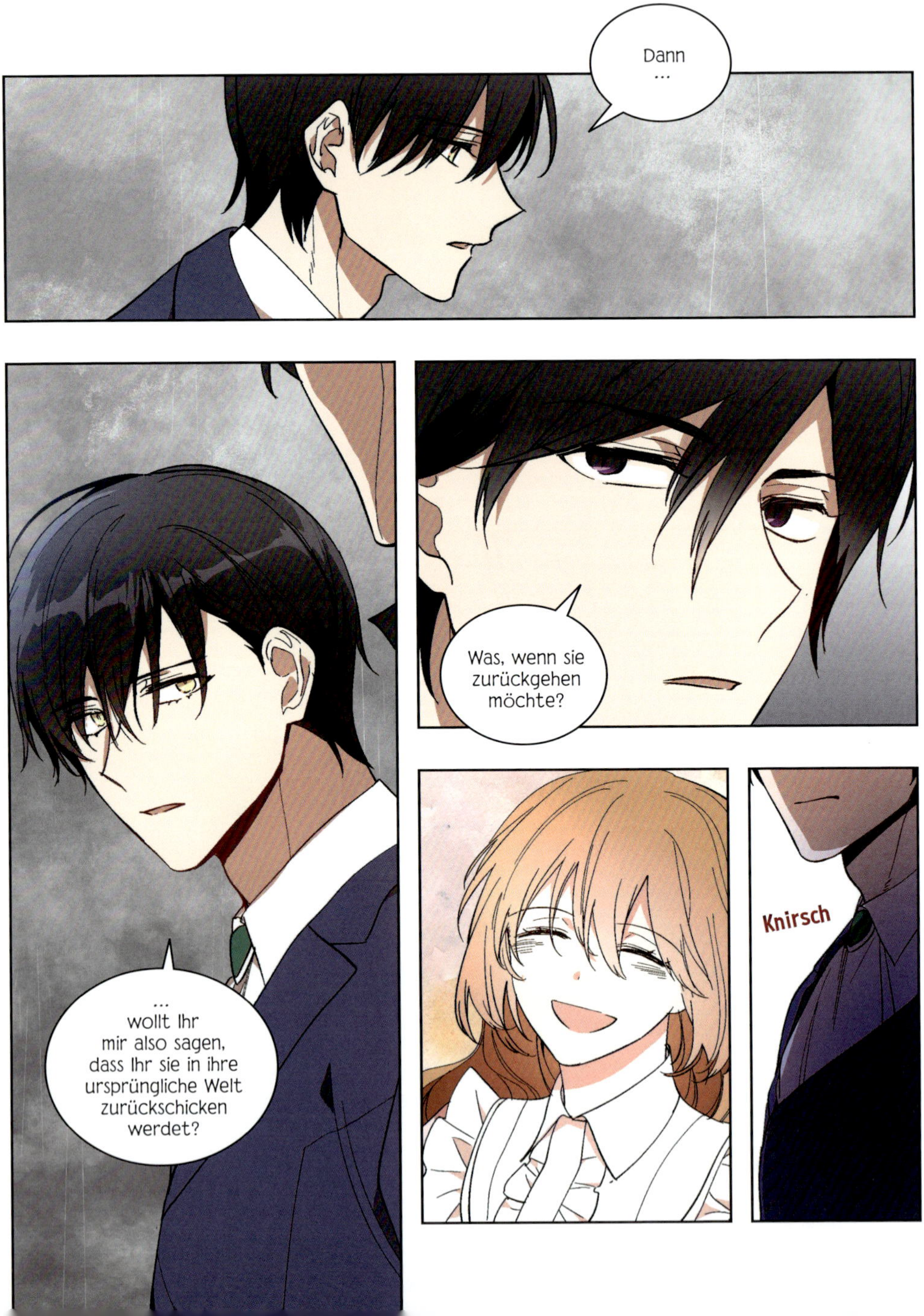
Dann …
Was, wenn sie zurückgehen möchte?
… wollt Ihr mir also sagen, dass Ihr sie in ihre ursprüngliche Welt zurückschicken werdet?
Knirsch

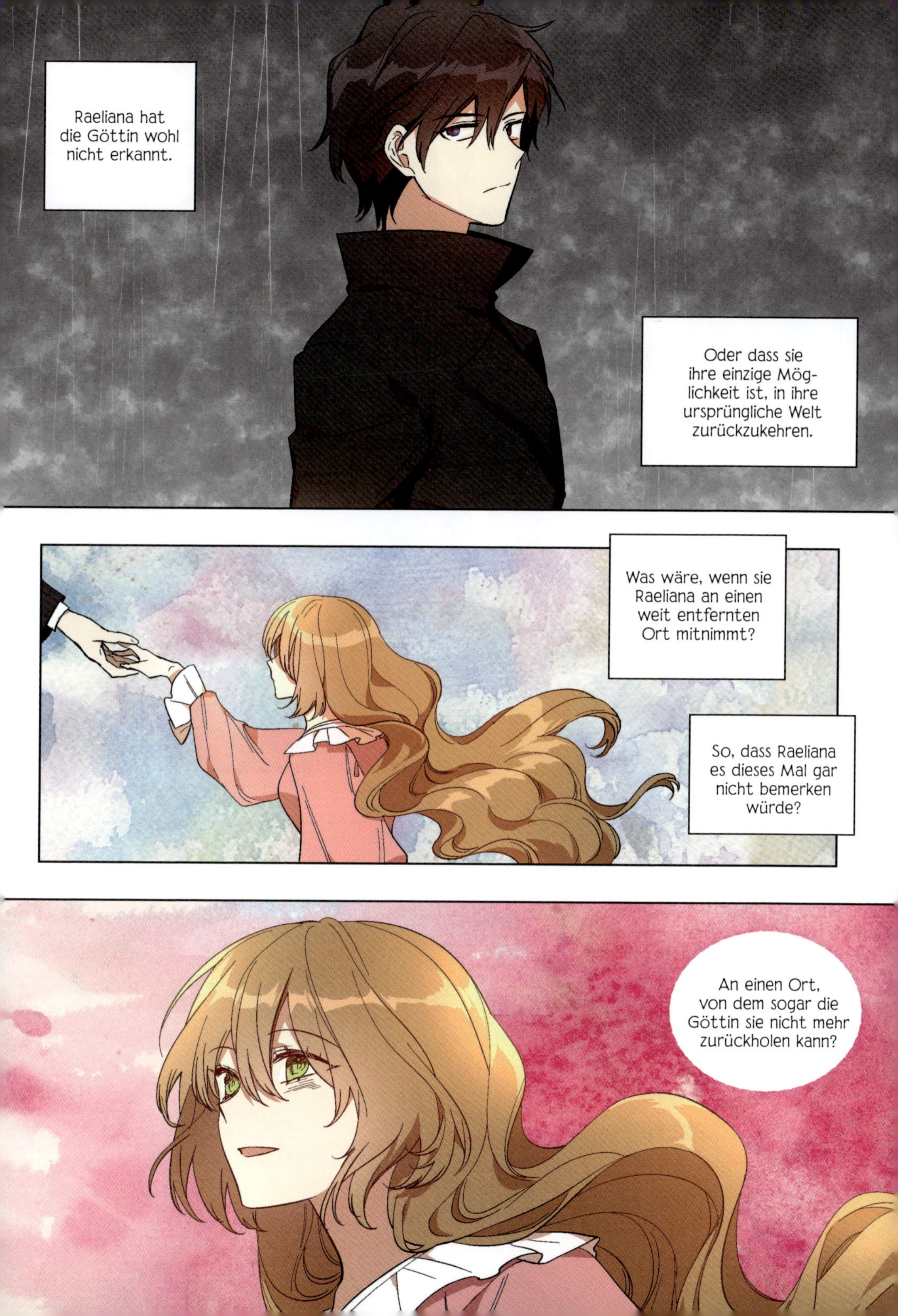
Raeliana hat die Göttin wohl nicht erkannt.
Oder dass sie ihre einzige Möglichkeit ist, in ihre ursprüngliche Welt zurückzukehren.
Was wäre, wenn sie Raeliana an einen weit entfernten Ort mitnimmt?
So, dass Raeliana es dieses Mal gar nicht bemerken würde?
An einen Ort, von dem sogar die Göttin sie nicht mehr zurückholen kann?

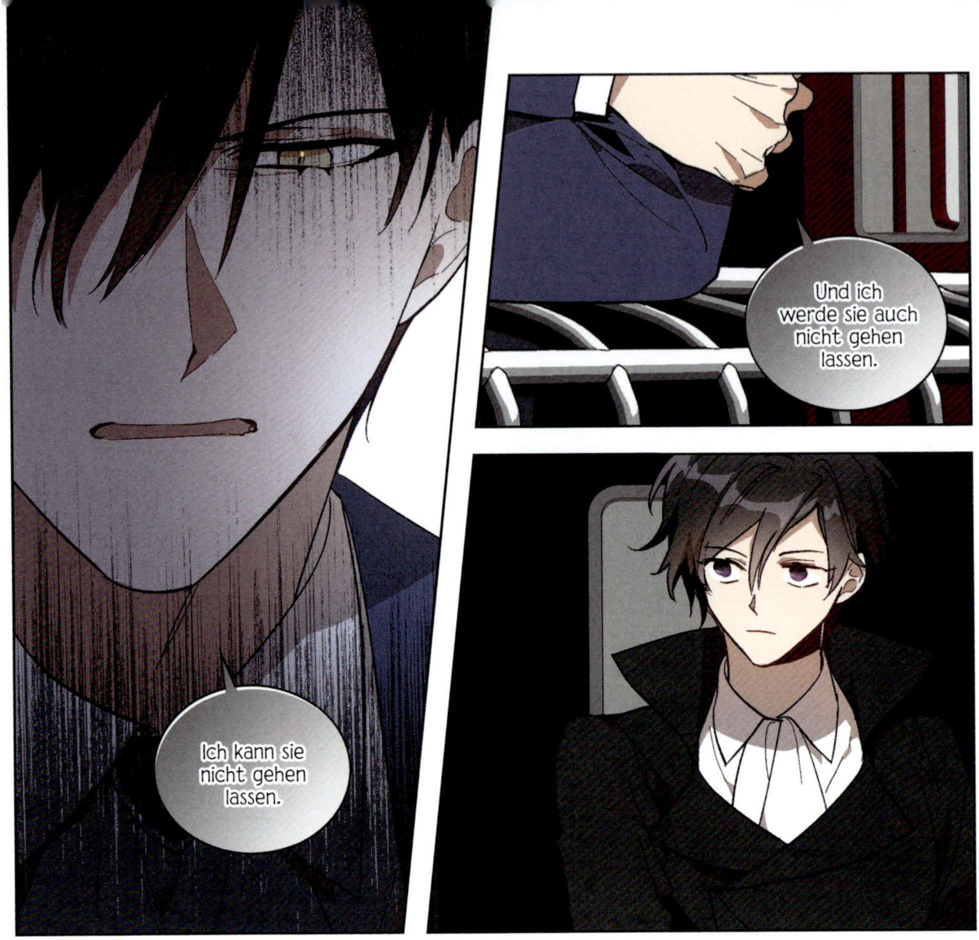
Ich kann sie nicht gehen lassen.
Und ich werde sie auch nicht gehen lassen.

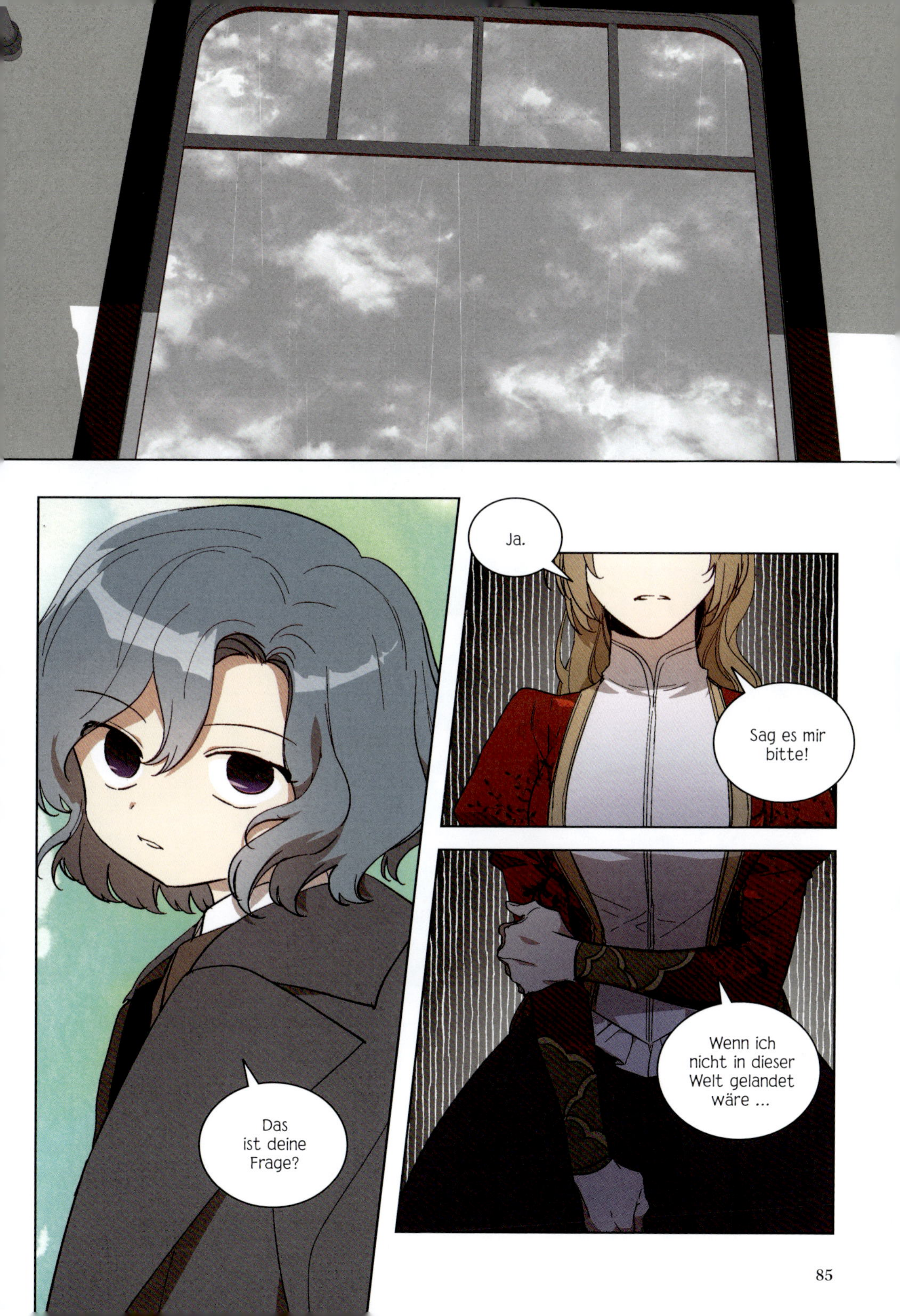
Das ist deine Frage?
Ja.
Sag es mir bitte!
Wenn ich nicht in dieser Welt gelandet wäre ...

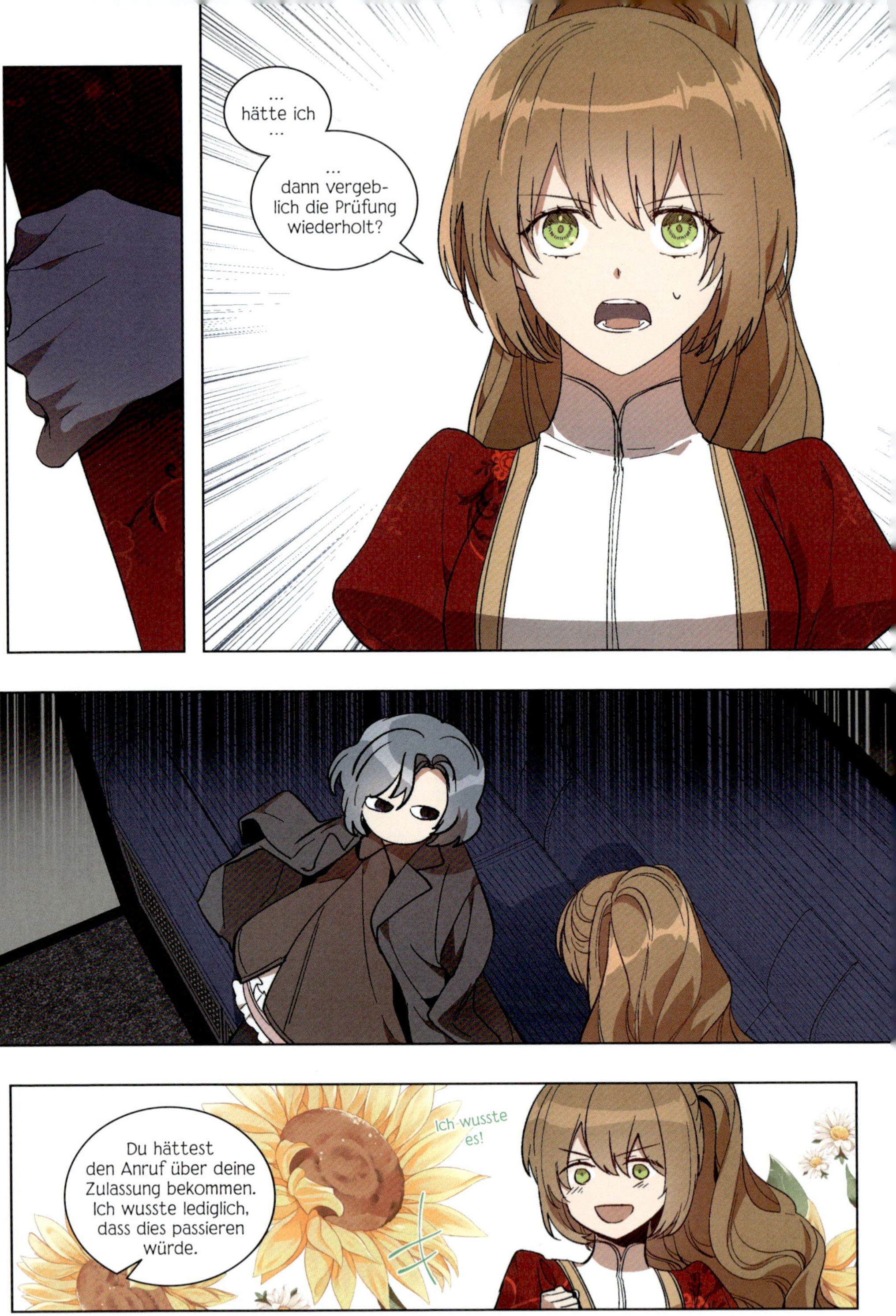

... hätte ich ...
... dann vergeblich die Prüfung wiederholt?
Du hättest den Anruf über deine Zulassung bekommen. Ich wusste lediglich, dass dies passieren würde.
Ich wusste es!

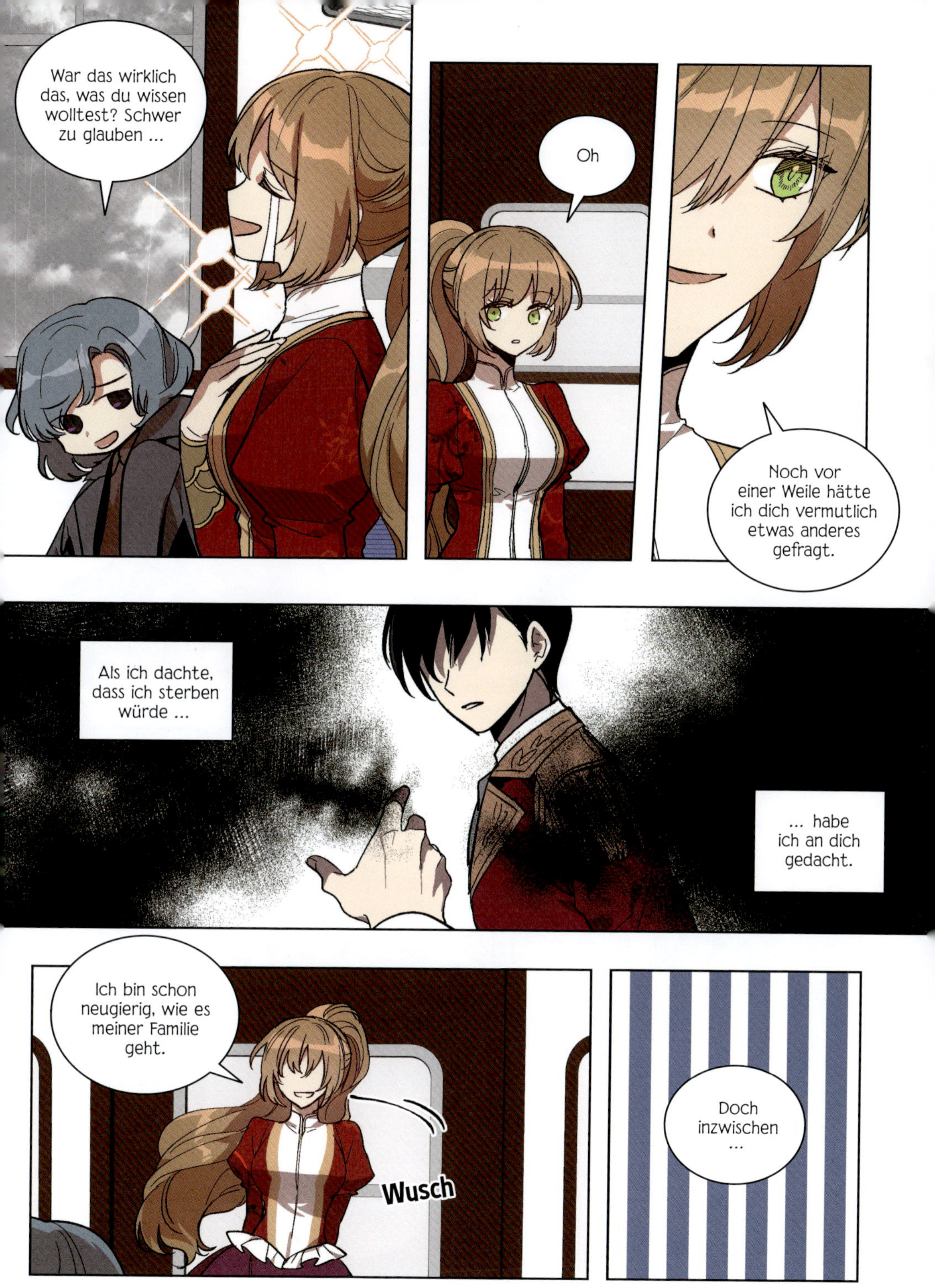
War das wirklich das, was du wissen wolltest? Schwer zu glauben ...
Oh
Noch vor einer Weile hätte ich dich vermutlich etwas anderes gefragt.
Als ich dachte, dass ich sterben würde ...
... habe ich an dich gedacht.
Ich bin schon neugierig, wie es meiner Familie geht.
Wusch
Doch inzwischen ...

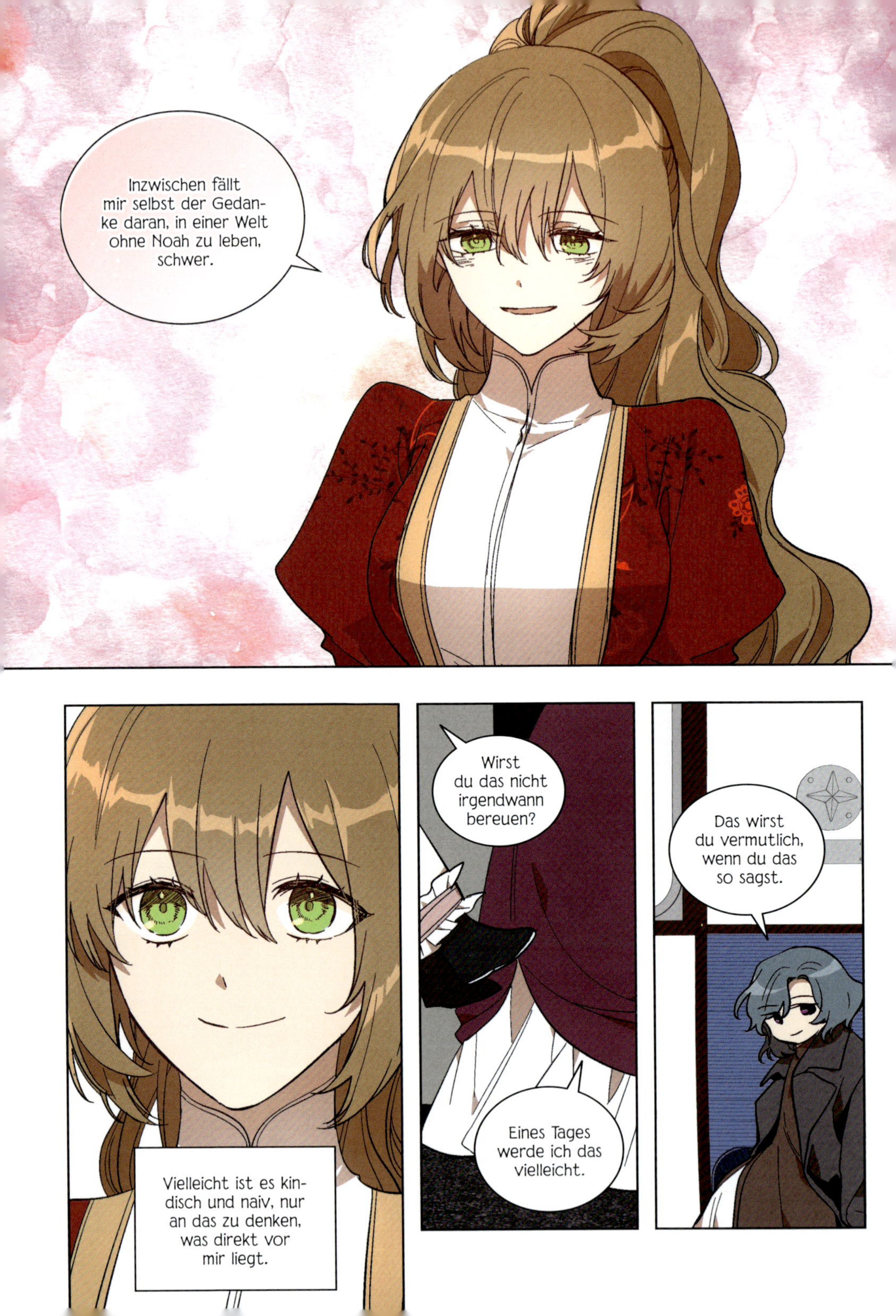
Inzwischen fällt mir selbst der Gedanke daran, in einer Welt ohne Noah zu leben, schwer.
Vielleicht ist es kindisch und naiv, nur an das zu denken, was direkt vor mir liegt.
Wirst du das nicht irgendwann bereuen?
Eines Tages werde ich das vielleicht.
Das wirst du vermutlich, wenn du das so sagst.

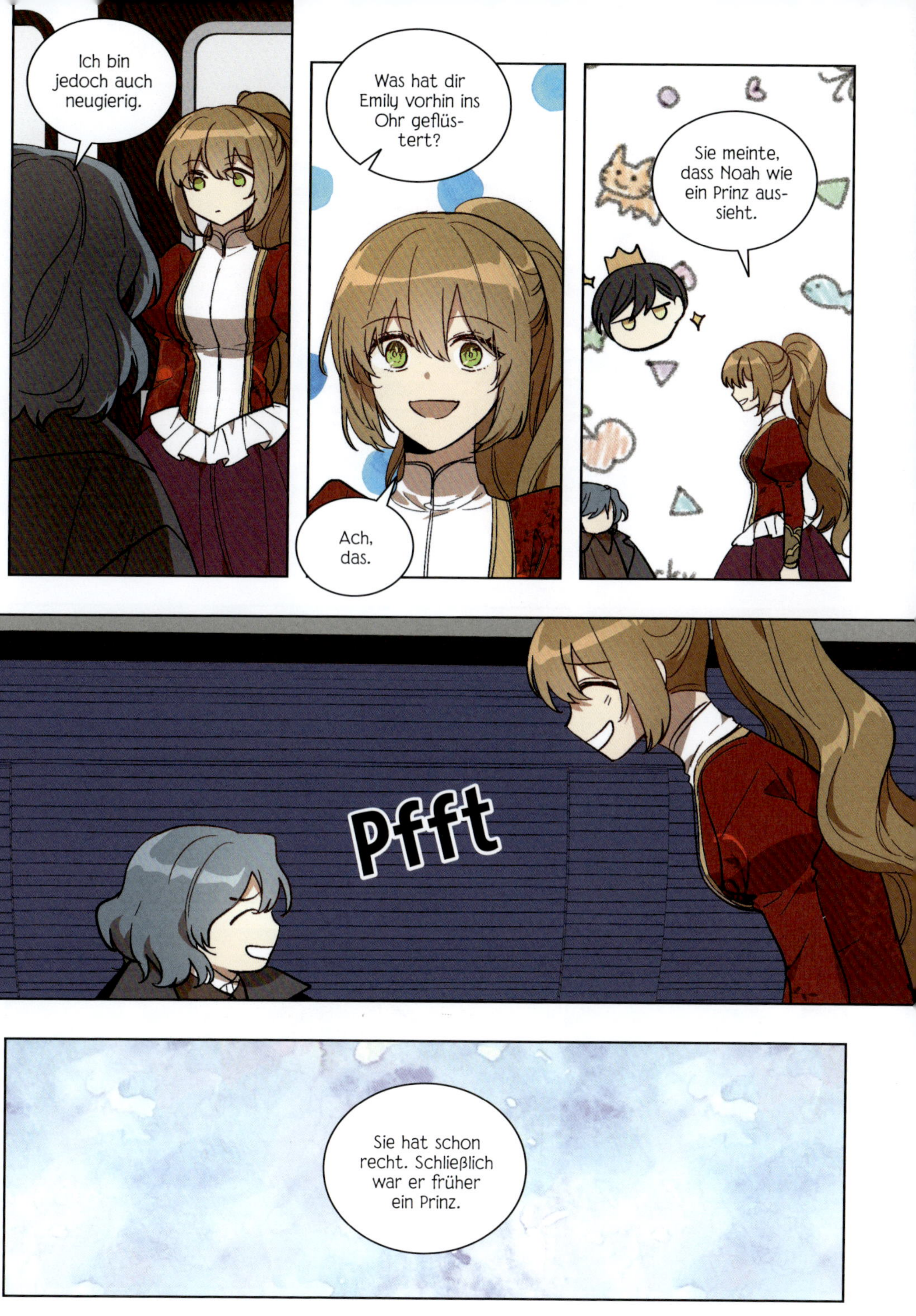

Ich bin jedoch auch neugierig.
Was hat dir Emily vorhin ins Ohr geflüstert?
Ach, das.
Sie meinte, dass Noah wie ein Prinz aussieht.
Pfft
Sie hat schon recht. Schließlich war er früher ein Prinz.

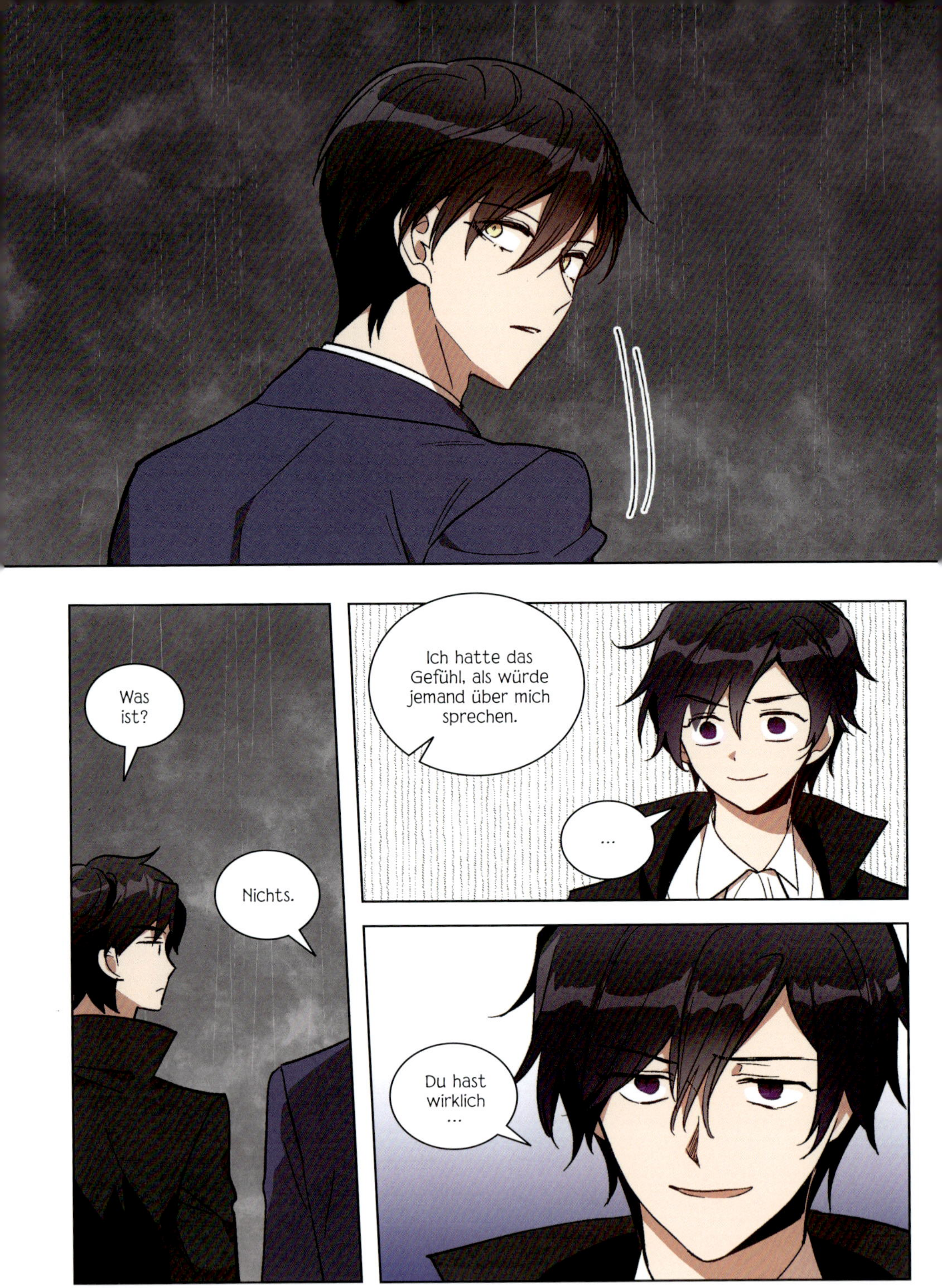
Was ist?
Nichts.
Ich hatte das Gefühl, als würde jemand über mich sprechen.
...
Du hast wirklich ...

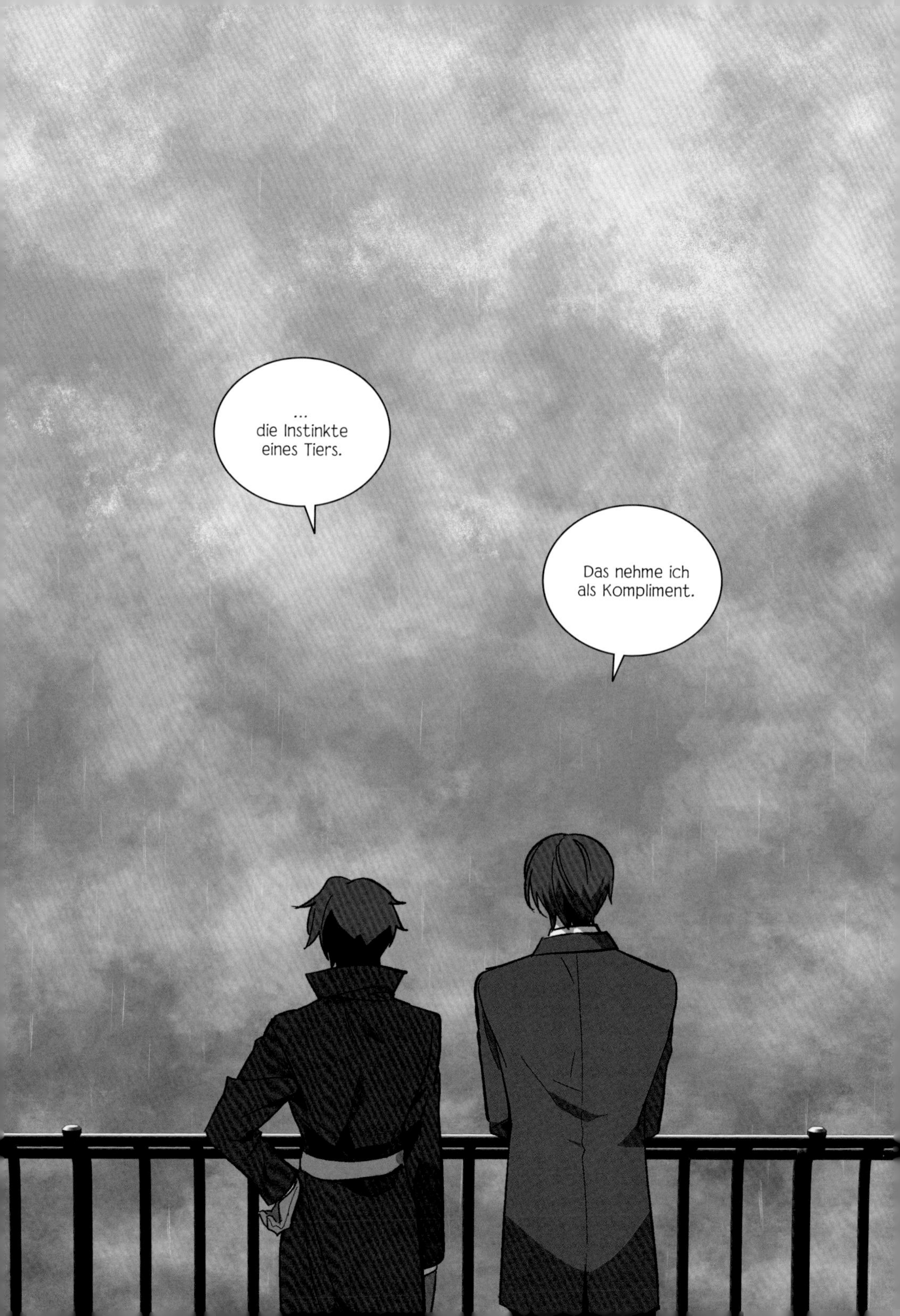
... die Instinkte eines Tiers.
Das nehme ich als Kompliment.

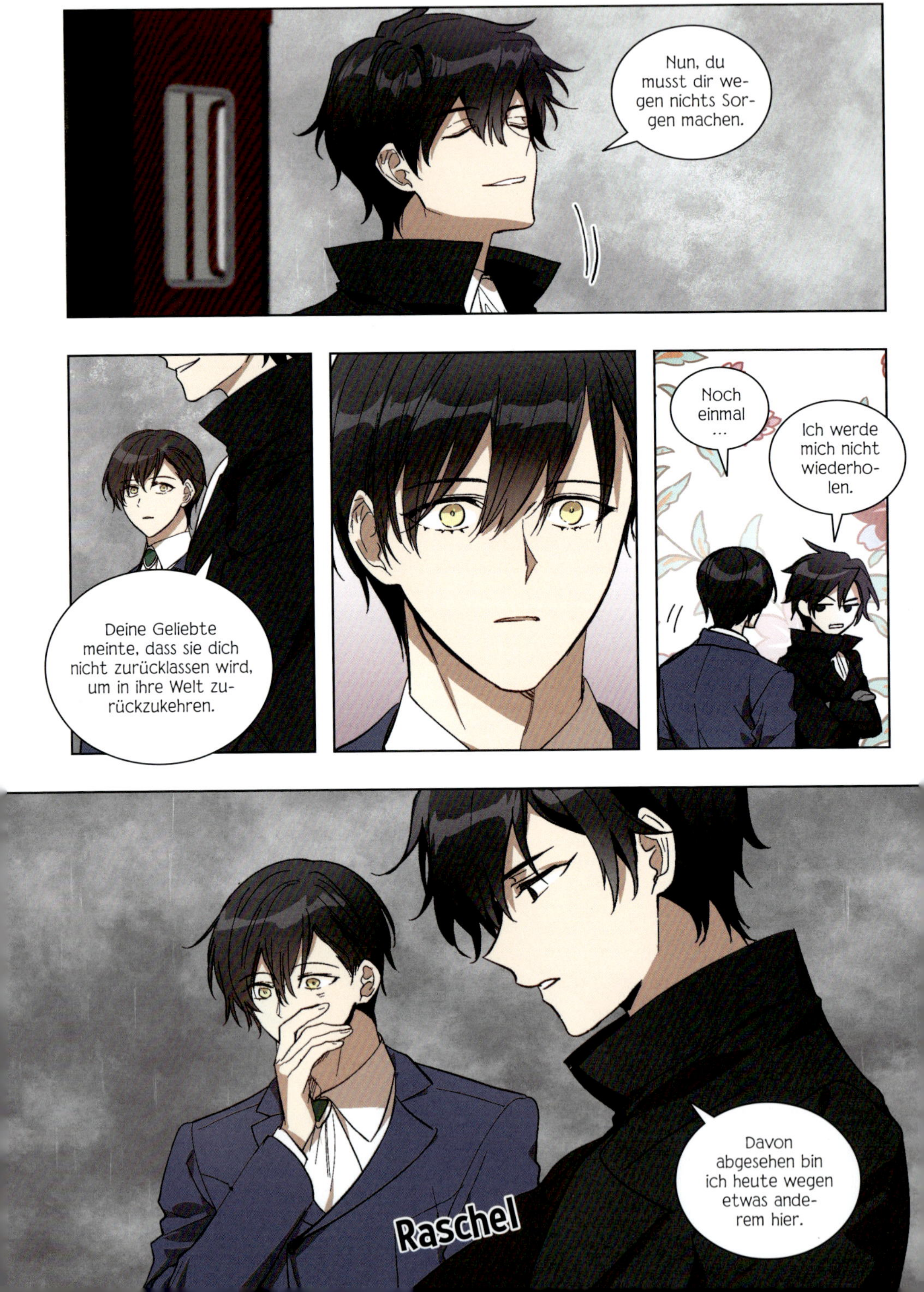
Nun, du musst dir wegen nichts Sorgen machen.
Deine Geliebte meinte, dass sie dich nicht zurücklassen wird, um in ihre Welt zurückzukehren.
Noch einmal ...
Ich werde mich nicht wiederholen.
Davon abgesehen bin ich heute wegen etwas anderem hier.
Raschel

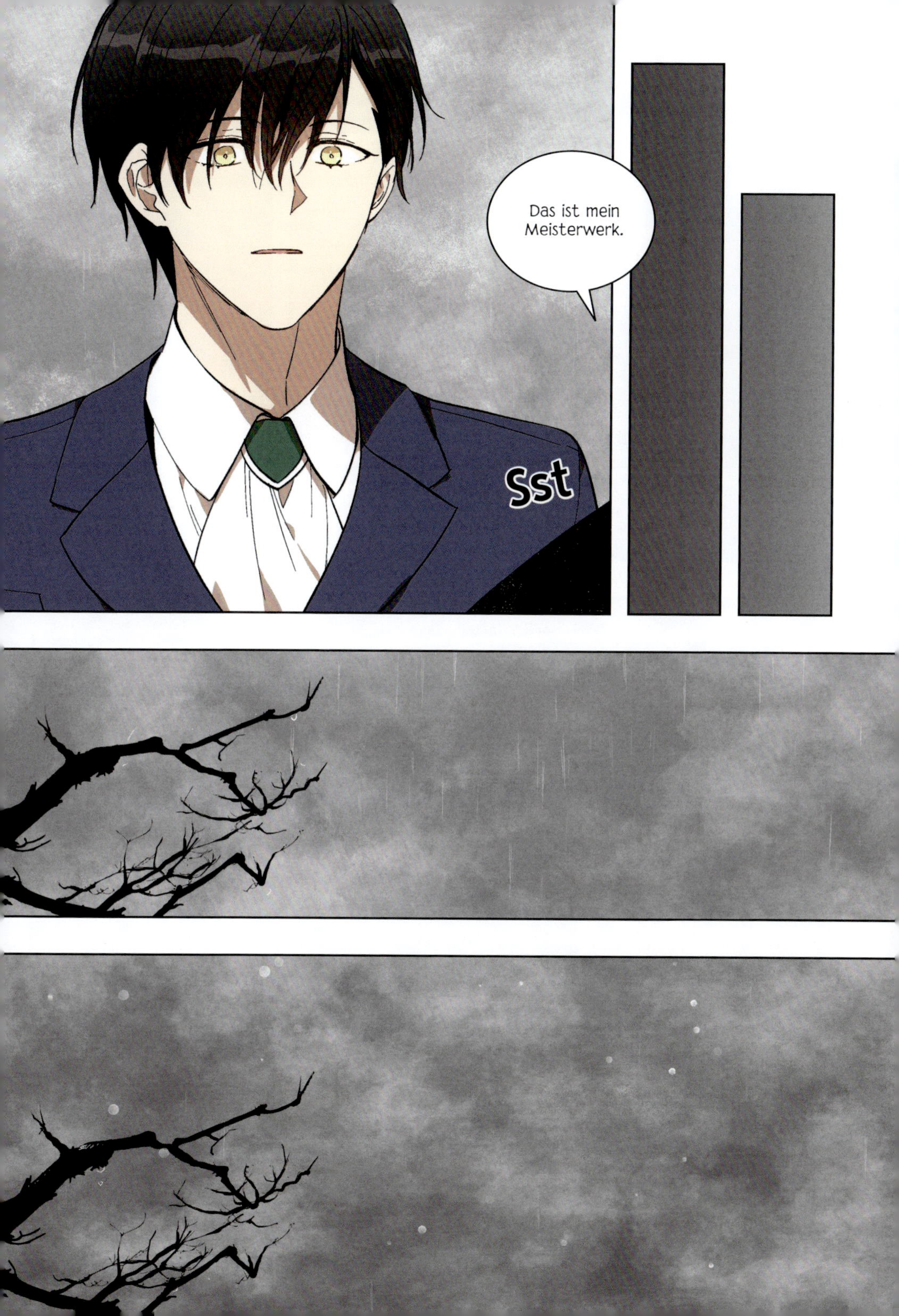
Das ist mein
Meisterwerk.
Sst

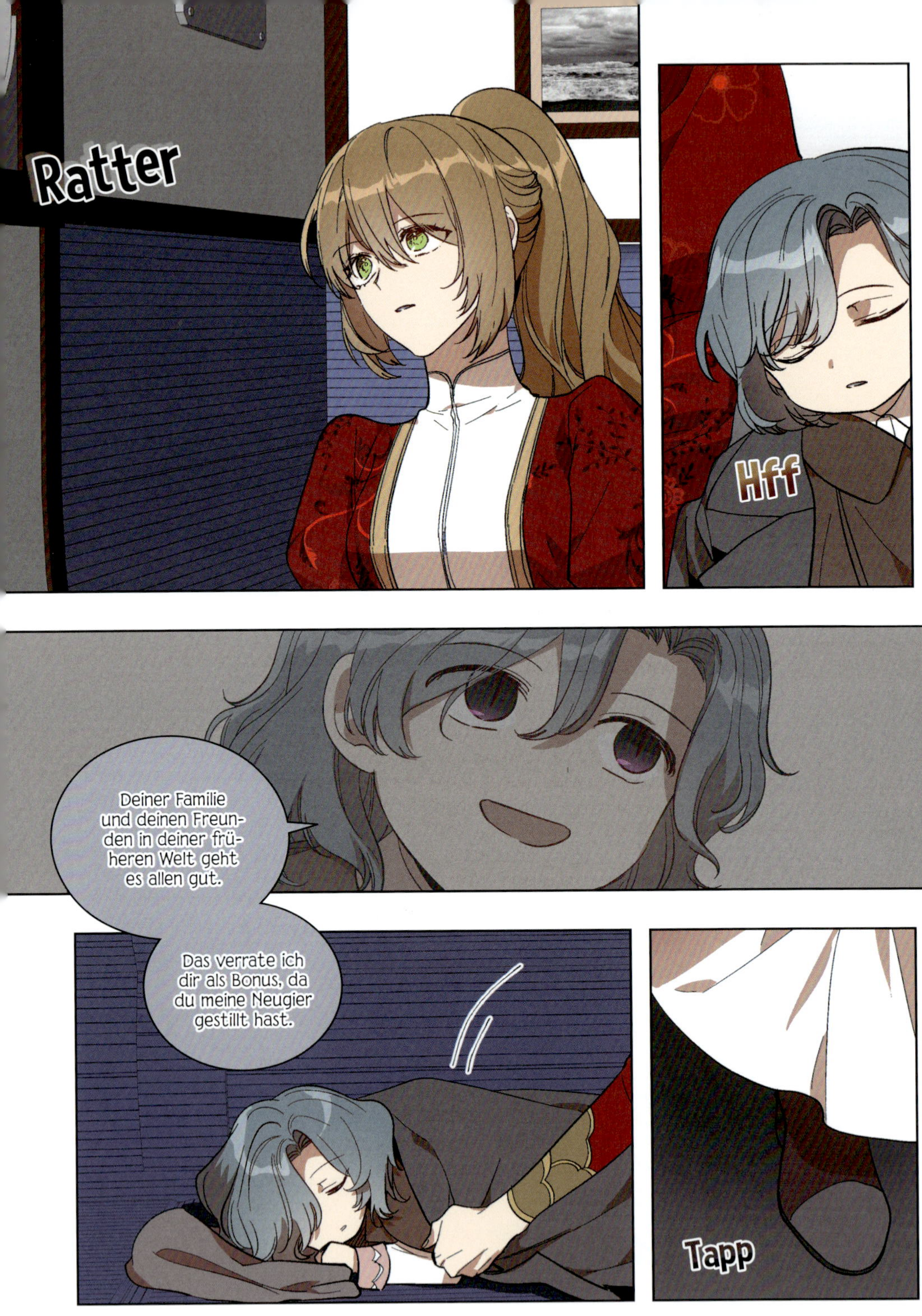
Ratter
Hff
Deiner Familie und deinen Freunden in deiner früheren Welt geht es allen gut.
Das verrate ich dir als Bonus, da du meine Neugier gestillt hast.
Tapp

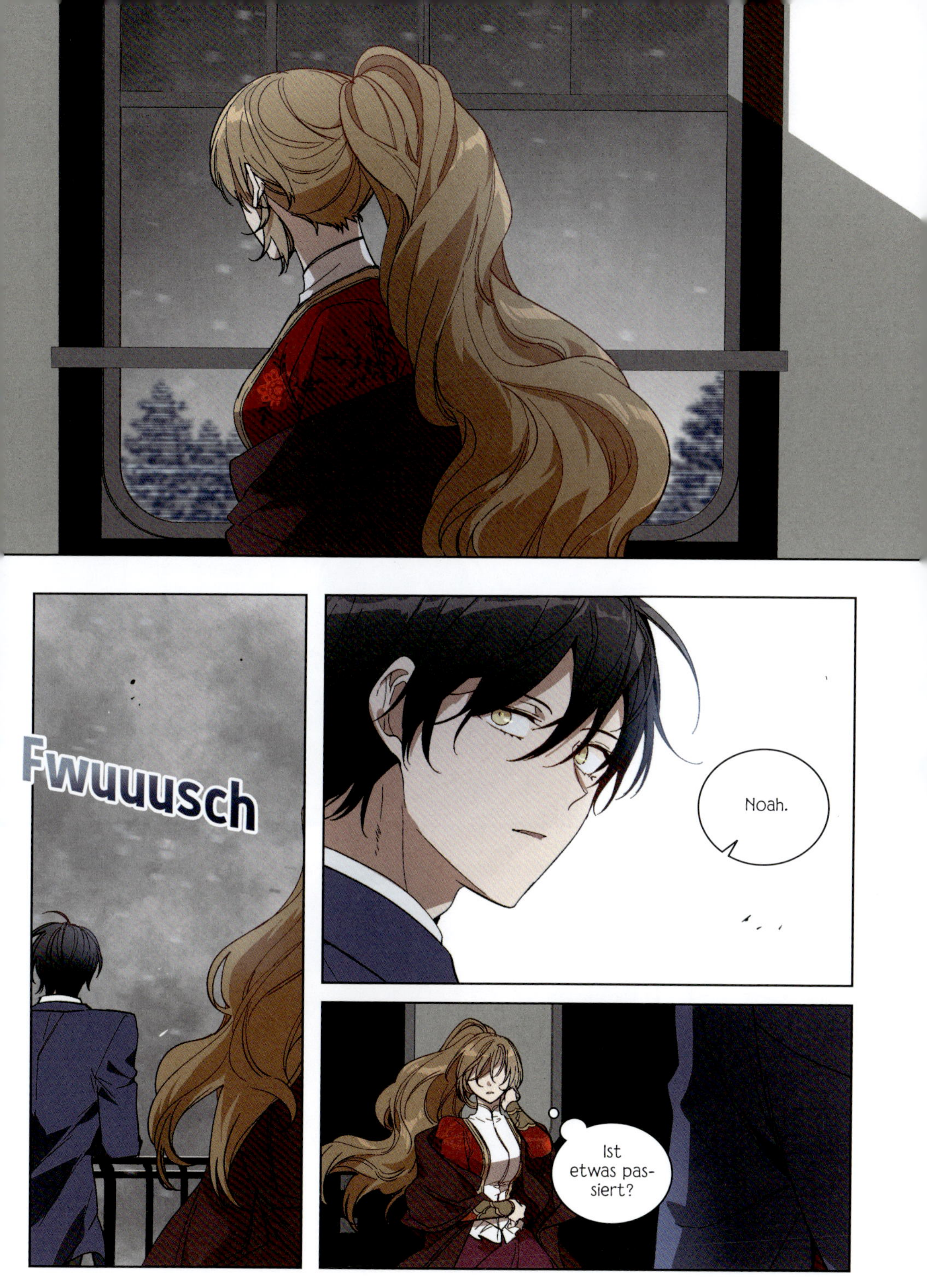
Fwuuusch
Noah.
Ist etwas pas-siert?

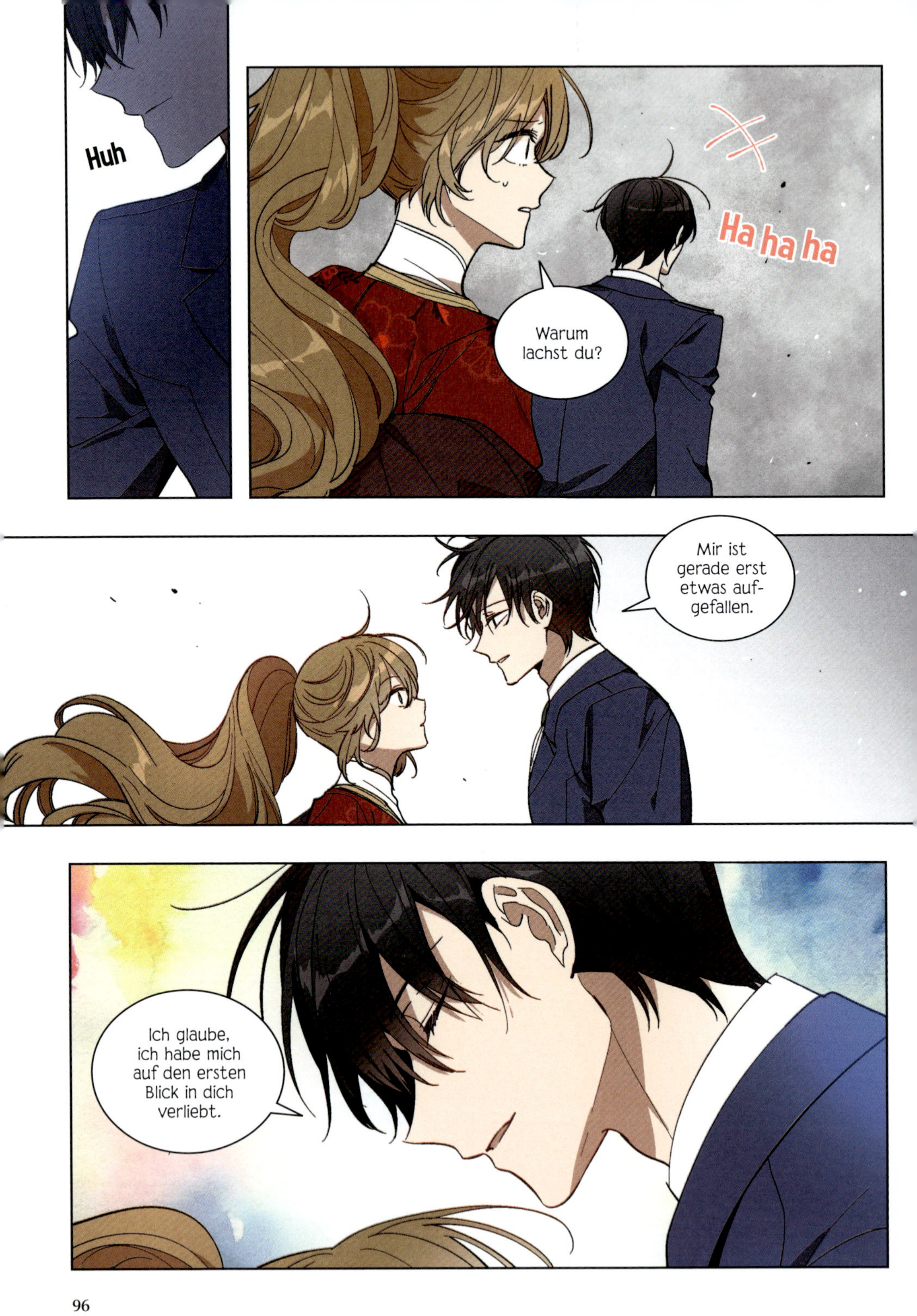
Huh
Ha ha ha
Warum lachst du?
Mir ist gerade erst etwas auf-gefallen.
Ich glaube, ich habe mich auf den ersten Blick in dich verliebt.

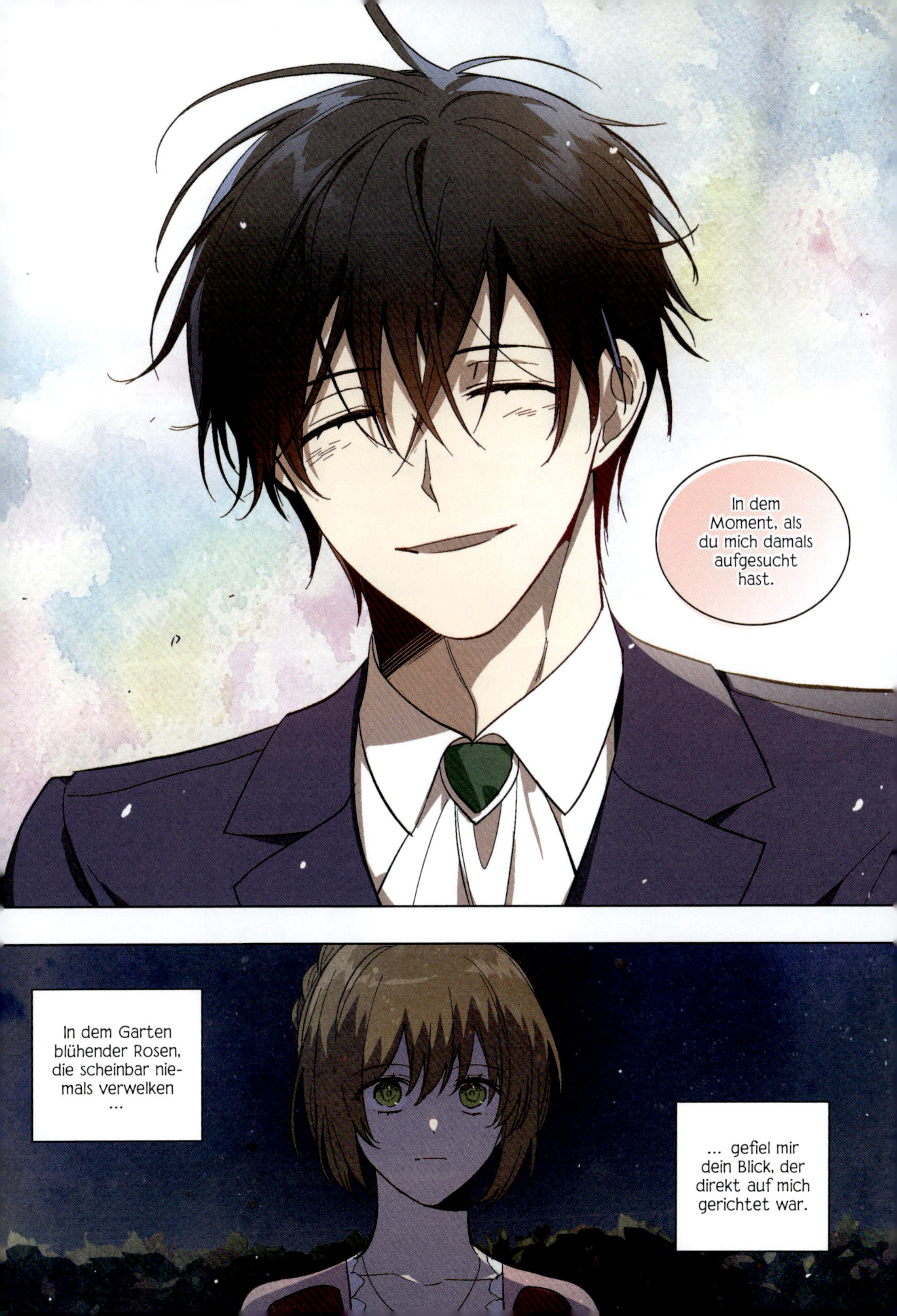
In dem Moment, als du mich damals aufgesucht hast.
In dem Garten blühender Rosen, die scheinbar niemals verwelken …
… gefiel mir dein Blick, der direkt auf mich gerichtet war.

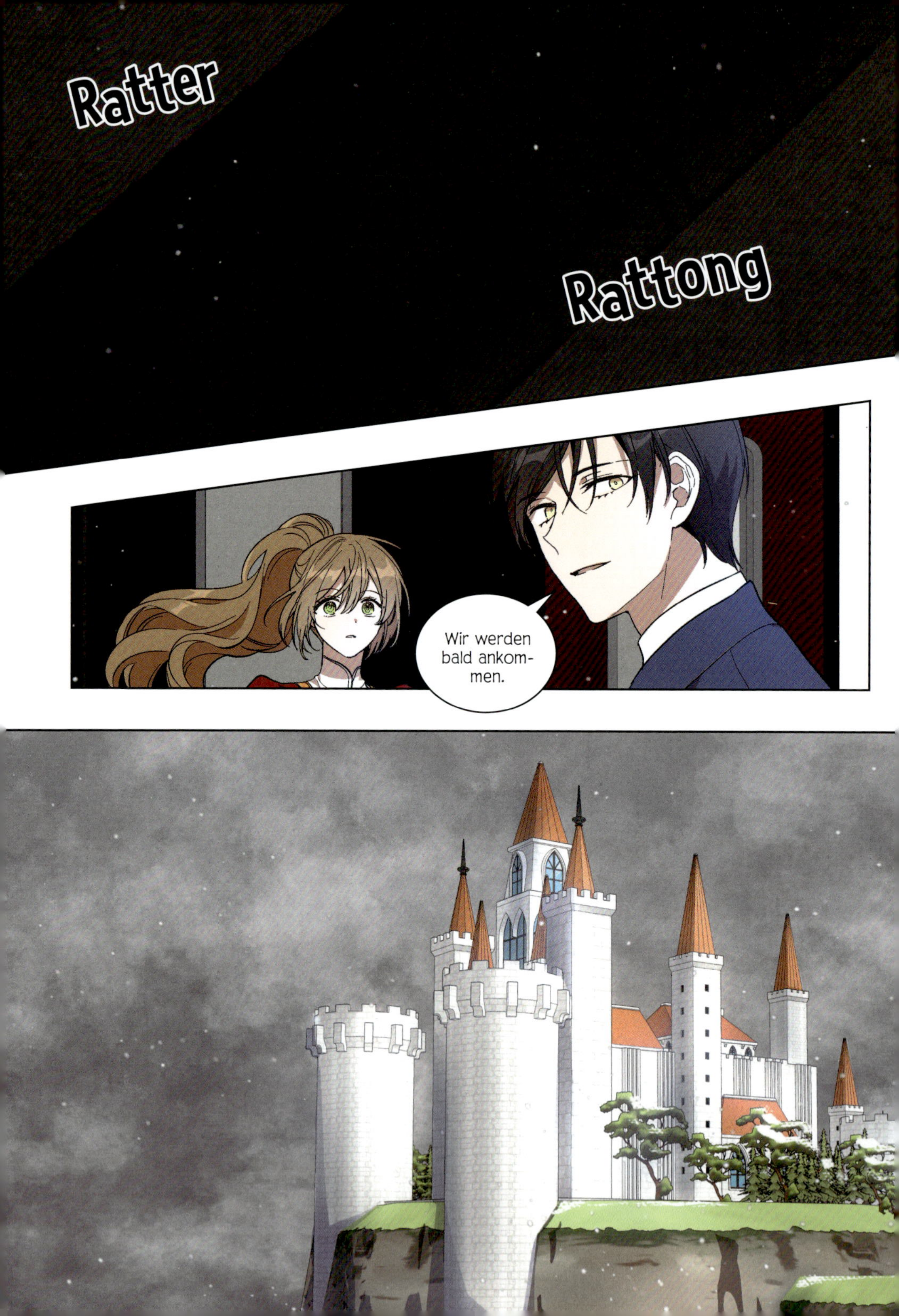
Ratter
Rattong
Wir werden bald ankommen.

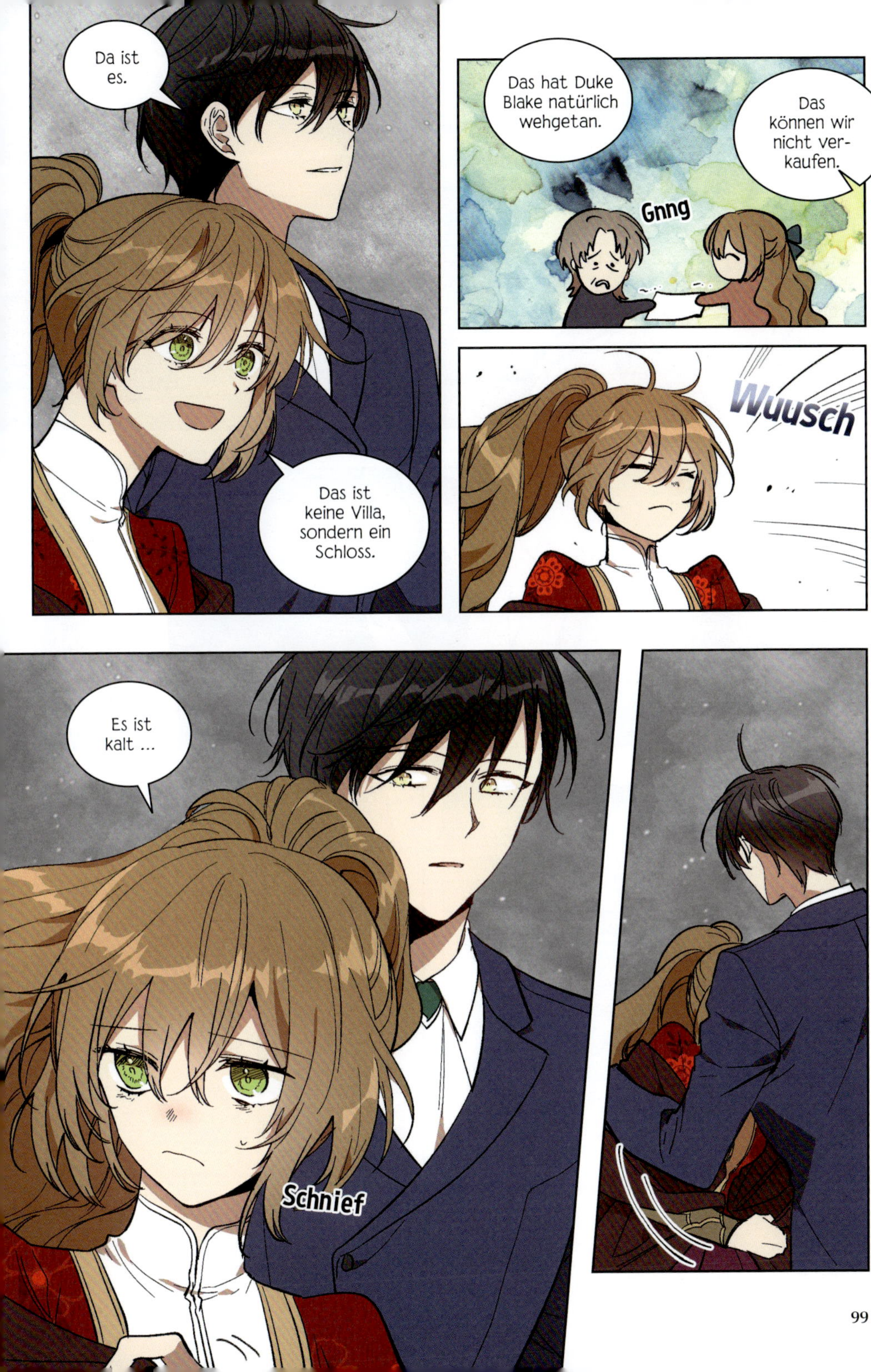

Da ist es.
Das ist keine Villa, sondern ein Schloss.
Das hat Duke Blake natürlich wehgetan.
Das können wir nicht ver-kaufen.
Gnng
Wuusch
Es ist kalt ...
Schnief

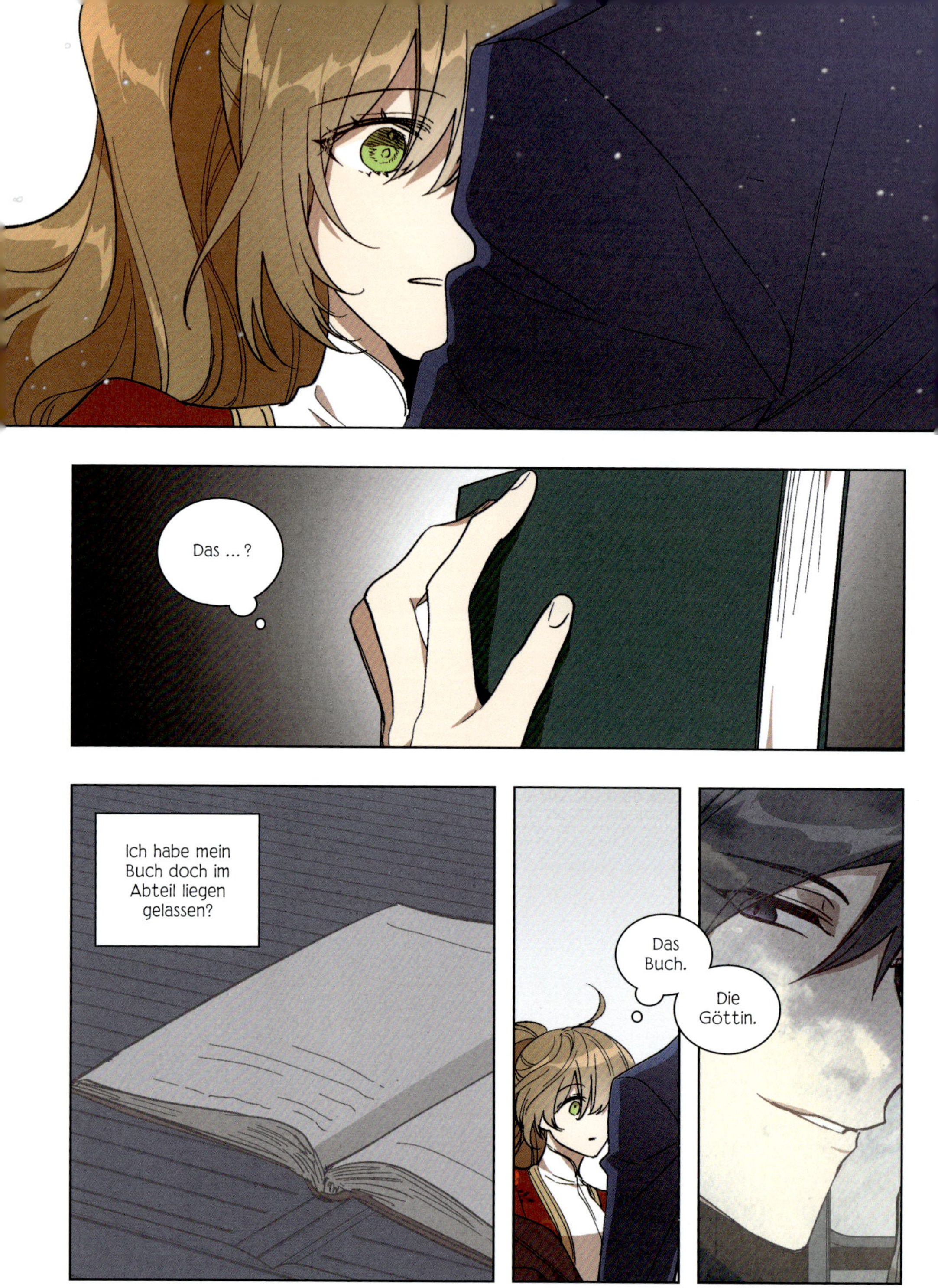
Das ... ?
Ich habe mein Buch doch im Abteil liegen gelassen?
Das Buch.
Die Göttin.

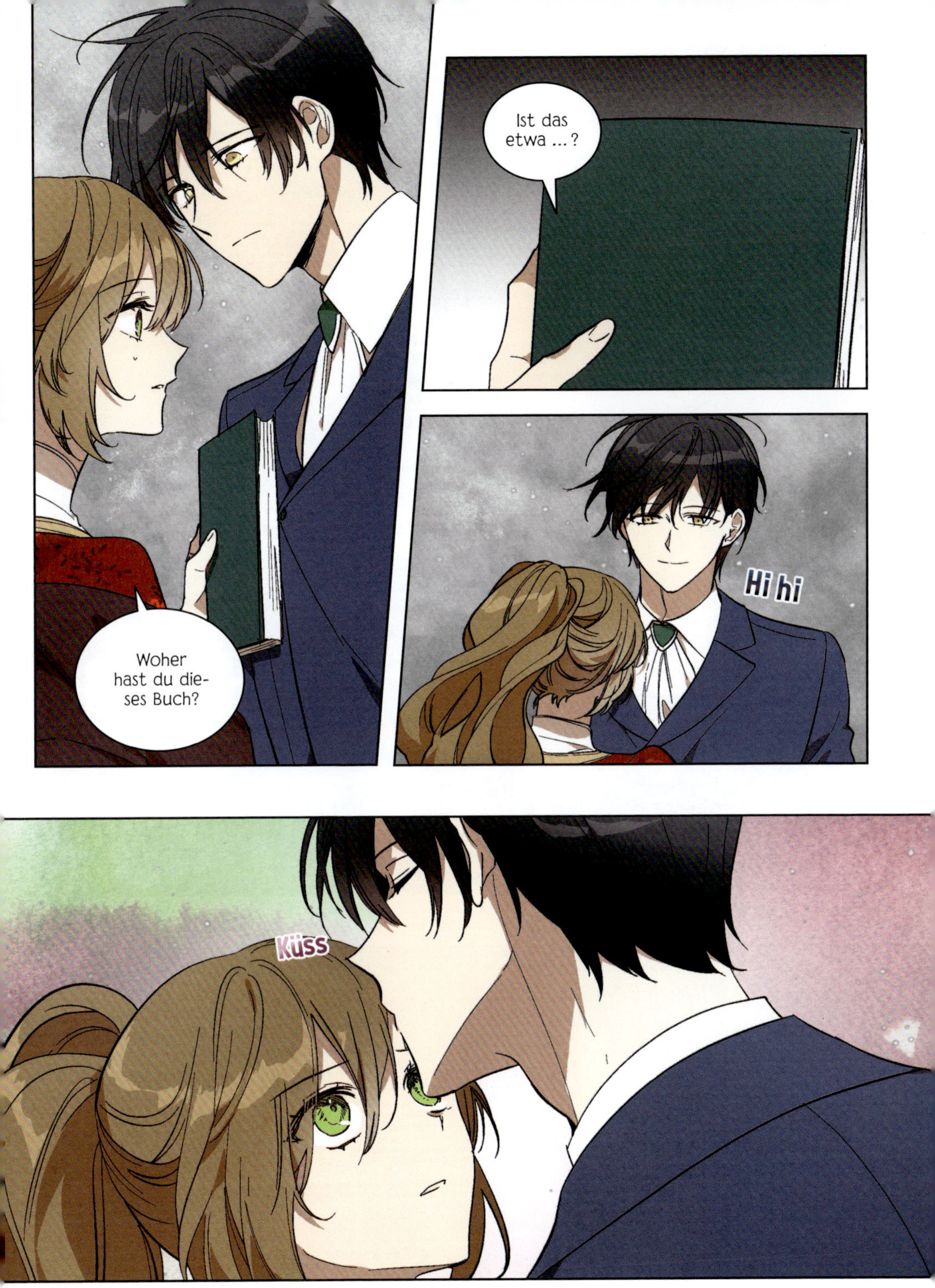
Woher hast du dieses Buch?
Ist das etwa ...?
Hi hi
Küss

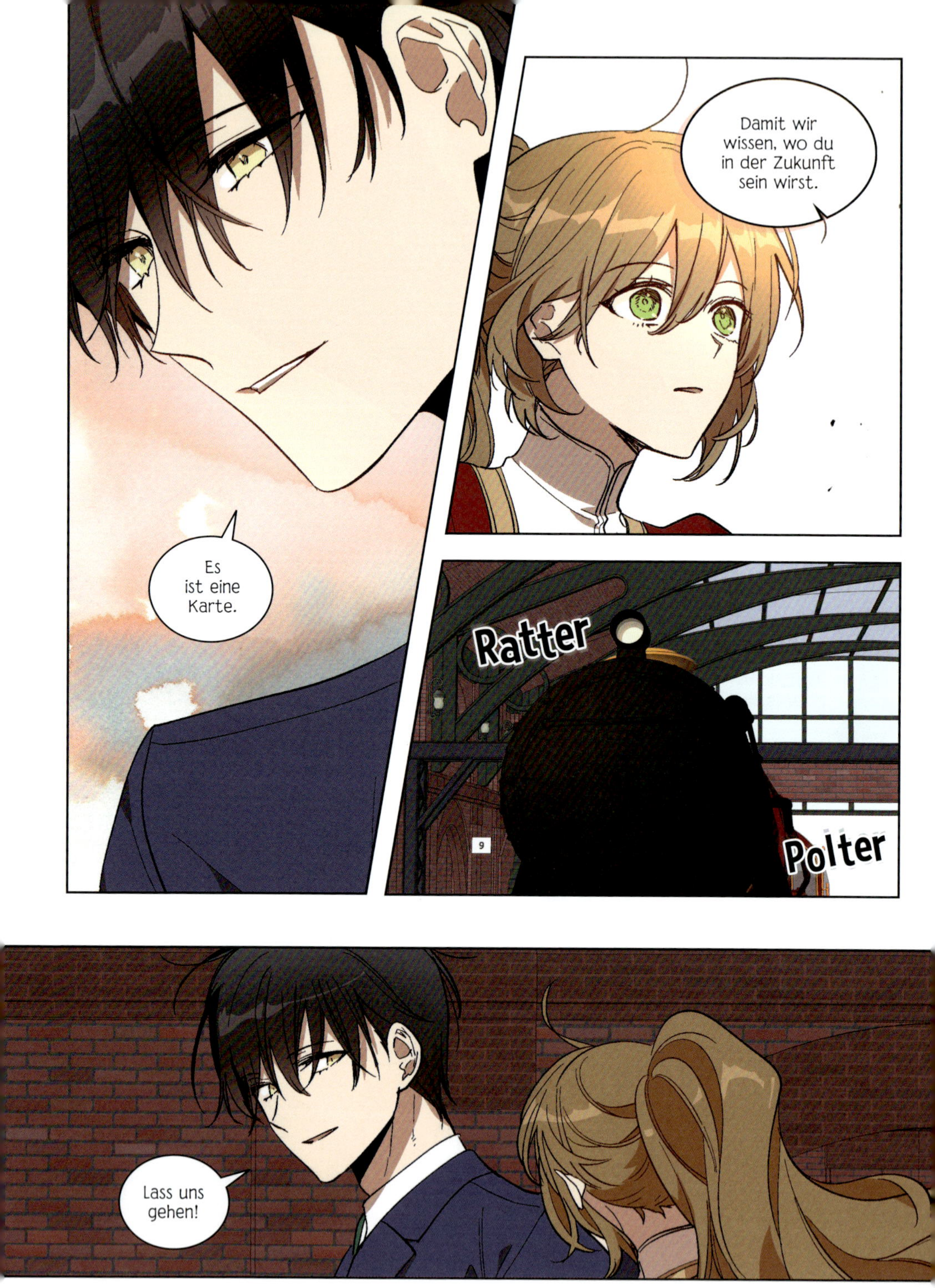
Damit wir wissen, wo du in der Zukunft sein wirst.
Es ist eine Karte.
Ratter
Polter
Lass uns gehen!

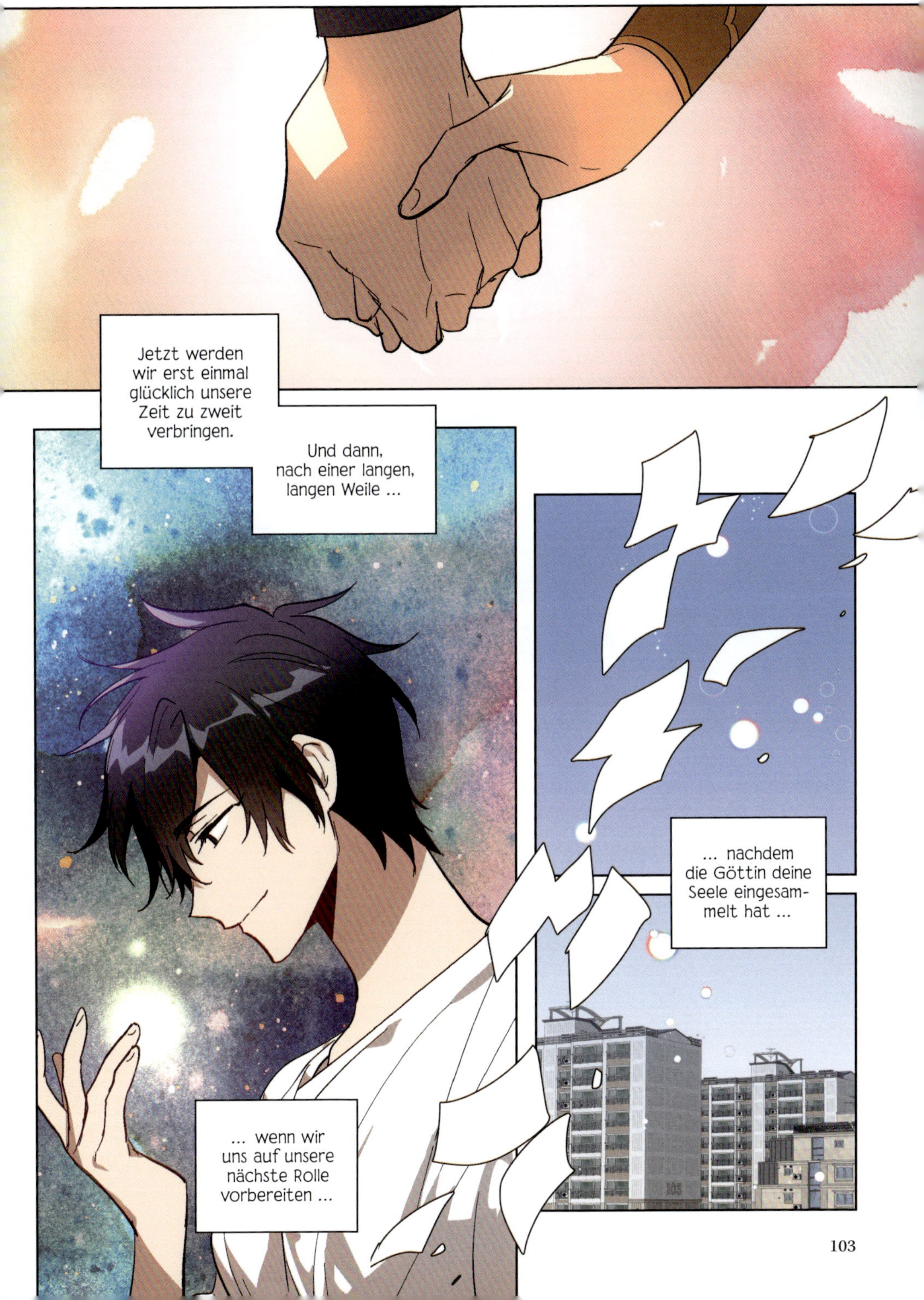

Jetzt werden wir erst einmal glücklich unsere Zeit zu zweit verbringen.
Und dann, nach einer langen, langen Weile ...
... nachdem die Göttin deine Seele eingesammelt hat ...
... wenn wir uns auf unsere nächste Rolle vorbereiten ...

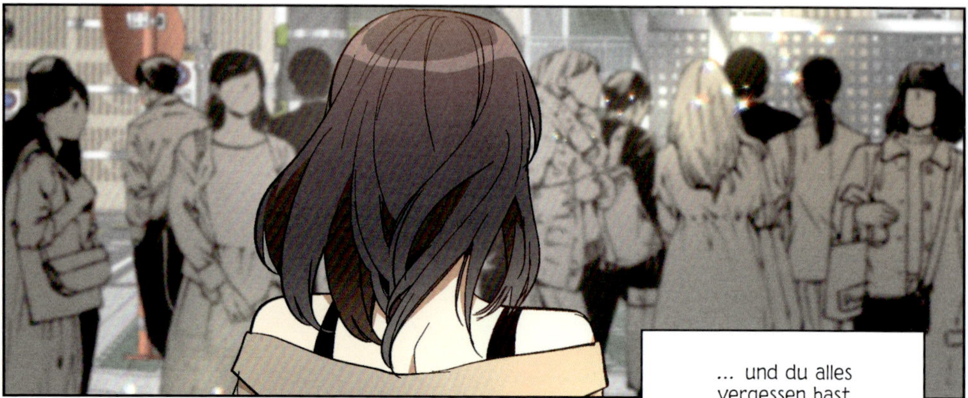

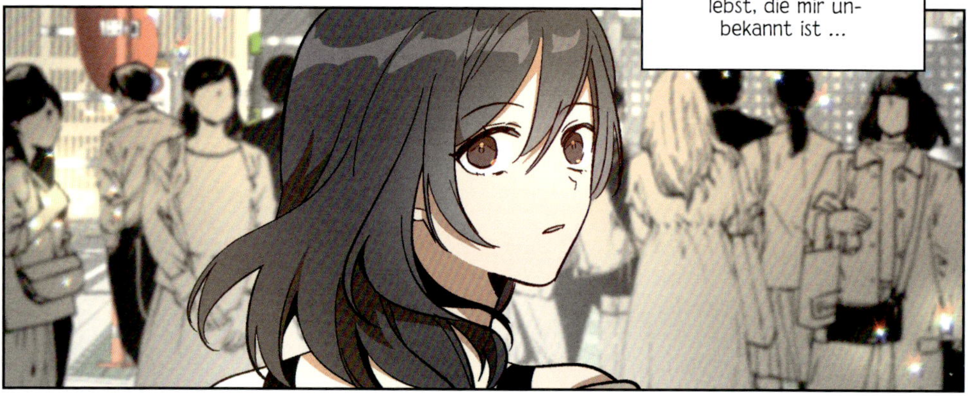

Dann werde ich losziehen, um dich zu finden.

RAELIANA

Warum sie die Verlobte des Dukes wurde

Kapitel 25

Der Antrag

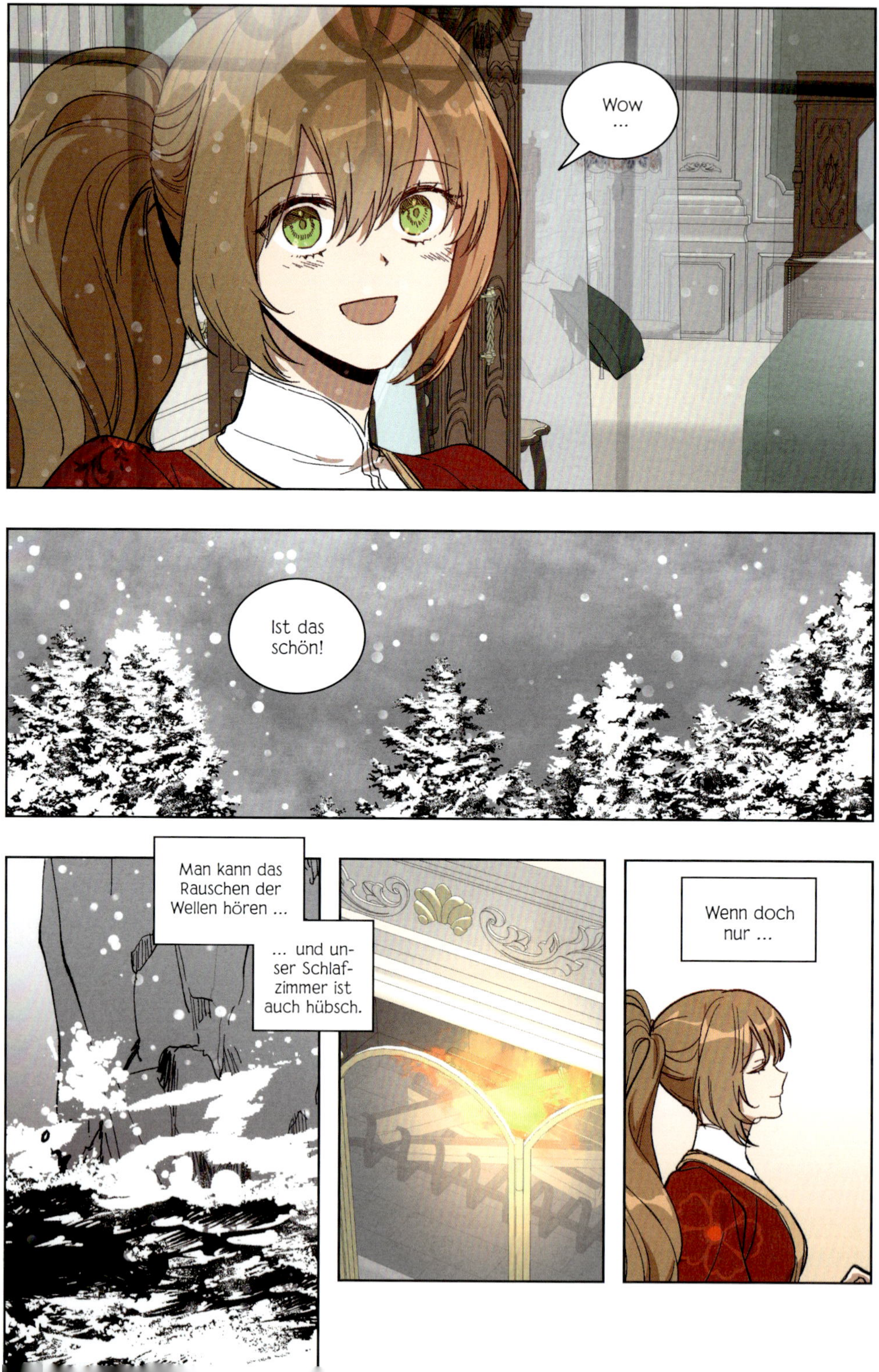
Wow ...
Ist das schön!
Man kann das Rauschen der Wellen hören ...
... und unser Schlafzimmer ist auch hübsch.
Wenn doch nur ...

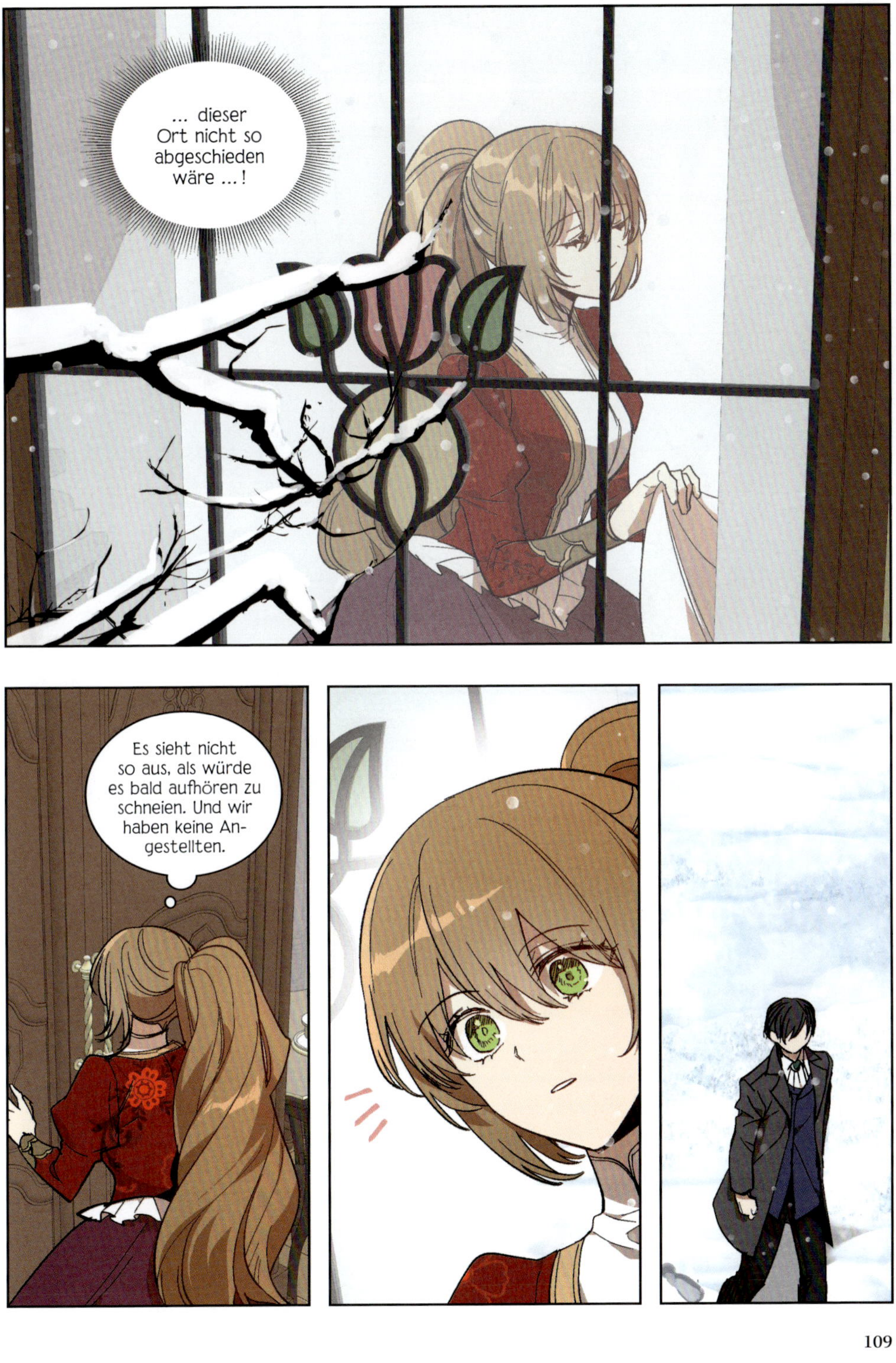
... dieser Ort nicht so abgeschieden wäre ...!
Es sieht nicht so aus, als würde es bald aufhören zu schneien. Und wir haben keine Angestellten.

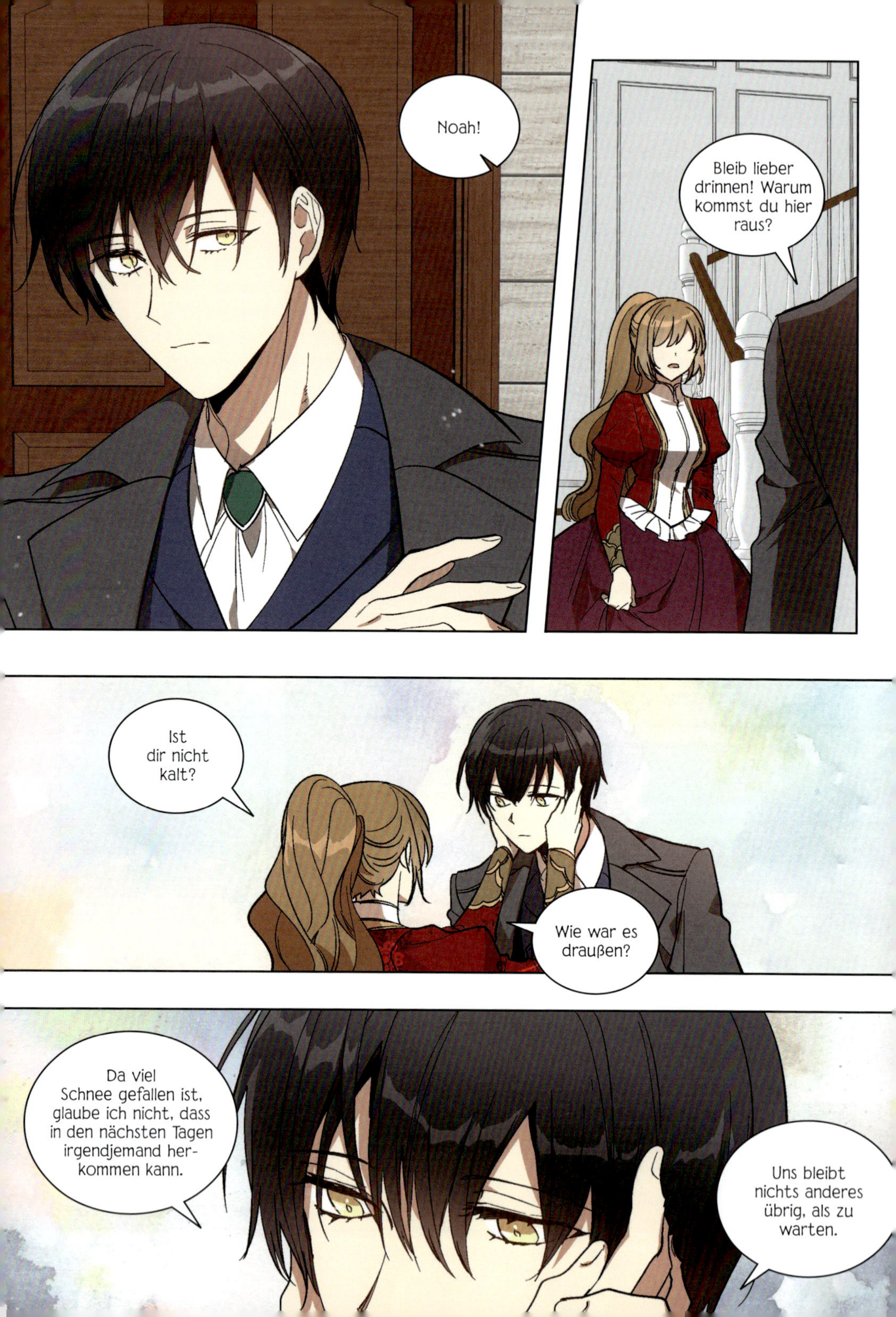
Noah!
Bleib lieber drinnen! Warum kommst du hier raus?
Ist dir nicht kalt?
Wie war es draußen?
Da viel Schnee gefallen ist, glaube ich nicht, dass in den nächsten Tagen irgendjemand herkommen kann.
Uns bleibt nichts anderes übrig, als zu warten.

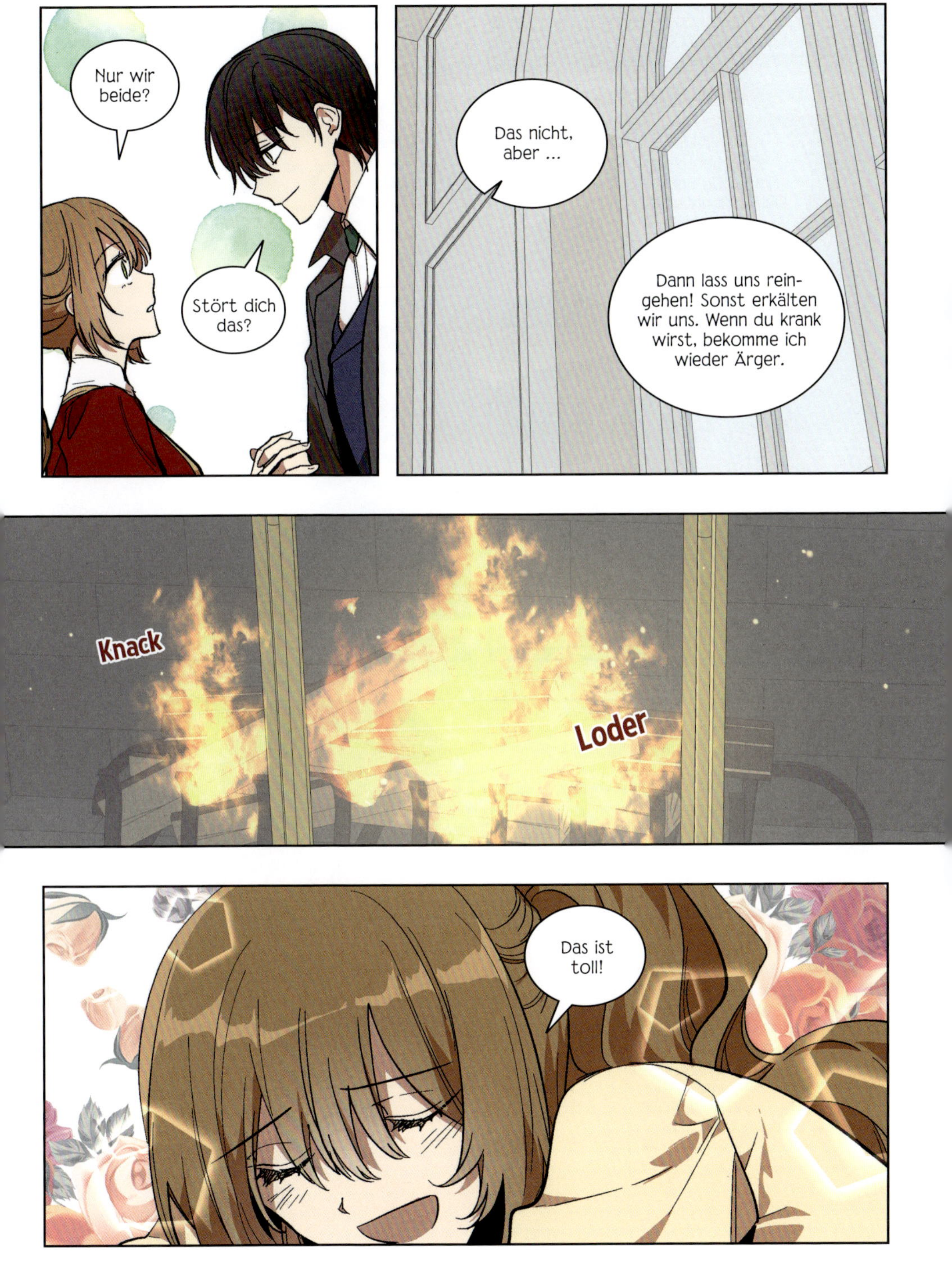
Nur wir beide?
Stört dich das?
Das nicht, aber ...
Dann lass uns reingehen! Sonst erkälten wir uns. Wenn du krank wirst, bekomme ich wieder Ärger.
Knack
Loder
Das ist toll!

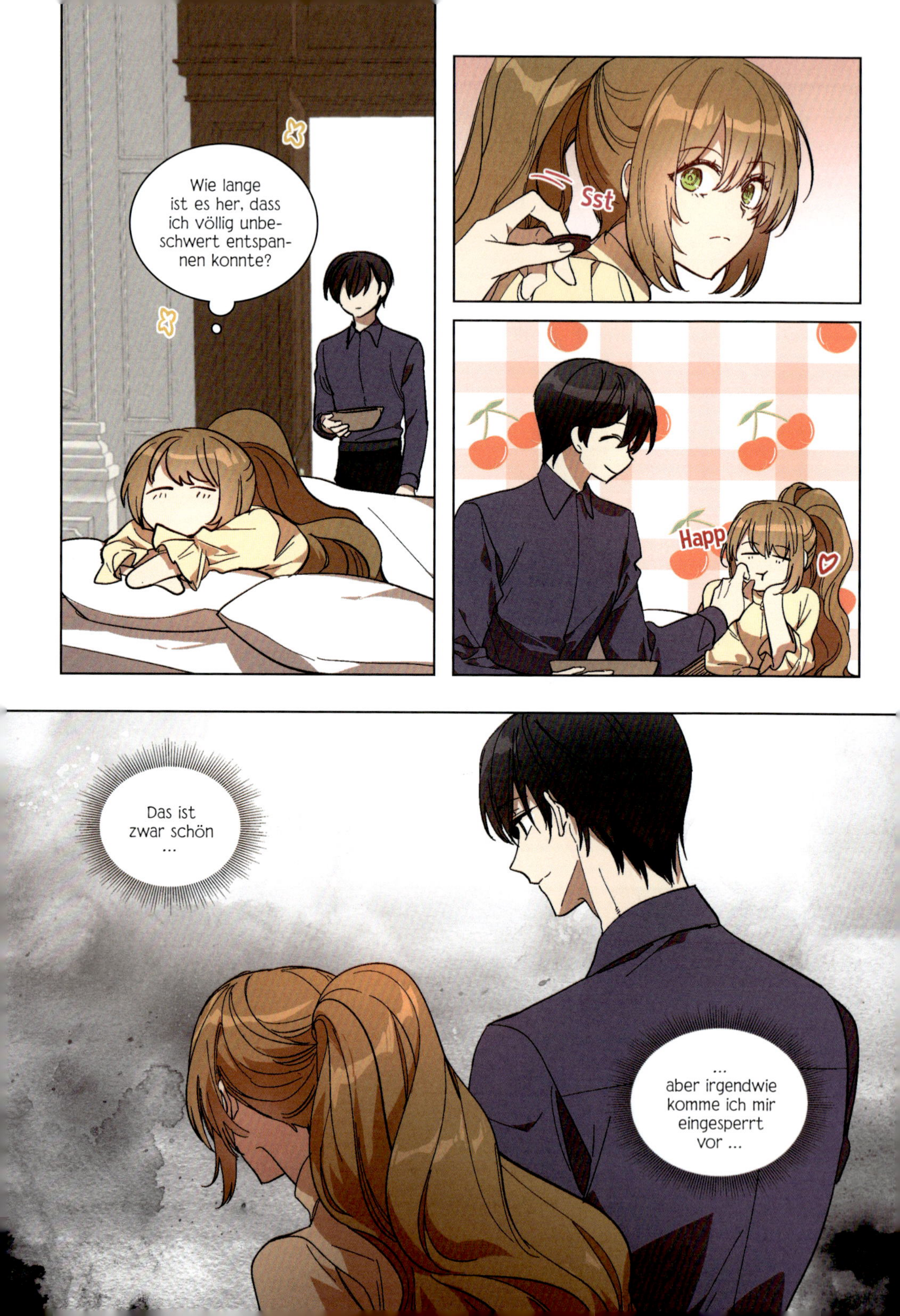
Wie lange ist es her, dass ich völlig unbeschwert entspannen konnte?
Sst
Happ
Das ist zwar schön ...
... aber irgendwie komme ich mir eingesperrt vor ...

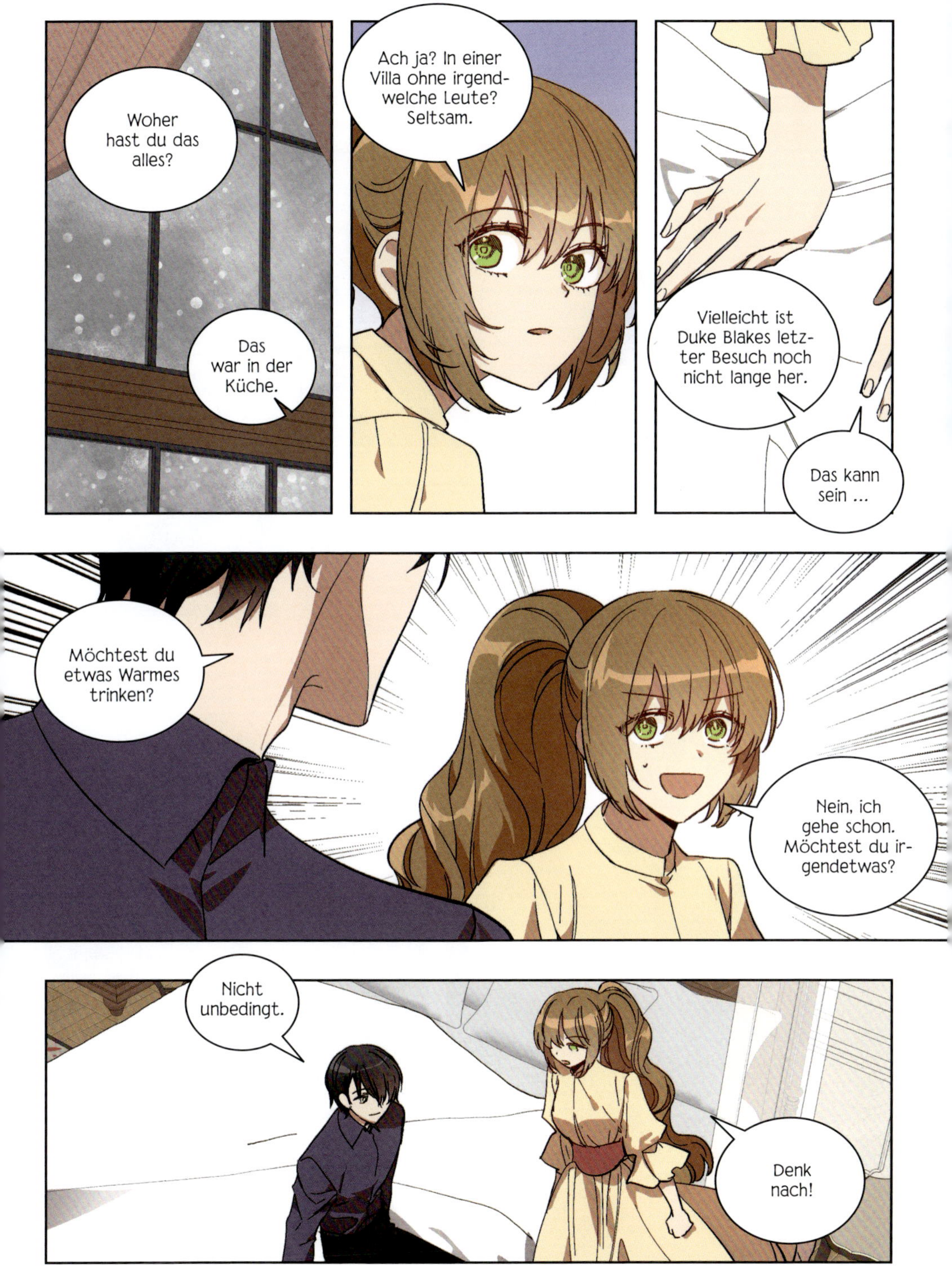

Woher hast du das alles?
Das war in der Küche.
Ach ja? In einer Villa ohne irgend-welche Leute? Seltsam.
Vielleicht ist Duke Blakes letz-ter Besuch noch nicht lange her.
Das kann sein ...
Möchtest du etwas Warmes trinken?
Nein, ich gehe schon. Möchtest du ir-gendetwas?
Nicht unbedingt.
Denk nach!

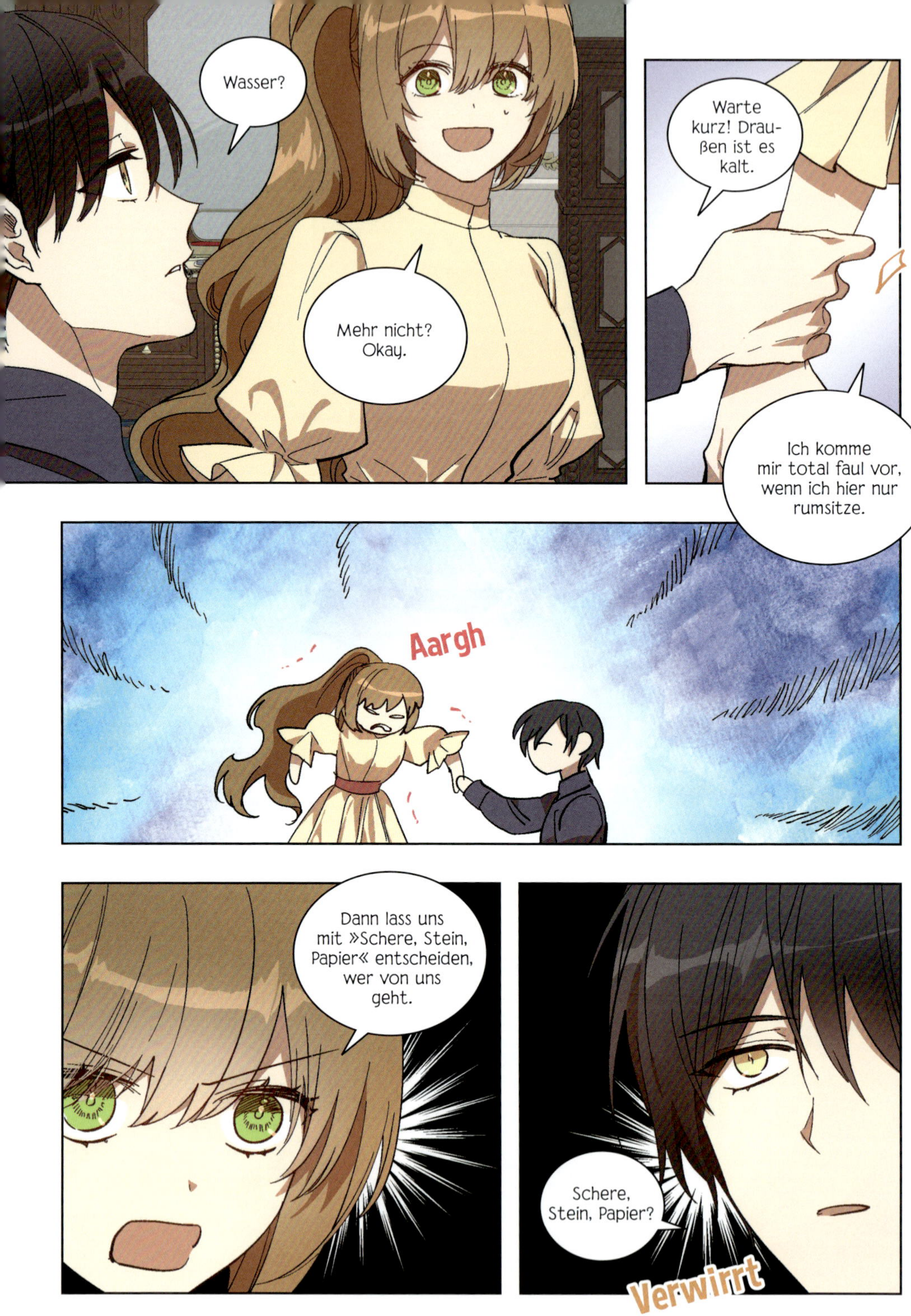
Wasser?
Mehr nicht? Okay.
Warte kurz! Draußen ist es kalt.
Ich komme mir total faul vor, wenn ich hier nur rumsitze.
Aargh
Dann lass uns mit »Schere, Stein, Papier« entscheiden, wer von uns geht.
Schere, Stein, Papier?
Verwirrt

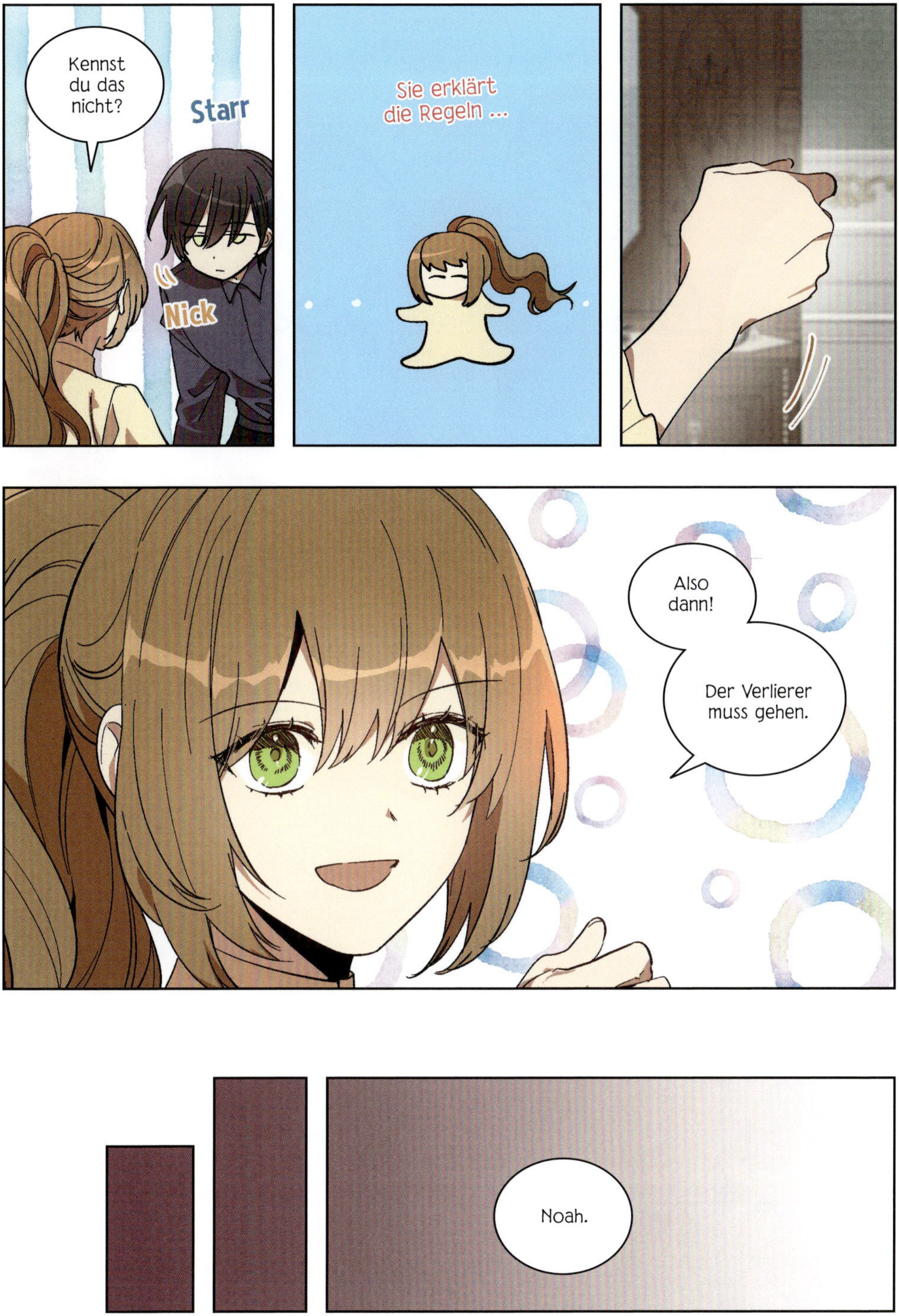
Kennst du das nicht?
Starr
Nick
Sie erklärt die Regeln ...
Also dann!
Der Verlierer muss gehen.
Noah.

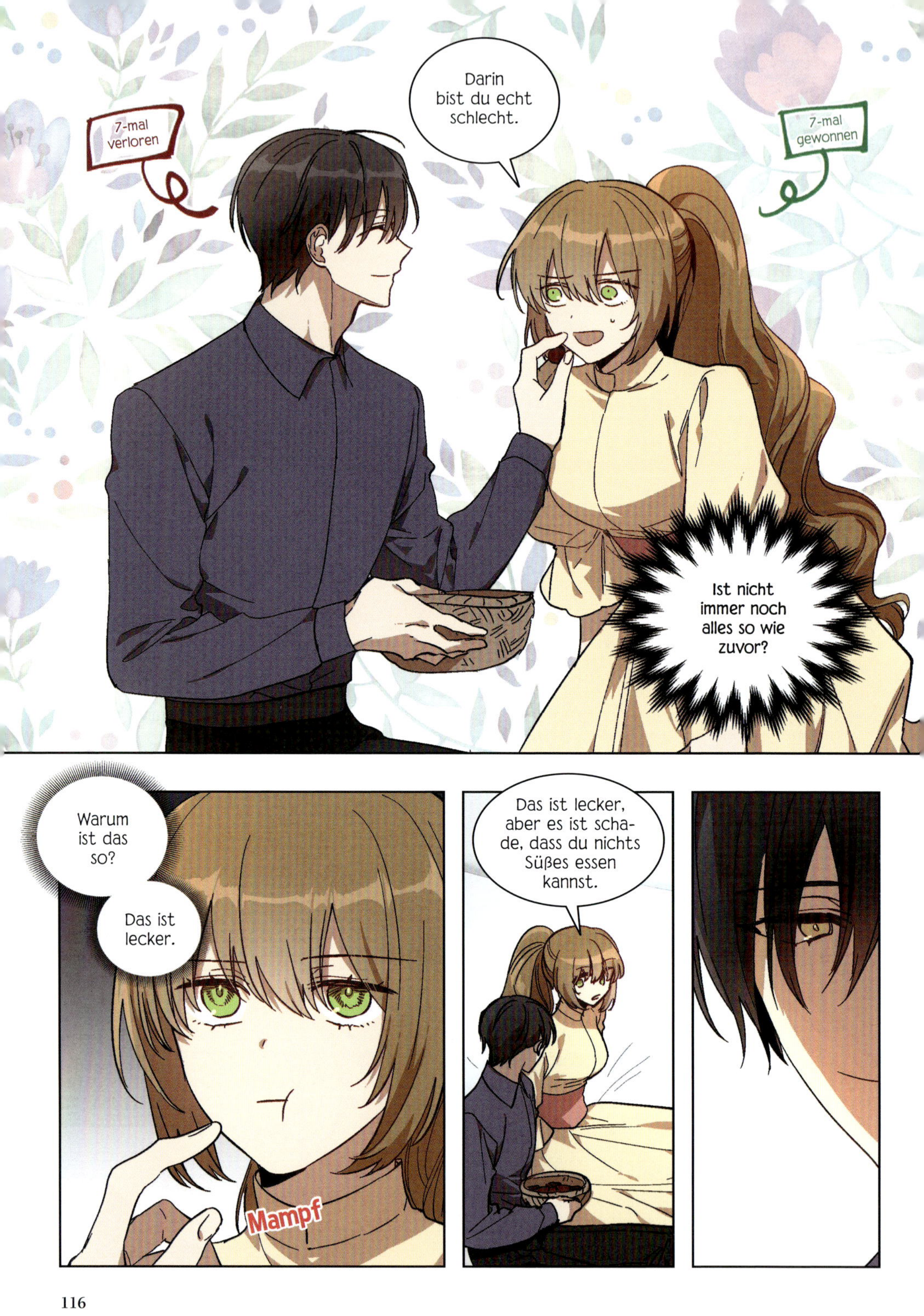

7-mal verloren
Darin bist du echt schlecht.
7-mal gewonnen
Ist nicht immer noch alles so wie zuvor?
Warum ist das so?
Das ist lecker.
Mampf
Das ist lecker, aber es ist schade, dass du nichts Süßes essen kannst.

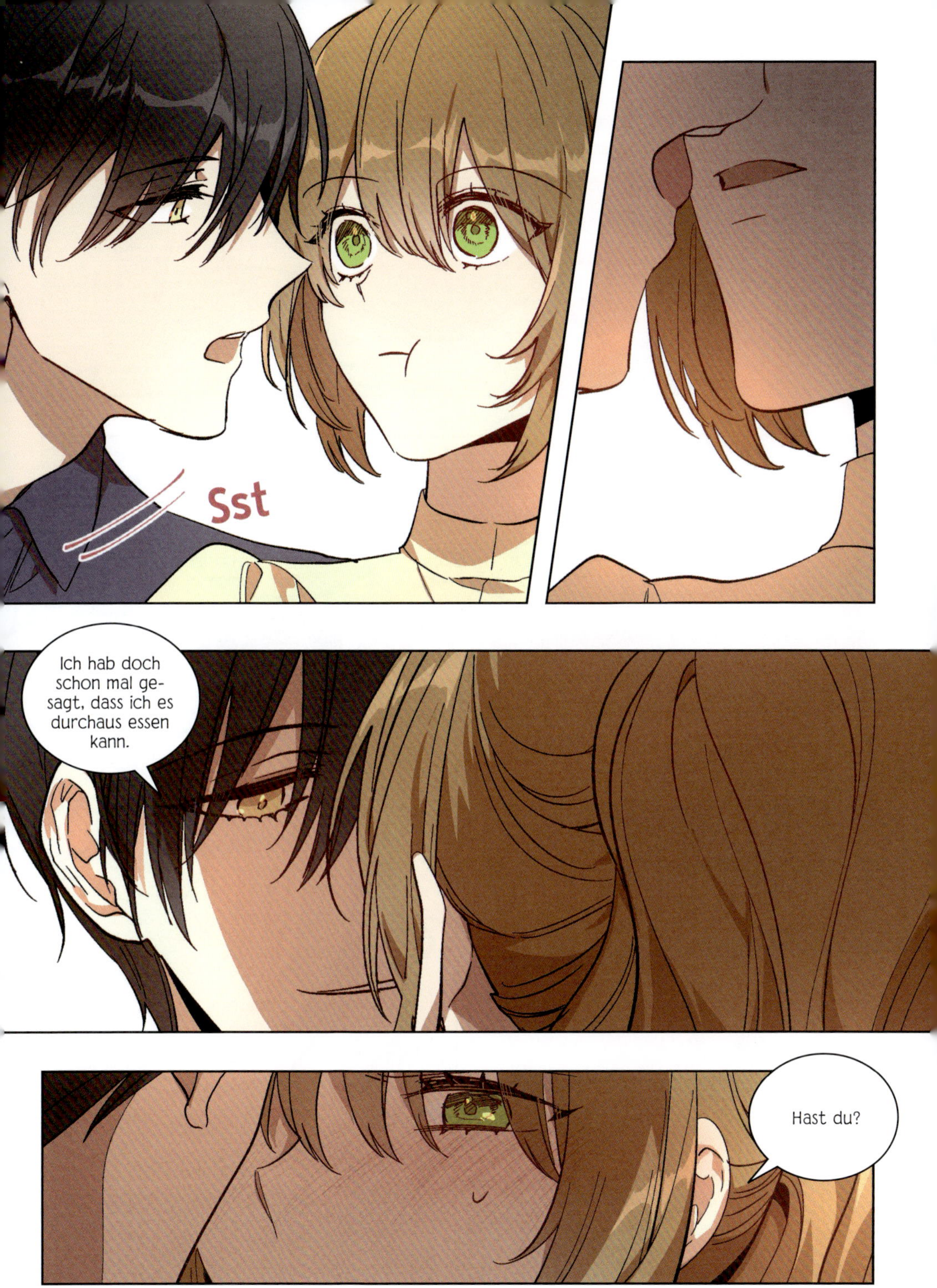
Sst
Ich hab doch schon mal ge-sagt, dass ich es durchaus essen kann.
Hast du?

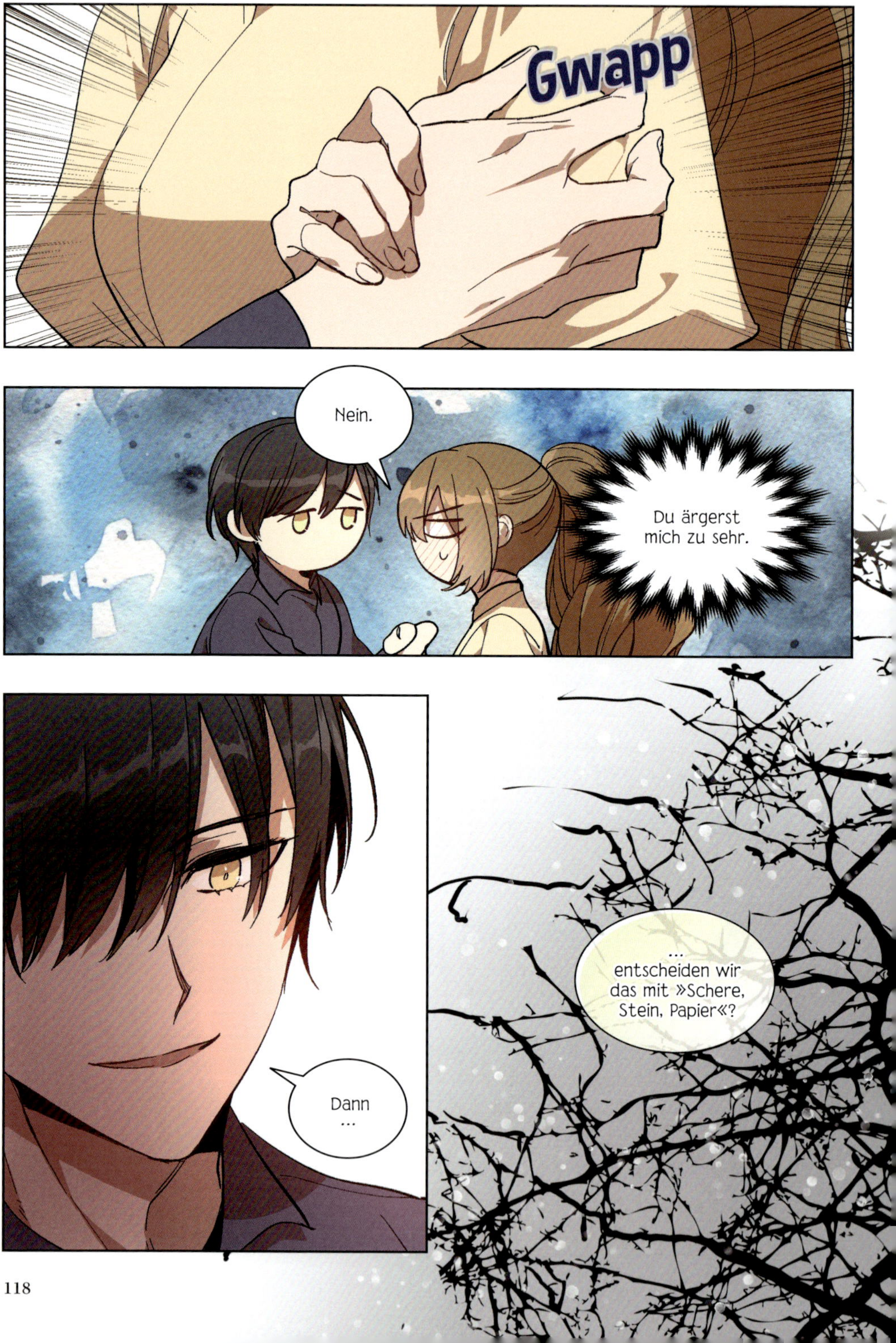
Gwapp
Nein.
Du ärgerst mich zu sehr.
Dann …
… entscheiden wir das mit »Schere, Stein, Papier«?

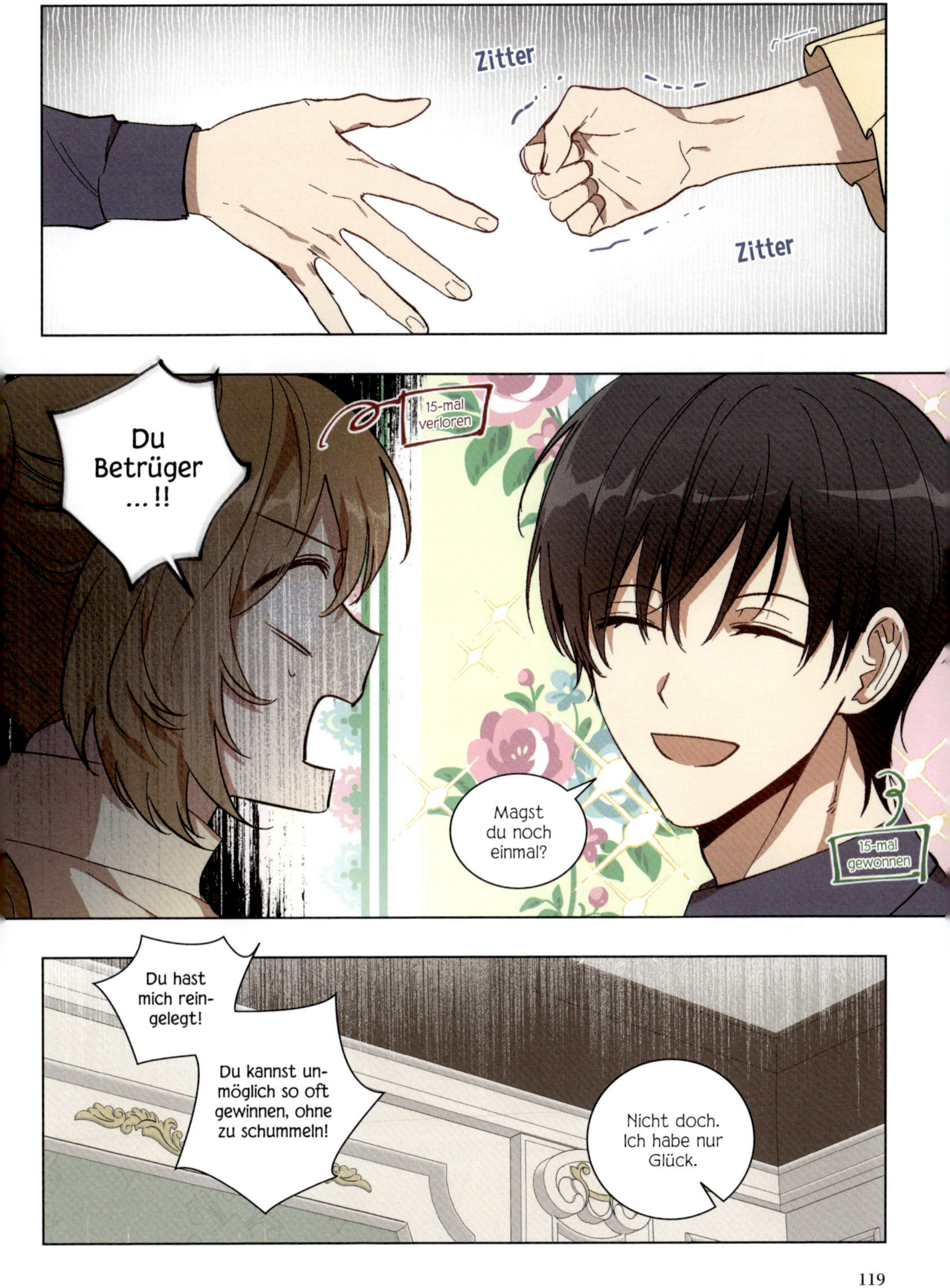
Zitter
Zitter
Du Betrüger ...!!
15-mal verloren
Magst du noch einmal?
15-mal gewonnen
Du hast mich reingelegt!
Du kannst unmöglich so oft gewinnen, ohne zu schummeln!
Nicht doch. Ich habe nur Glück.

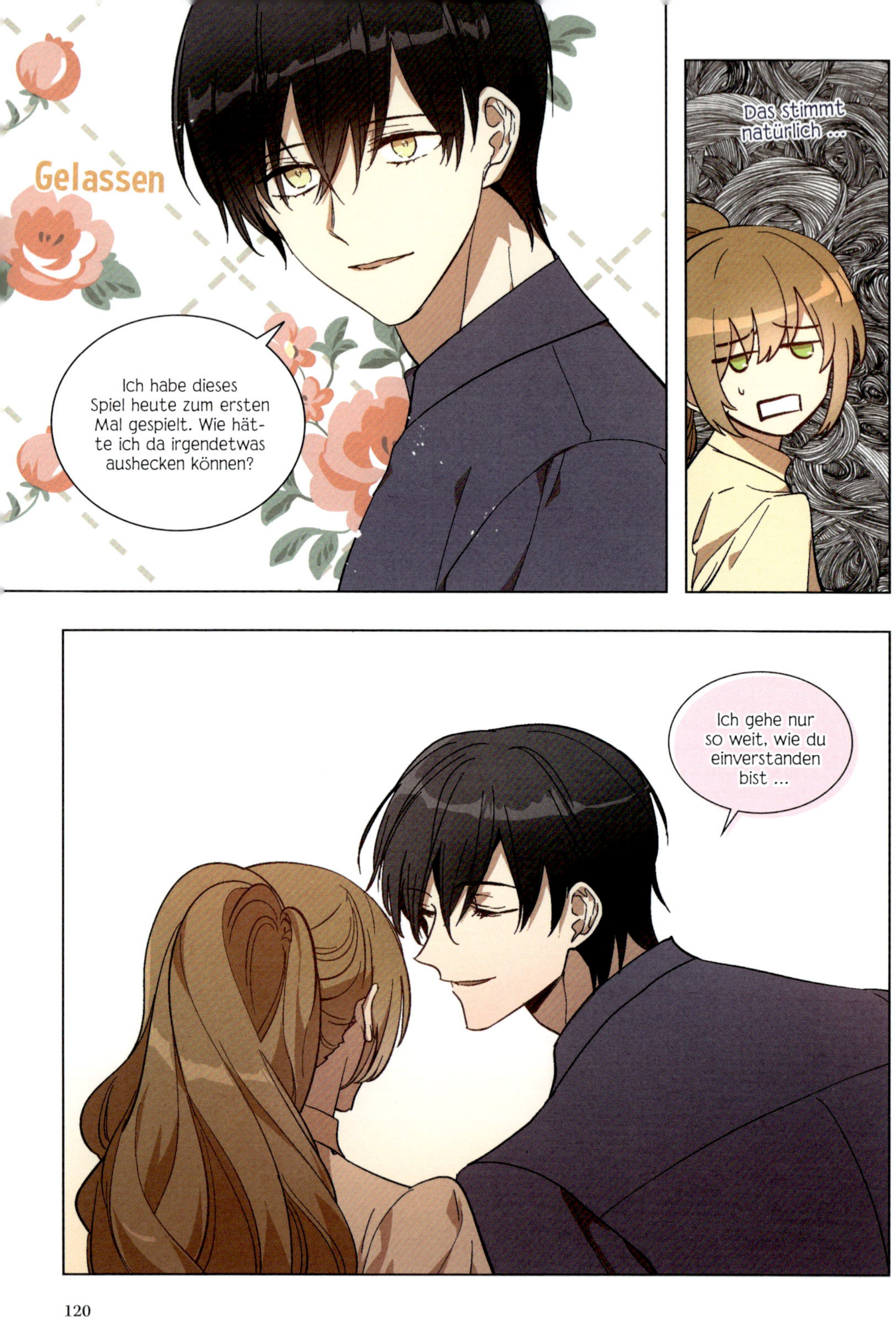
Gelassen
Ich habe dieses Spiel heute zum ersten Mal gespielt. Wie hätte ich da irgendetwas aushecken können?
Das stimmt natürlich ...
Ich gehe nur so weit, wie du einverstanden bist ...

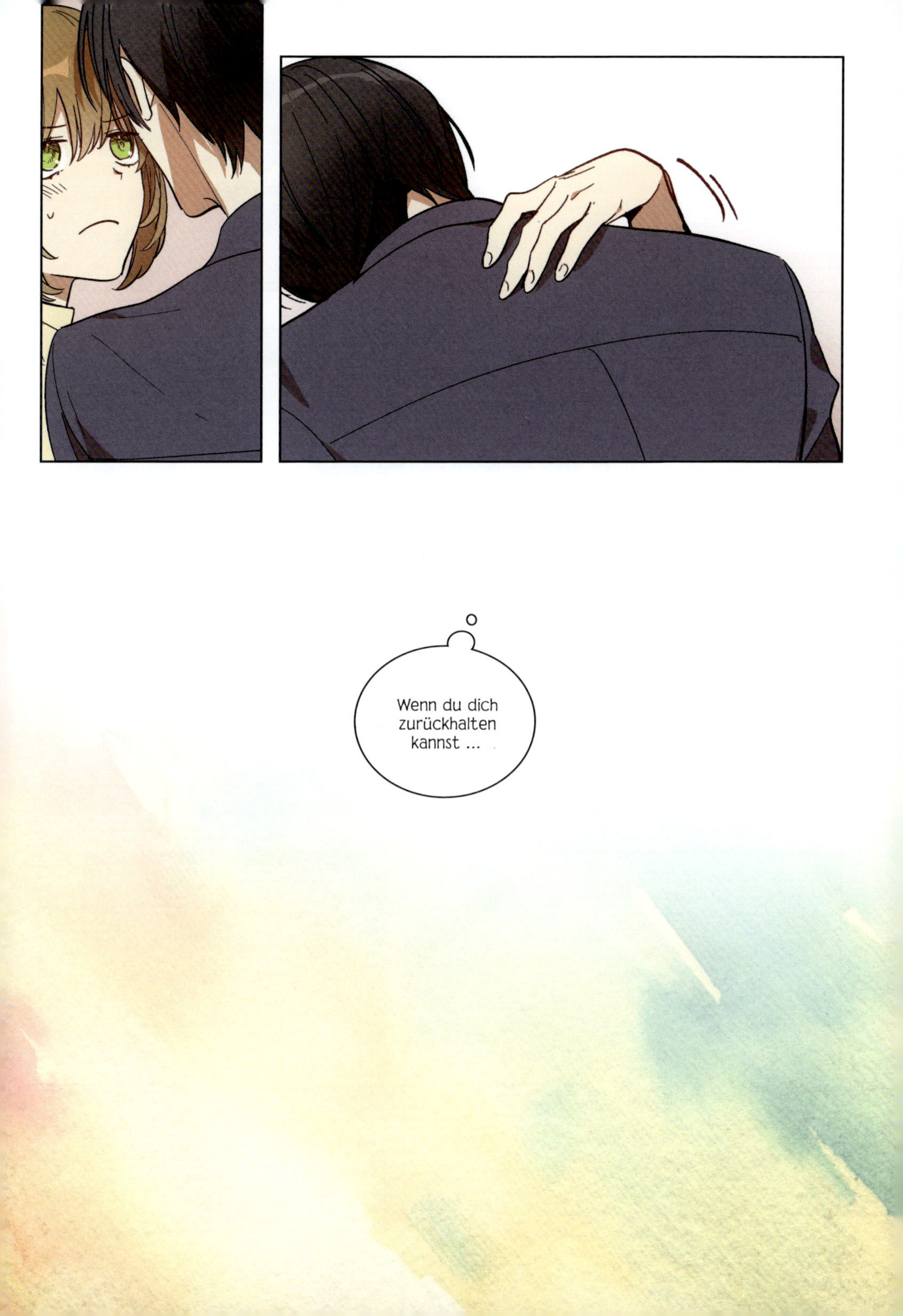
Wenn du dich zurückhalten kannst ...

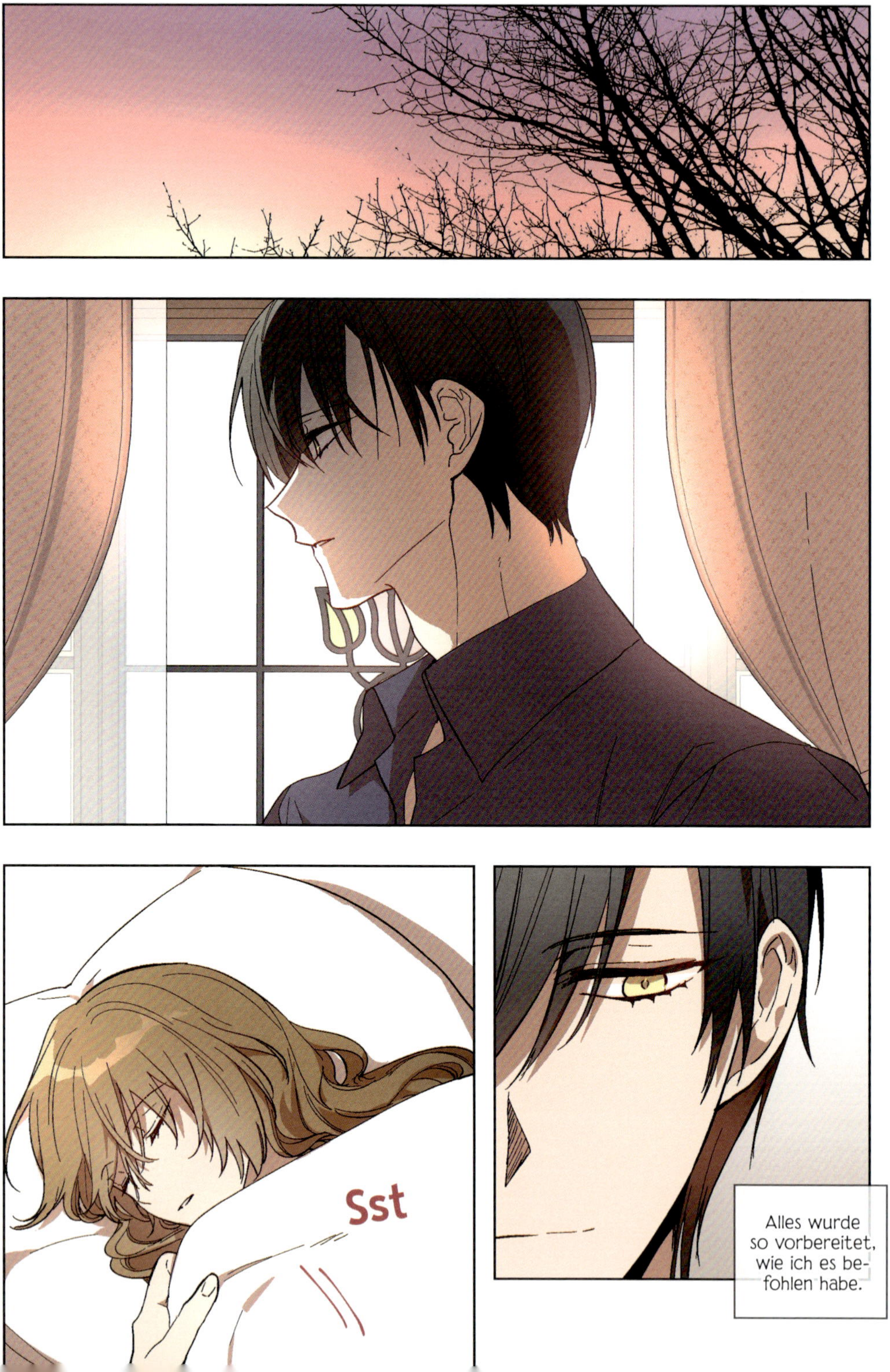
Sst
Alles wurde so vorbereitet, wie ich es befohlen habe.

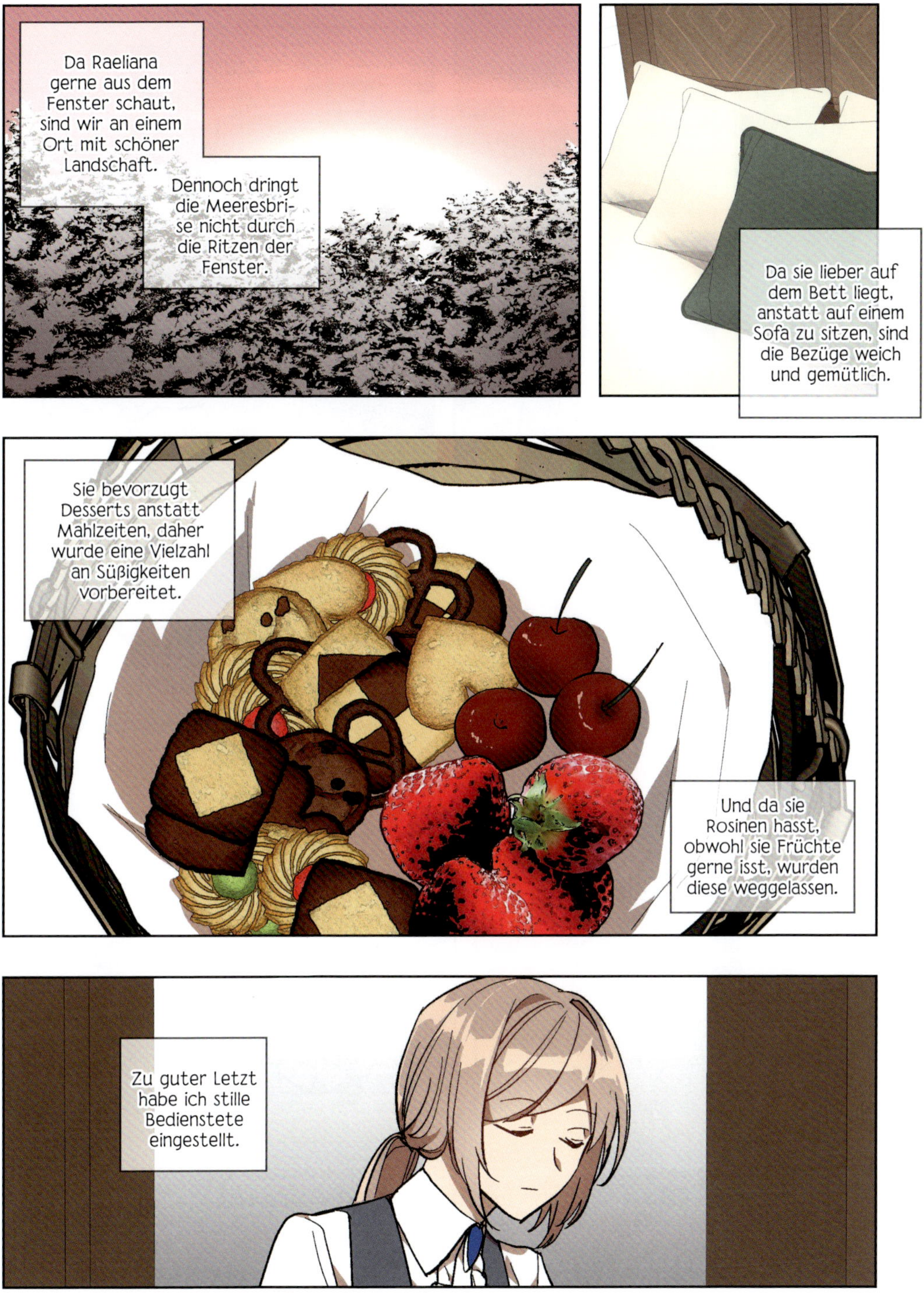
Da Raeliana gerne aus dem Fenster schaut, sind wir an einem Ort mit schöner Landschaft.
Dennoch dringt die Meeresbrise nicht durch die Ritzen der Fenster.
Da sie lieber auf dem Bett liegt, anstatt auf einem Sofa zu sitzen, sind die Bezüge weich und gemütlich.
Sie bevorzugt Desserts anstatt Mahlzeiten, daher wurde eine Vielzahl an Süßigkeiten vorbereitet.
Und da sie Rosinen hasst, obwohl sie Früchte gerne isst, wurden diese weggelassen.
Zu guter Letzt habe ich stille Bedienstete eingestellt.

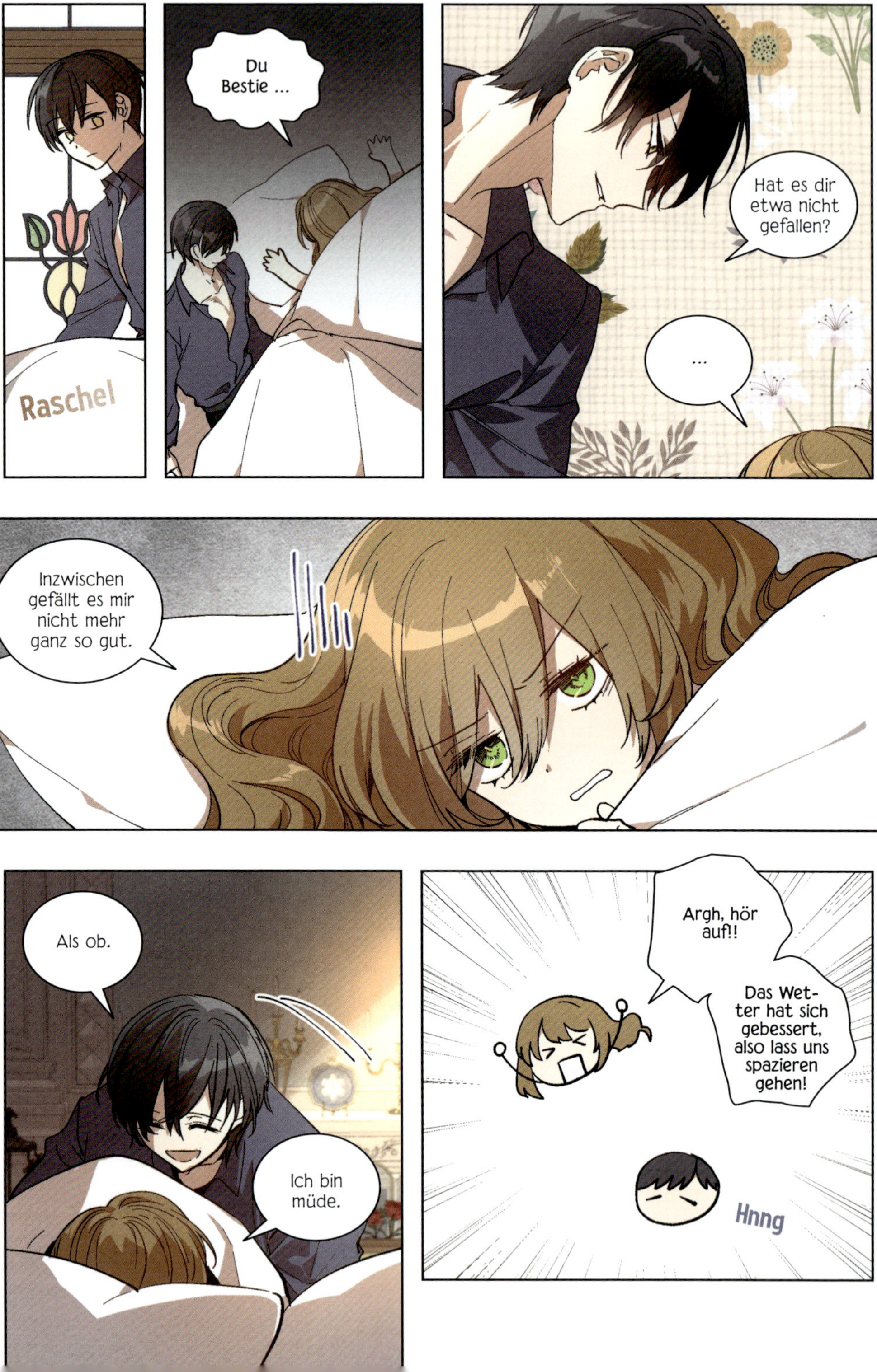
Raschel
Du Bestie ...
Hat es dir etwa nicht gefallen?
...
Inzwischen gefällt es mir nicht mehr ganz so gut.
Als ob.
Ich bin müde.
Argh, hör auf!!
Das Wetter hat sich gebessert, also lass uns spazieren gehen!
Hnng

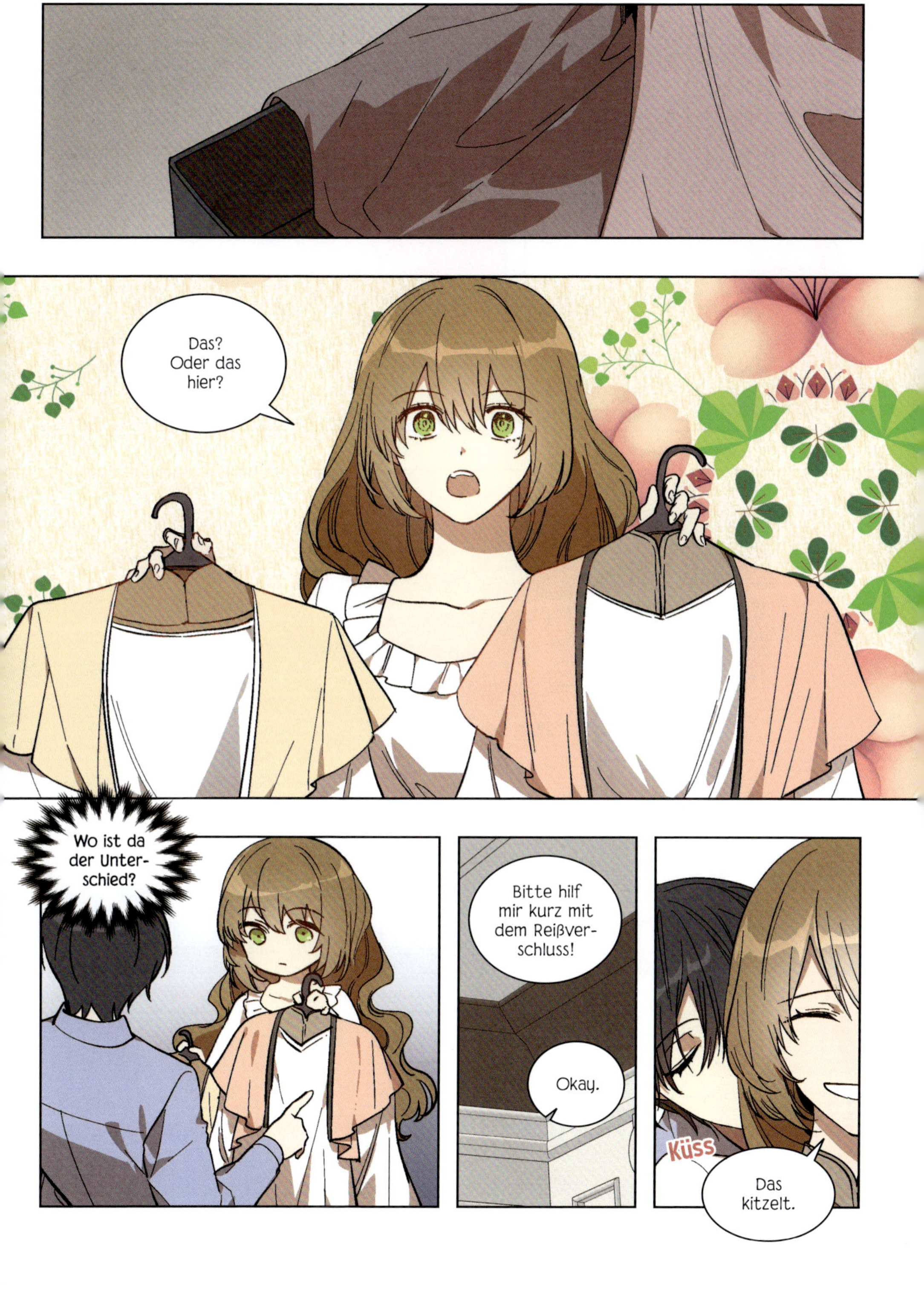
Das? Oder das hier?
Wo ist da der Unterschied?
Bitte hilf mir kurz mit dem Reißverschluss!
Okay.
Küss
Das kitzelt.

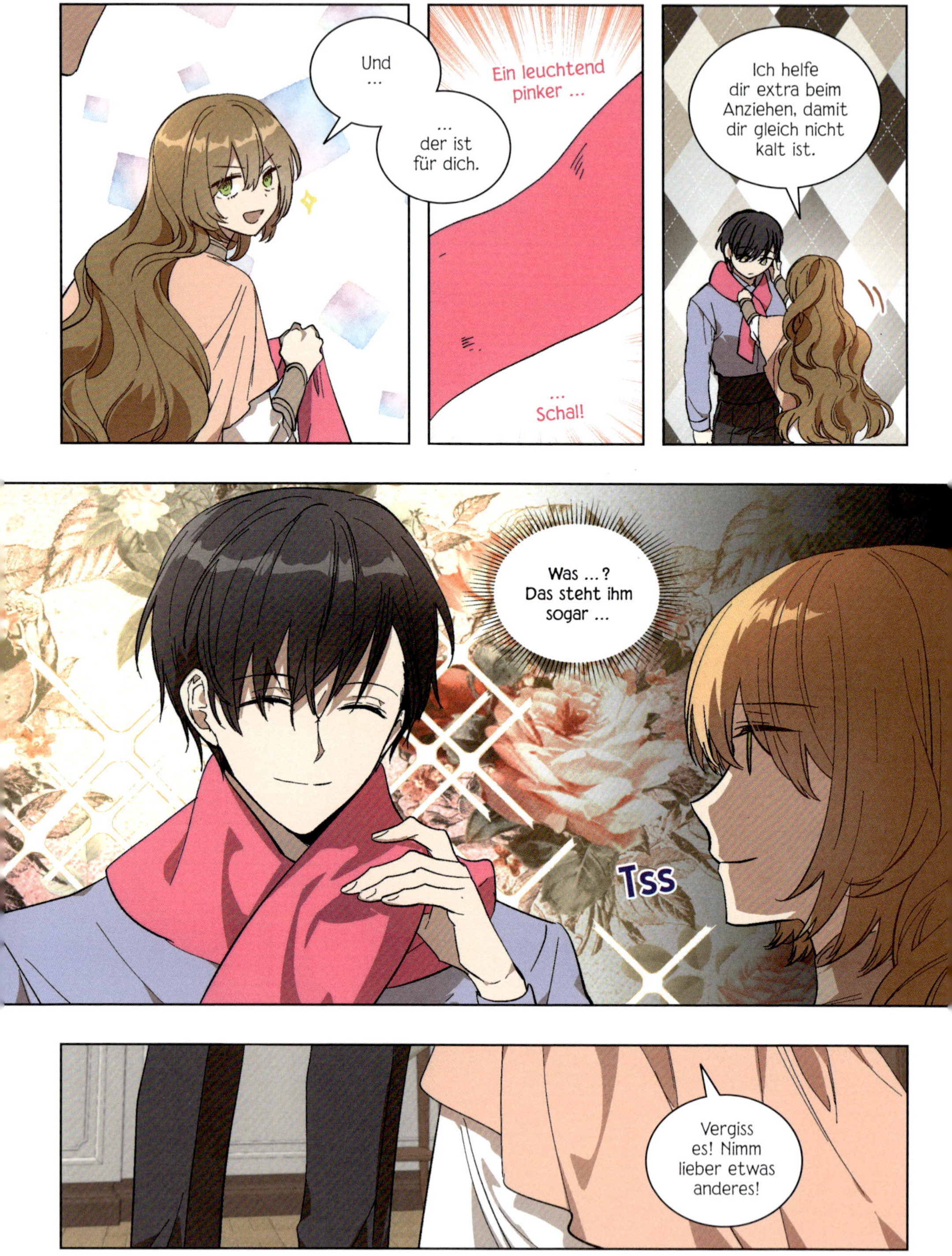
Und ...
... der ist für dich.
Ein leuchtend pinker ...
... Schal!
Ich helfe dir extra beim Anziehen, damit dir gleich nicht kalt ist.
Was ...? Das steht ihm sogar ...
Tss
Vergiss es! Nimm lieber etwas anderes!

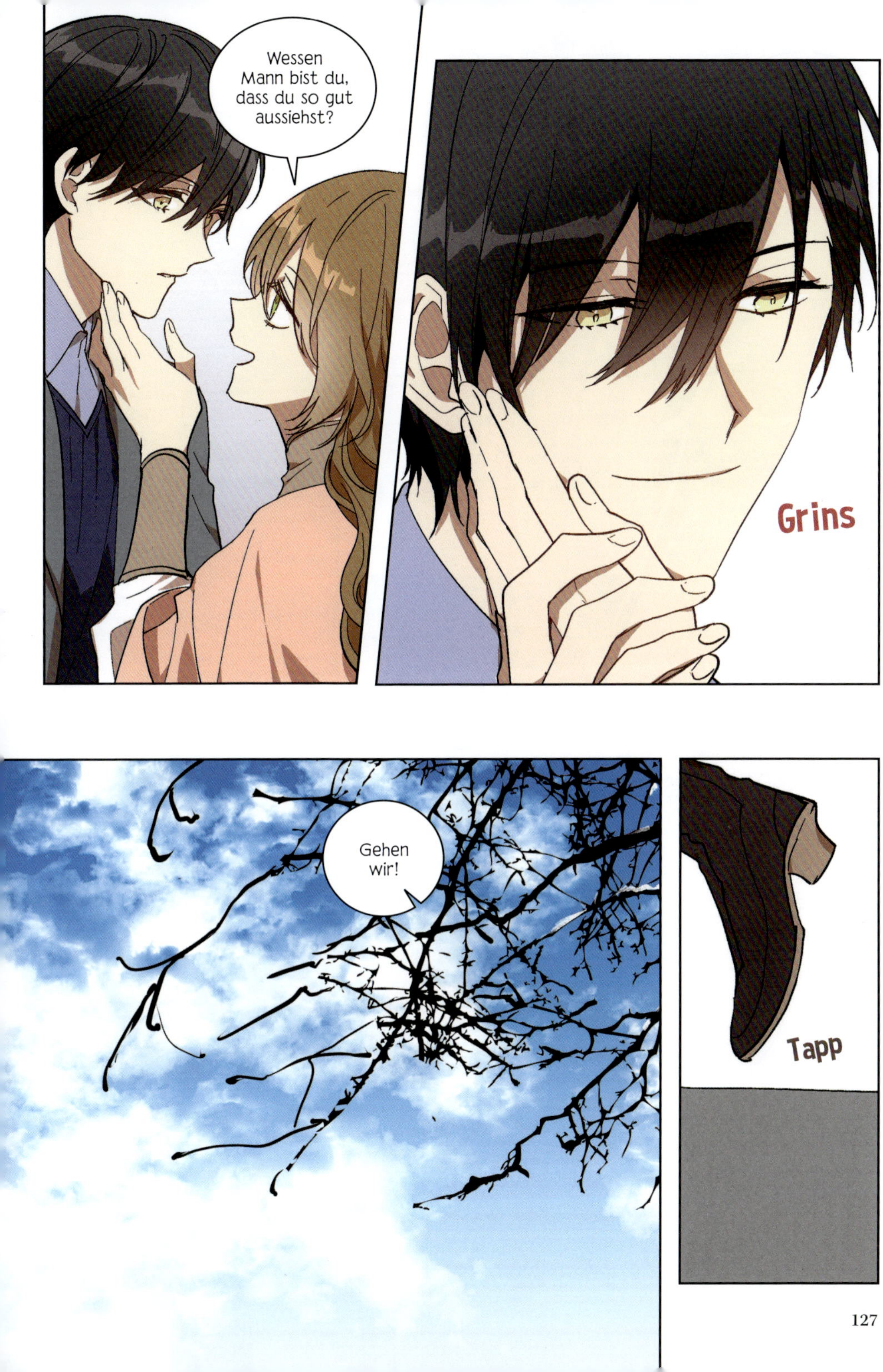
Wessen Mann bist du, dass du so gut aussiehst?
Grins
Gehen wir!
Tapp

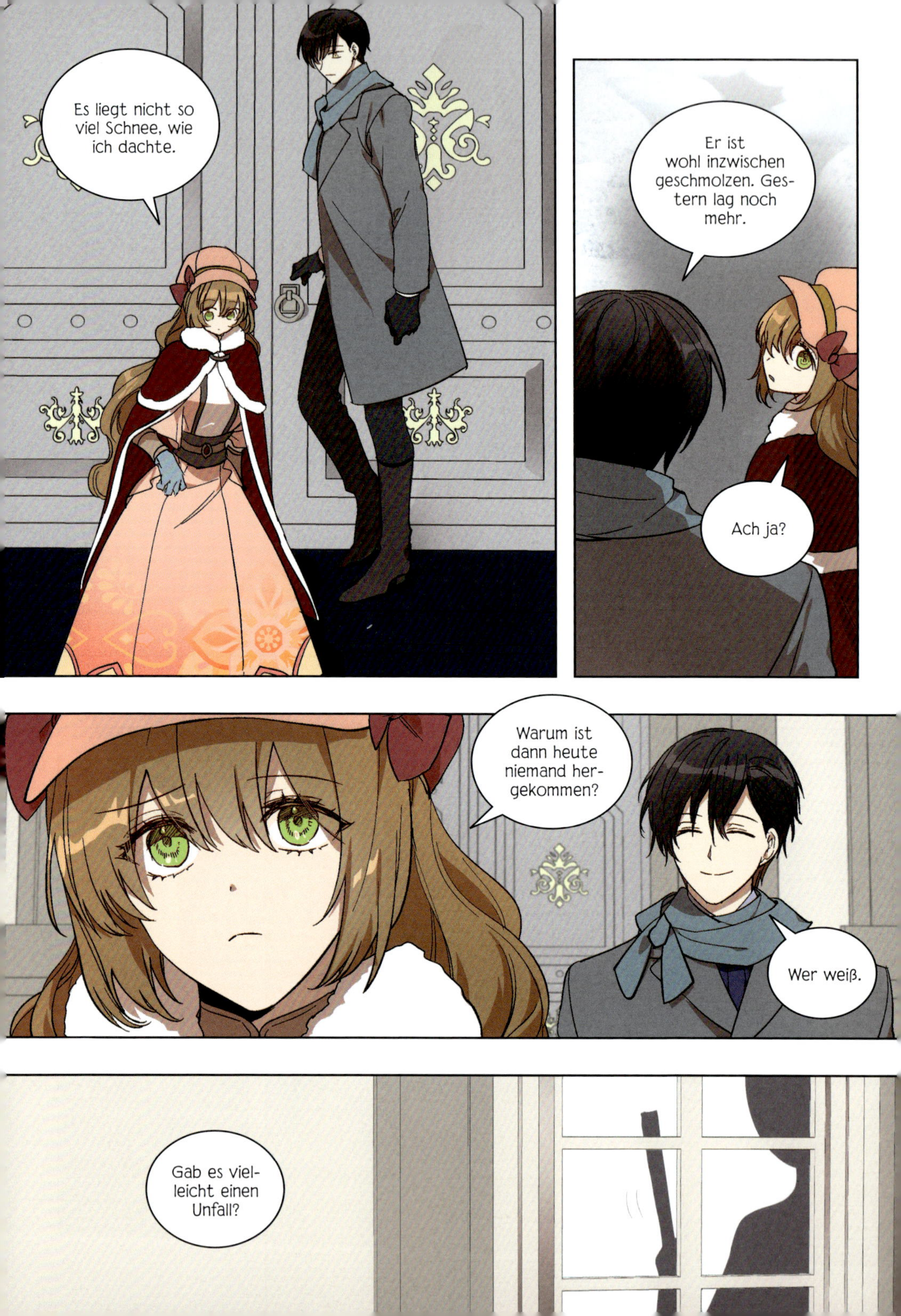

Es liegt nicht so viel Schnee, wie ich dachte.
Er ist wohl inzwischen geschmolzen. Gestern lag noch mehr.
Ach ja?
Warum ist dann heute niemand hergekommen?
Wer weiß.
Gab es vielleicht einen Unfall?

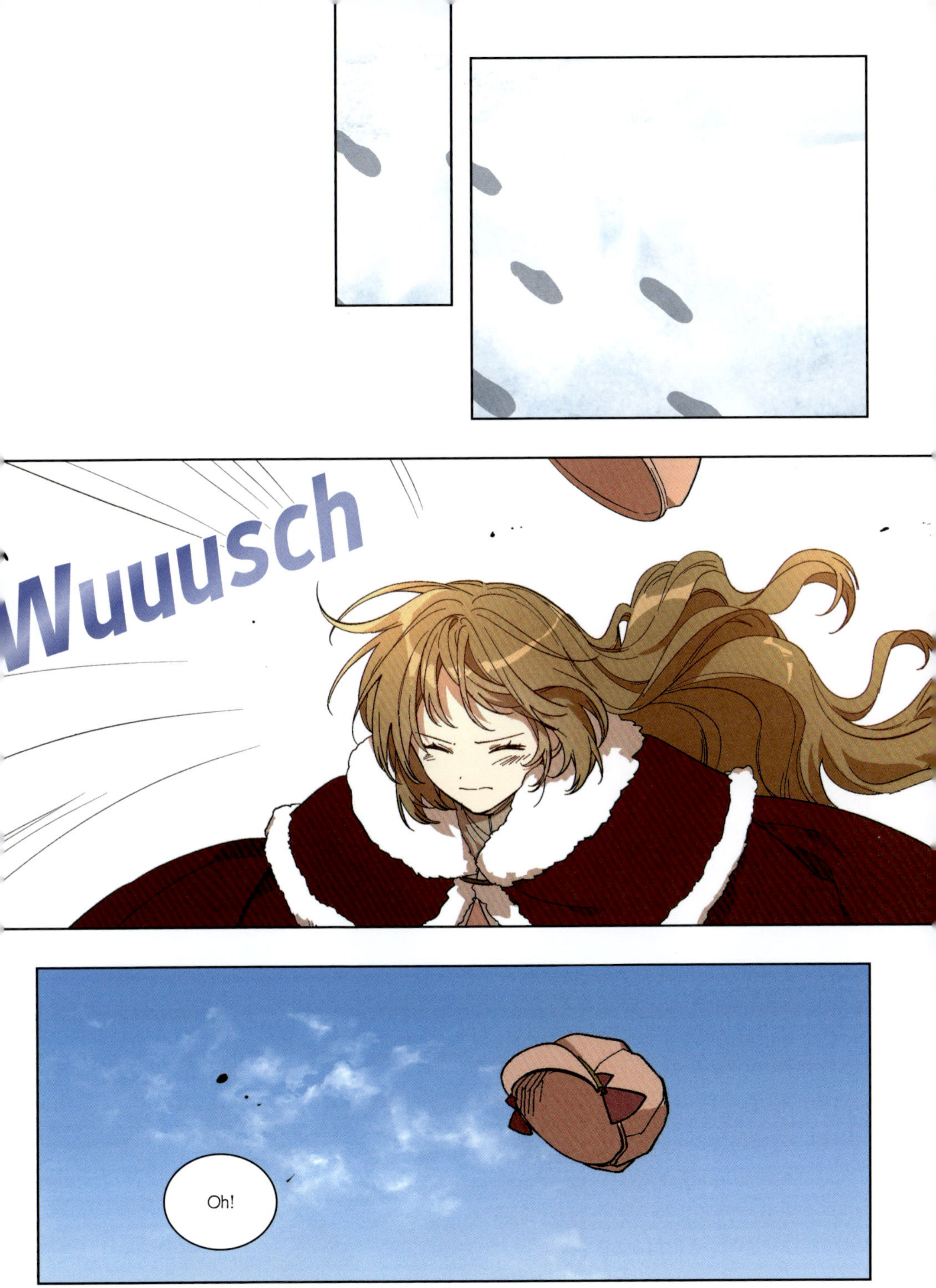
Wuuusch
Oh!

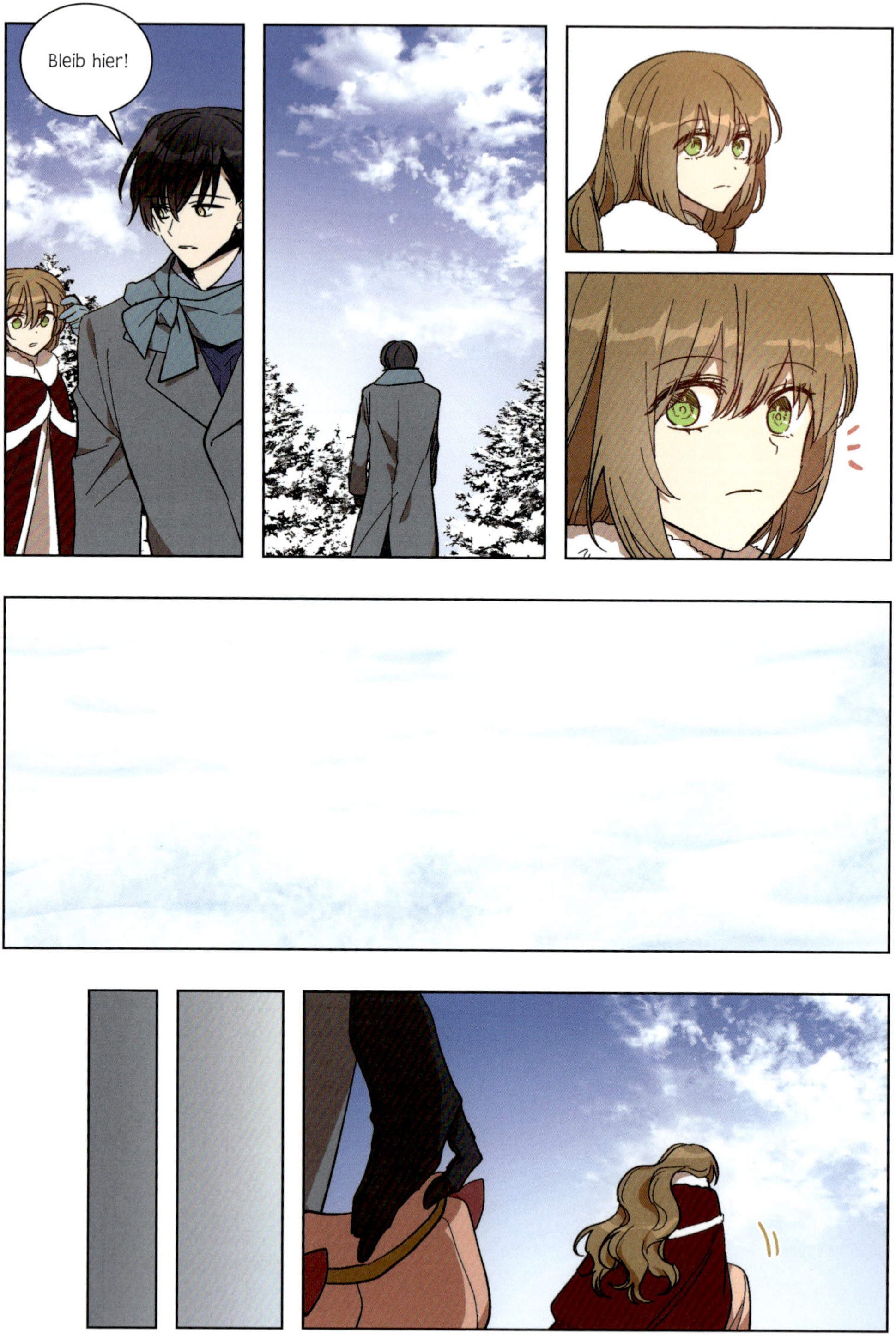
Bleib hier!

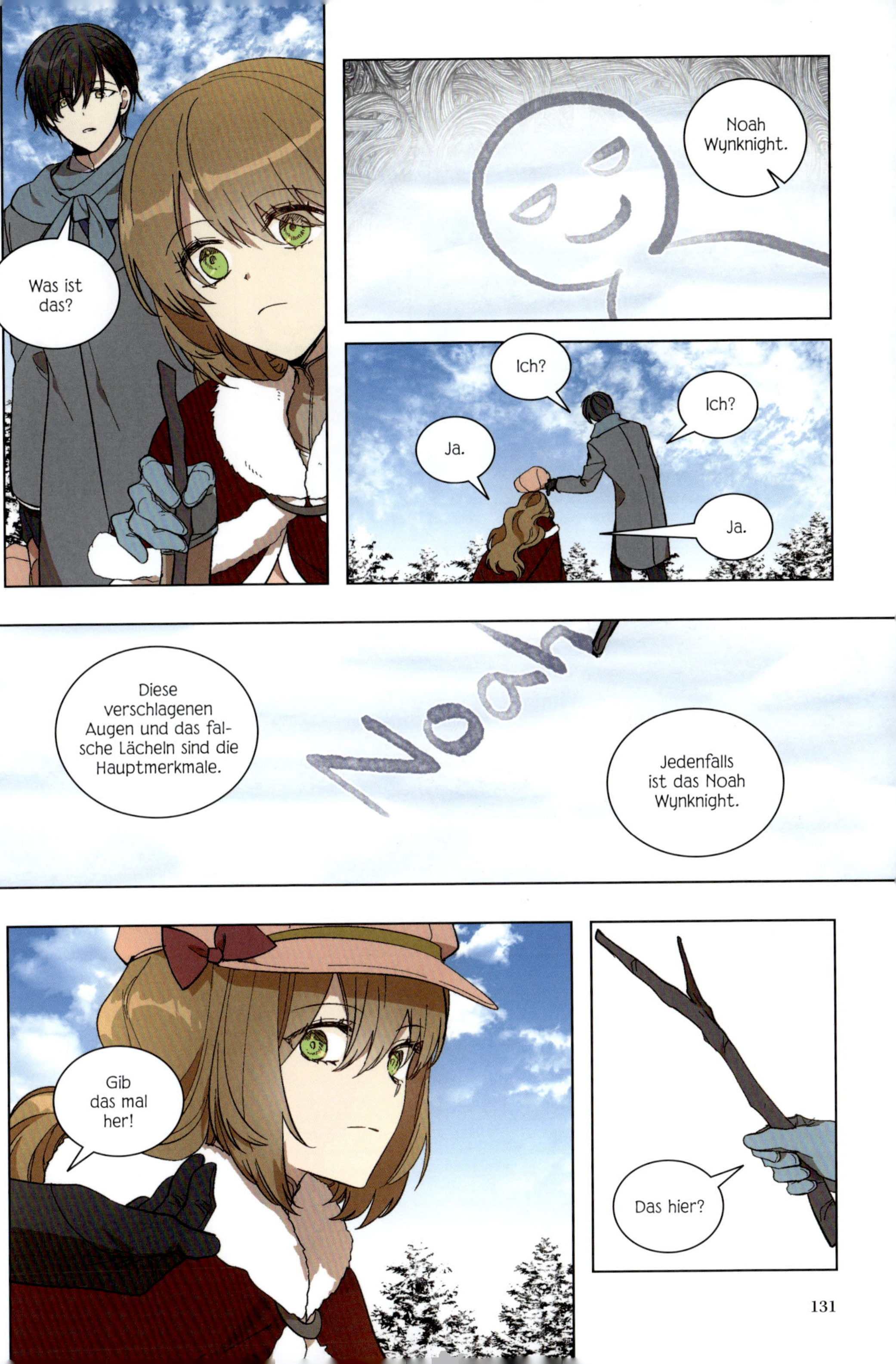
Was ist das?
Noah Wynknight.
Ich?
Ich?
Ja.
Ja.
Diese verschlagenen Augen und das falsche Lächeln sind die Hauptmerkmale.
Noah
Jedenfalls ist das Noah Wynknight.
Gib das mal her!
Das hier?

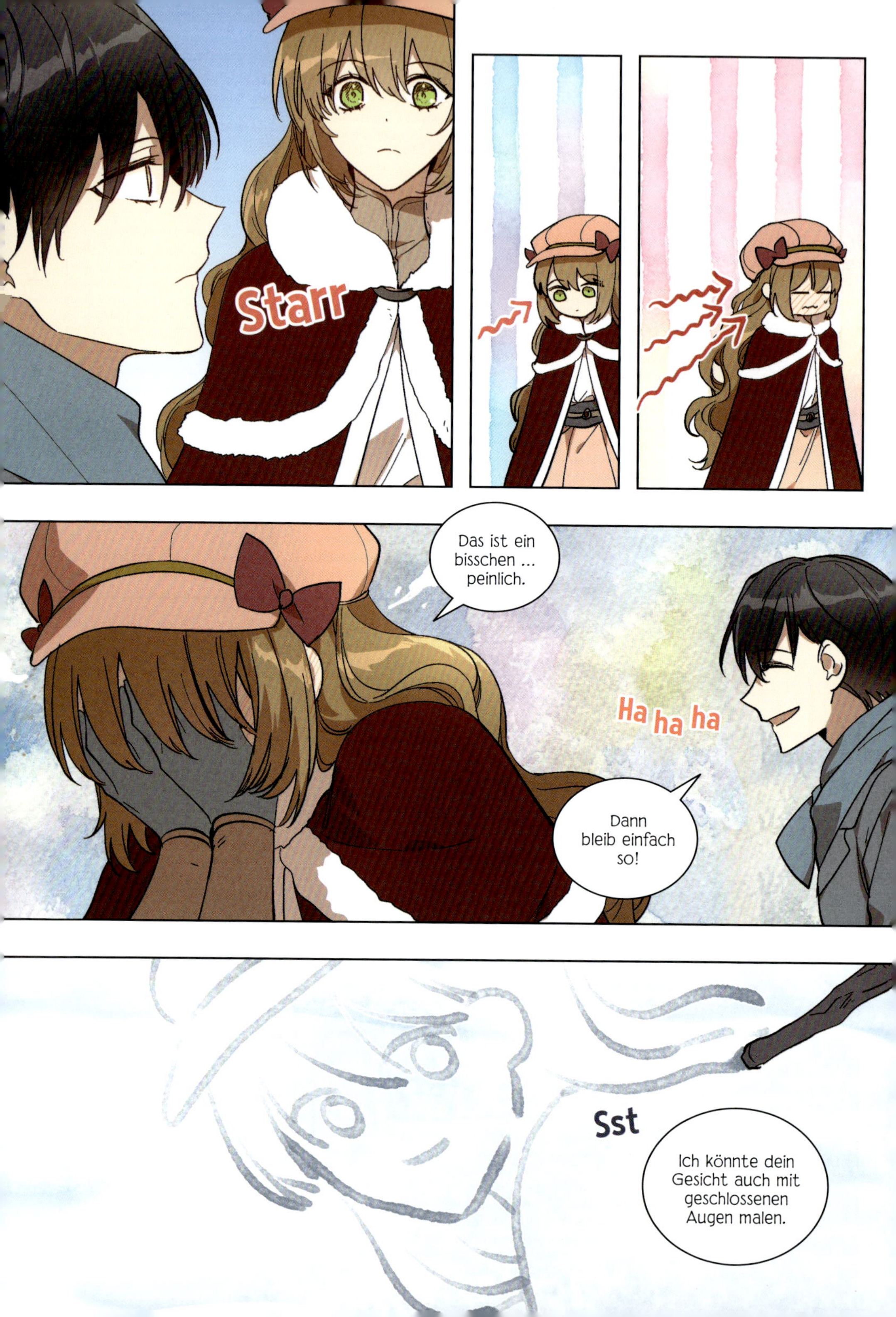
Starr
Das ist ein bisschen ... peinlich.
Ha ha ha
Dann bleib einfach so!
Sst
Ich könnte dein Gesicht auch mit geschlossenen Augen malen.

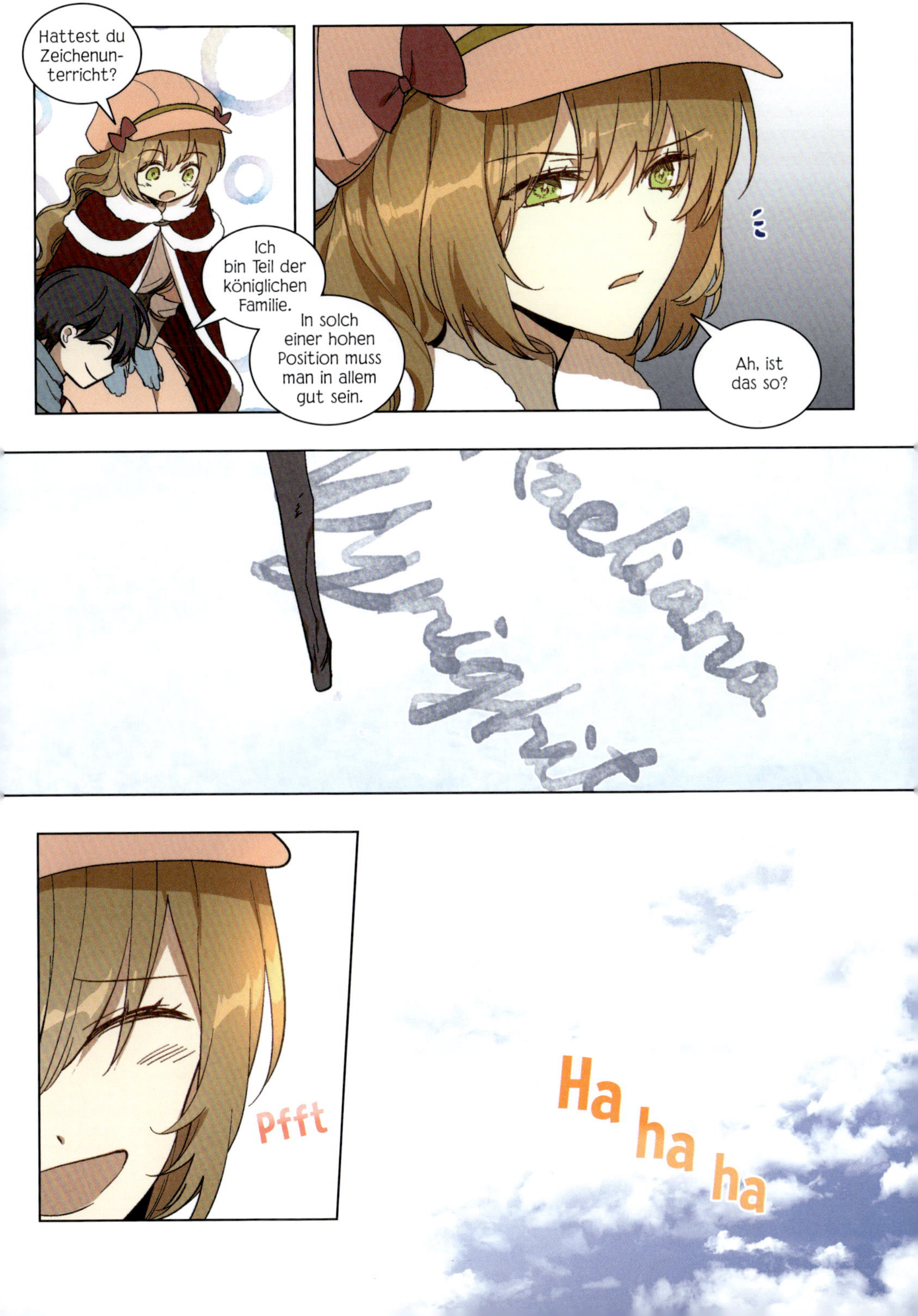
Hattest du Zeichenunterricht?
Ich bin Teil der königlichen Familie.
In solch einer hohen Position muss man in allem gut sein.
Ah, ist das so?
Pfft
Ha ha ha ha

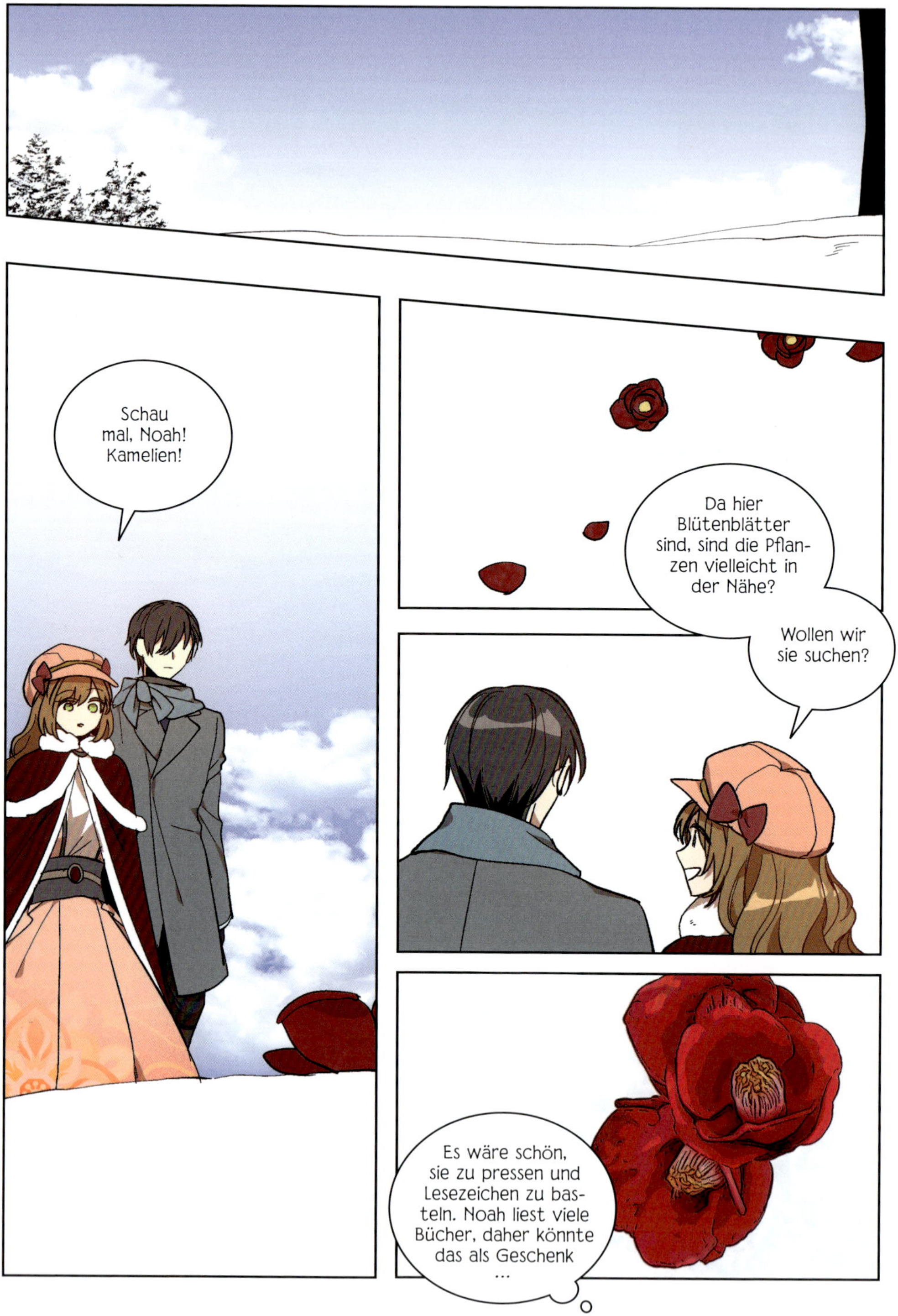
Schau mal, Noah! Kamelien!
Da hier Blütenblätter sind, sind die Pflanzen vielleicht in der Nähe?
Wollen wir sie suchen?
Es wäre schön, sie zu pressen und Lesezeichen zu basteln. Noah liest viele Bücher, daher könnte das als Geschenk …

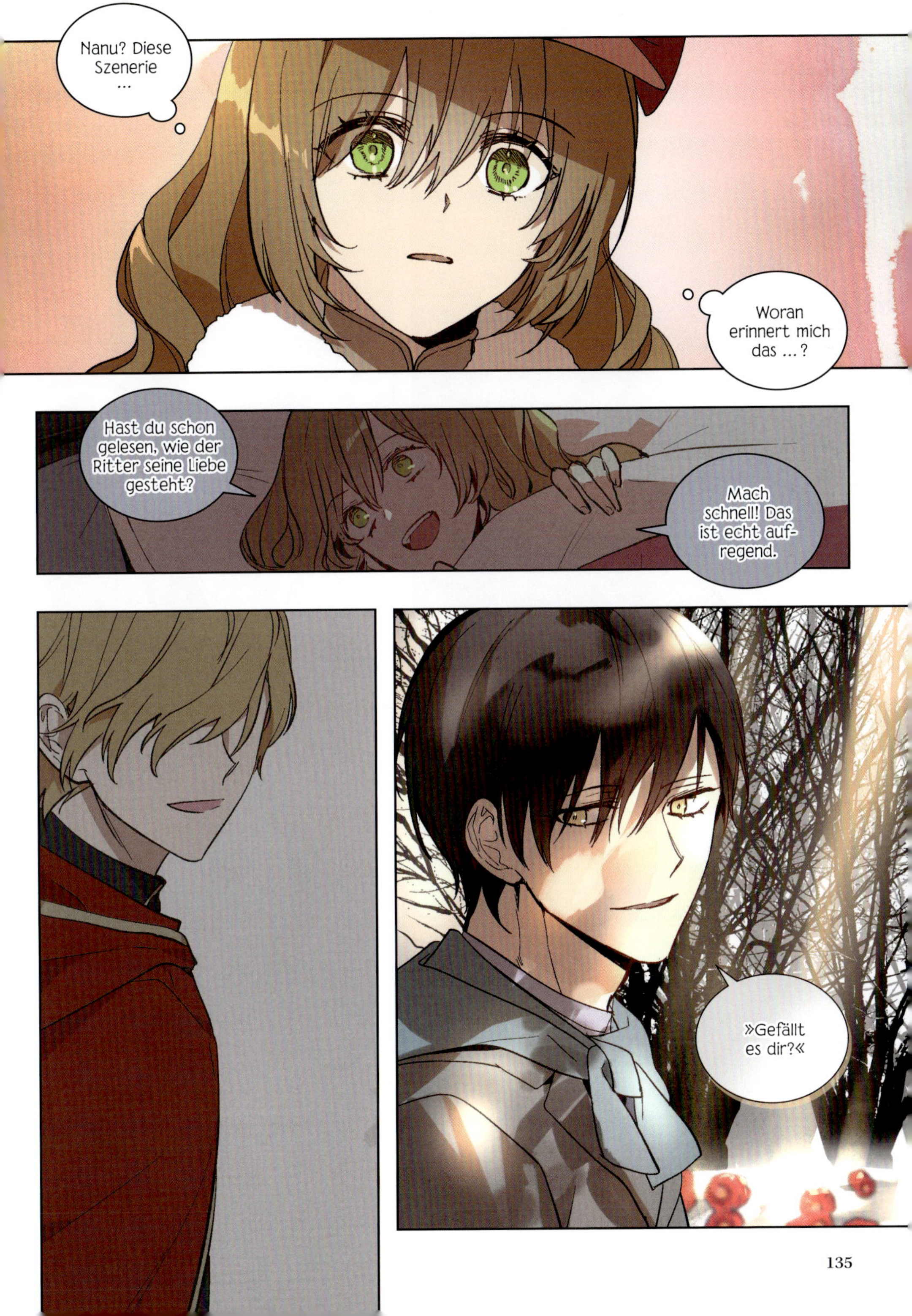
Nanu? Diese Szenerie ...
Woran erinnert mich das ... ?
Hast du schon gelesen, wie der Ritter seine Liebe gesteht?
Mach schnell! Das ist echt auf-regend.
»Gefällt es dir?«

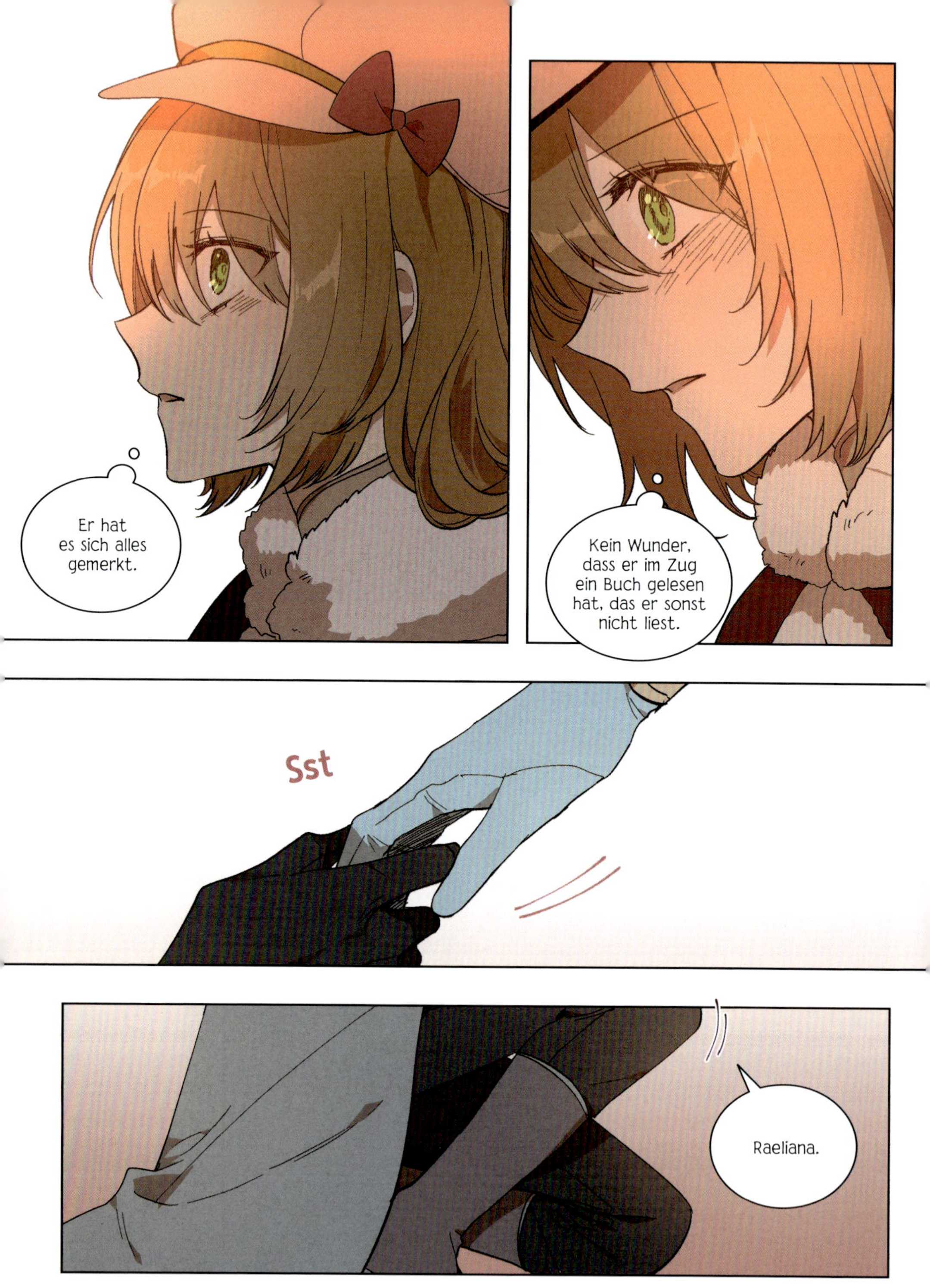
Er hat es sich alles gemerkt.
Kein Wunder, dass er im Zug ein Buch gelesen hat, das er sonst nicht liest.
Sst
Raeliana.

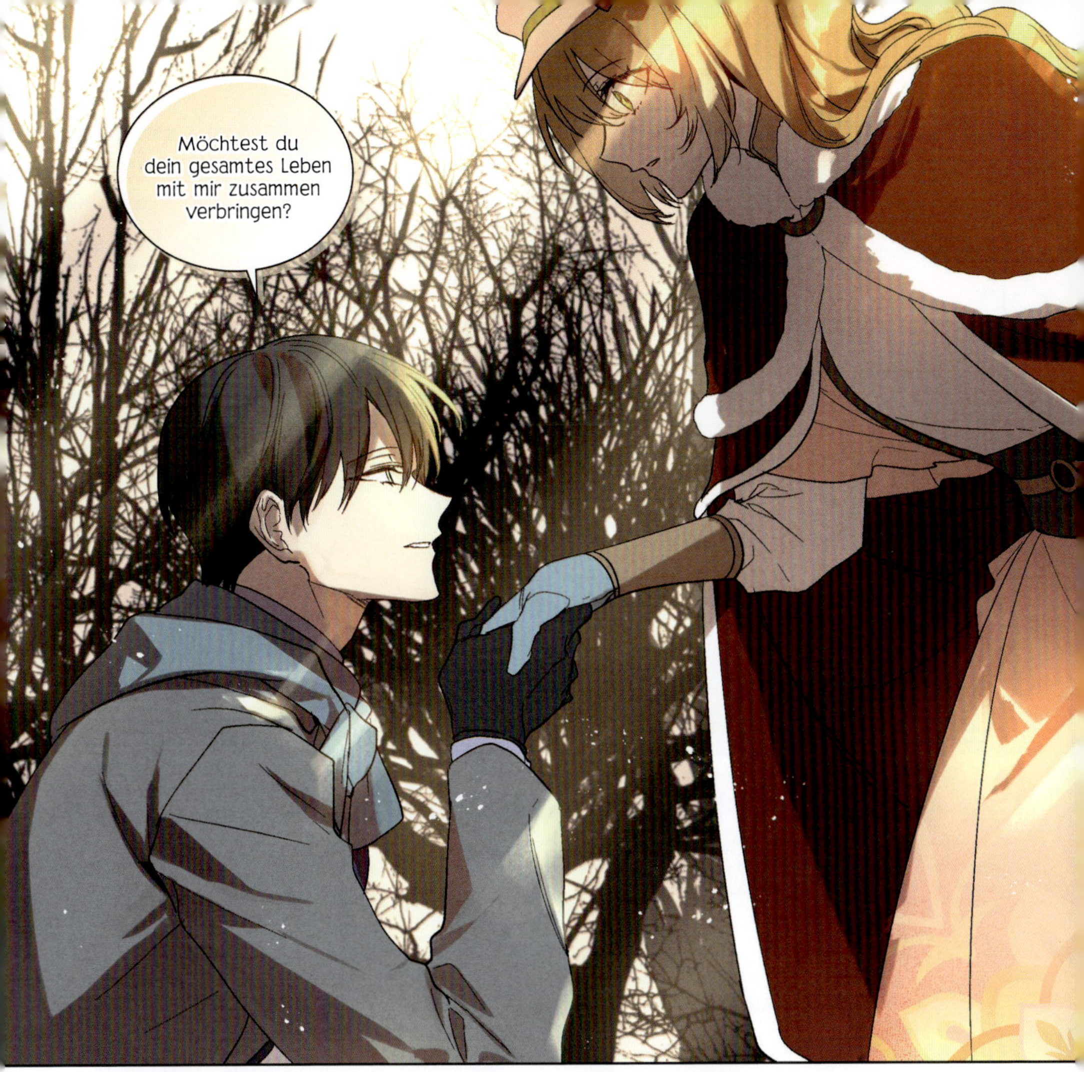
Möchtest du dein gesamtes Leben mit mir zusammen verbringen?

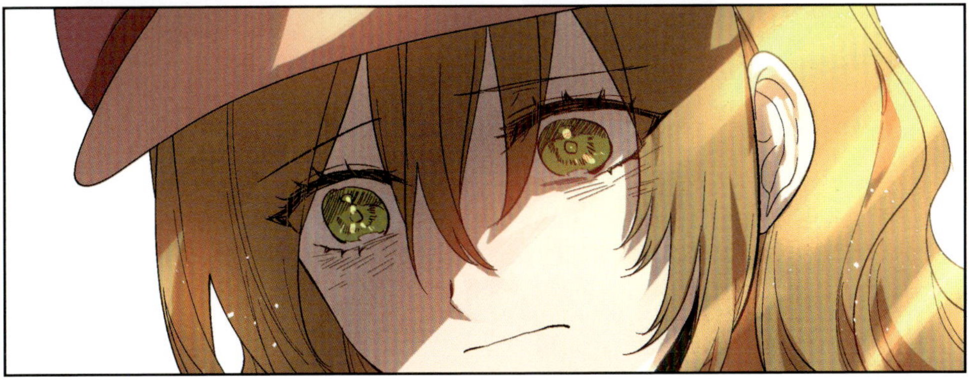

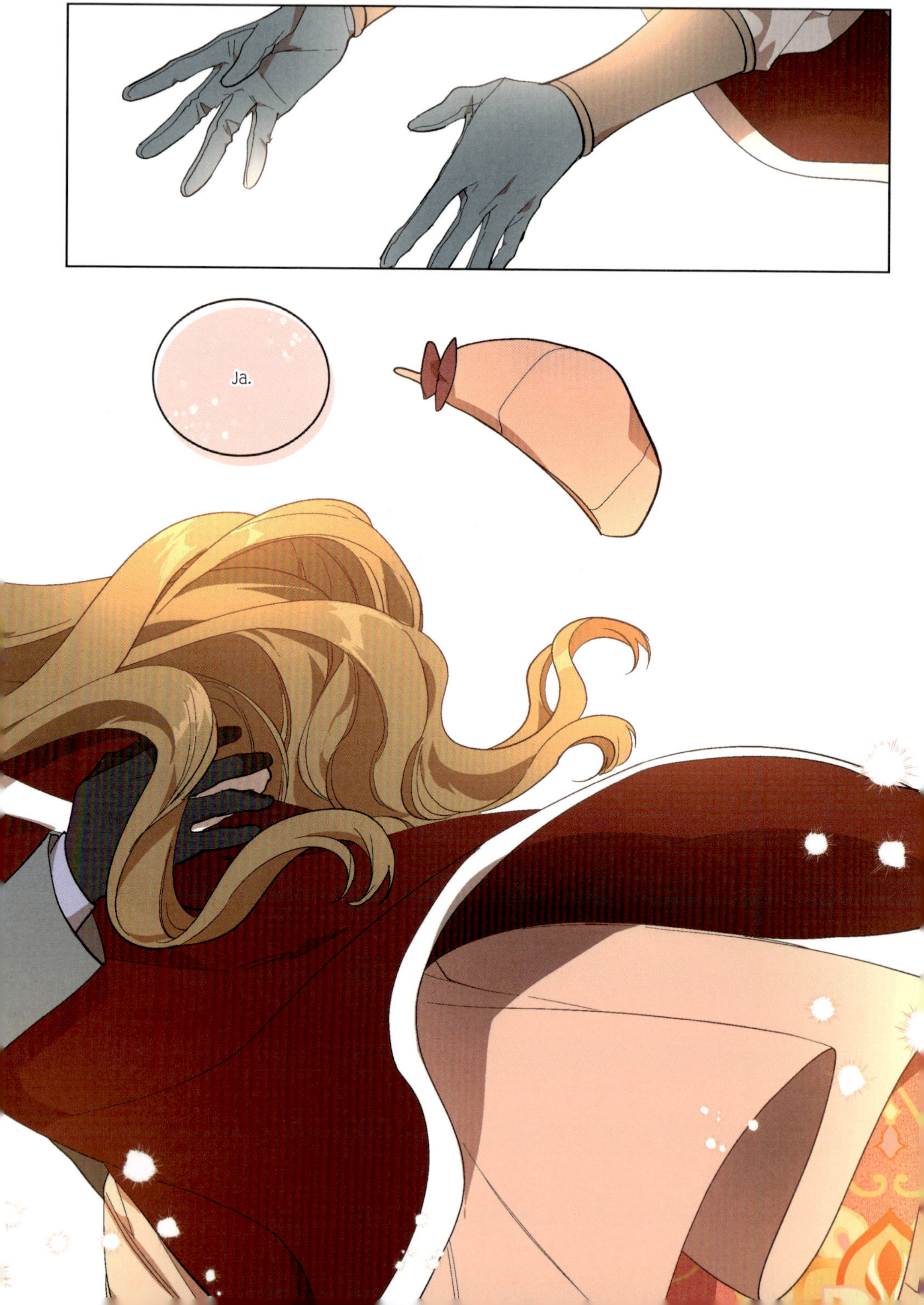
Ja.

RAELIANA

Warum sie die Verlobte
des Dukes wurde

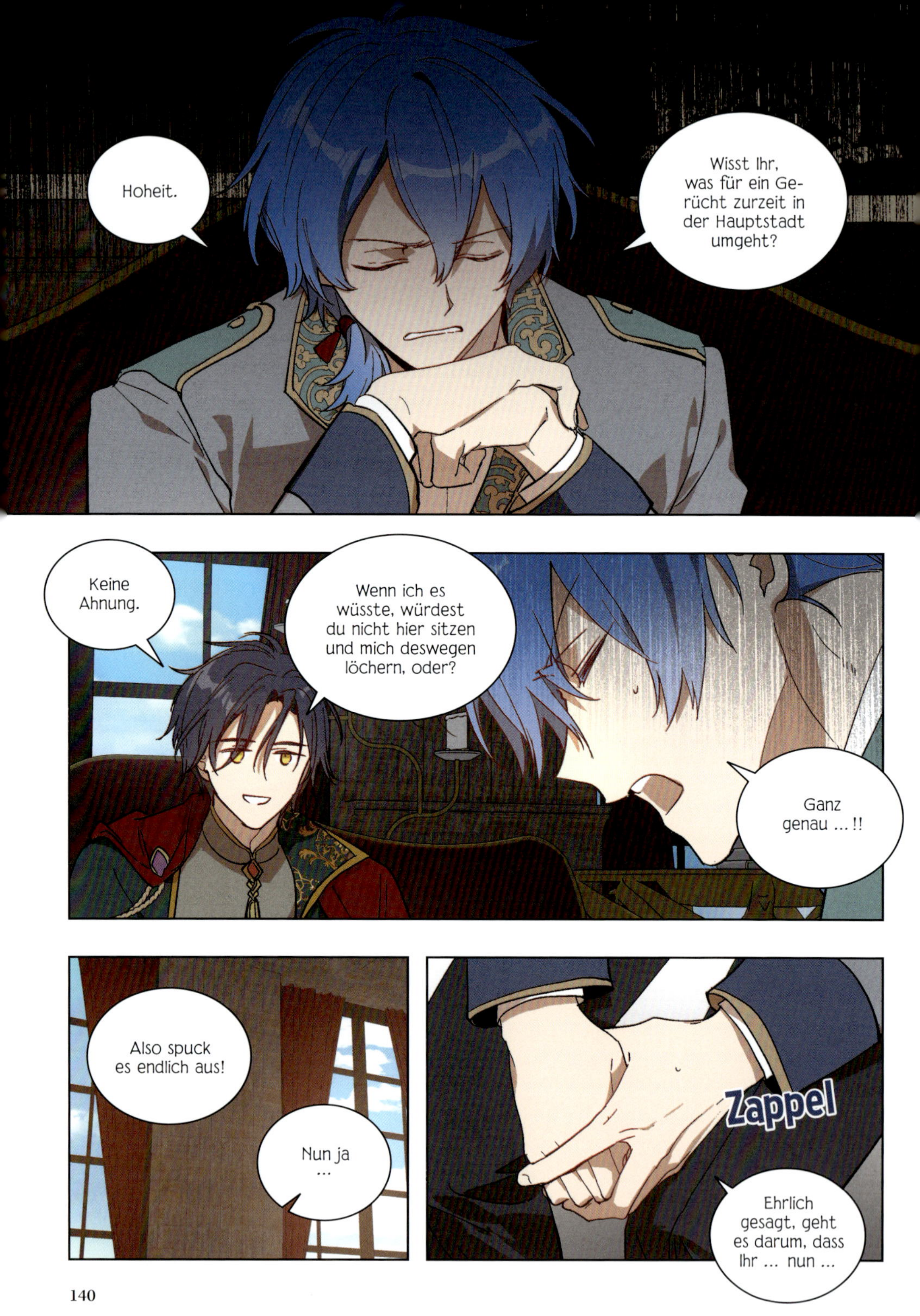
Hoheit.
Wisst Ihr, was für ein Gerücht zurzeit in der Hauptstadt umgeht?
Keine Ahnung.
Wenn ich es wüsste, würdest du nicht hier sitzen und mich deswegen löchern, oder?
Ganz genau ...!!
Also spuck es endlich aus!
Nun ja ...
Zappel
Ehrlich gesagt, geht es darum, dass Ihr ... nun ...

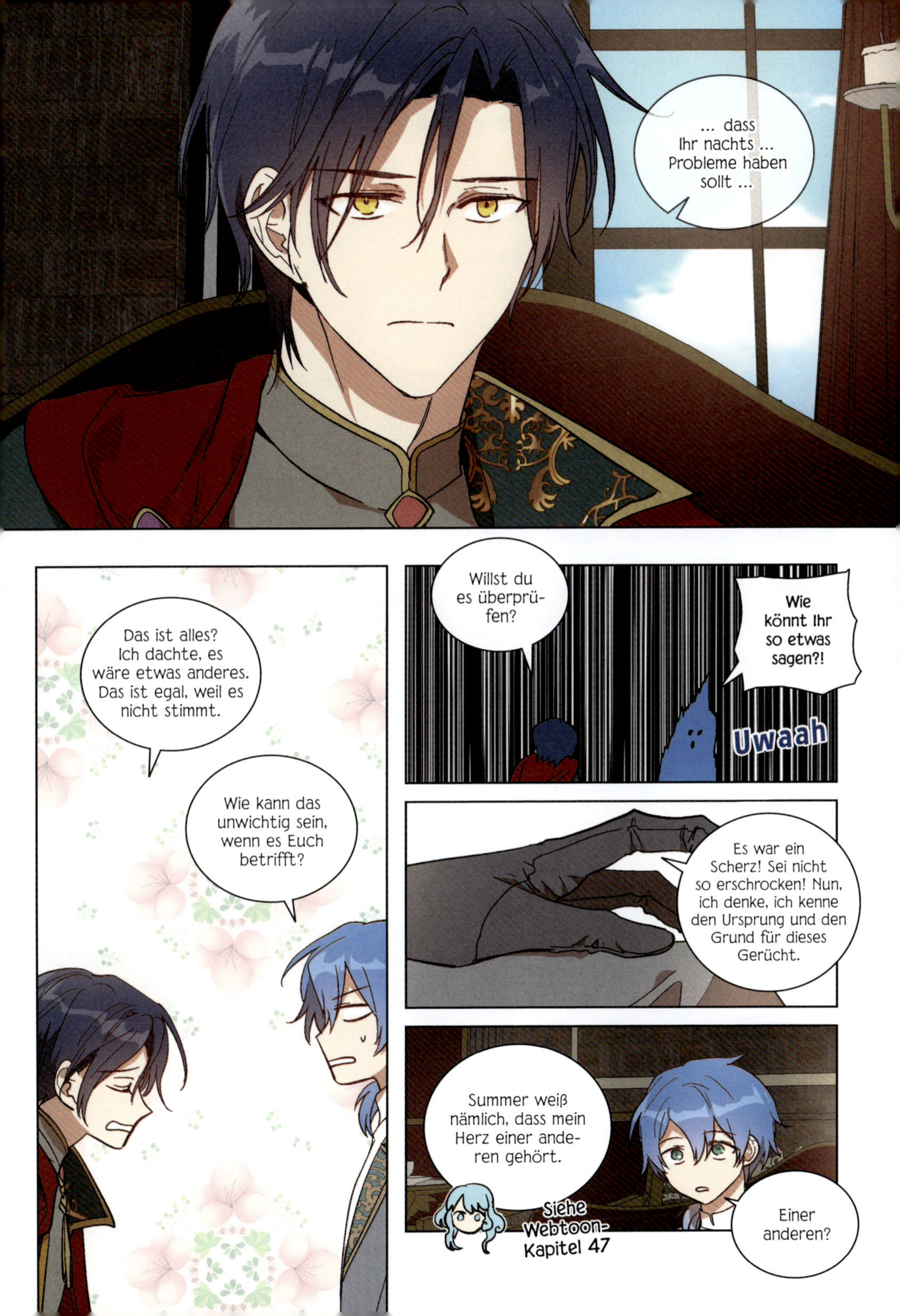
... dass Ihr nachts ... Probleme haben sollt ...
Das ist alles? Ich dachte, es wäre etwas anderes. Das ist egal, weil es nicht stimmt.
Wie kann das unwichtig sein, wenn es Euch betrifft?
Willst du es überprüfen?
Wie könnt Ihr so etwas sagen?!
Uwaah
Es war ein Scherz! Sei nicht so erschrocken! Nun, ich denke, ich kenne den Ursprung und den Grund für dieses Gerücht.
Summer weiß nämlich, dass mein Herz einer anderen gehört.
Einer anderen?
Siehe Webtoon-Kapitel 47

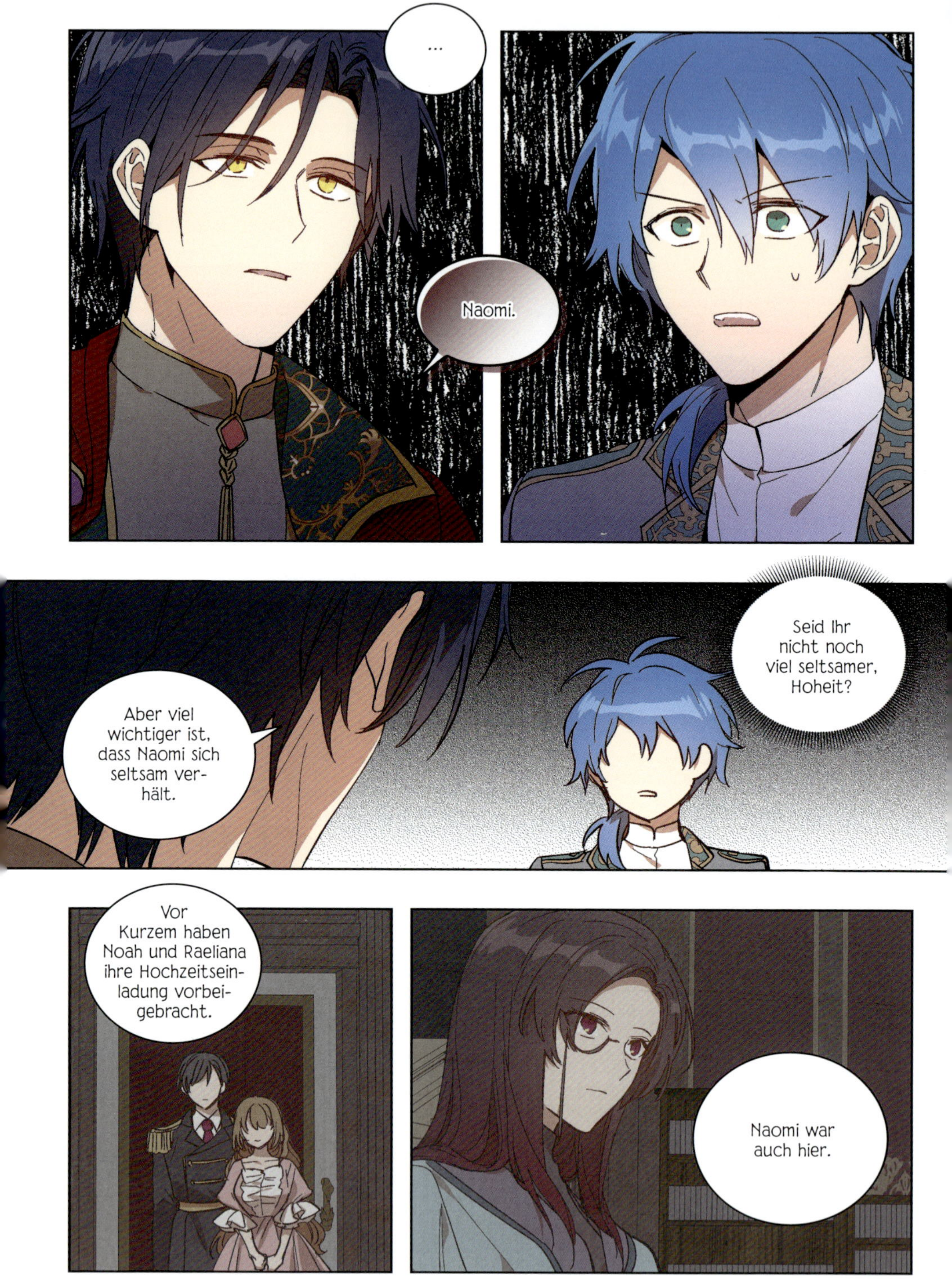
...
Naomi.
Aber viel wichtiger ist, dass Naomi sich seltsam verhält.
Seid Ihr nicht noch viel seltsamer, Hoheit?
Vor Kurzem haben Noah und Raeliana ihre Hochzeitseinladung vorbeigebracht.
Naomi war auch hier.

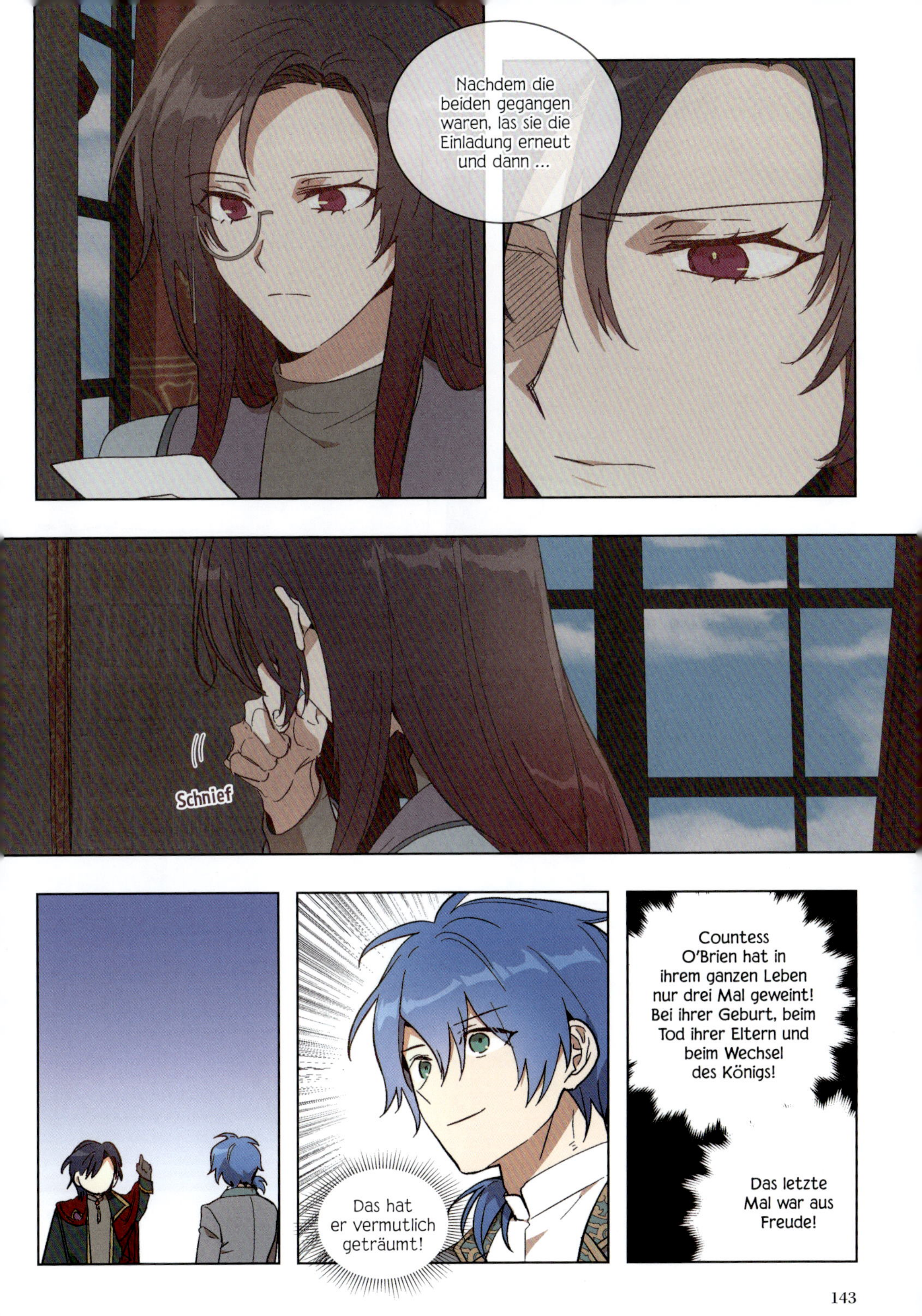
Nachdem die beiden gegangen waren, las sie die Einladung erneut und dann ...
Schnief
Das hat er vermutlich geträumt!
Countess O'Brien hat in ihrem ganzen Leben nur drei Mal geweint! Bei ihrer Geburt, beim Tod ihrer Eltern und beim Wechsel des Königs!
Das letzte Mal war aus Freude!

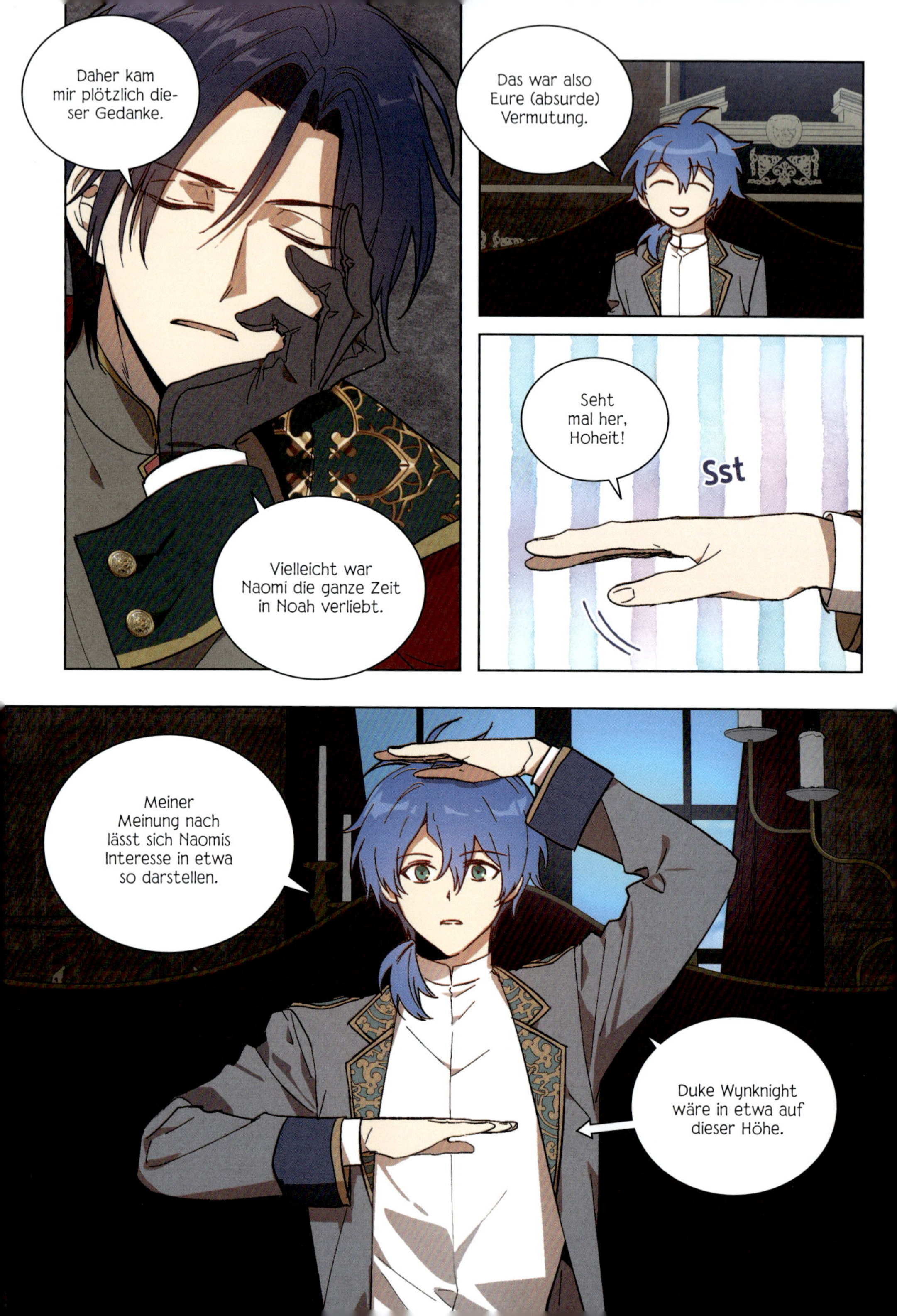
Daher kam mir plötzlich dieser Gedanke.
Vielleicht war Naomi die ganze Zeit in Noah verliebt.
Das war also Eure (absurde) Vermutung.
Seht mal her, Hoheit!
Sst
Meiner Meinung nach lässt sich Naomis Interesse in etwa so darstellen.
Duke Wynknight wäre in etwa auf dieser Höhe.

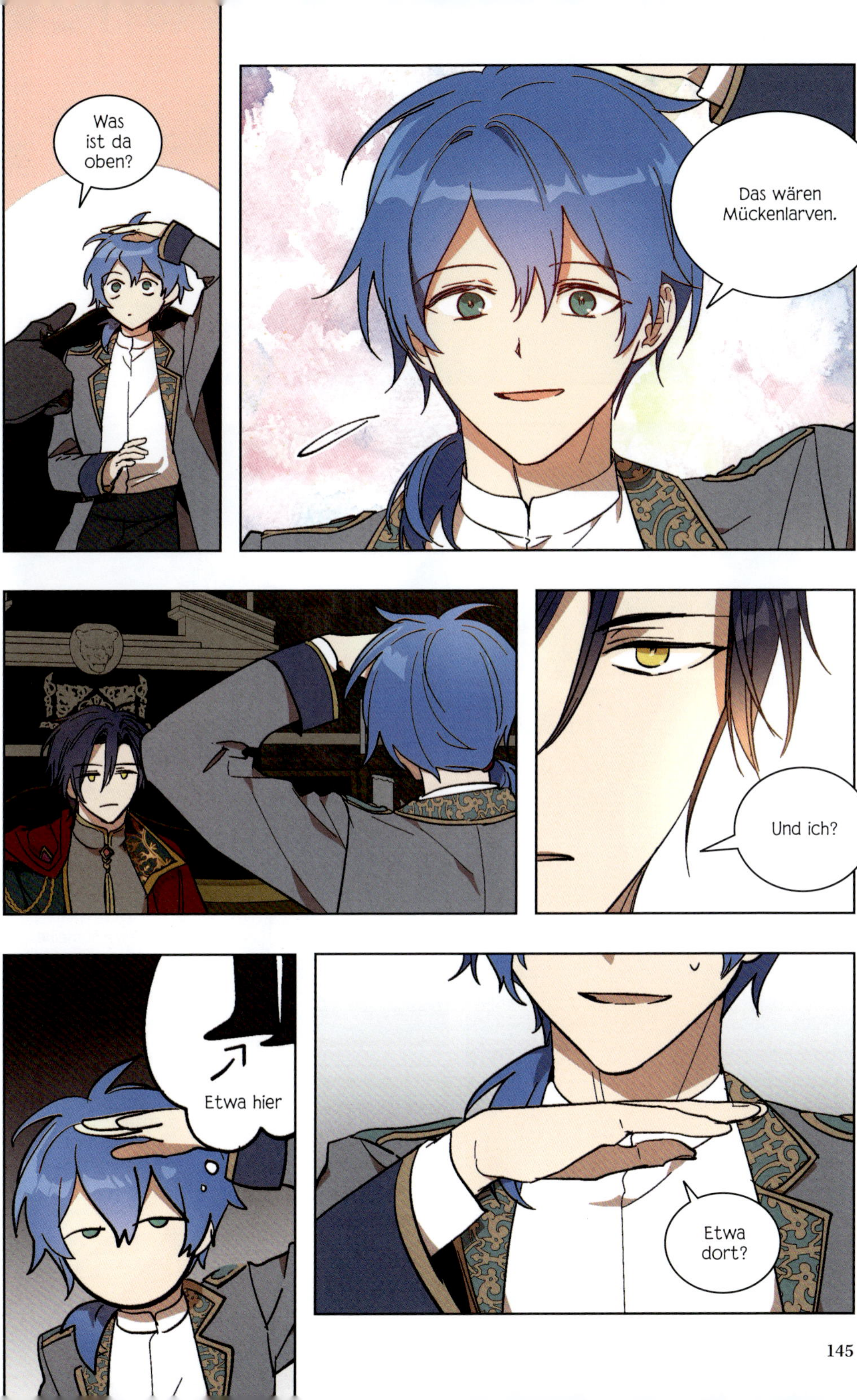
Was ist da oben?
Das wären Mückenlarven.
Und ich?
Etwa hier
Etwa dort?

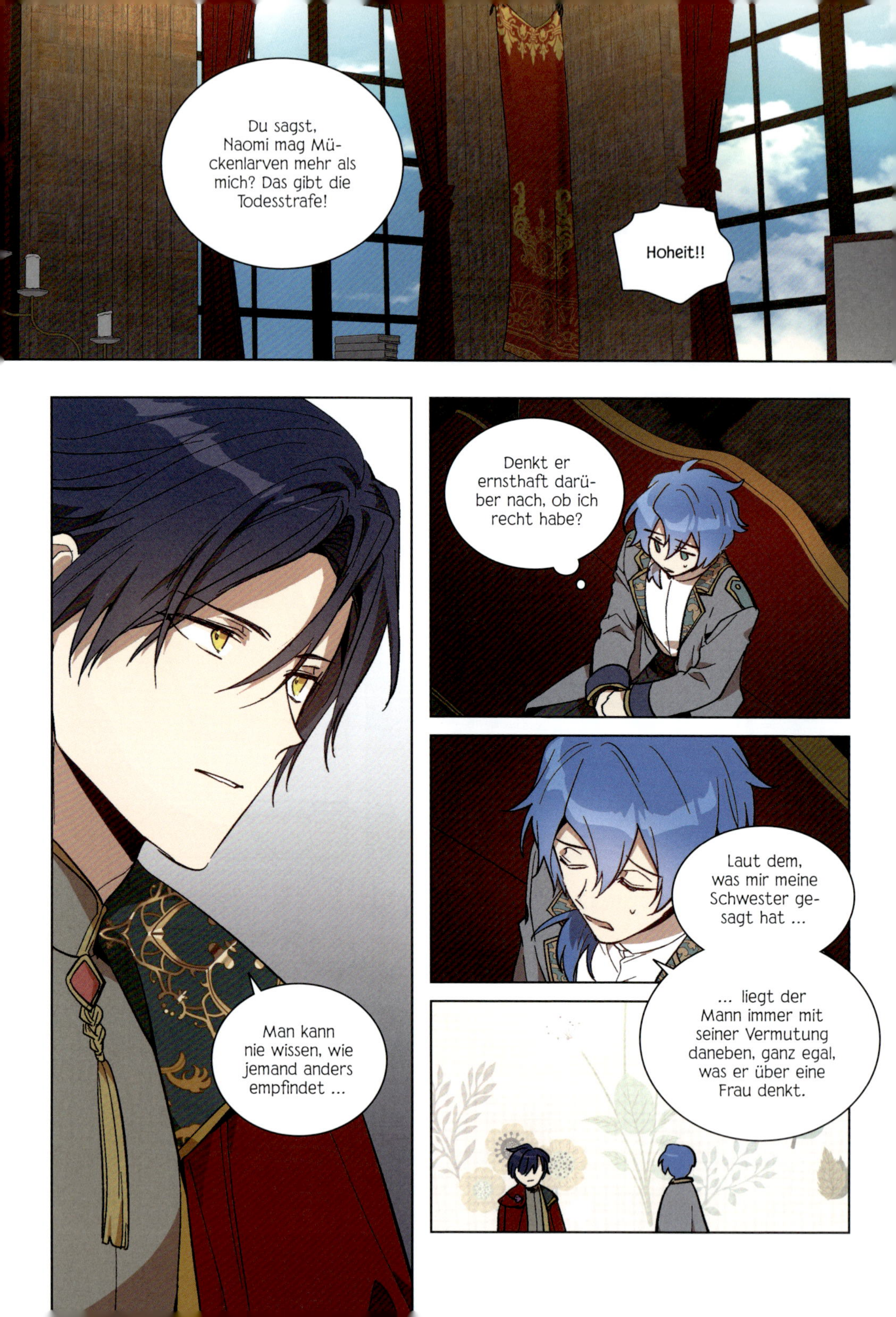
Du sagst, Naomi mag Mückenlarven mehr als mich? Das gibt die Todesstrafe!
Hoheit!!
Denkt er ernsthaft darüber nach, ob ich recht habe?
Man kann nie wissen, wie jemand anders empfindet ...
Laut dem, was mir meine Schwester gesagt hat ...
... liegt der Mann immer mit seiner Vermutung daneben, ganz egal, was er über eine Frau denkt.

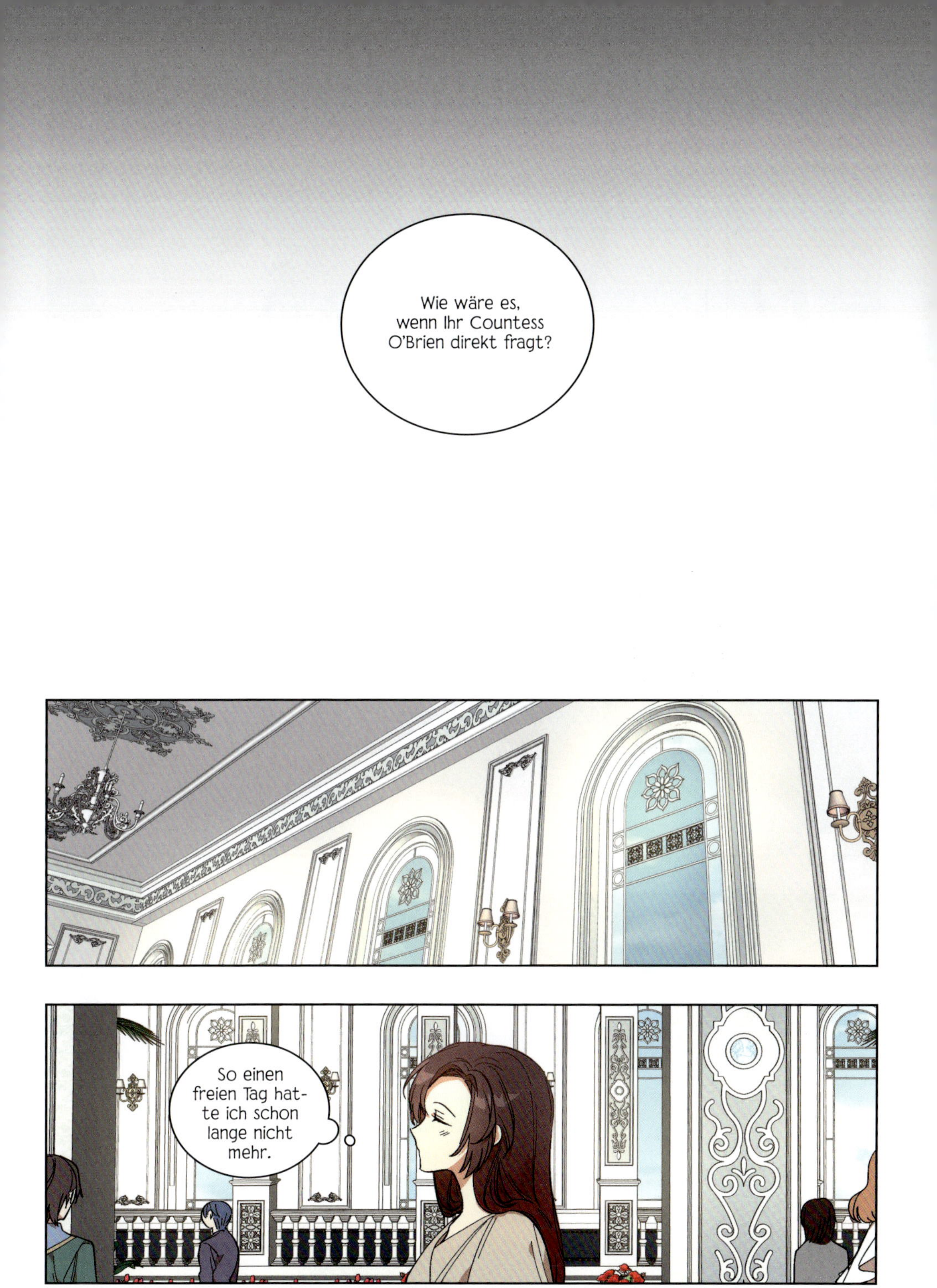
Wie wäre es, wenn Ihr Countess O'Brien direkt fragt?
So einen freien Tag hat- te ich schon lange nicht mehr.

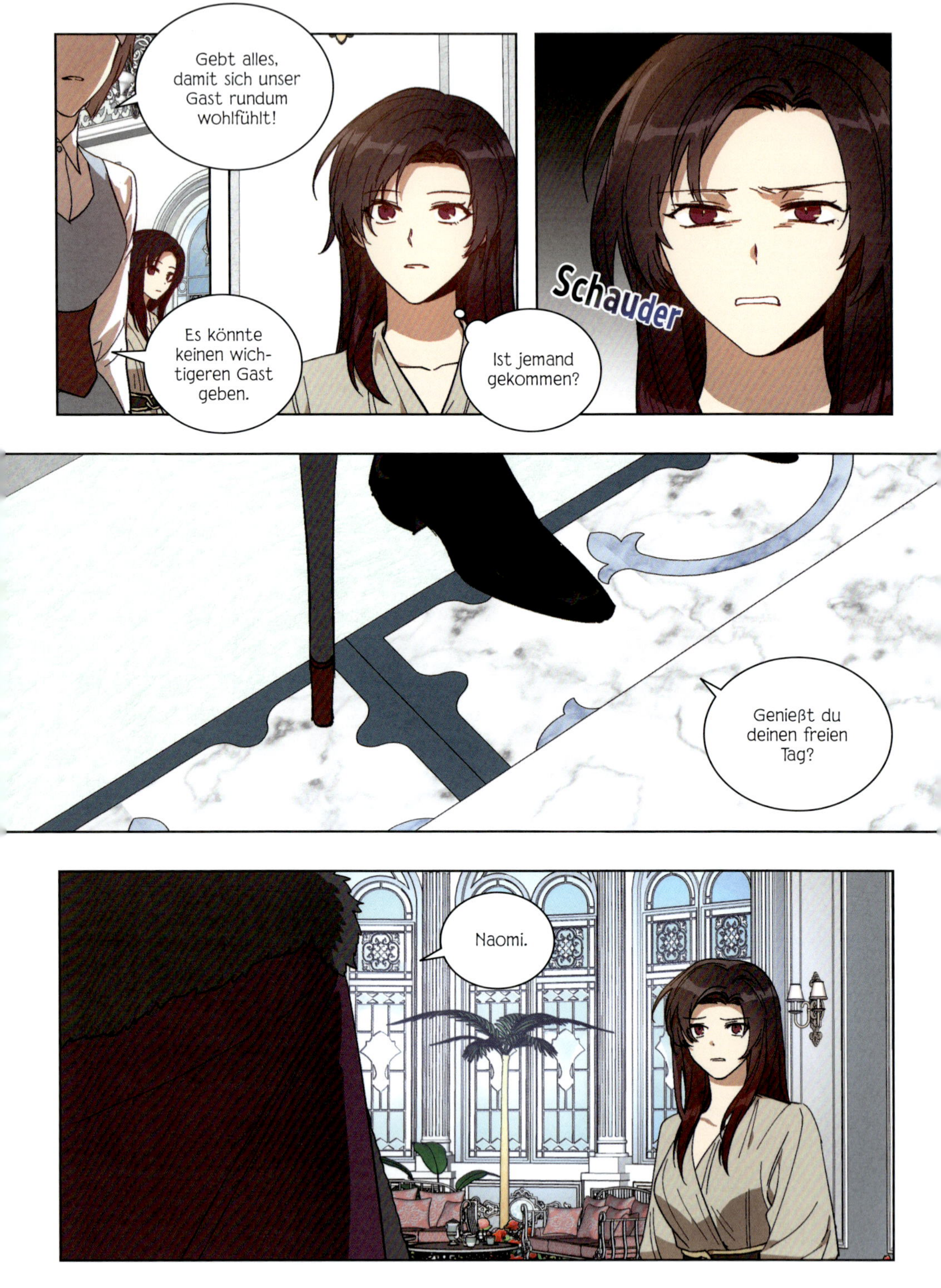
Gebt alles, damit sich unser Gast rundum wohlfühlt!
Es könnte keinen wichtigeren Gast geben.
Ist jemand gekommen?
Schauder
Genießt du deinen freien Tag?
Naomi.

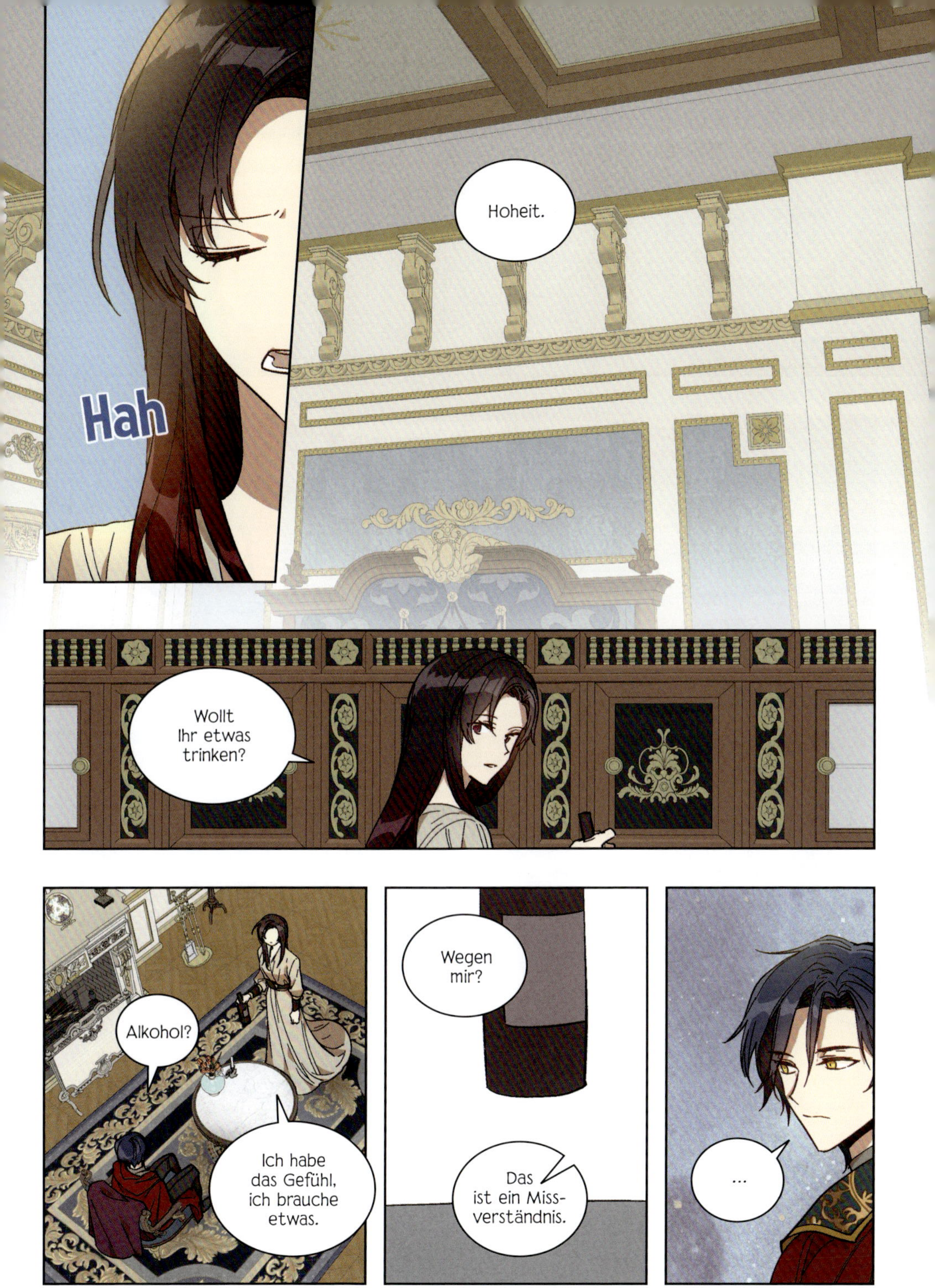
Hoheit.
Hah
Wollt Ihr etwas trinken?
Alkohol?
Ich habe das Gefühl, ich brauche etwas.
Wegen mir?
Das ist ein Missverständnis.
...

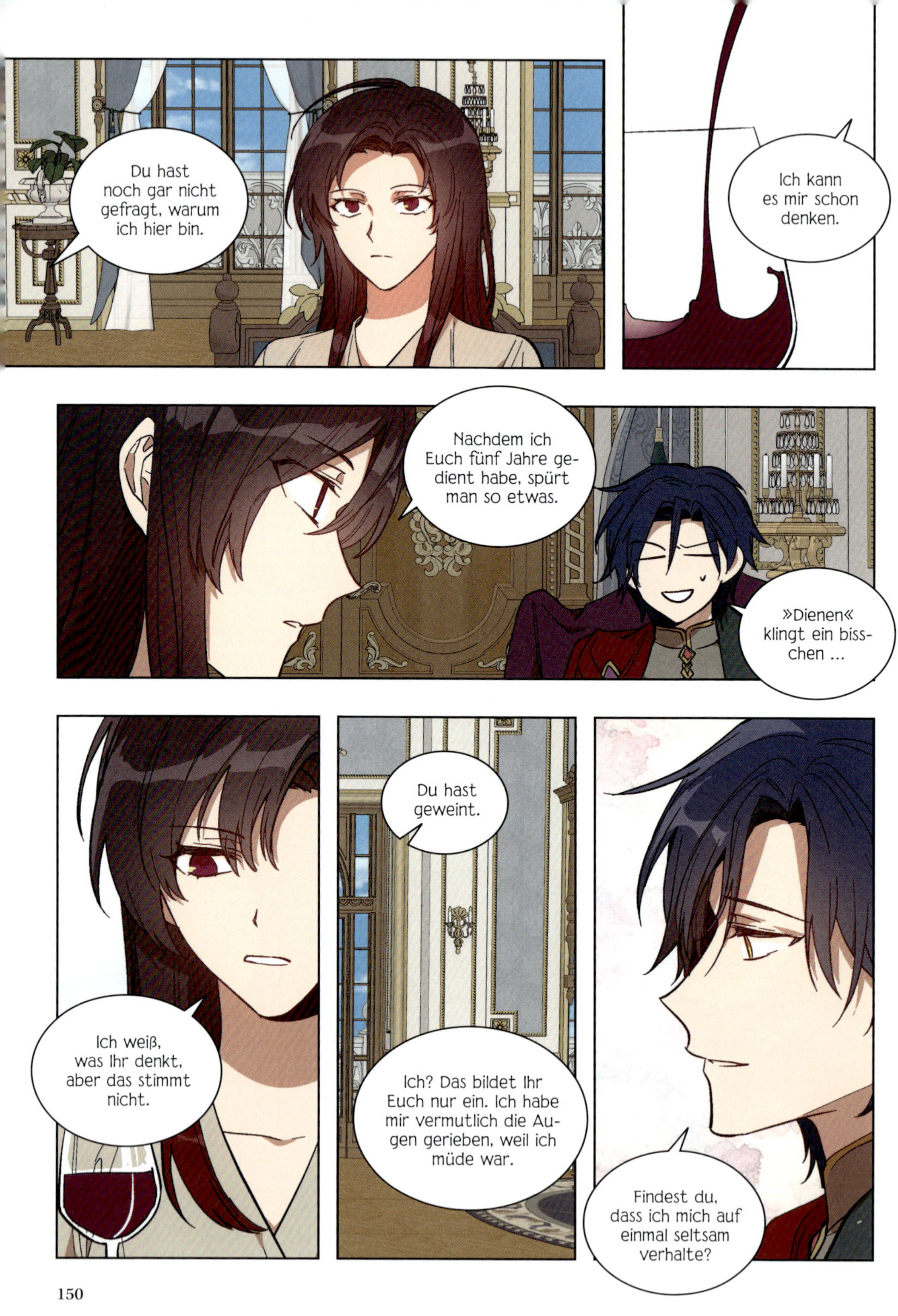
Du hast noch gar nicht gefragt, warum ich hier bin.
Ich kann es mir schon denken.
Nachdem ich Euch fünf Jahre gedient habe, spürt man so etwas.
»Dienen« klingt ein bisschen ...
Ich weiß, was Ihr denkt, aber das stimmt nicht.
Du hast geweint.
Ich? Das bildet Ihr Euch nur ein. Ich habe mir vermutlich die Augen gerieben, weil ich müde war.
Findest du, dass ich mich auf einmal seltsam verhalte?

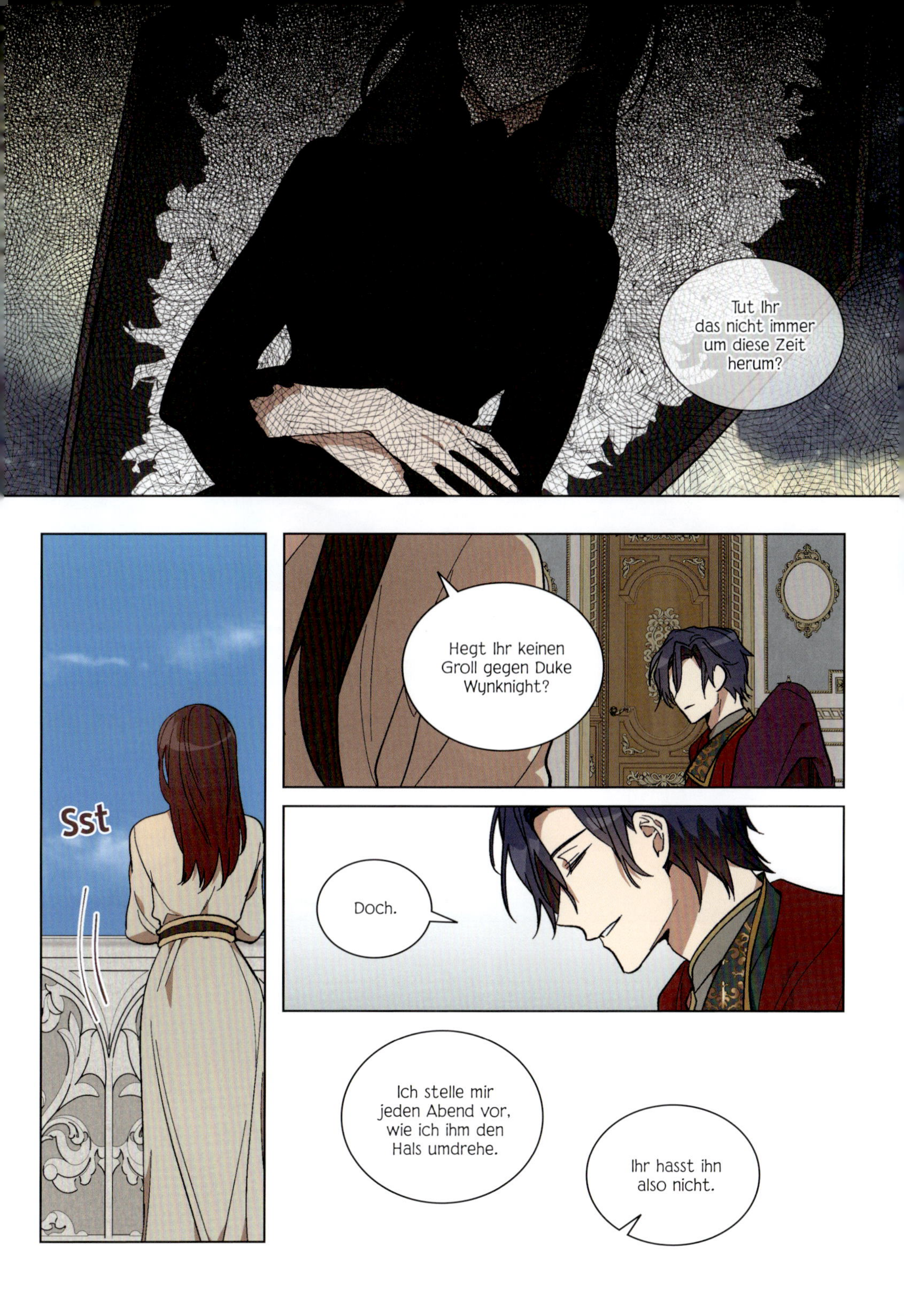
Tut Ihr
das nicht immer
um diese Zeit
herum?
Sst
Hegt Ihr keinen
Groll gegen Duke
Wynknight?
Doch.
Ich stelle mir
jeden Abend vor,
wie ich ihm den
Hals umdrehe.
Ihr hasst ihn
also nicht.

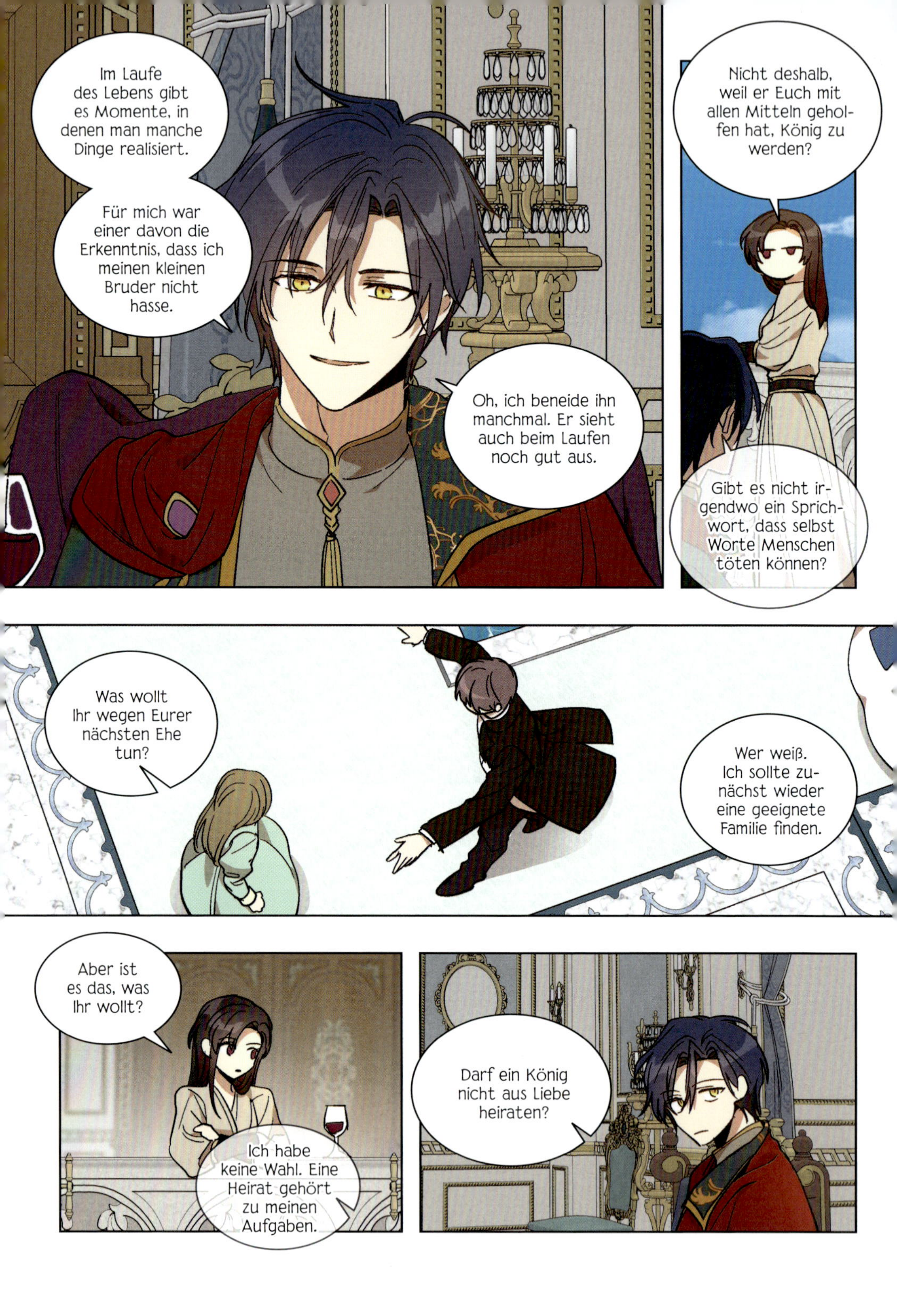
Im Laufe des Lebens gibt es Momente, in denen man manche Dinge realisiert.
Für mich war einer davon die Erkenntnis, dass ich meinen kleinen Bruder nicht hasse.
Oh, ich beneide ihn manchmal. Er sieht auch beim Laufen noch gut aus.
Nicht deshalb, weil er Euch mit allen Mitteln geholfen hat, König zu werden?
Gibt es nicht irgendwo ein Sprichwort, dass selbst Worte Menschen töten können?
Was wollt Ihr wegen Eurer nächsten Ehe tun?
Wer weiß. Ich sollte zunächst wieder eine geeignete Familie finden.
Aber ist es das, was Ihr wollt?
Ich habe keine Wahl. Eine Heirat gehört zu meinen Aufgaben.
Darf ein König nicht aus Liebe heiraten?

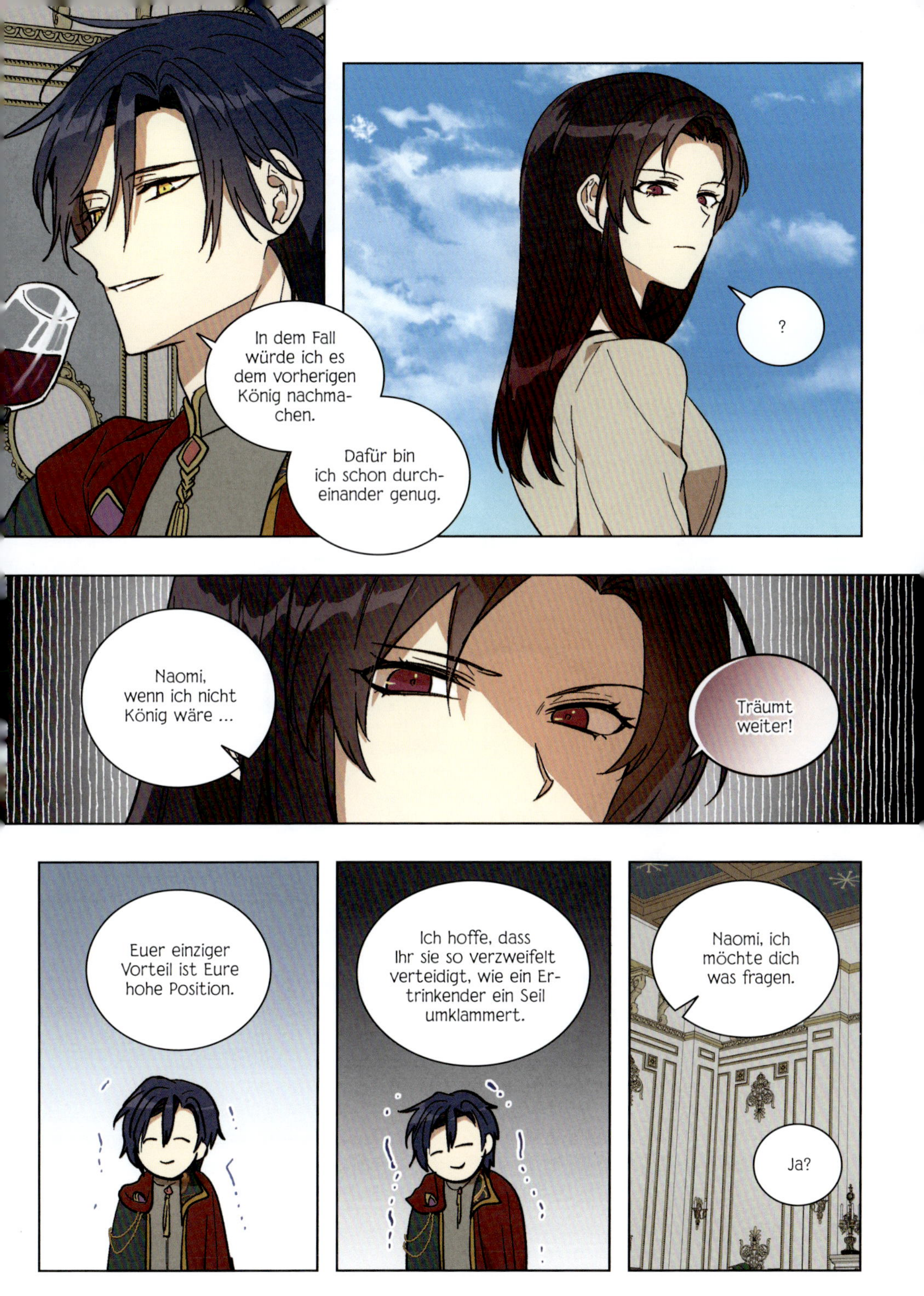

In dem Fall würde ich es dem vorherigen König nachmachen.
Dafür bin ich schon durcheinander genug.
?
Naomi, wenn ich nicht König wäre ...
Träumt weiter!
Euer einziger Vorteil ist Eure hohe Position.
Ich hoffe, dass Ihr sie so verzweifelt verteidigt, wie ein Ertrinkender ein Seil umklammert.
Naomi, ich möchte dich was fragen.
Ja?

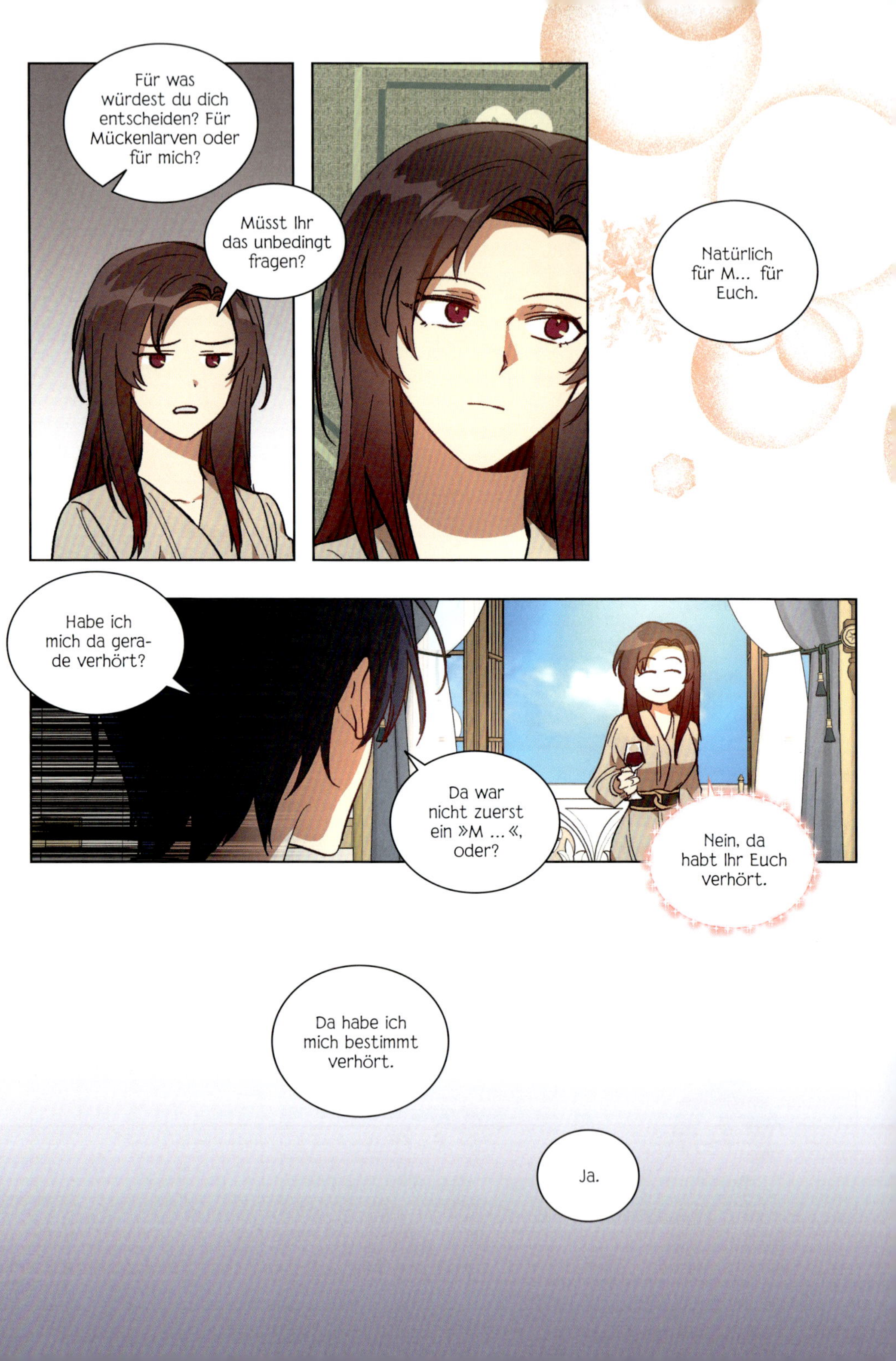
Für was würdest du dich entscheiden? Für Mückenlarven oder für mich?
Müsst Ihr das unbedingt fragen?
Natürlich für M... für Euch.
Habe ich mich da gerade verhört?
Da war nicht zuerst ein »M ...«, oder?
Nein, da habt Ihr Euch verhört.
Da habe ich mich bestimmt verhört.
Ja.

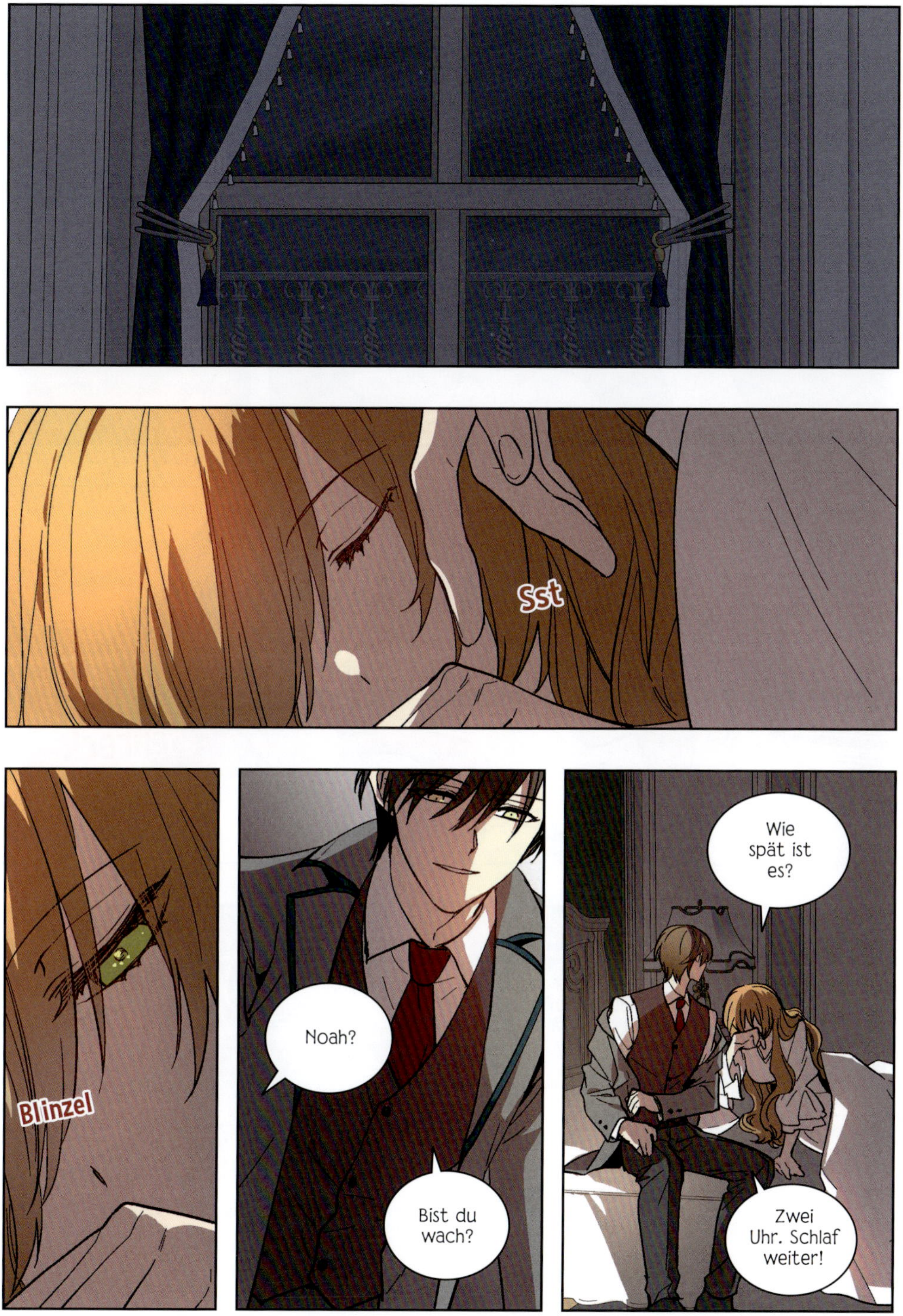
Sst
Blinzel
Noah?
Bist du wach?
Wie spät ist es?
Zwei Uhr. Schlaf weiter!

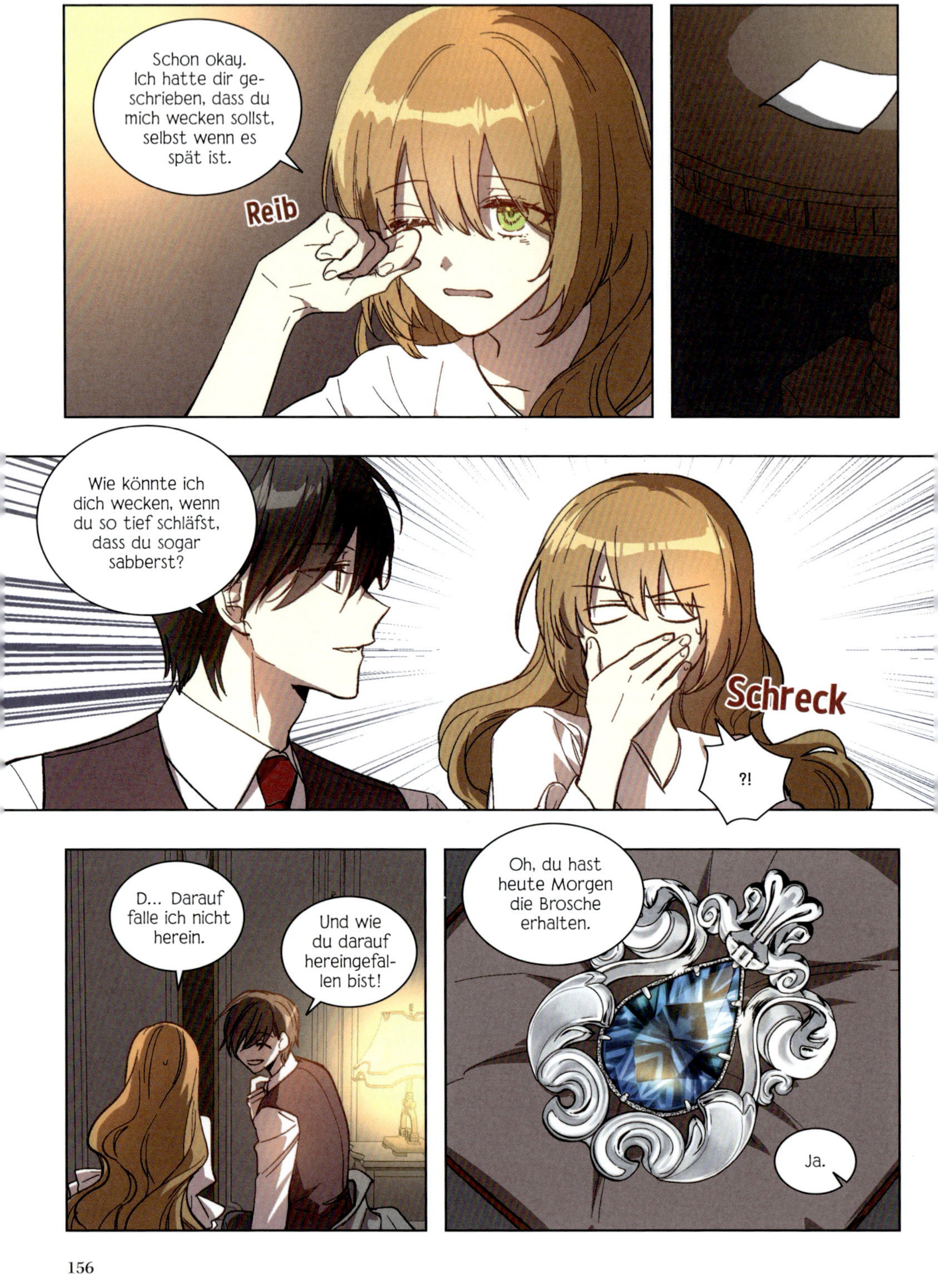
Schon okay. Ich hatte dir geschrieben, dass du mich wecken sollst, selbst wenn es spät ist.
Reib
Wie könnte ich dich wecken, wenn du so tief schläfst, dass du sogar sabberst?
Schreck
?!
D... Darauf falle ich nicht herein.
Und wie du darauf hereingefallen bist!
Oh, du hast heute Morgen die Brosche erhalten.
Ja.

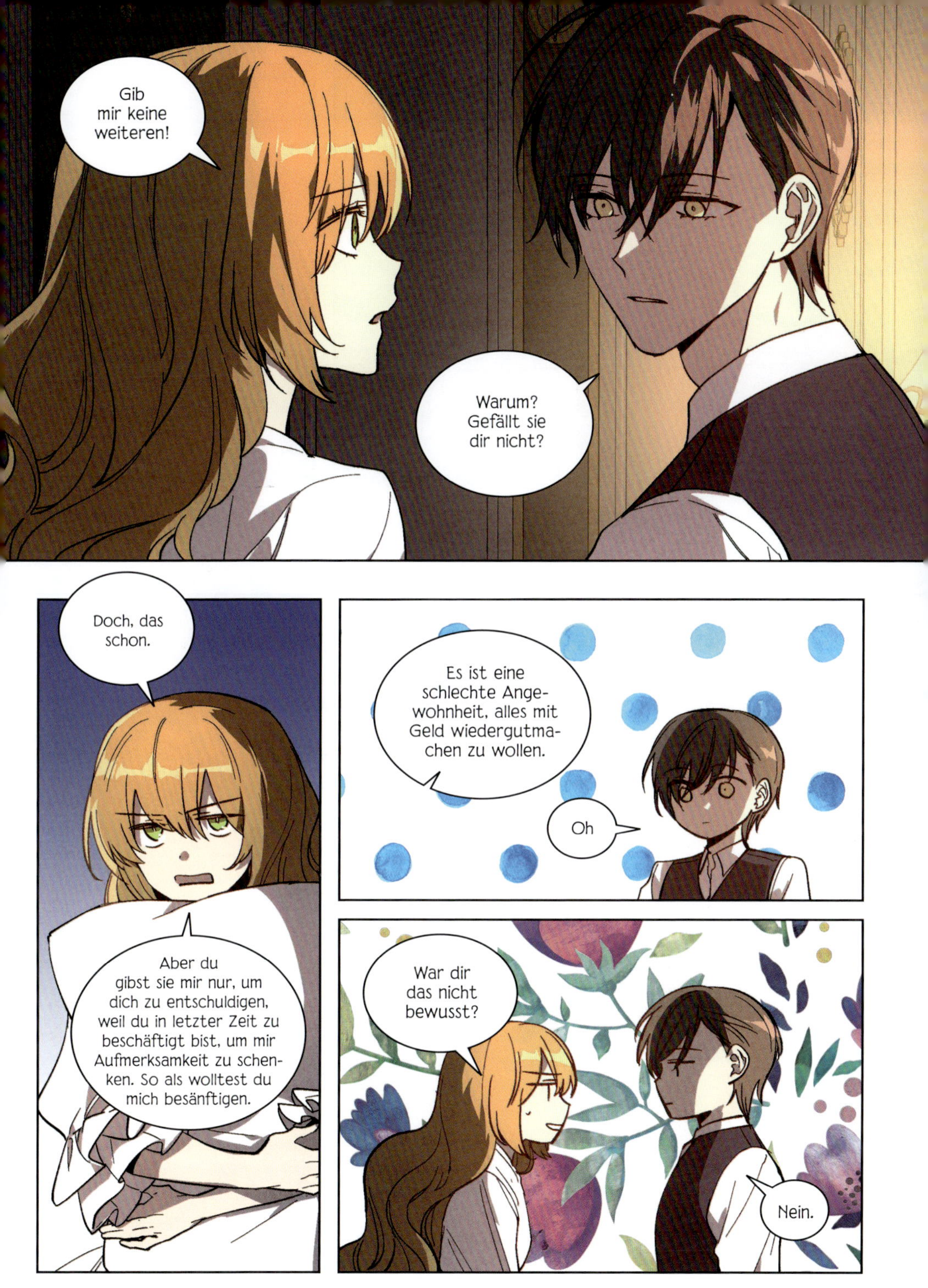
Gib mir keine weiteren!
Warum? Gefällt sie dir nicht?
Doch, das schon.
Aber du gibst sie mir nur, um dich zu entschuldigen, weil du in letzter Zeit zu beschäftigt bist, um mir Aufmerksamkeit zu schenken. So als wolltest du mich besänftigen.
Es ist eine schlechte Angewohnheit, alles mit Geld wiedergutmachen zu wollen.
Oh
War dir das nicht bewusst?
Nein.

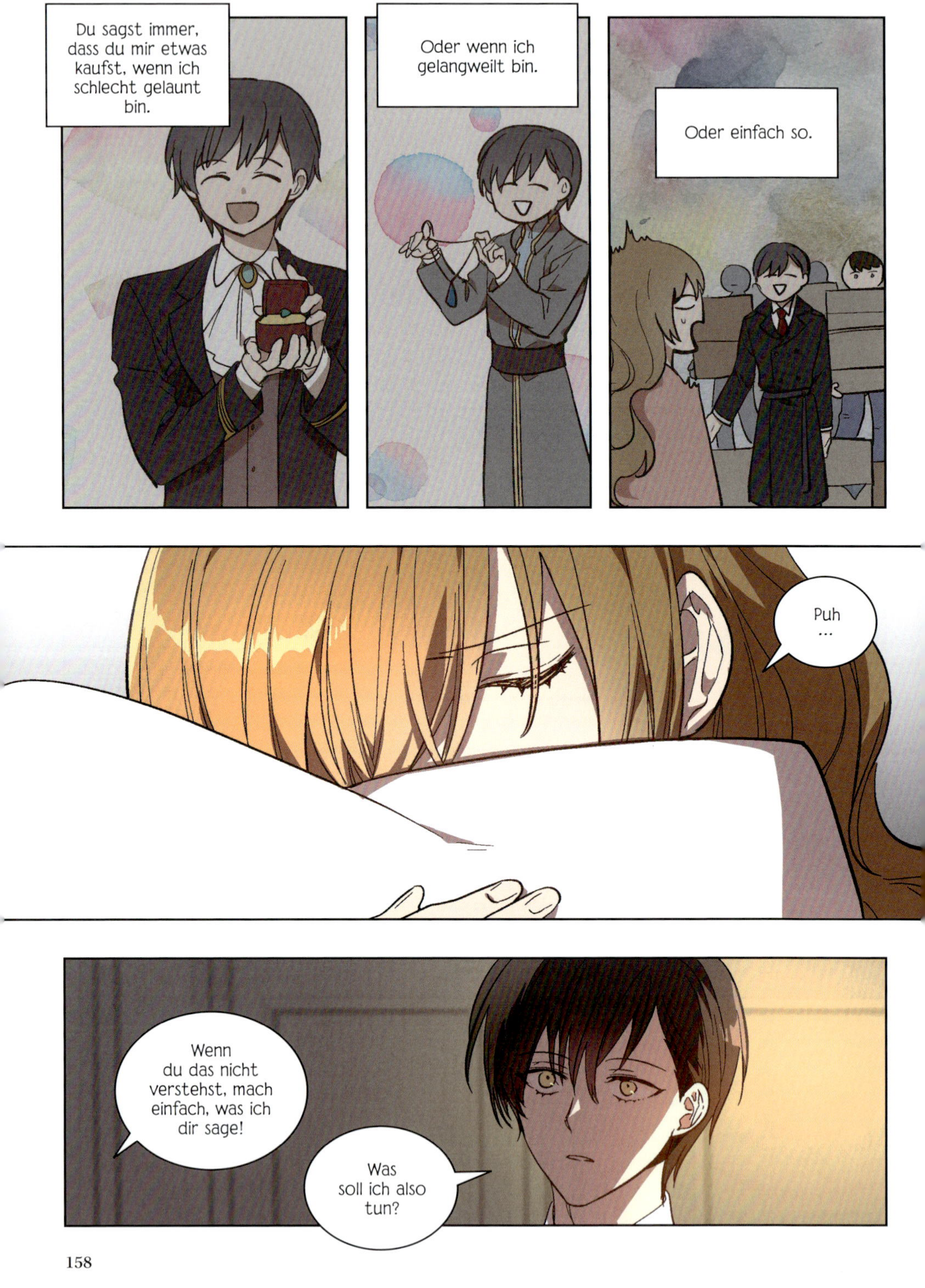
Du sagst immer, dass du mir etwas kaufst, wenn ich schlecht gelaunt bin.
Oder wenn ich gelangweilt bin.
Oder einfach so.
Puh …
Wenn du das nicht verstehst, mach einfach, was ich dir sage!
Was soll ich also tun?

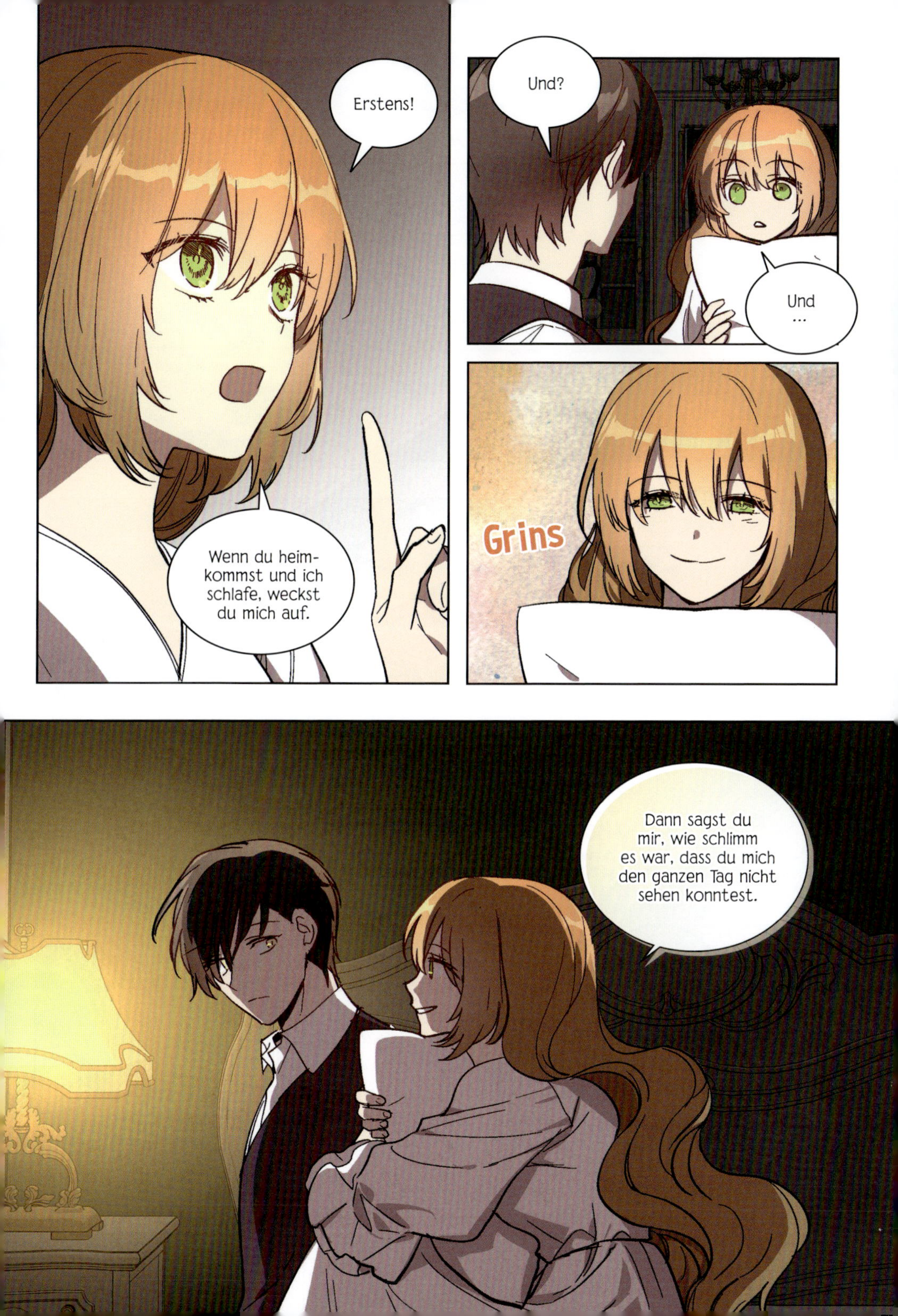
Erstens!
Wenn du heim-kommst und ich schlafe, weckst du mich auf.
Und?
Und …
Grins
Dann sagst du mir, wie schlimm es war, dass du mich den ganzen Tag nicht sehen konntest.

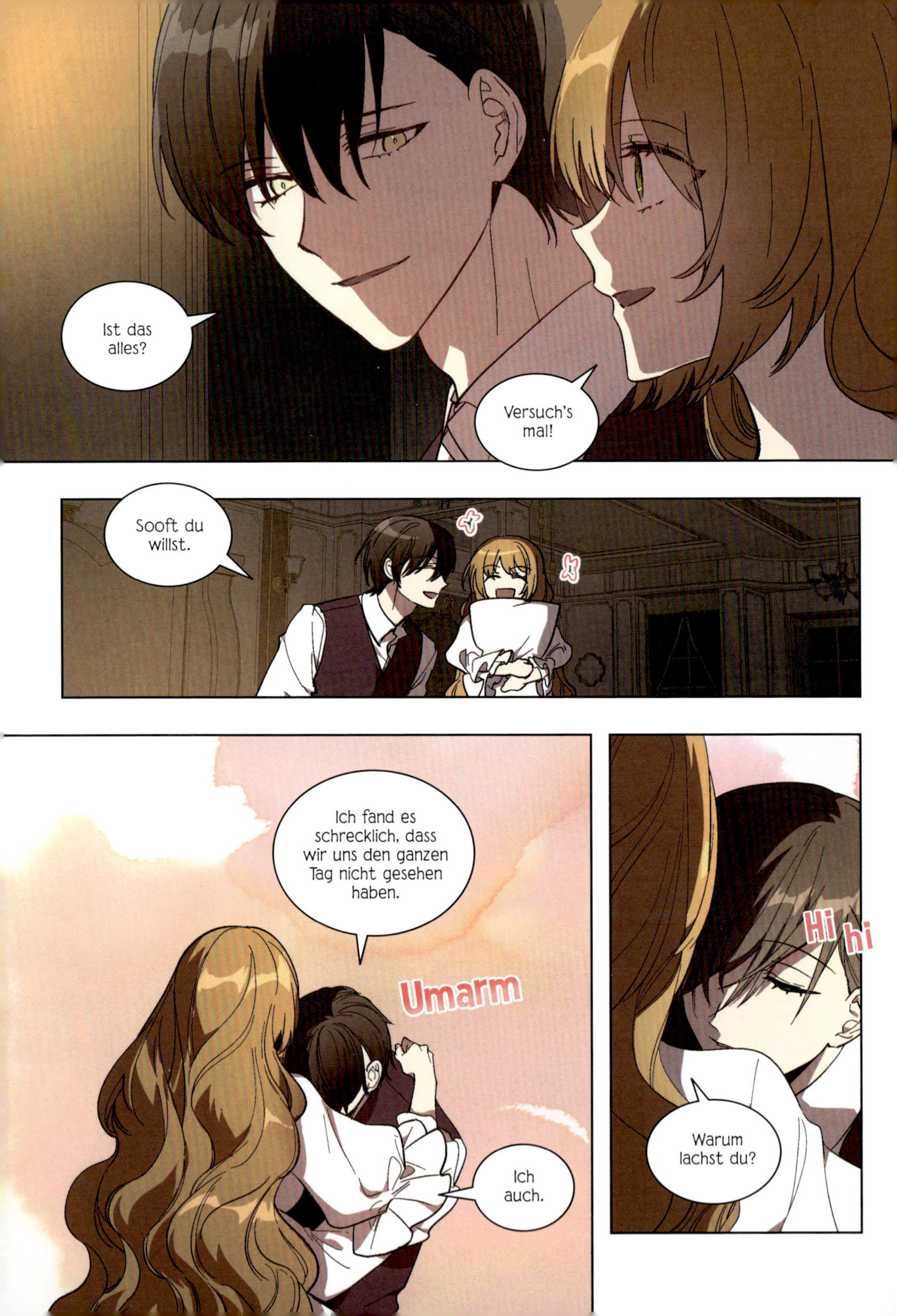
Ist das alles?
Versuch's mal!
Sooft du willst.
Ich fand es schrecklich, dass wir uns den ganzen Tag nicht gesehen haben.
Umarm
Ich auch.
Hi hi
Warum lachst du?

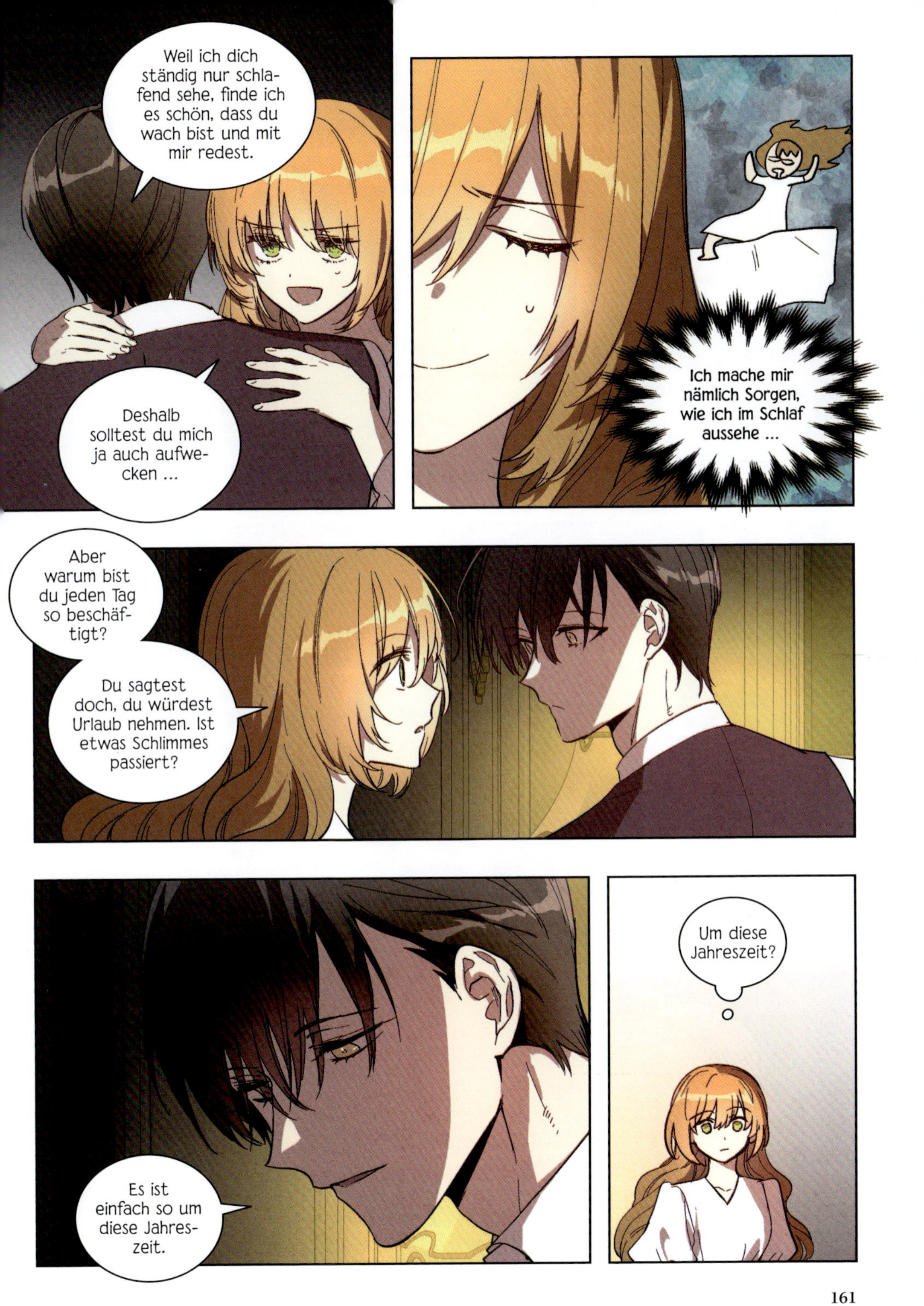

Weil ich dich ständig nur schlafend sehe, finde ich es schön, dass du wach bist und mit mir redest.
Deshalb solltest du mich ja auch aufwecken ...
Ich mache mir nämlich Sorgen, wie ich im Schlaf aussehe ...
Aber warum bist du jeden Tag so beschäftigt?
Du sagtest doch, du würdest Urlaub nehmen. Ist etwas Schlimmes passiert?
Es ist einfach so um diese Jahreszeit.
Um diese Jahreszeit?

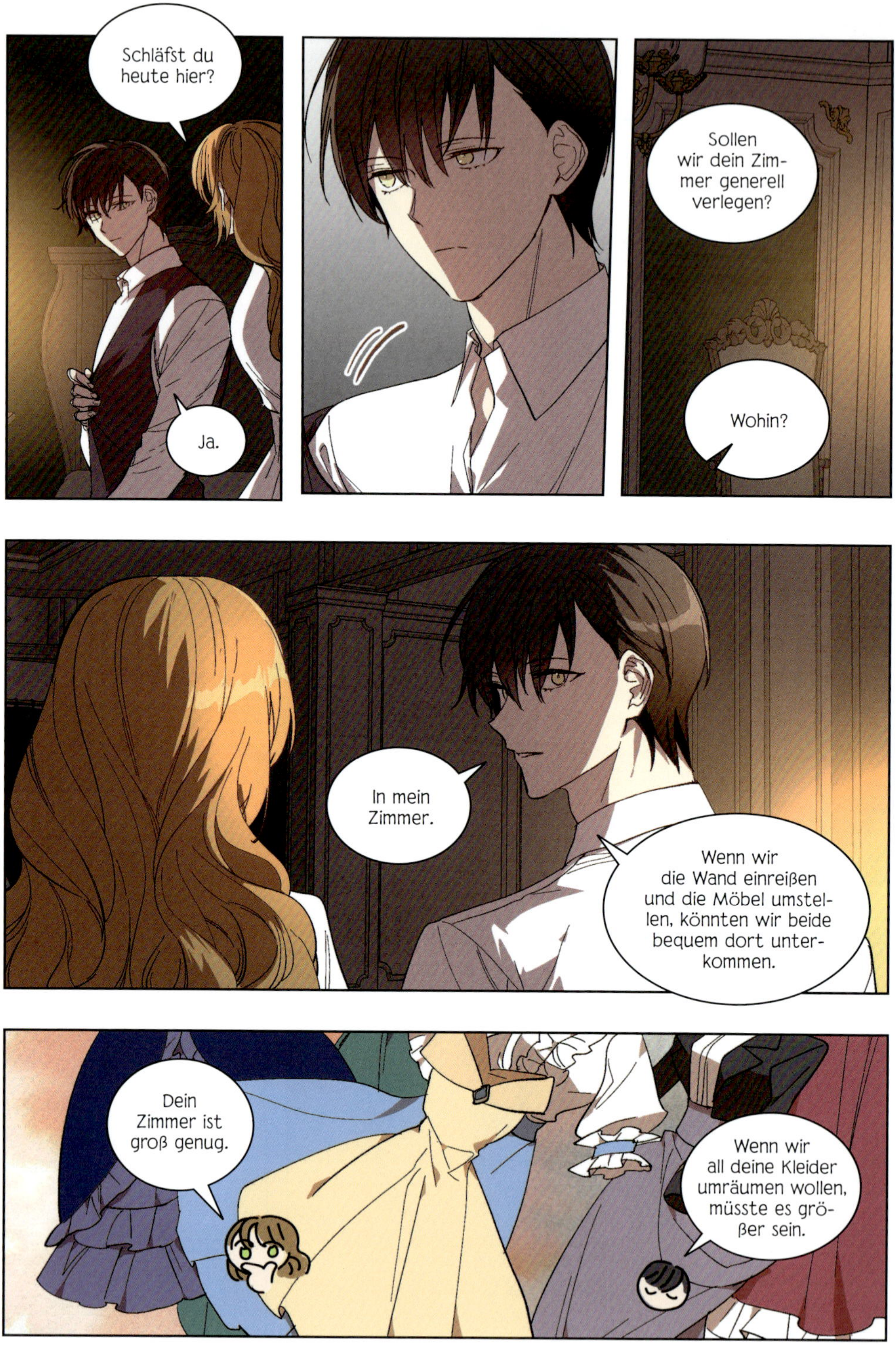
Schläfst du heute hier?
Ja.
Sollen wir dein Zimmer generell verlegen?
Wohin?
In mein Zimmer.
Wenn wir die Wand einreißen und die Möbel umstellen, könnten wir beide bequem dort unterkommen.
Dein Zimmer ist groß genug.
Wenn wir all deine Kleider umräumen wollen, müsste es größer sein.

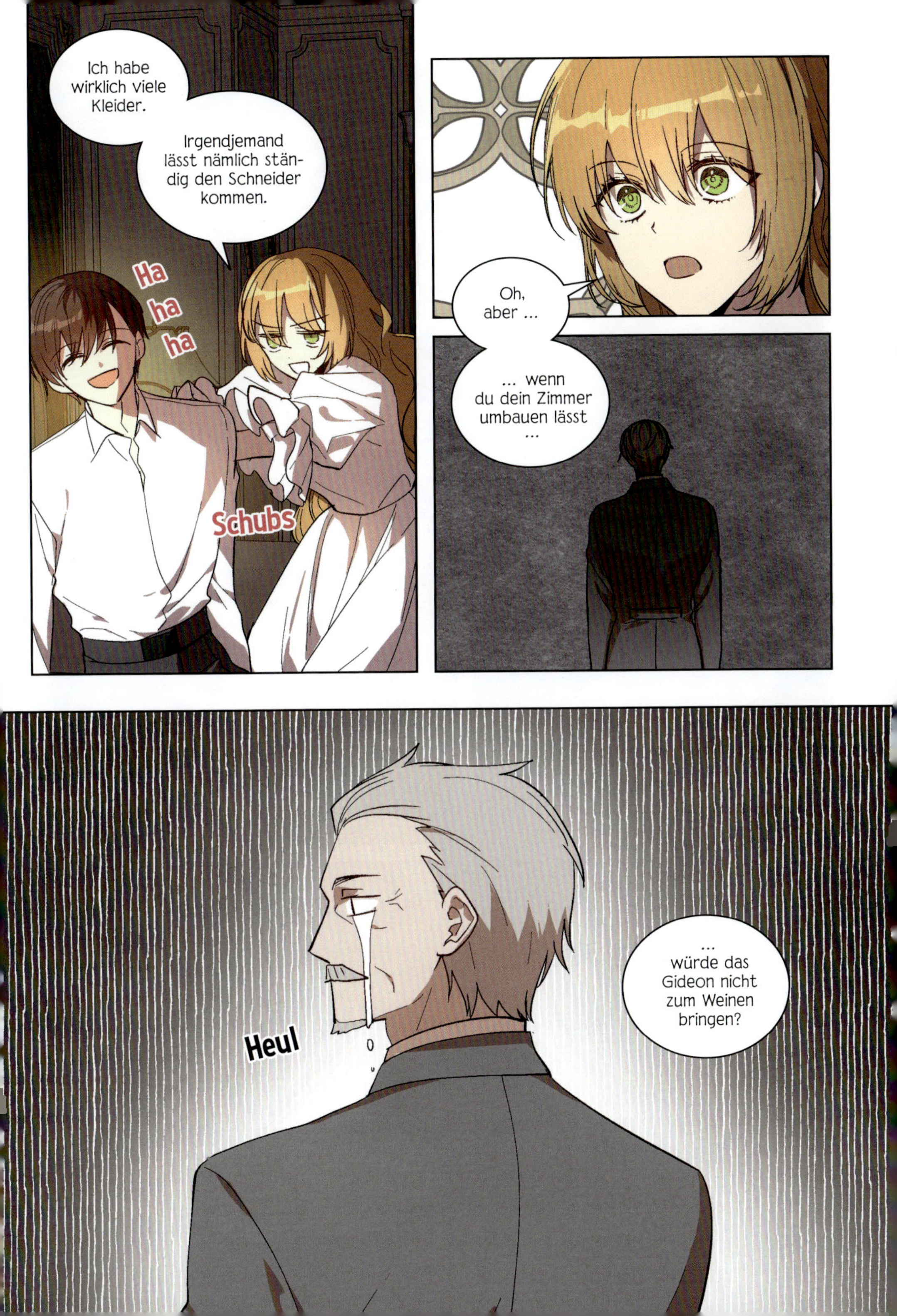
Ich habe wirklich viele Kleider.
Irgendjemand lässt nämlich stän-dig den Schneider kommen.
Ha ha ha
Schubs
Oh, aber ...
... wenn du dein Zimmer umbauen lässt ...
Heul
... würde das Gideon nicht zum Weinen bringen?

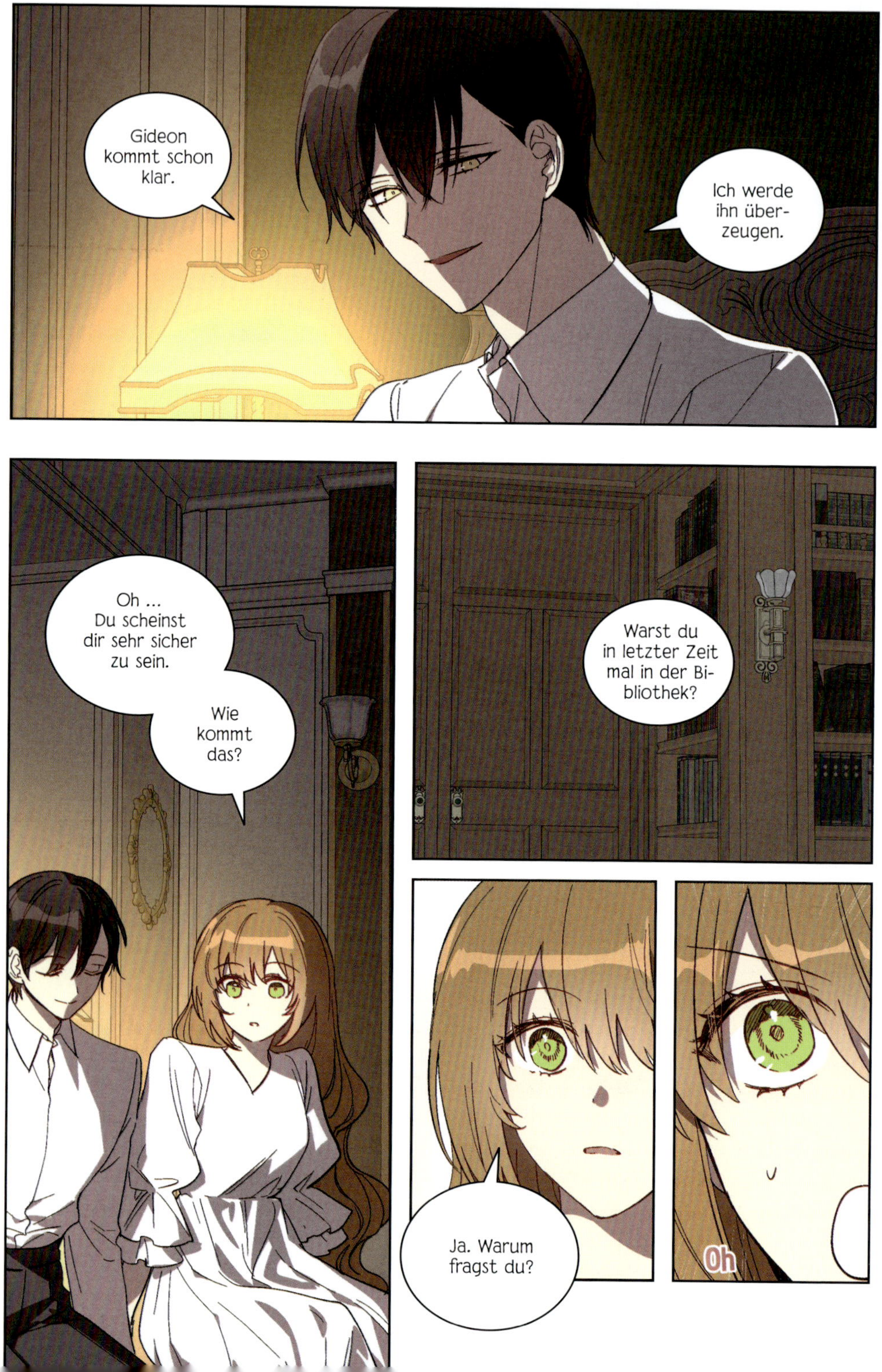
Gideon kommt schon klar.
Ich werde ihn überzeugen.
Oh ... Du scheinst dir sehr sicher zu sein.
Wie kommt das?
Warst du in letzter Zeit mal in der Bibliothek?
Ja. Warum fragst du?
Oh

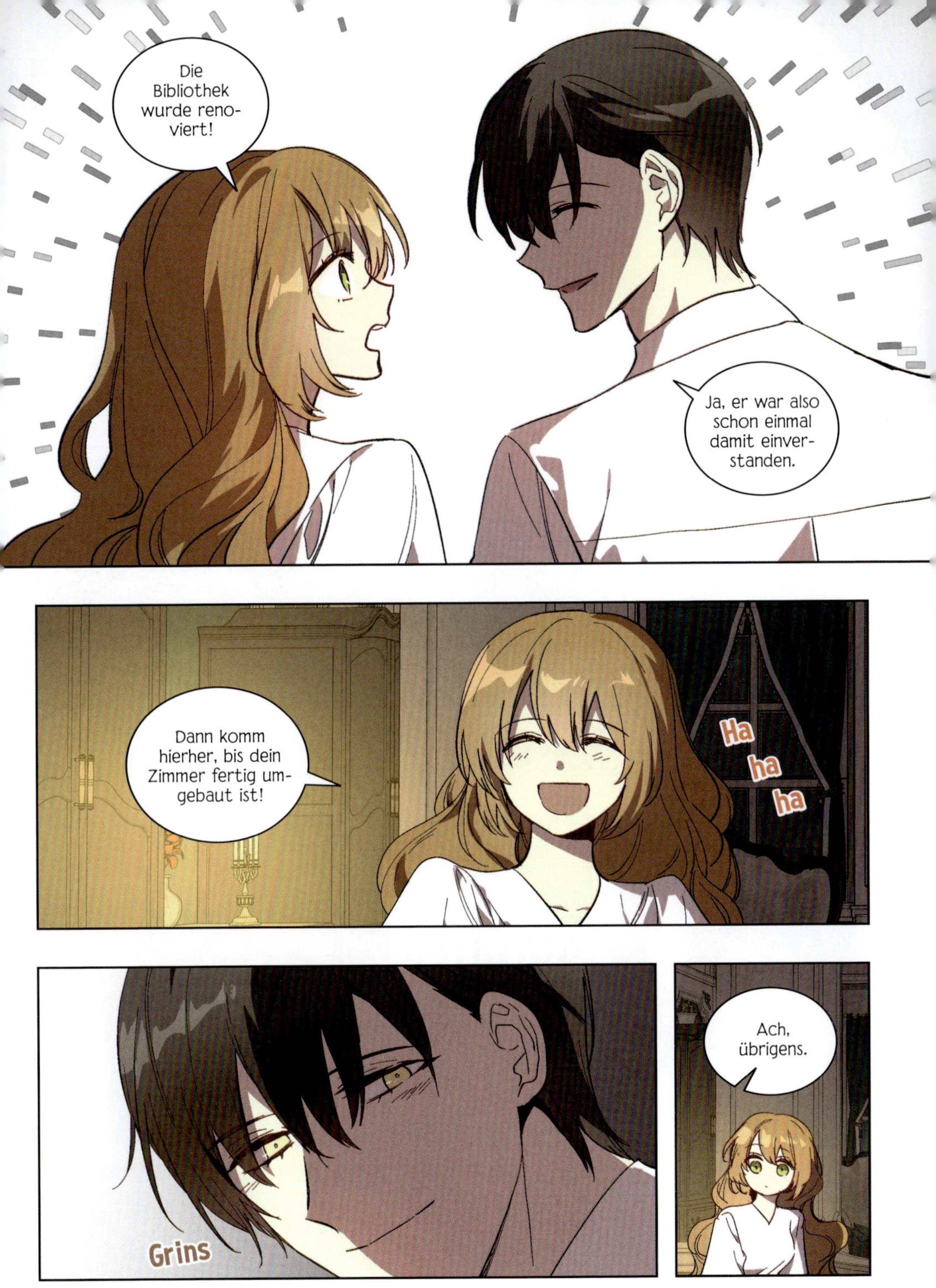
Die Bibliothek wurde renoviert!
Ja, er war also schon einmal damit einverstanden.
Dann komm hierher, bis dein Zimmer fertig umgebaut ist!
Ha ha ha
Grins
Ach, übrigens.

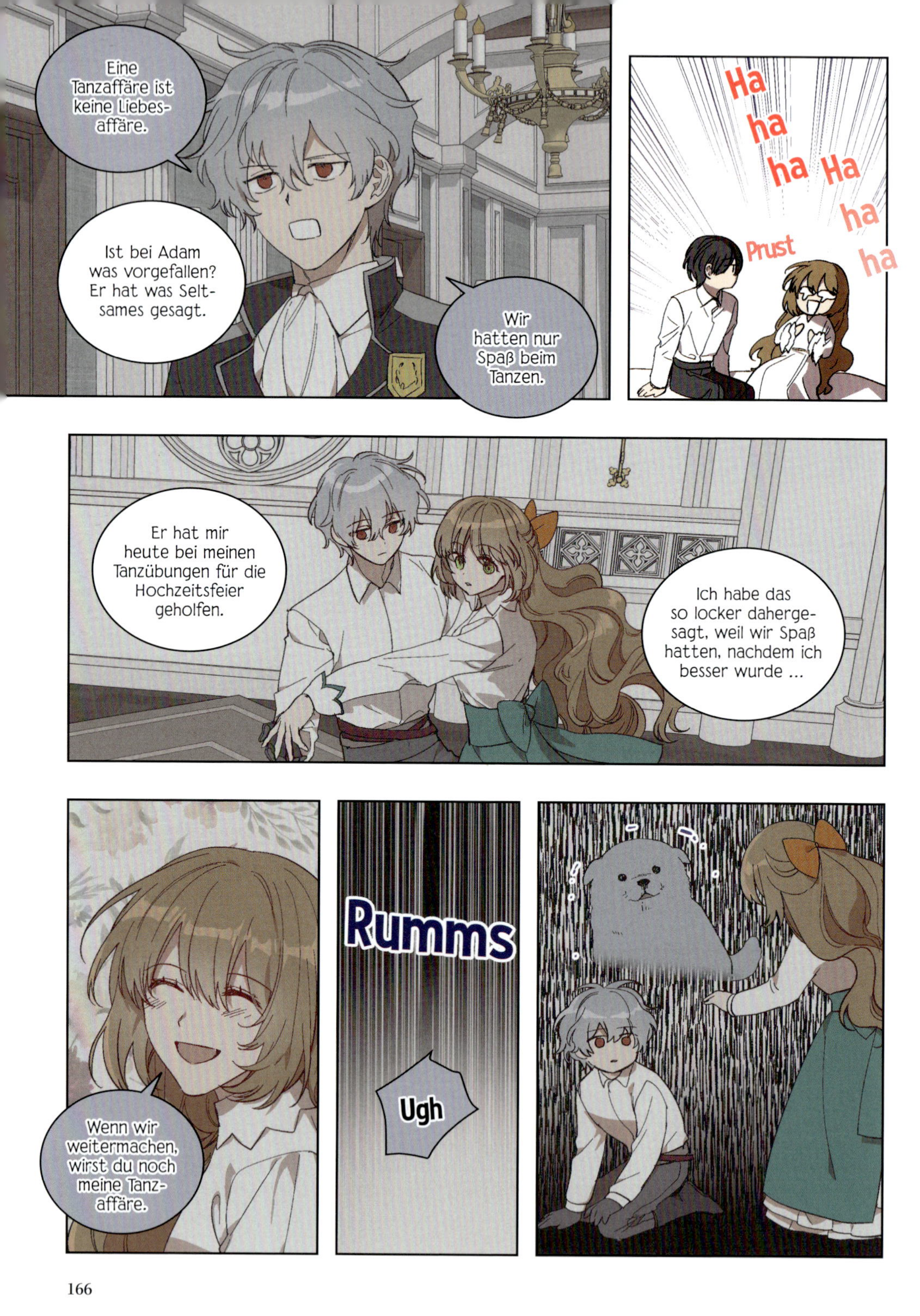
Eine Tanzaffäre ist keine Liebesaffäre.
Ist bei Adam was vorgefallen? Er hat was Seltsames gesagt.
Wir hatten nur Spaß beim Tanzen.
Ha ha ha Ha ha ha
Prust
Er hat mir heute bei meinen Tanzübungen für die Hochzeitsfeier geholfen.
Ich habe das so locker dahergesagt, weil wir Spaß hatten, nachdem ich besser wurde ...
Wenn wir weitermachen, wirst du noch meine Tanzaffäre.
Rumms
Ugh

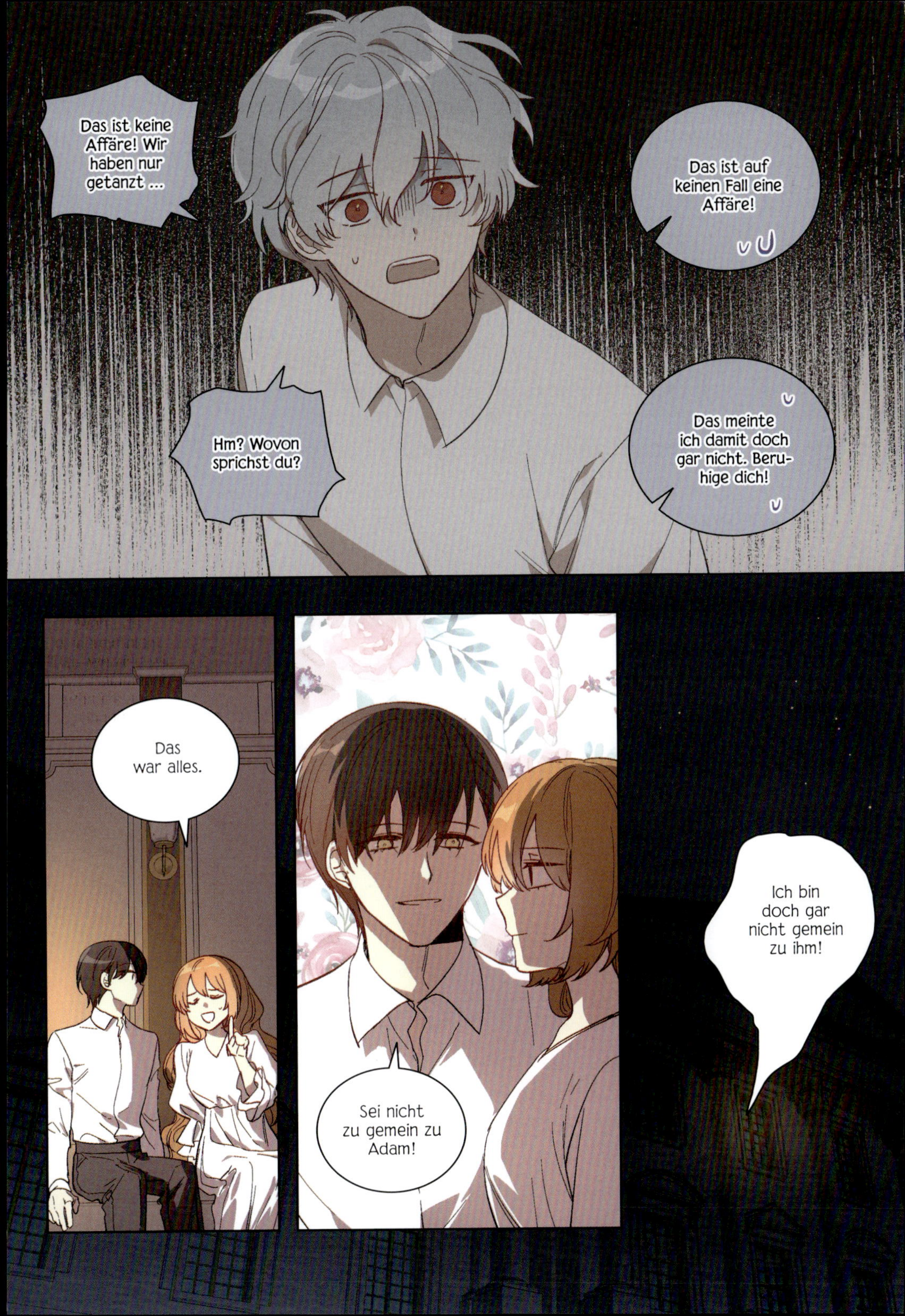
Das ist keine Affäre! Wir haben nur getanzt ...
Das ist auf keinen Fall eine Affäre!
Hm? Wovon sprichst du?
Das meinte ich damit doch gar nicht. Beru-hige dich!
Das war alles.
Sei nicht zu gemein zu Adam!
Ich bin doch gar nicht gemein zu ihm!

RAELIANA

Warum sie die Verlobte des Dukes wurde

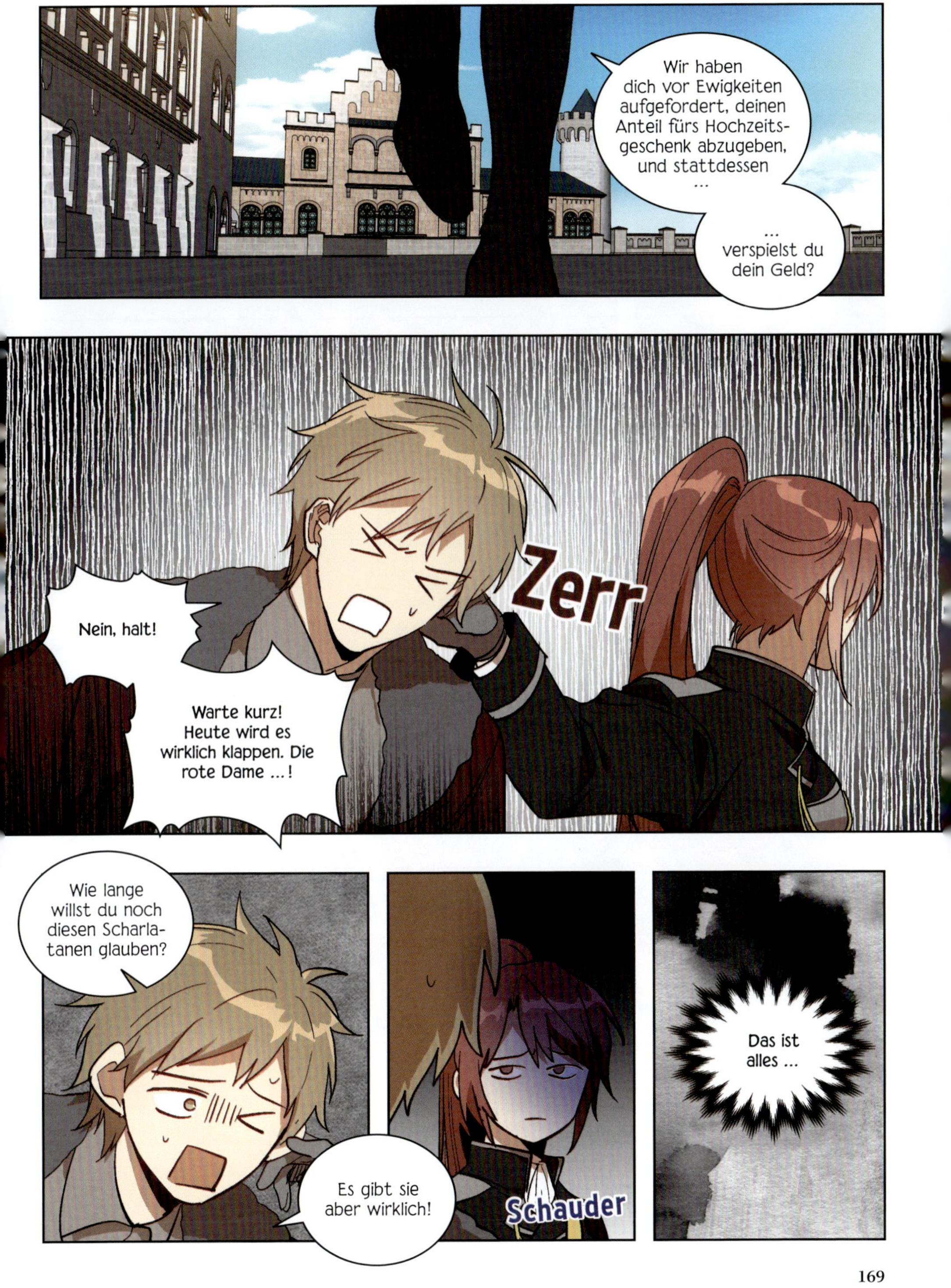
Wir haben dich vor Ewigkeiten aufgefordert, deinen Anteil fürs Hochzeitsgeschenk abzugeben, und stattdessen ...
... verspielst du dein Geld?
Zerr
Nein, halt!
Warte kurz! Heute wird es wirklich klappen. Die rote Dame ...!
Wie lange willst du noch diesen Scharlatanen glauben?
Es gibt sie aber wirklich!
Schauder
Das ist alles ...

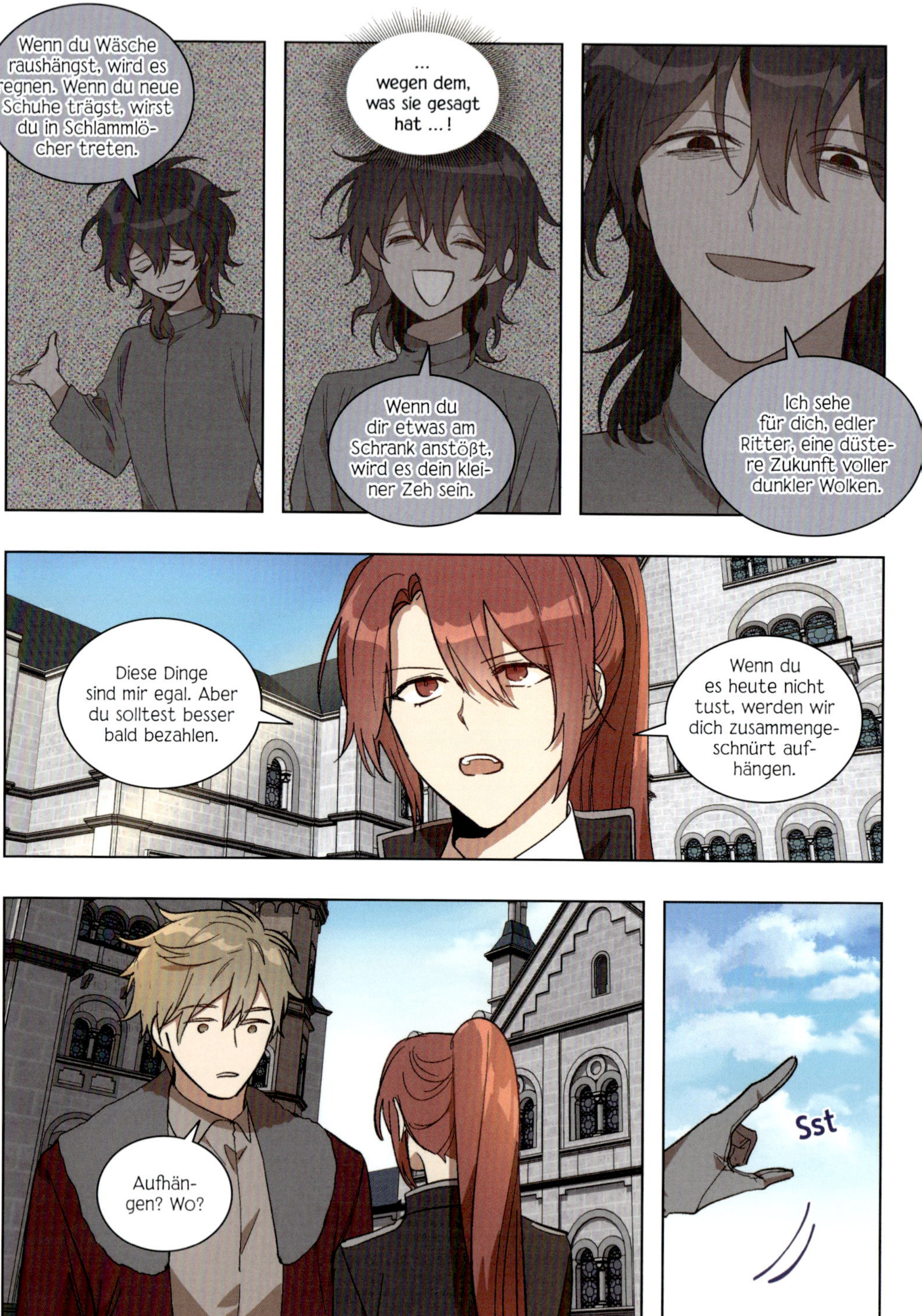
Wenn du Wäsche raushängst, wird es regnen. Wenn du neue Schuhe trägst, wirst du in Schlammlöcher treten.
... wegen dem, was sie gesagt hat ...!
Wenn du dir etwas am Schrank anstößt, wird es dein kleiner Zeh sein.
Ich sehe für dich, edler Ritter, eine düstere Zukunft voller dunkler Wolken.
Diese Dinge sind mir egal. Aber du solltest besser bald bezahlen.
Wenn du es heute nicht tust, werden wir dich zusammengeschnürt aufhängen.
Aufhängen? Wo?
Sst

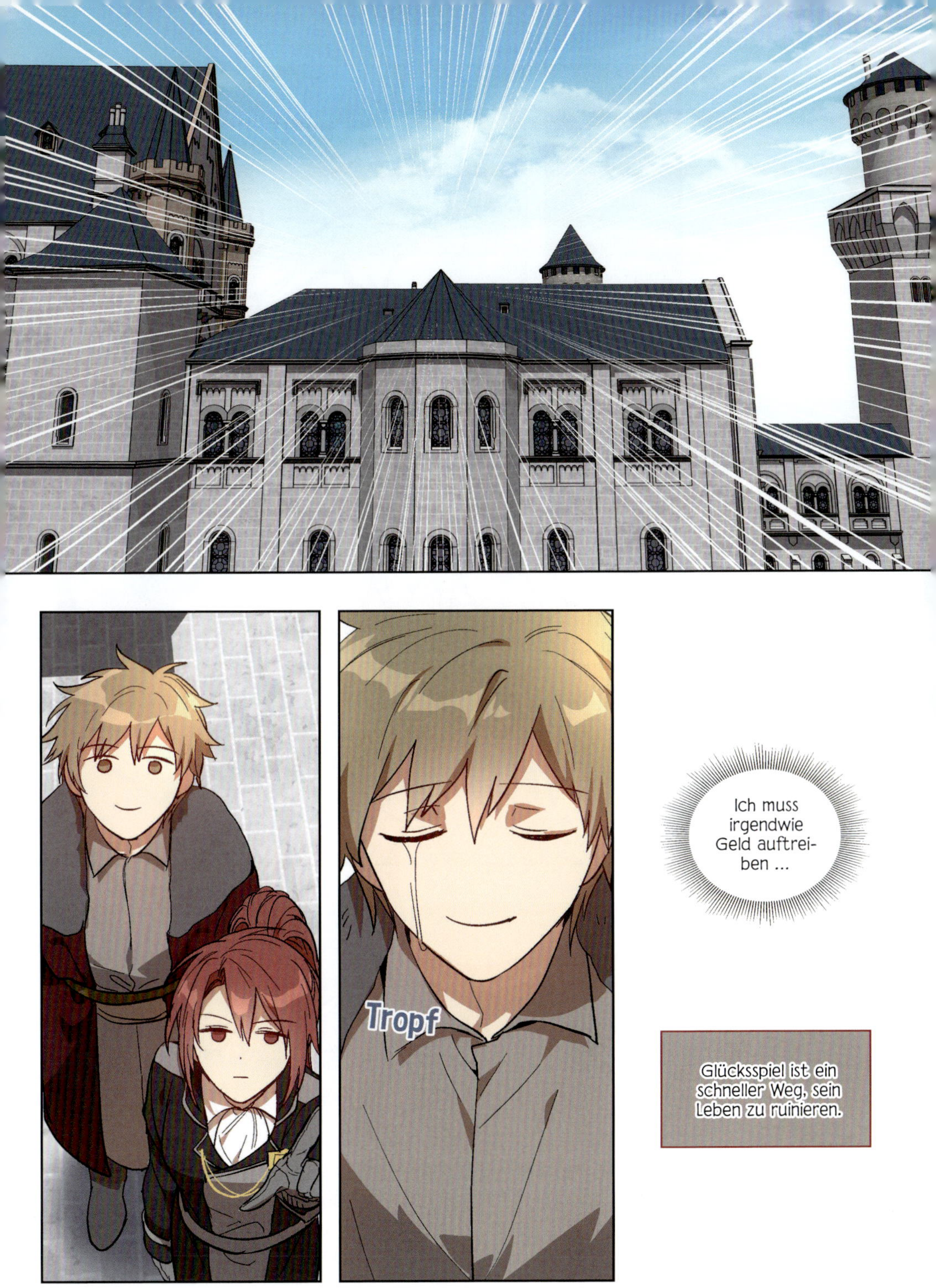
Tropf
Ich muss irgendwie Geld auftreiben ...
Glücksspiel ist ein schneller Weg, sein Leben zu ruinieren.

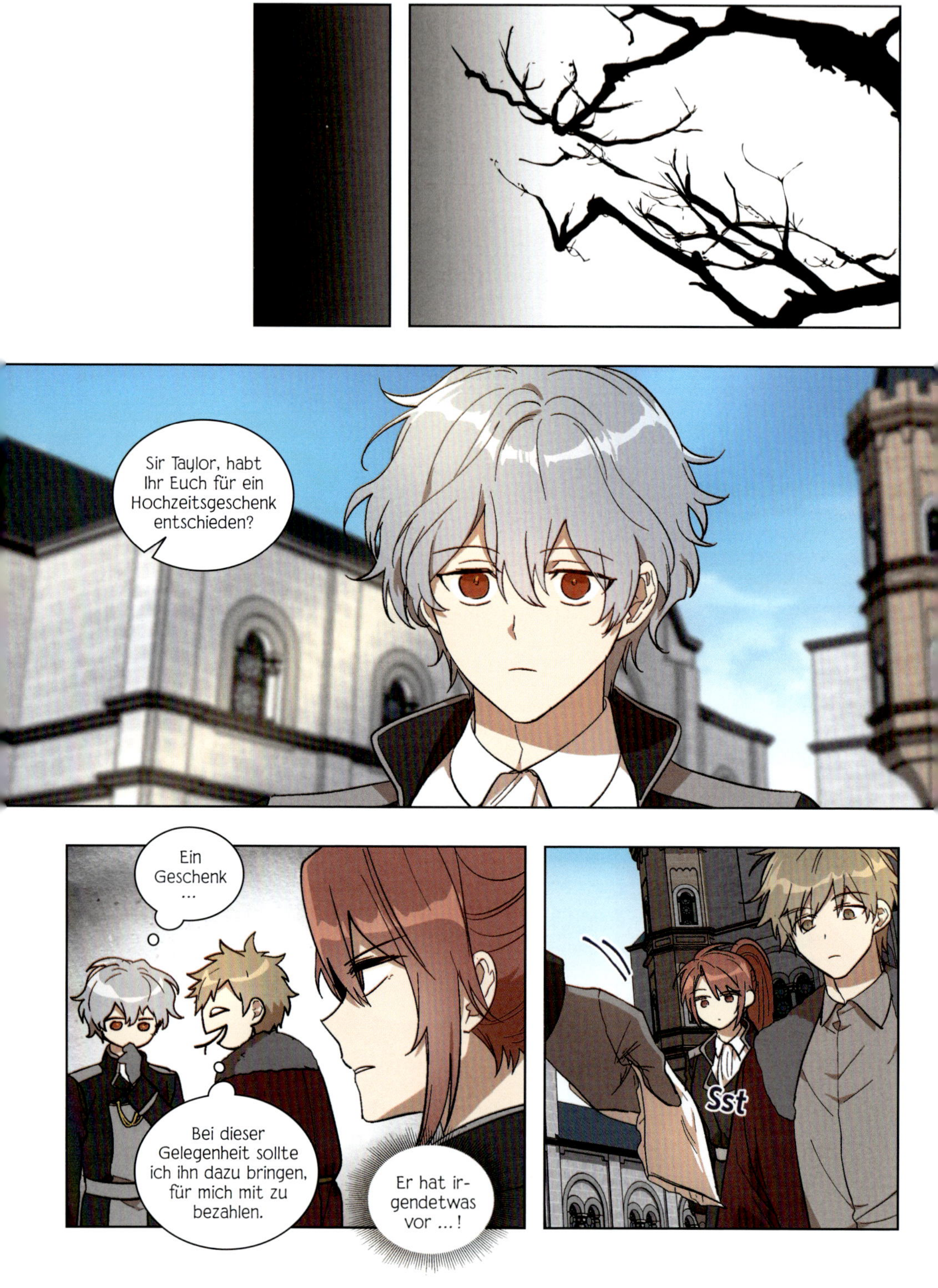
Sir Taylor, habt Ihr Euch für ein Hochzeitsgeschenk entschieden?
Ein Geschenk ...
Bei dieser Gelegenheit sollte ich ihn dazu bringen, für mich mit zu bezahlen.
Er hat ir-gendetwas vor ...!
Sst

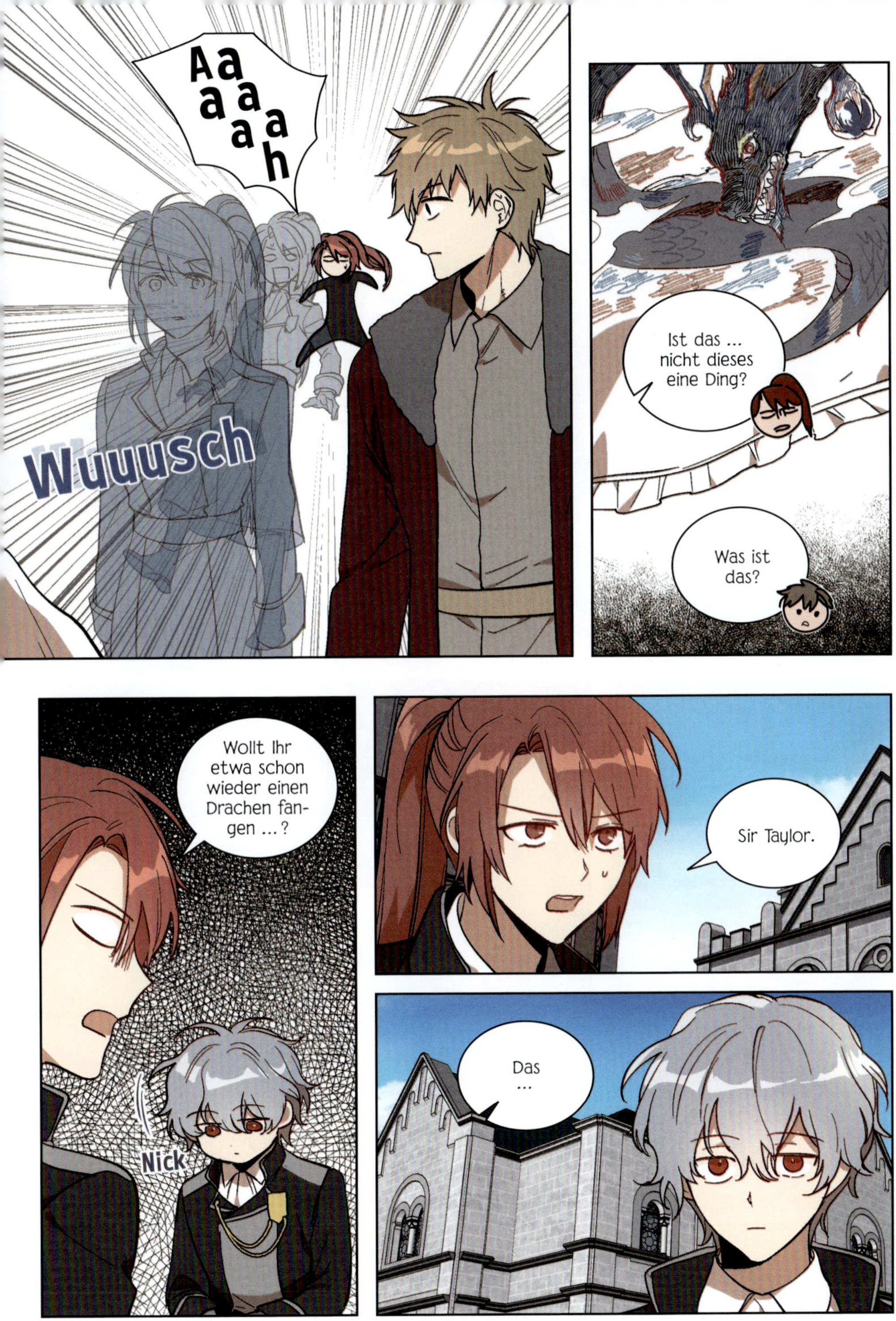
Aaaaaah
Wuuusch
Ist das ... nicht dieses eine Ding?
Was ist das?
Sir Taylor.
Wollt Ihr etwa schon wieder einen Drachen fangen ...?
Nick
Das ...

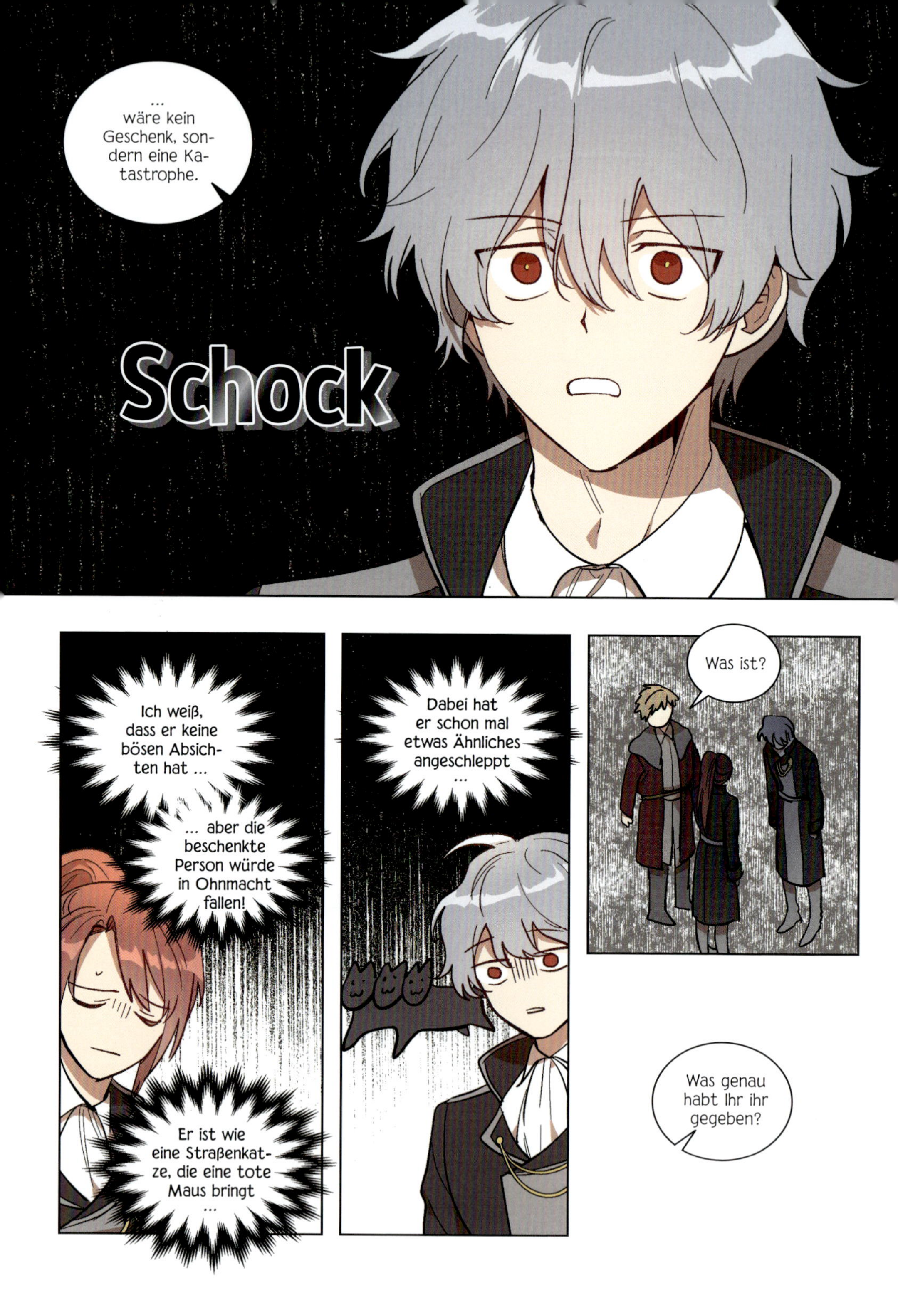
... wäre kein Geschenk, sondern eine Katastrophe.
Schock
Ich weiß, dass er keine bösen Absichten hat ...
... aber die beschenkte Person würde in Ohnmacht fallen!
Er ist wie eine Straßenkatze, die eine tote Maus bringt ...
Dabei hat er schon mal etwas Ähnliches angeschleppt ...
Was ist?
Was genau habt Ihr ihr gegeben?

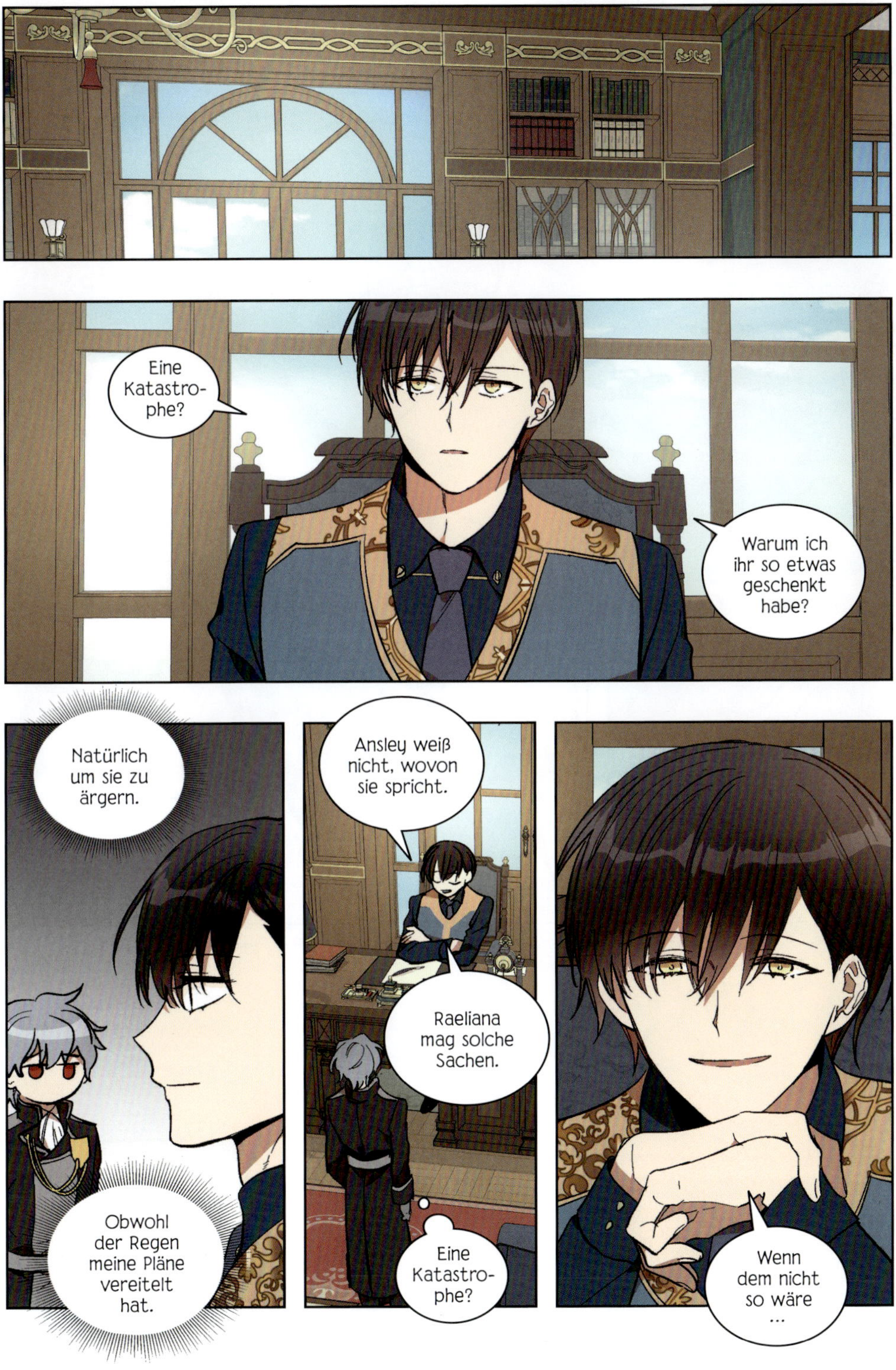
Eine Katastrophe?
Warum ich ihr so etwas geschenkt habe?
Natürlich um sie zu ärgern.
Obwohl der Regen meine Pläne vereitelt hat.
Ansley weiß nicht, wovon sie spricht.
Raeliana mag solche Sachen.
Eine Katastrophe?
Wenn dem nicht so wäre ...

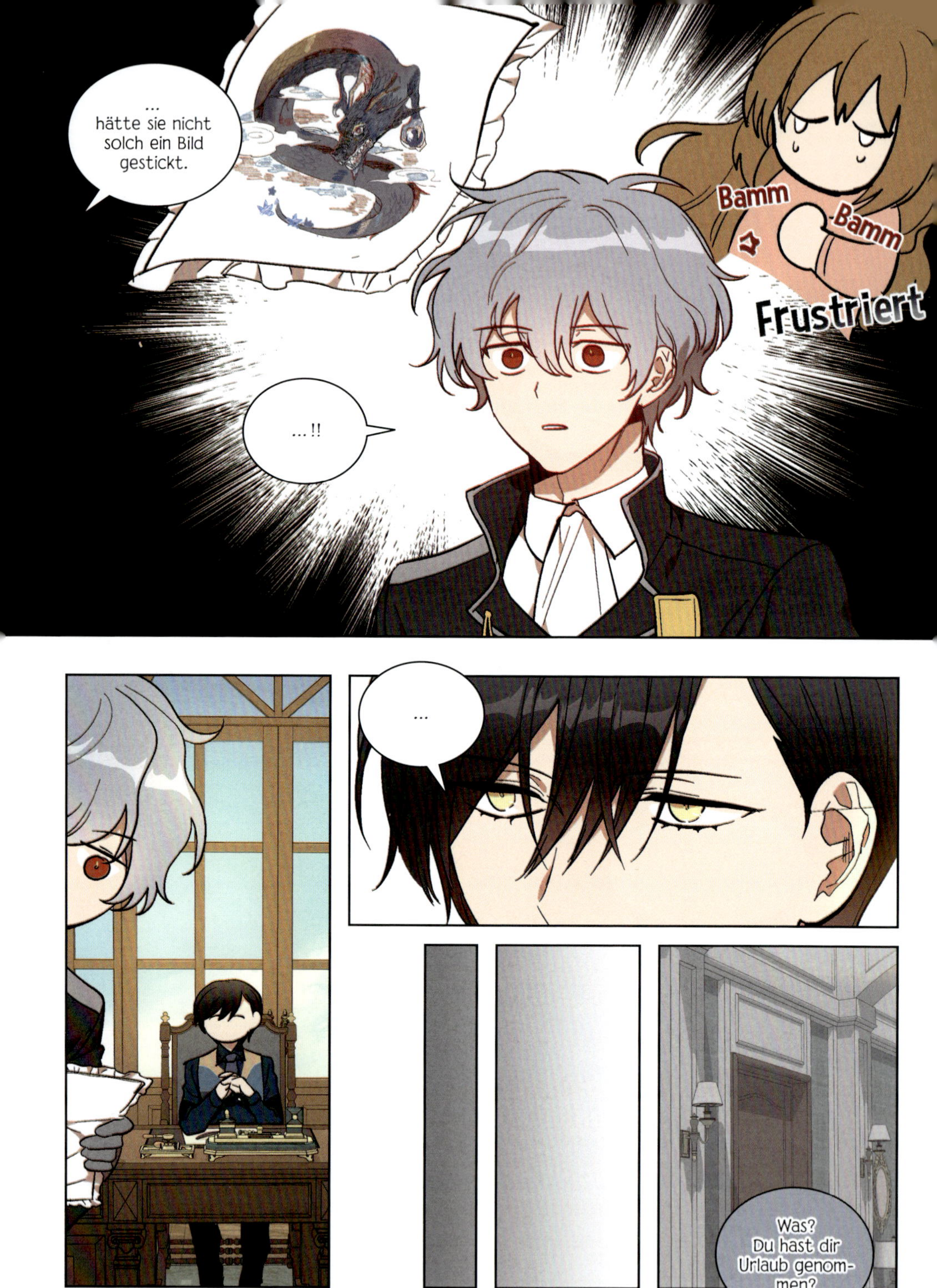
... hätte sie nicht solch ein Bild gestickt.
Bamm
Bamm
Frustriert
...!!
...
Was? Du hast dir Urlaub genommen?

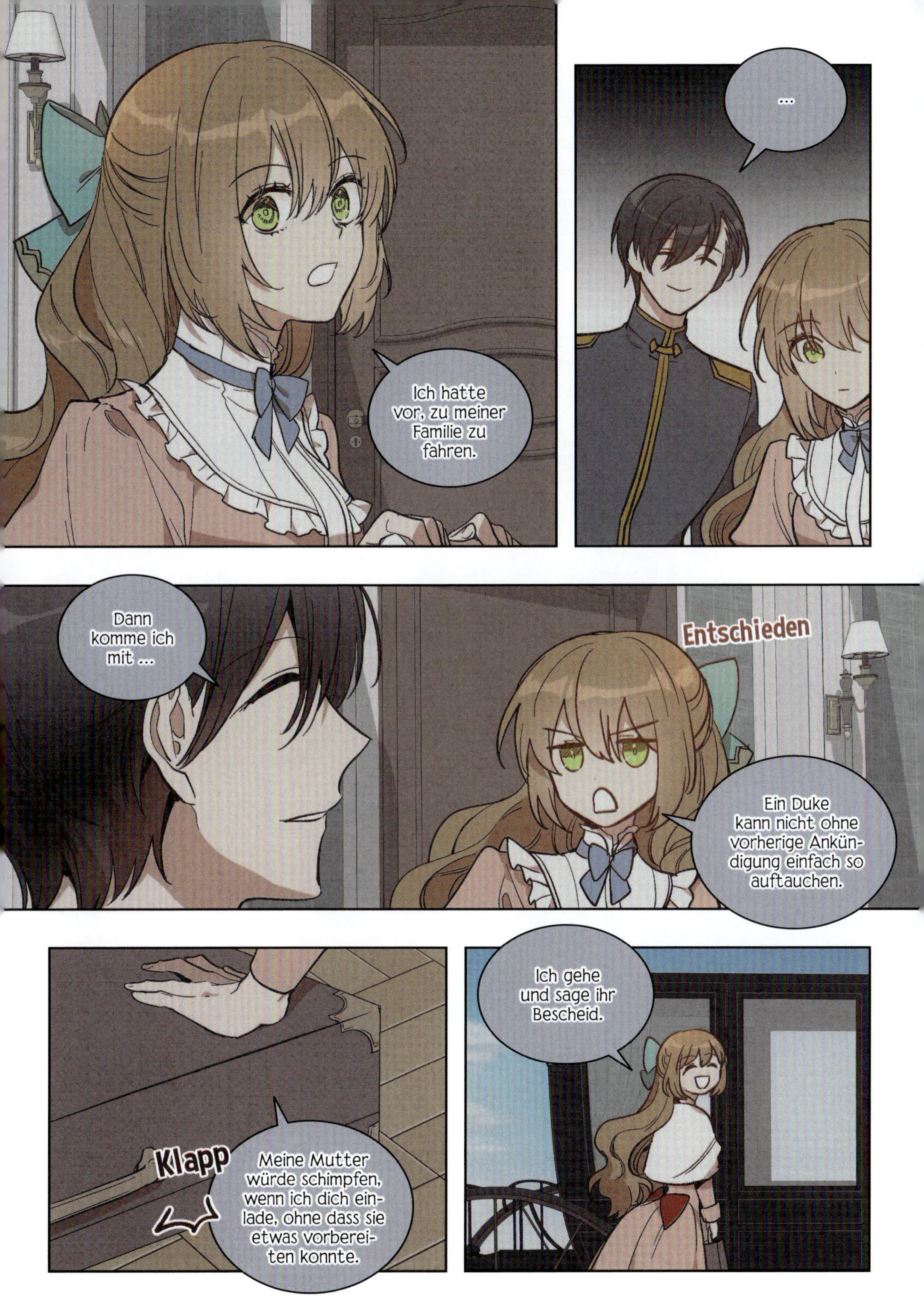
Ich hatte vor, zu meiner Familie zu fahren.
...
Dann komme ich mit ...
Entschieden
Ein Duke kann nicht ohne vorherige Ankündigung einfach so auftauchen.
Klapp
Meine Mutter würde schimpfen, wenn ich dich einlade, ohne dass sie etwas vorbereiten konnte.
Ich gehe und sage ihr Bescheid.

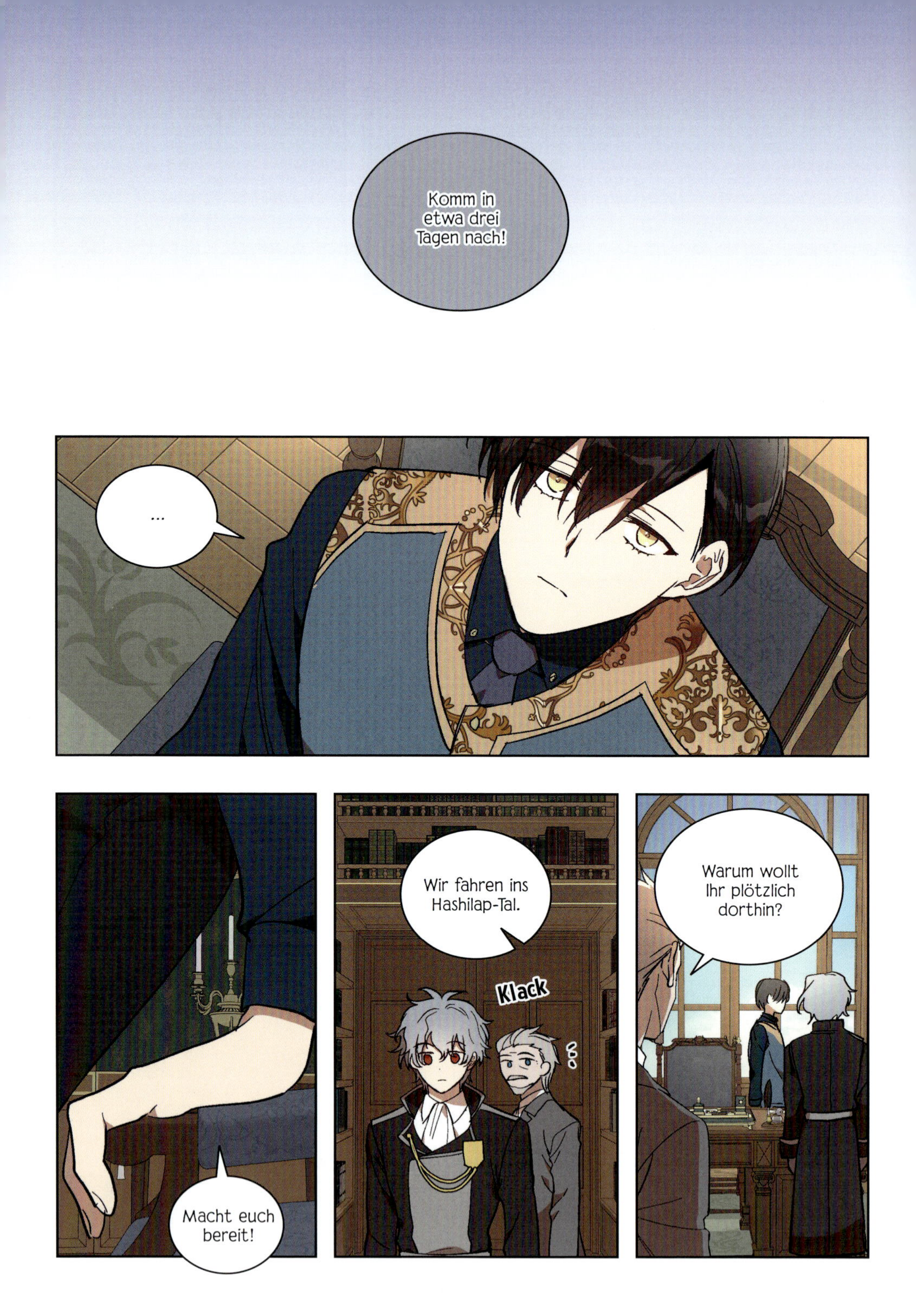

Komm in etwa drei Tagen nach!
...
Macht euch bereit!
Wir fahren ins Hashilap-Tal.
Klack
Warum wollt Ihr plötzlich dorthin?

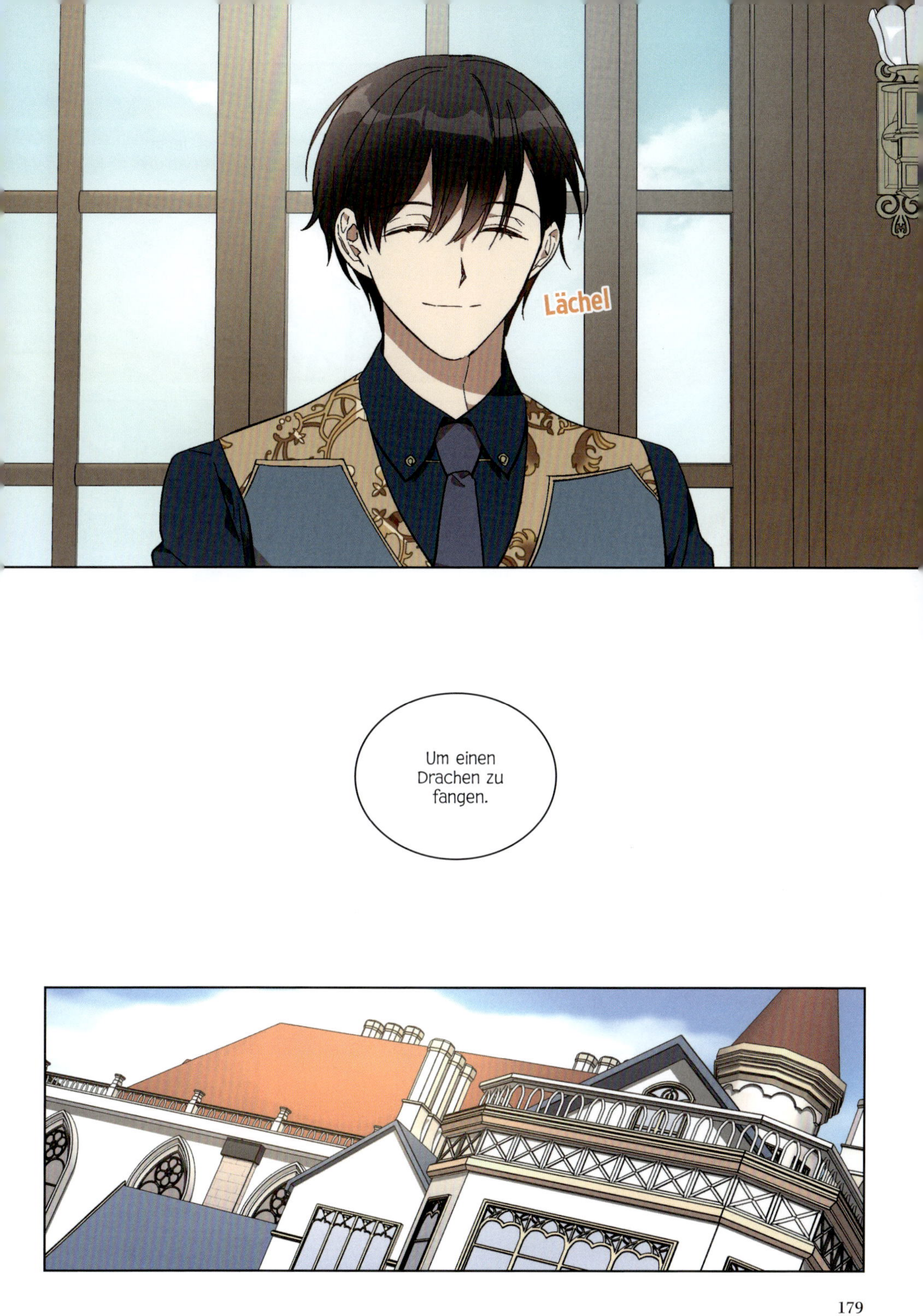
Lächel
Um einen Drachen zu fangen.

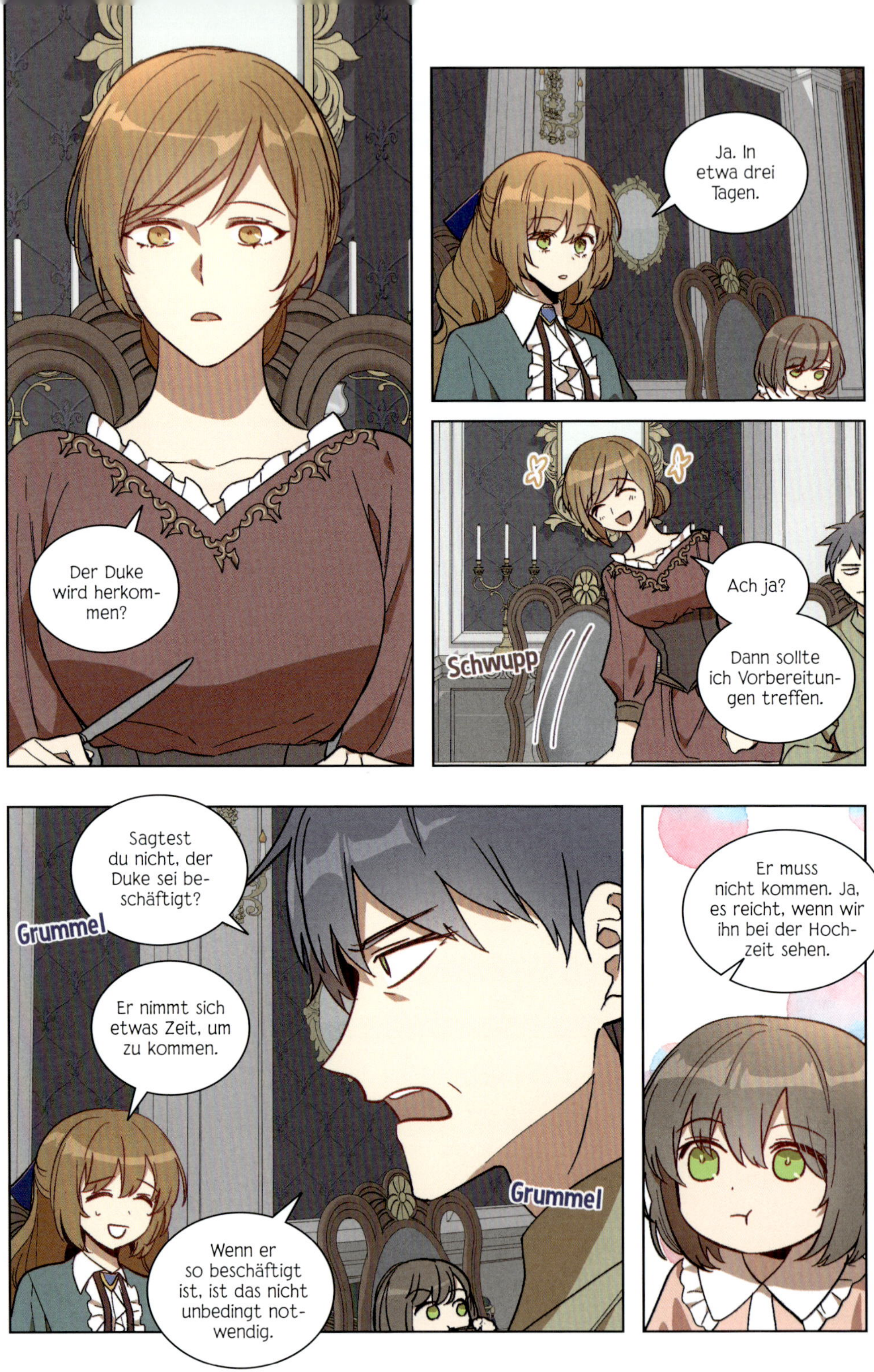

Der Duke wird herkommen?
Ja. In etwa drei Tagen.
Ach ja?
Dann sollte ich Vorbereitungen treffen.
Schwupp
Sagtest du nicht, der Duke sei beschäftigt?
Grummel
Er nimmt sich etwas Zeit, um zu kommen.
Grummel
Wenn er so beschäftigt ist, ist das nicht unbedingt notwendig.
Er muss nicht kommen. Ja, es reicht, wenn wir ihn bei der Hochzeit sehen.

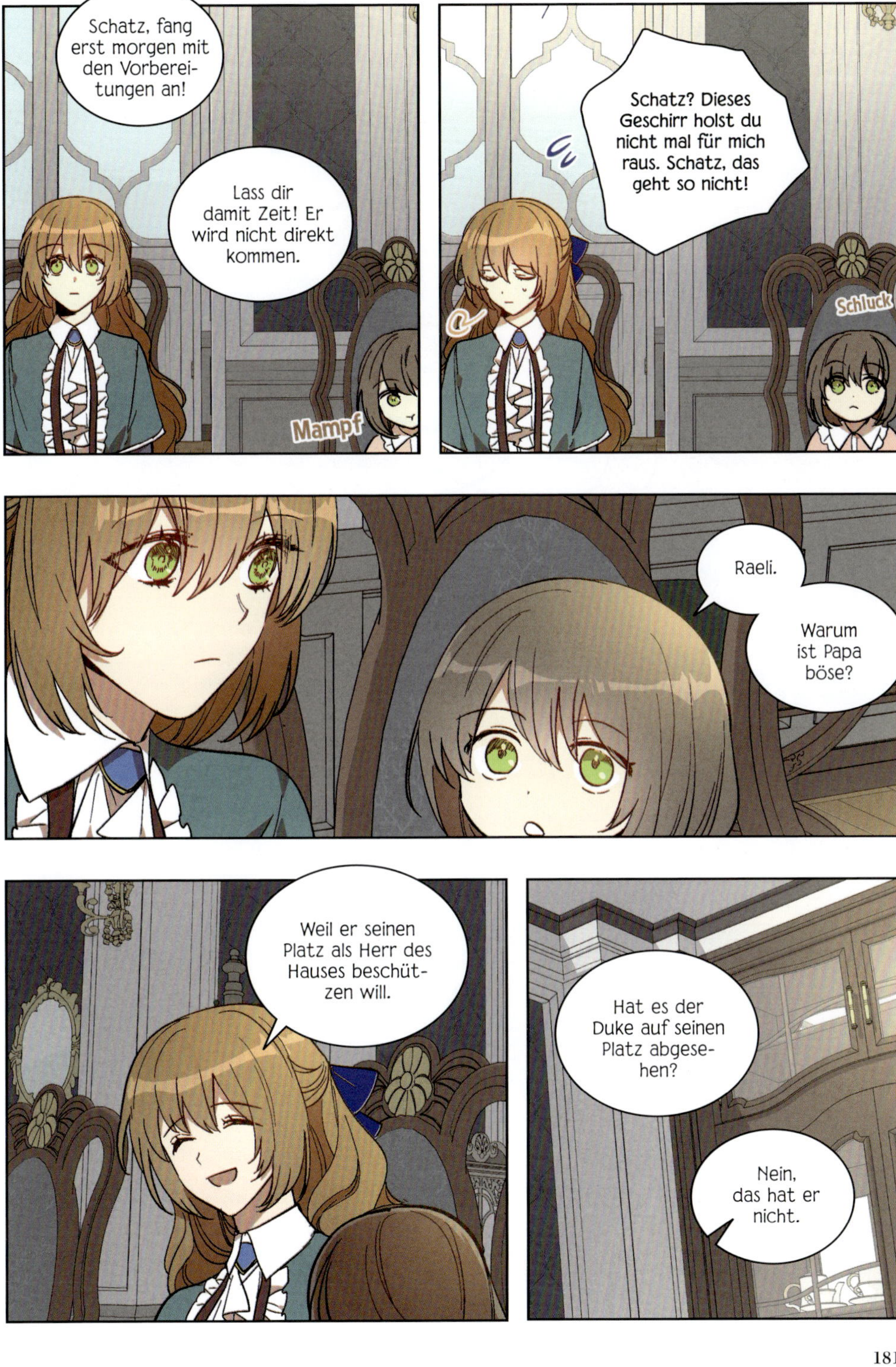
Schatz, fang erst morgen mit den Vorberei-tungen an!
Lass dir damit Zeit! Er wird nicht direkt kommen.
Mampf
Schatz? Dieses Geschirr holst du nicht mal für mich raus. Schatz, das geht so nicht!
Schluck
Raeli.
Warum ist Papa böse?
Weil er seinen Platz als Herr des Hauses beschüt-zen will.
Hat es der Duke auf seinen Platz abgese-hen?
Nein, das hat er nicht.

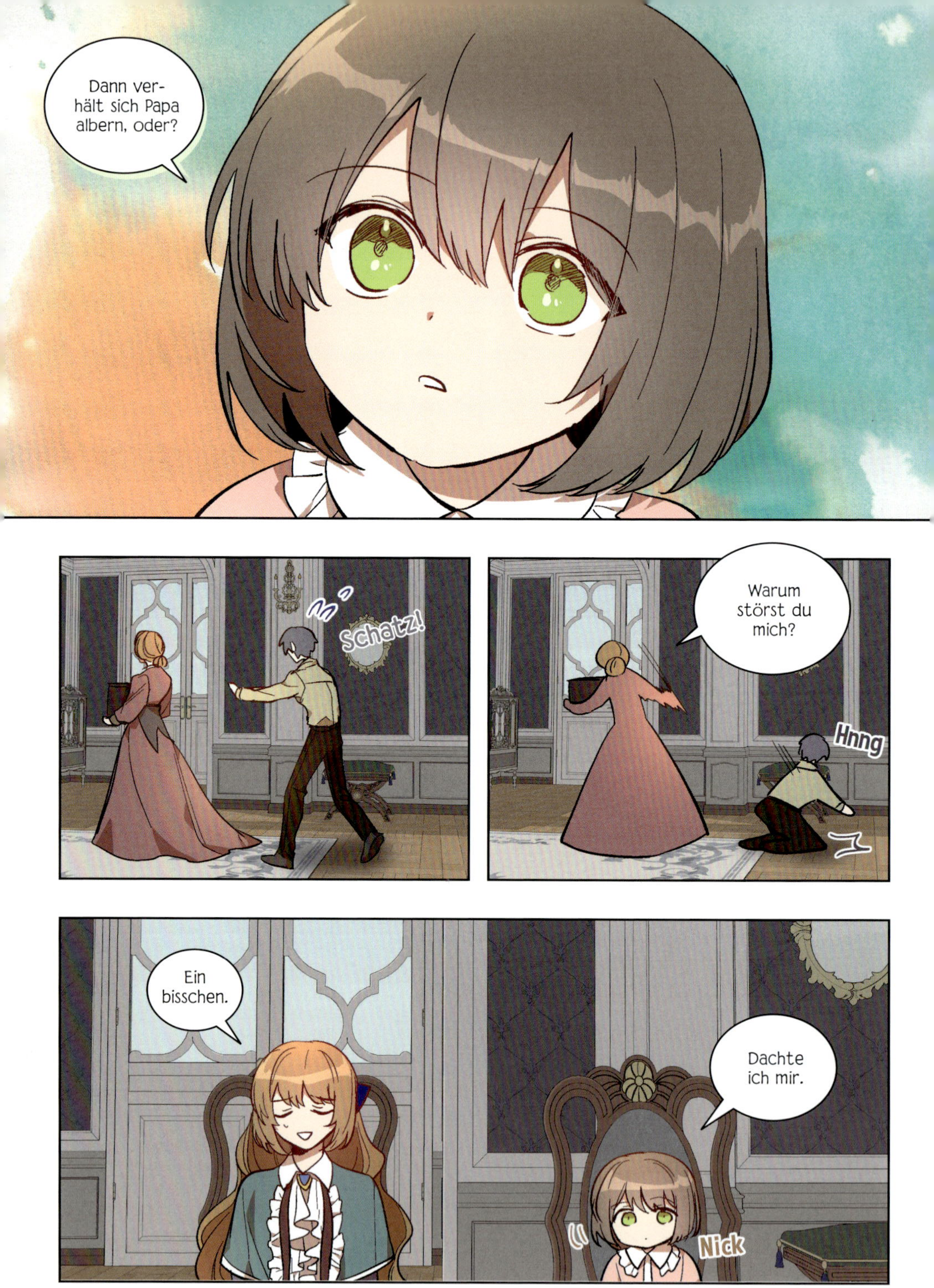
Dann verhält sich Papa albern, oder?
Schatz!
Warum störst du mich?
Hnng
Ein bisschen.
Dachte ich mir.
Nick

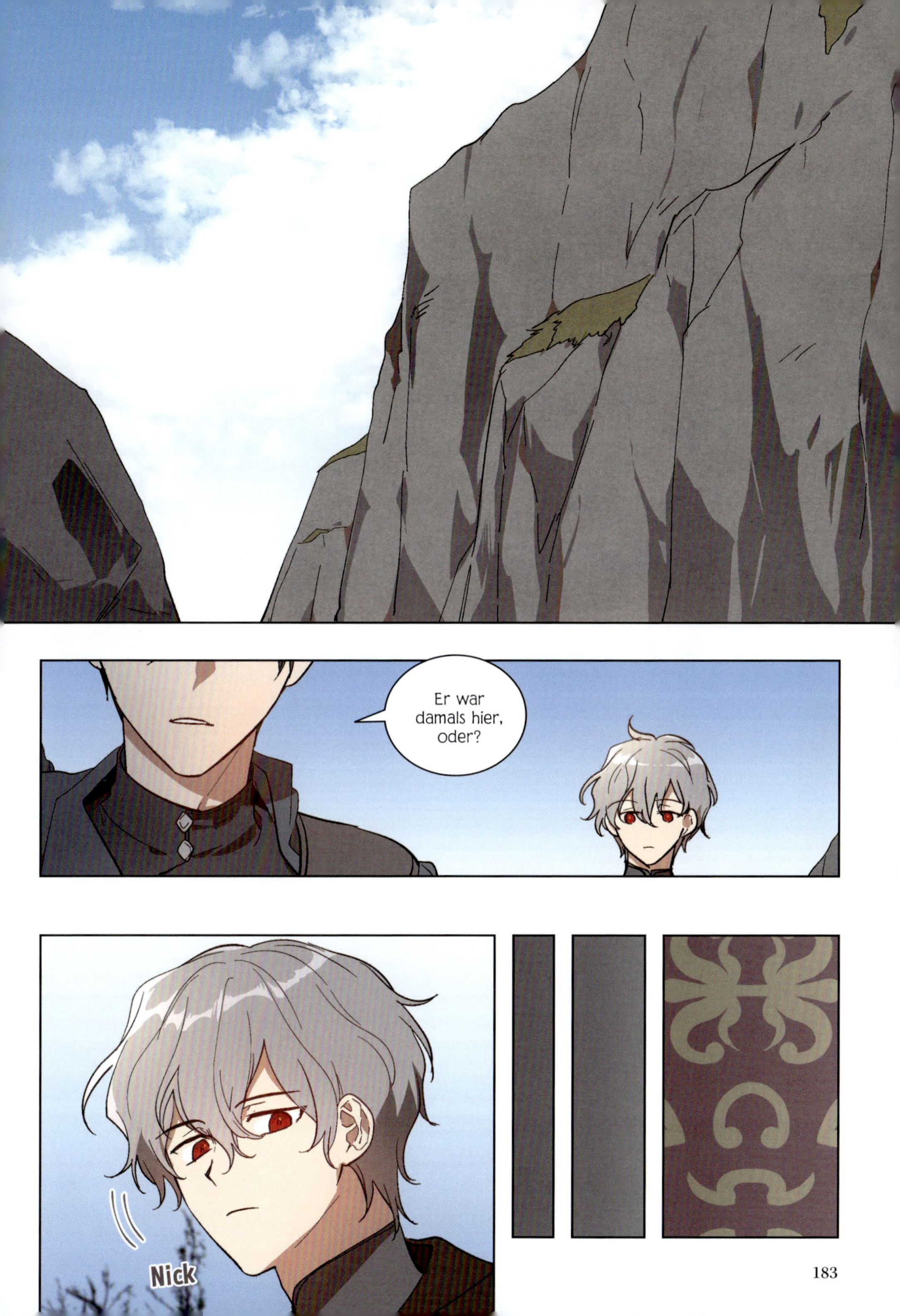
Er war damals hier, oder?
Nick

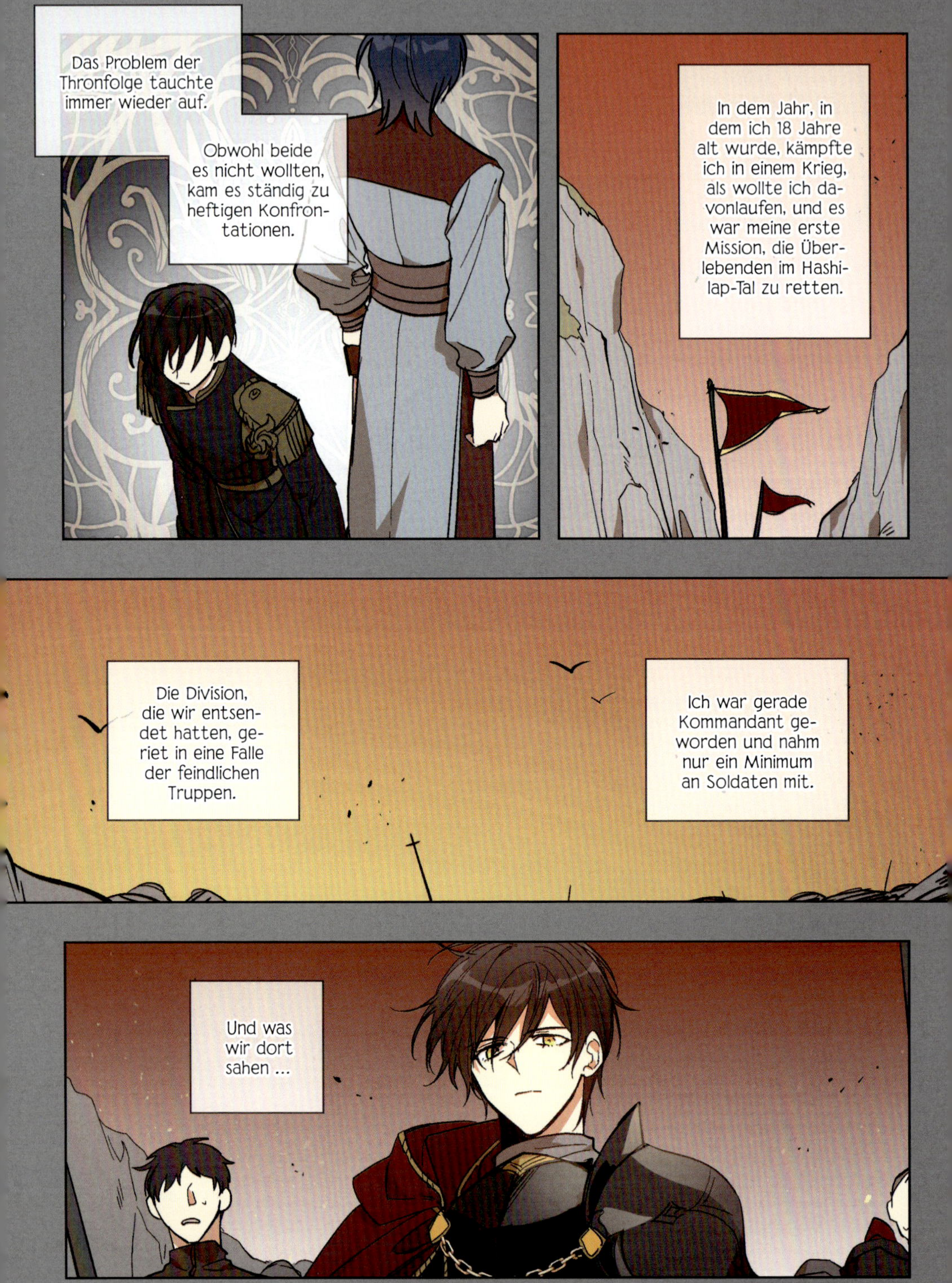
Das Problem der Thronfolge tauchte immer wieder auf.
Obwohl beide es nicht wollten, kam es ständig zu heftigen Konfrontationen.
In dem Jahr, in dem ich 18 Jahre alt wurde, kämpfte ich in einem Krieg, als wollte ich davonlaufen, und es war meine erste Mission, die Überlebenden im Hashilap-Tal zu retten.
Die Division, die wir entsendet hatten, geriet in eine Falle der feindlichen Truppen.
Ich war gerade Kommandant geworden und nahm nur ein Minimum an Soldaten mit.
Und was wir dort sahen ...

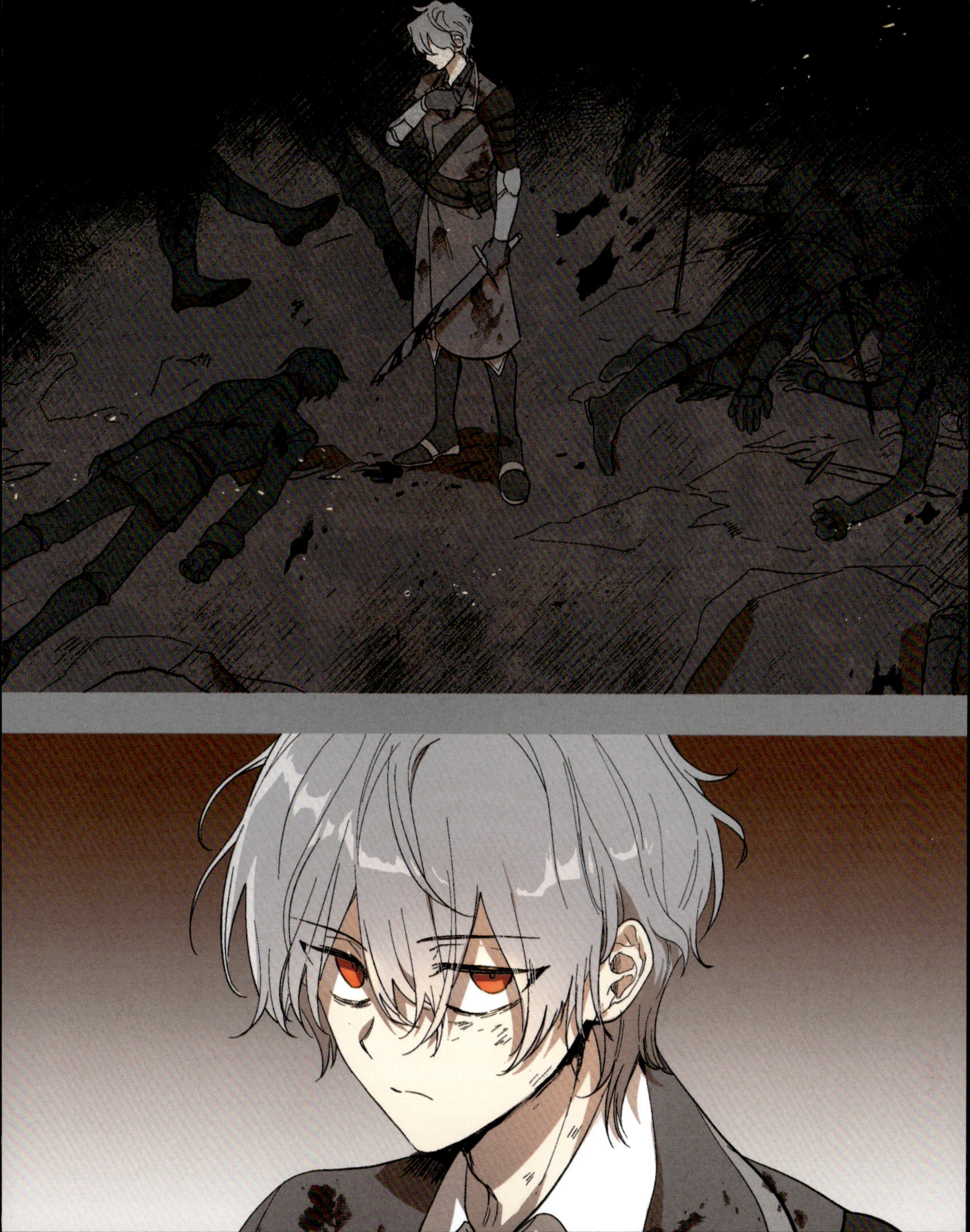

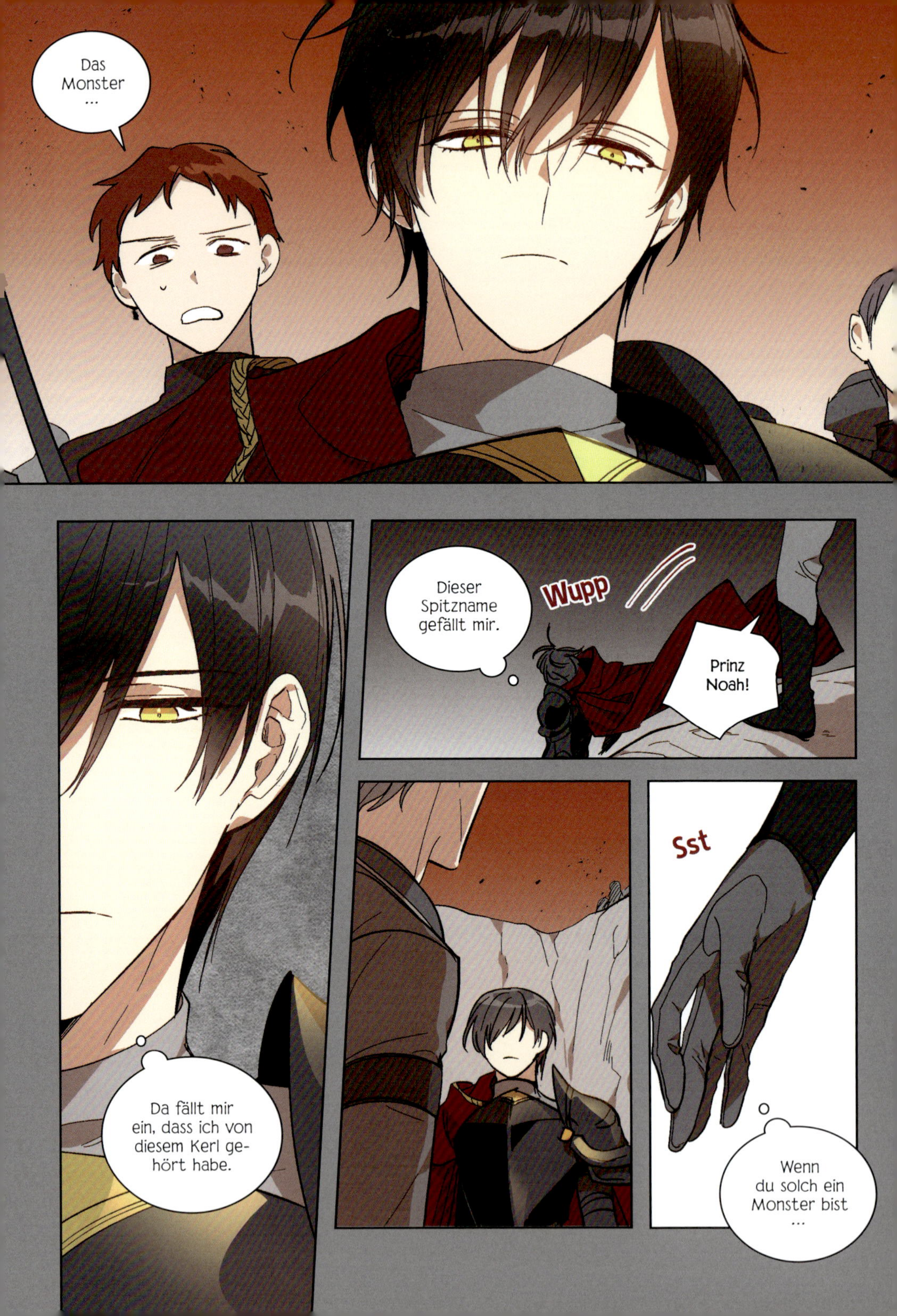
Das Monster ...
Dieser Spitzname gefällt mir.
Wupp
Prinz Noah!
Da fällt mir ein, dass ich von diesem Kerl gehört habe.
Sst
Wenn du solch ein Monster bist ...

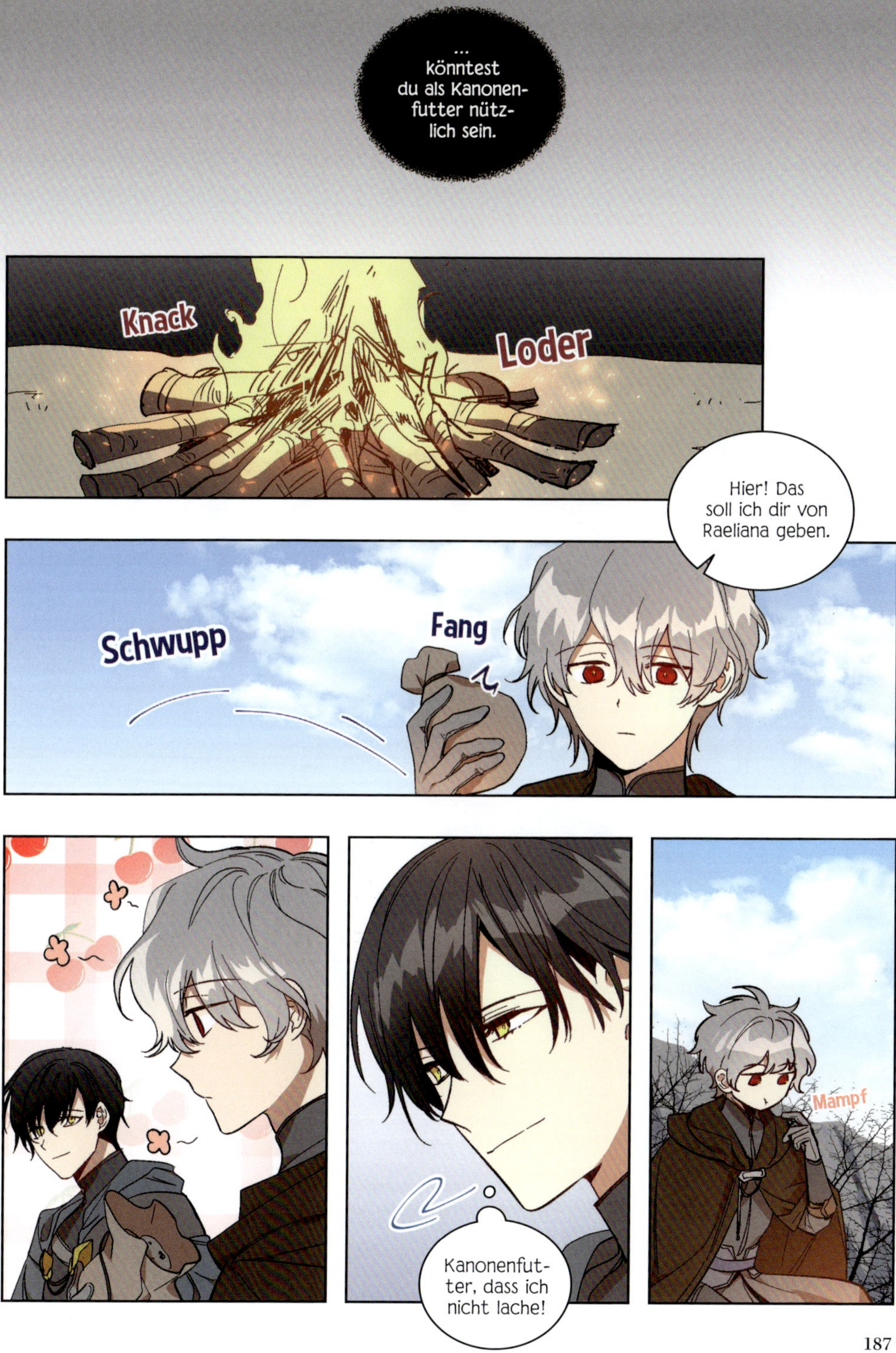
...
könntest du als Kanonenfutter nützlich sein.
Knack
Loder
Hier! Das soll ich dir von Raeliana geben.
Schwupp
Fang
Kanonenfutter, dass ich nicht lache!
Mampf

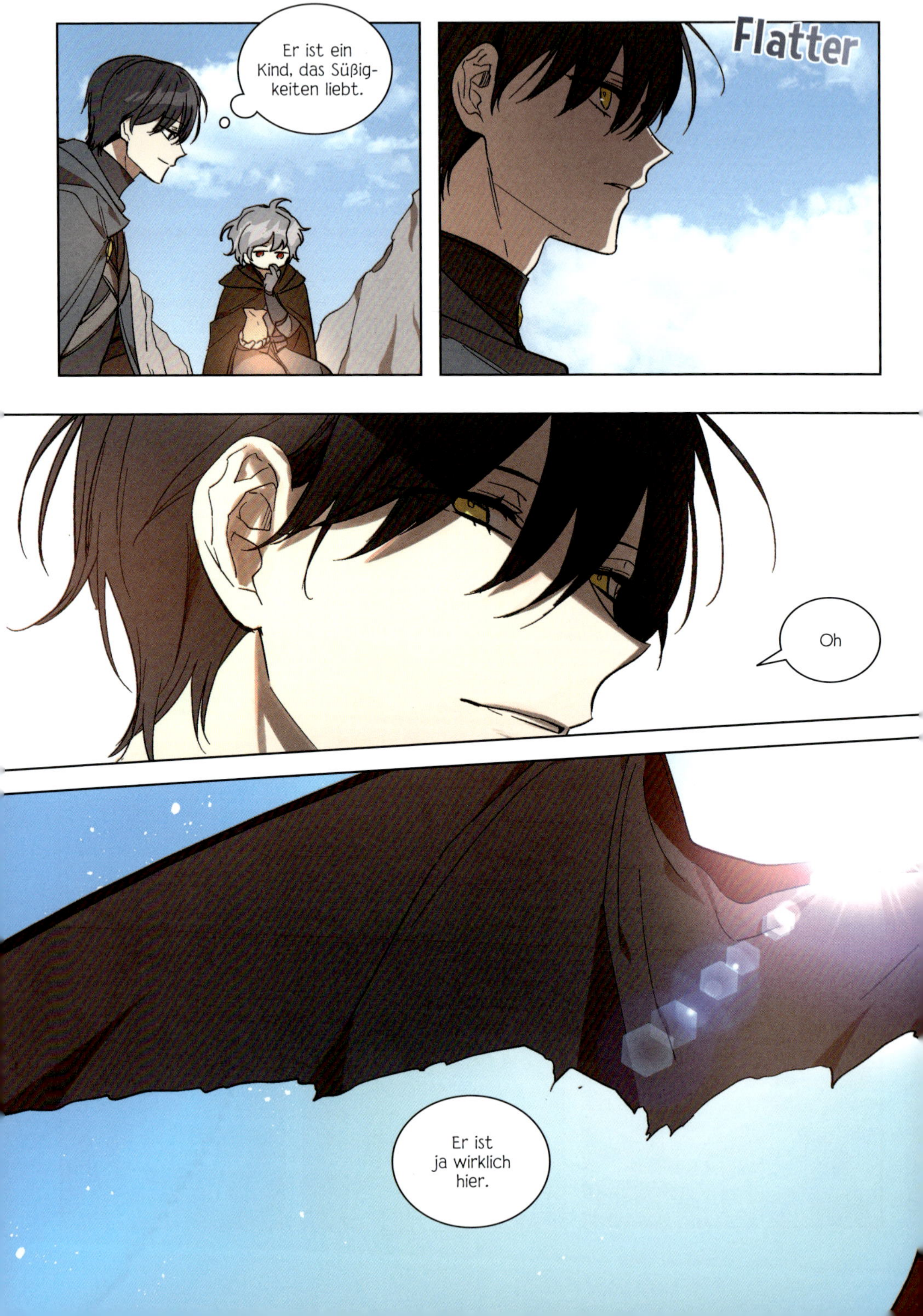
Er ist ein Kind, das Süßigkeiten liebt.
Flatter
Oh
Er ist ja wirklich hier.

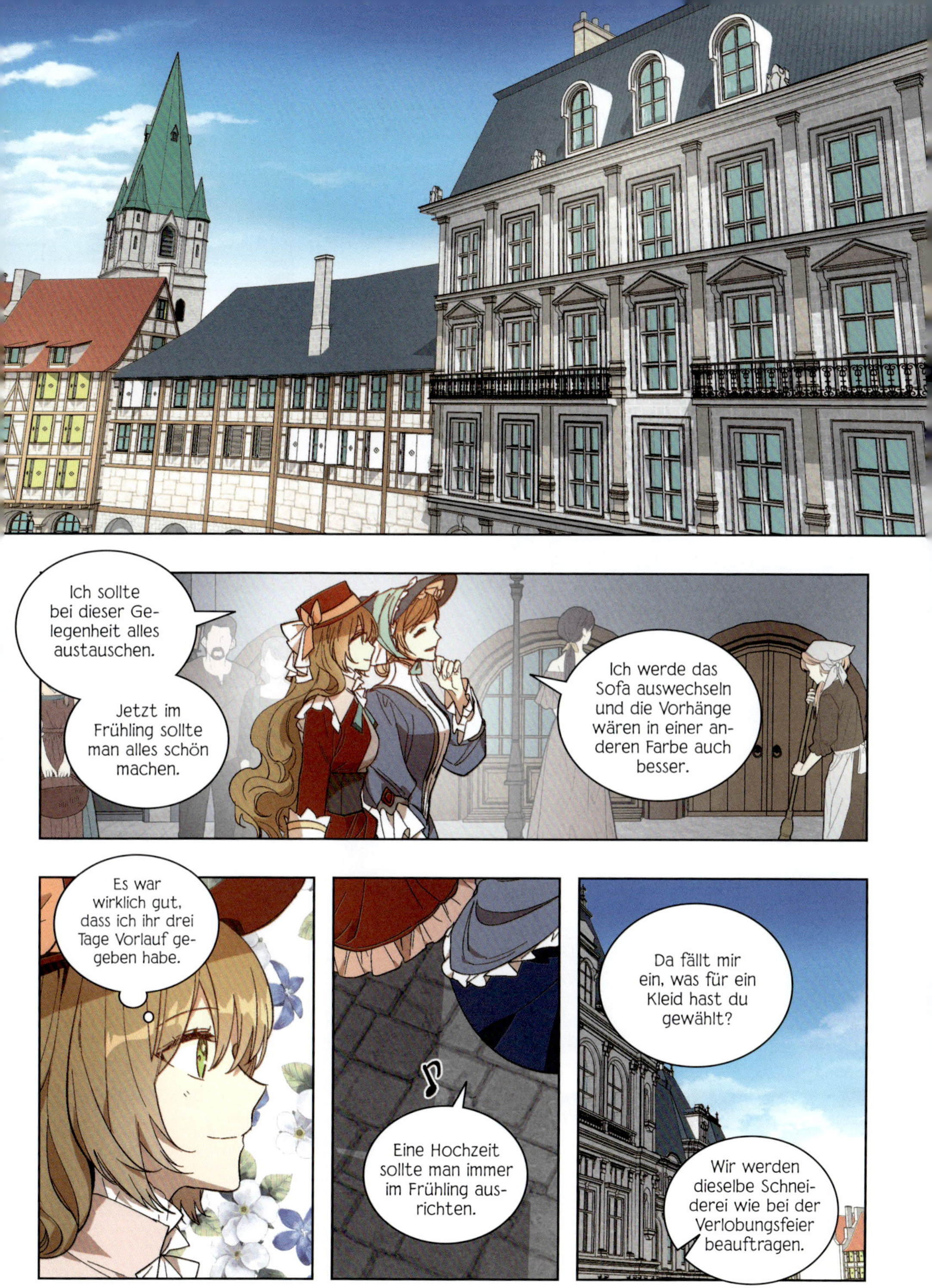
Ich sollte bei dieser Gelegenheit alles austauschen.
Jetzt im Frühling sollte man alles schön machen.
Ich werde das Sofa auswechseln und die Vorhänge wären in einer anderen Farbe auch besser.
Es war wirklich gut, dass ich ihr drei Tage Vorlauf gegeben habe.
Eine Hochzeit sollte man immer im Frühling ausrichten.
Da fällt mir ein, was für ein Kleid hast du gewählt?
Wir werden dieselbe Schneiderei wie bei der Verlobungsfeier beauftragen.

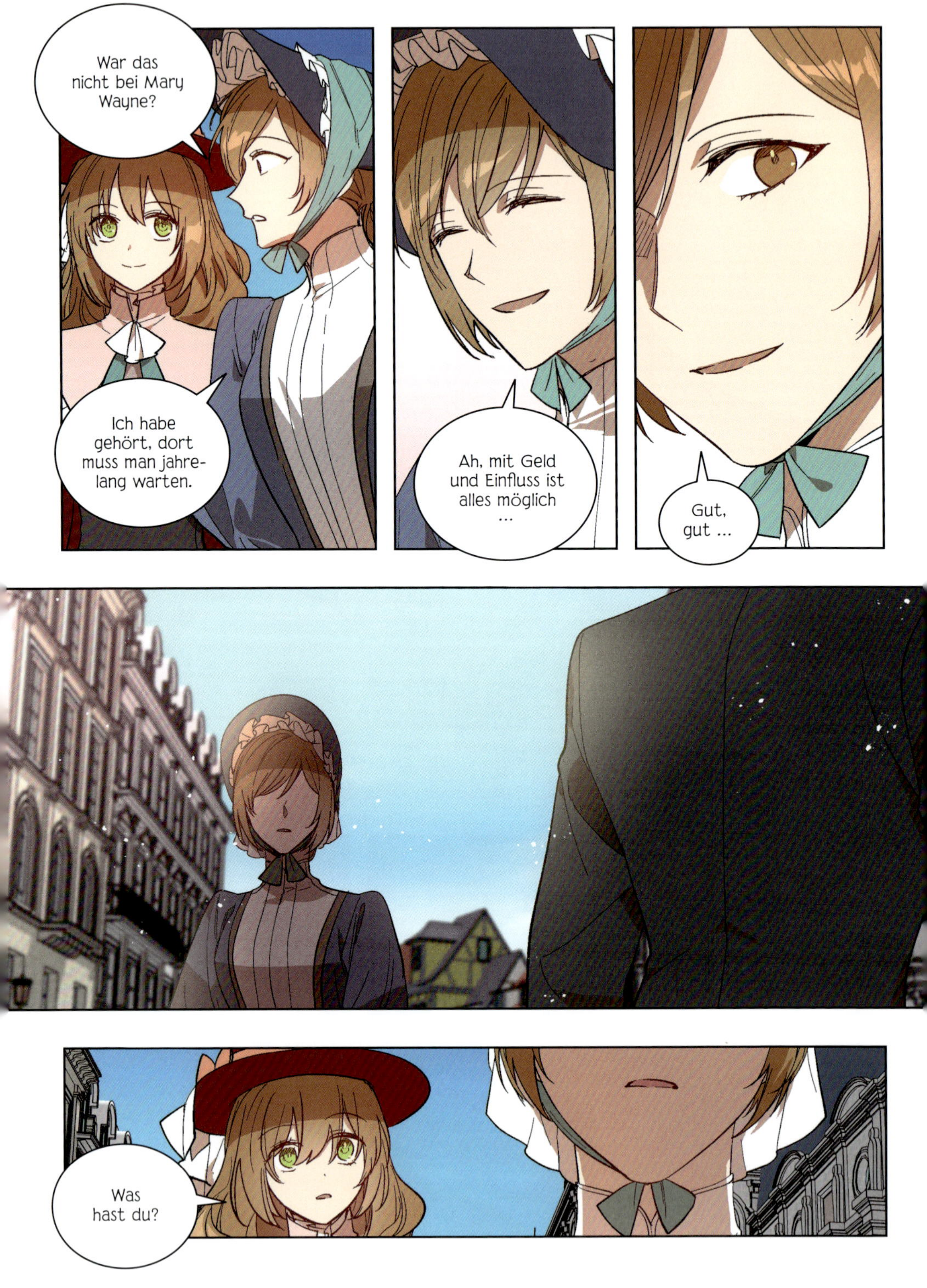
War das nicht bei Mary Wayne?
Ich habe gehört, dort muss man jahrelang warten.
Ah, mit Geld und Einfluss ist alles möglich ...
Gut, gut ...
Was hast du?

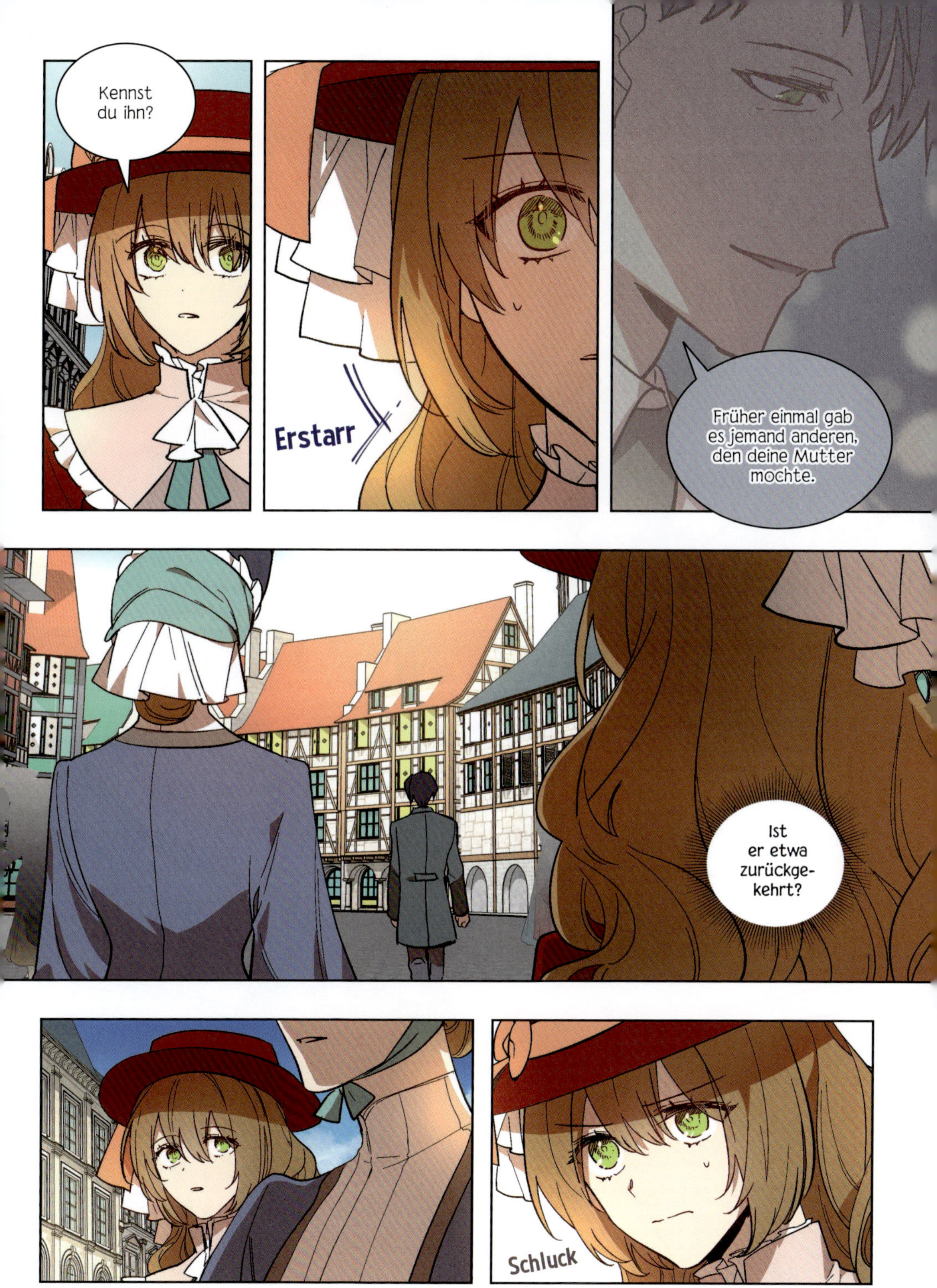
Kennst du ihn?
Erstarr
Früher einmal gab es jemand anderen, den deine Mutter mochte.
Ist er etwa zurückgekehrt?
Schluck

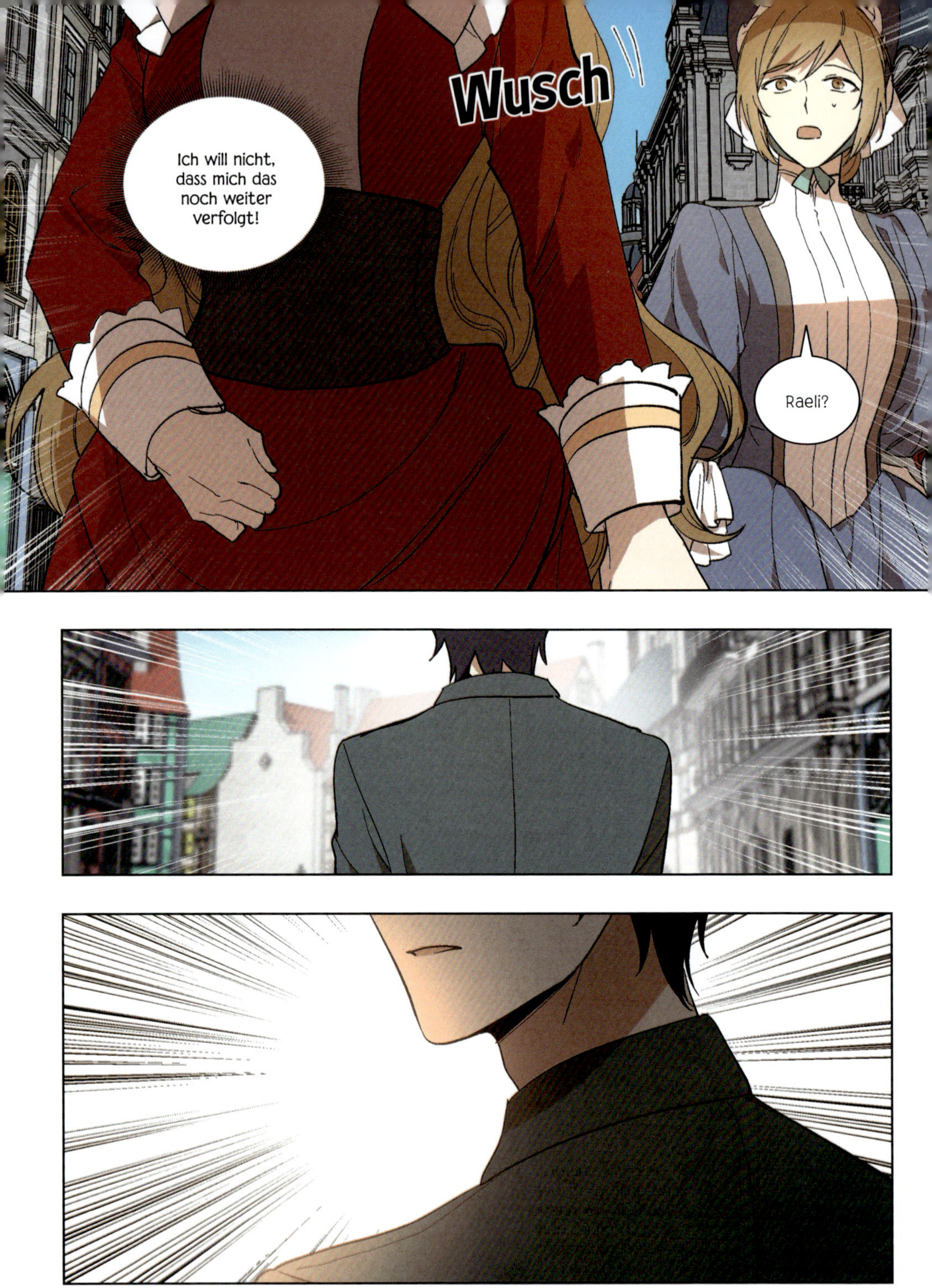
Ich will nicht, dass mich das noch weiter verfolgt!
Wusch
Raeli?

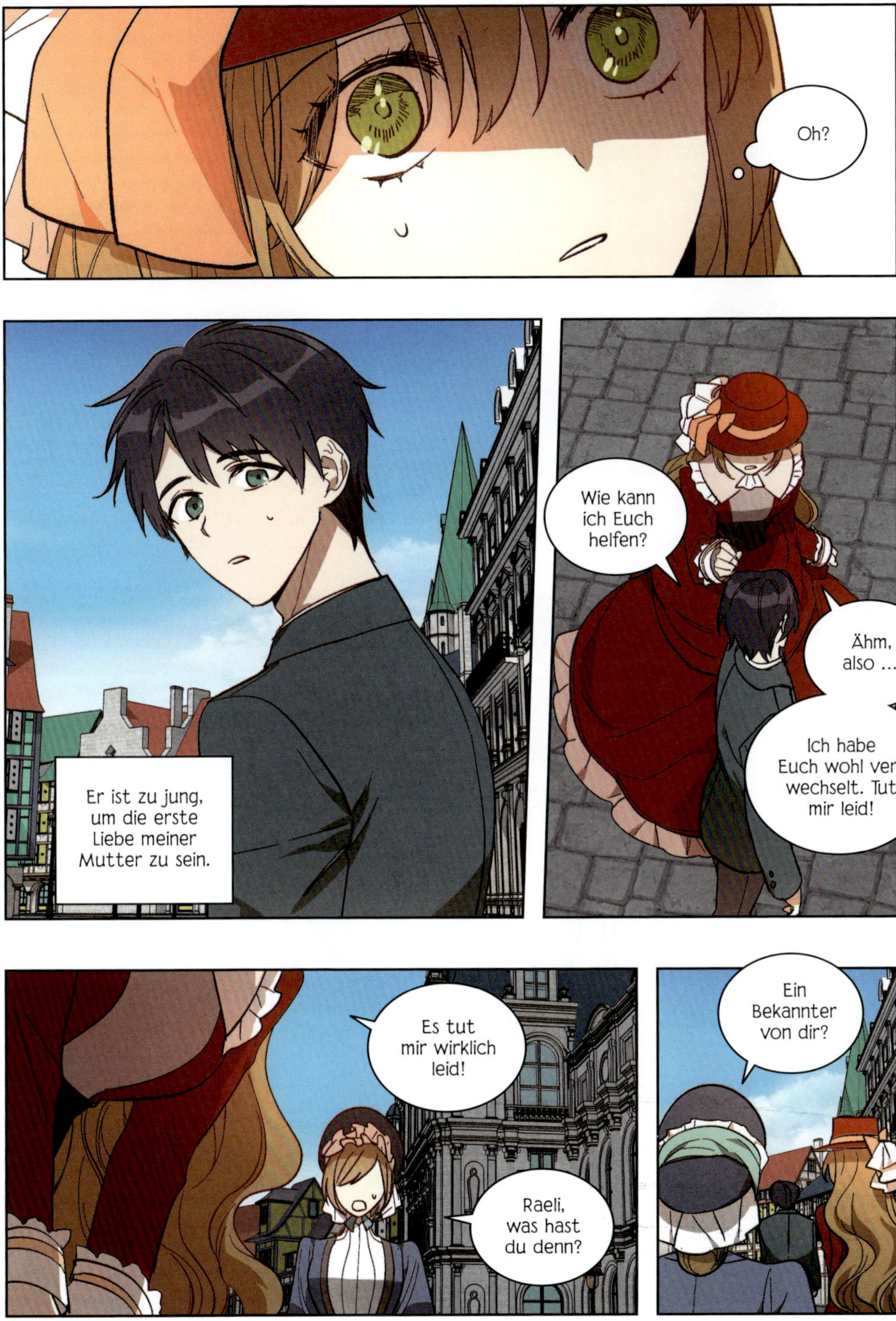
Oh?
Er ist zu jung, um die erste Liebe meiner Mutter zu sein.
Wie kann ich Euch helfen?
Ähm, also ...
Ich habe Euch wohl verwechselt. Tut mir leid!
Es tut mir wirklich leid!
Raeli, was hast du denn?
Ein Bekannter von dir?

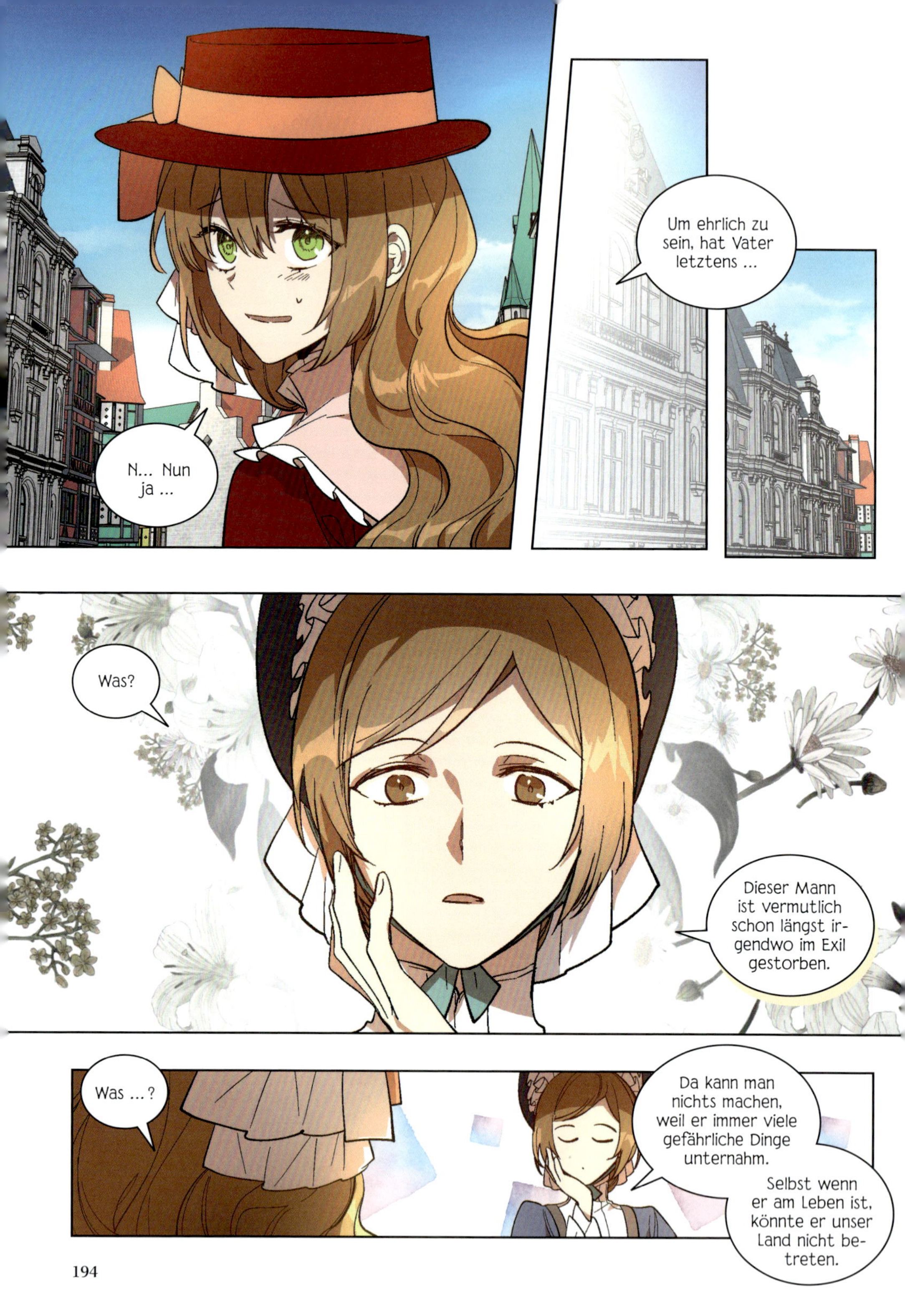
N... Nun ja ...
Um ehrlich zu sein, hat Vater letztens ...
Was?
Dieser Mann ist vermutlich schon längst irgendwo im Exil gestorben.
Was ...?
Da kann man nichts machen, weil er immer viele gefährliche Dinge unternahm.
Selbst wenn er am Leben ist, könnte er unser Land nicht betreten.

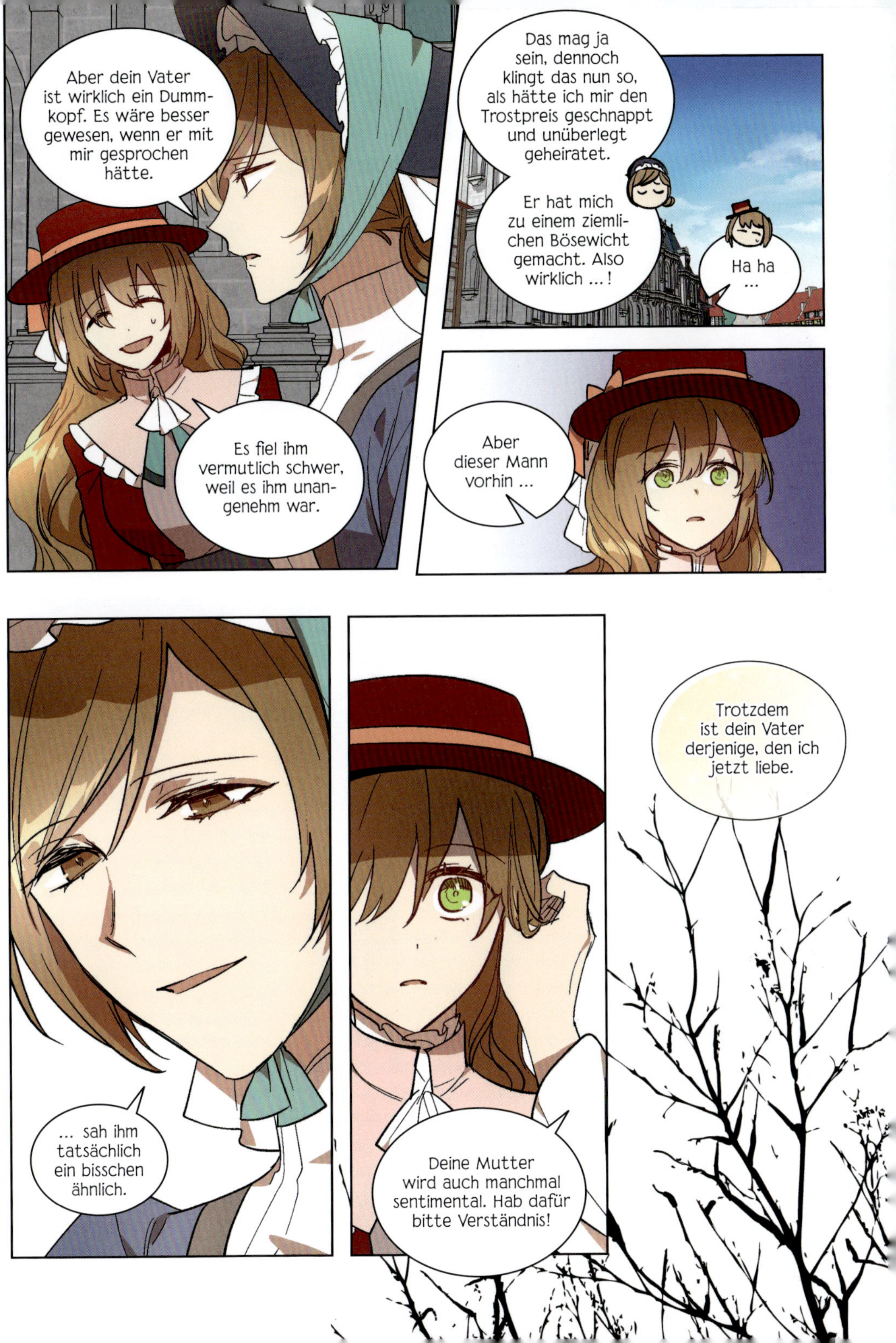
Aber dein Vater ist wirklich ein Dummkopf. Es wäre besser gewesen, wenn er mit mir gesprochen hätte.
Es fiel ihm vermutlich schwer, weil es ihm unangenehm war.
Das mag ja sein, dennoch klingt das nun so, als hätte ich mir den Trostpreis geschnappt und unüberlegt geheiratet.
Er hat mich zu einem ziemlichen Bösewicht gemacht. Also wirklich ... !
Ha ha ...
Aber dieser Mann vorhin ...
... sah ihm tatsächlich ein bisschen ähnlich.
Deine Mutter wird auch manchmal sentimental. Hab dafür bitte Verständnis!
Trotzdem ist dein Vater derjenige, den ich jetzt liebe.

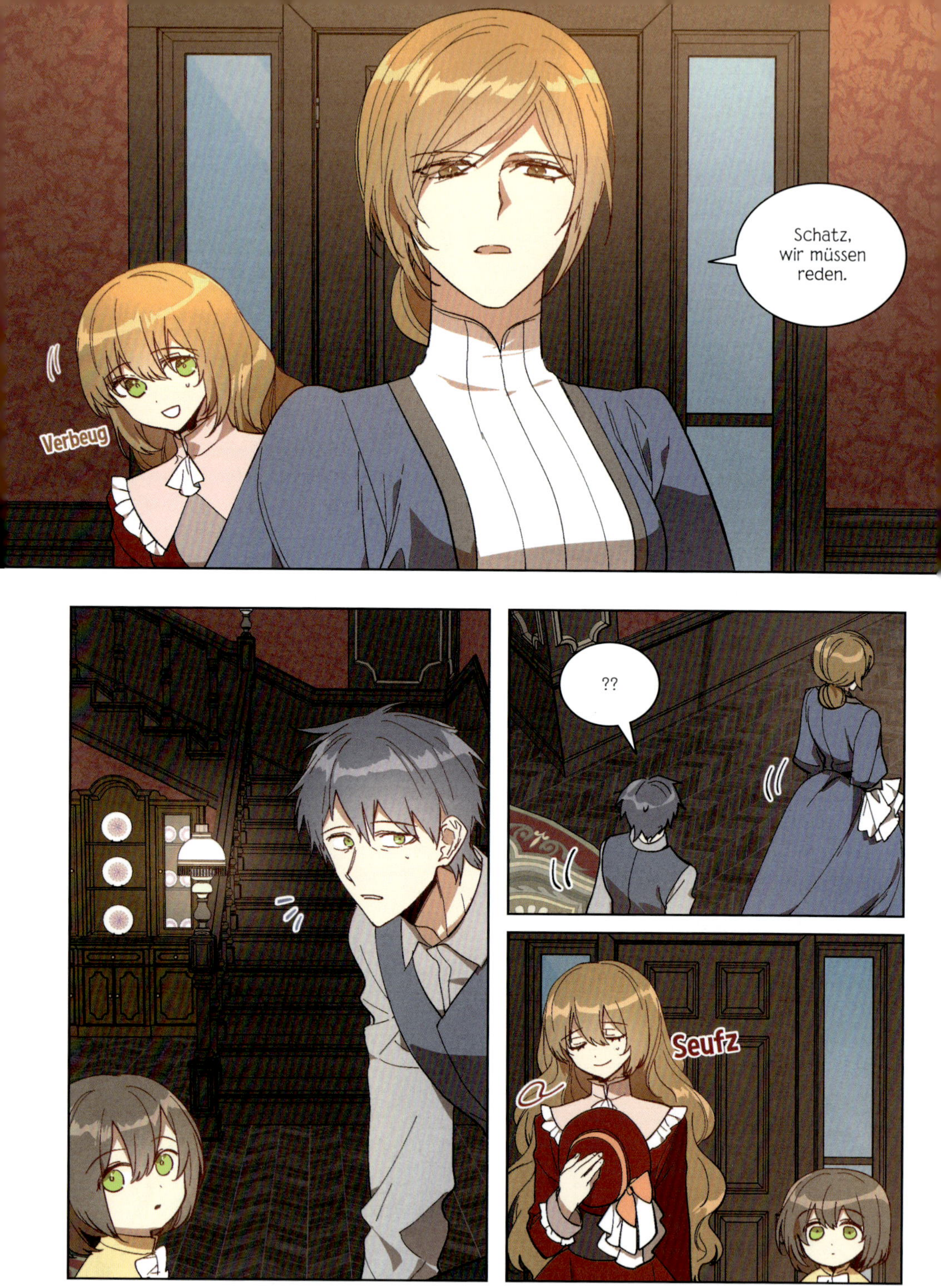
Schatz, wir müssen reden.
Verbeug
??
Seufz

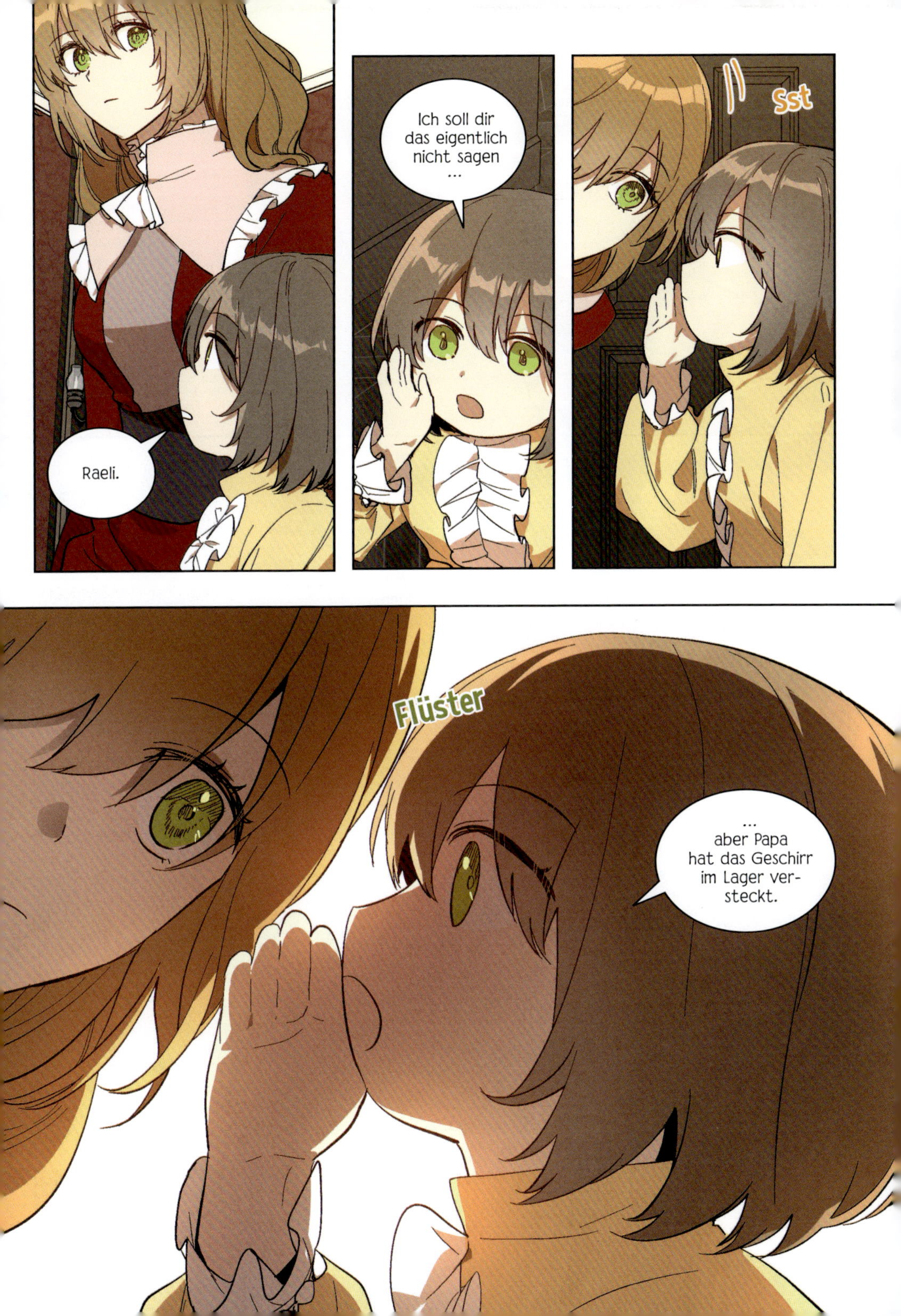
Raeli.
Ich soll dir das eigentlich nicht sagen ...
Sst
Flüster
... aber Papa hat das Geschirr im Lager versteckt.

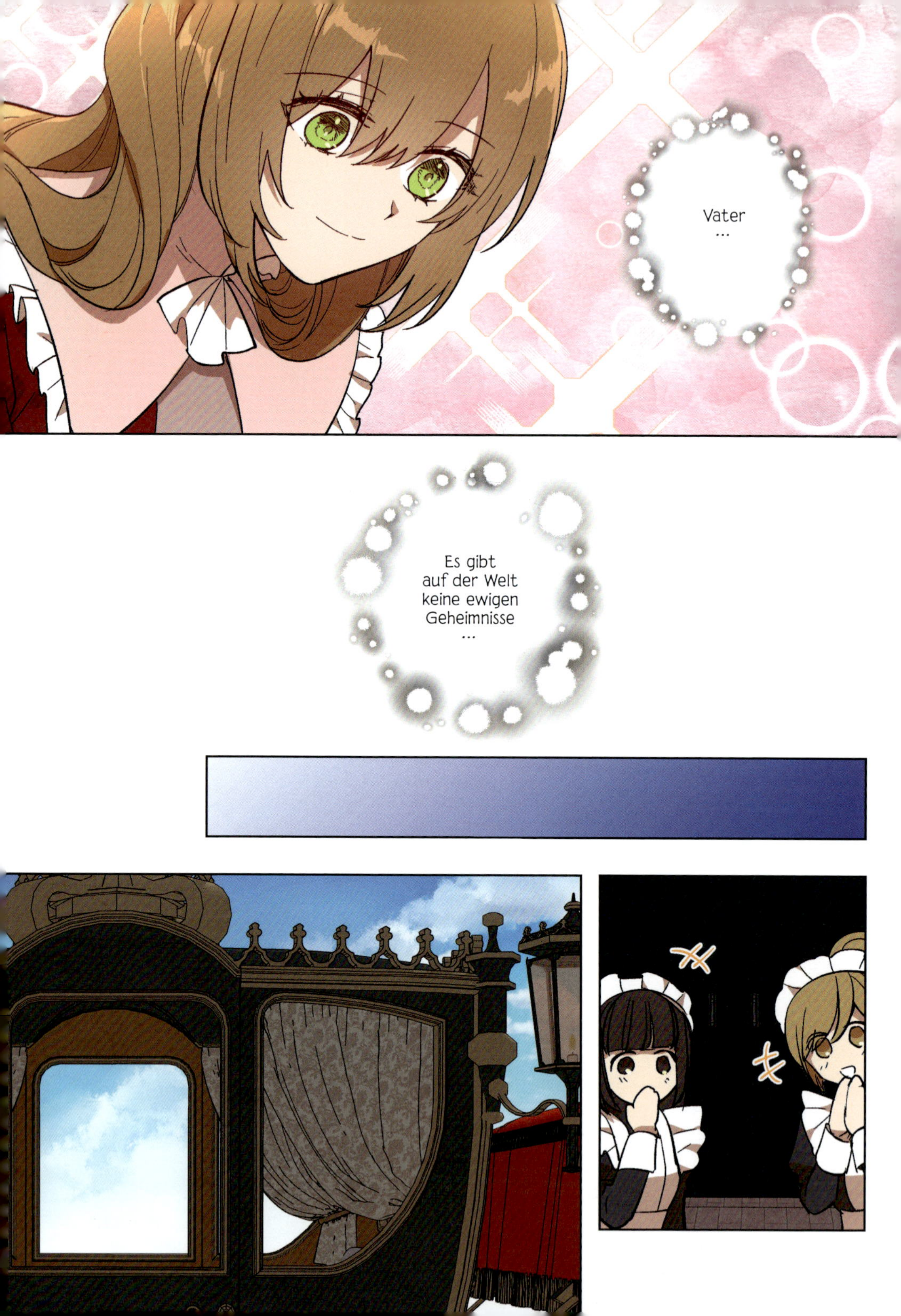
Vater
...
Es gibt
auf der Welt
keine ewigen
Geheimnisse
...

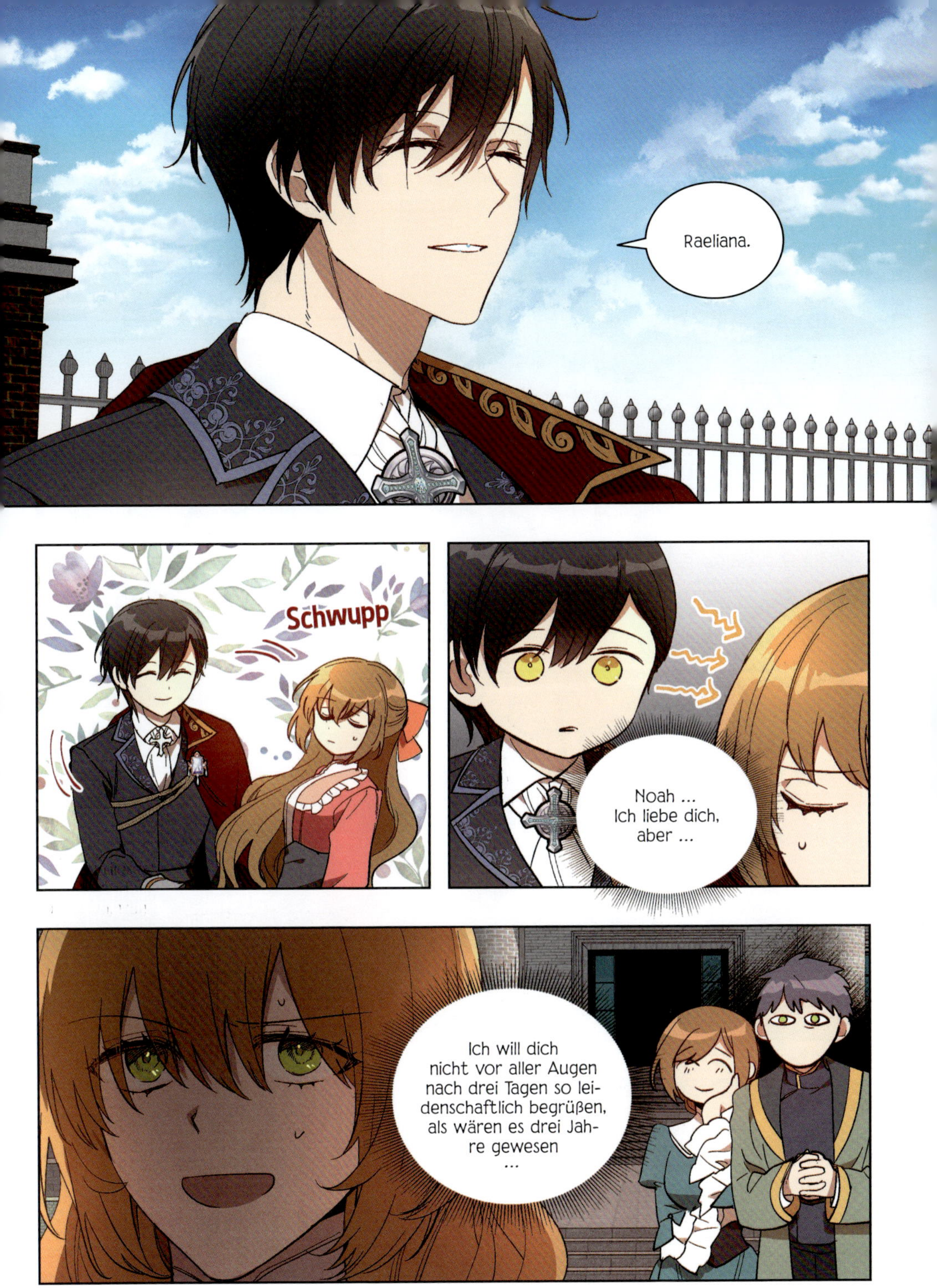
Raeliana.
Schwupp
Noah ...
Ich liebe dich,
aber ...
Ich will dich
nicht vor aller Augen
nach drei Tagen so lei-
denschaftlich begrüßen,
als wären es drei Jah-
re gewesen
...

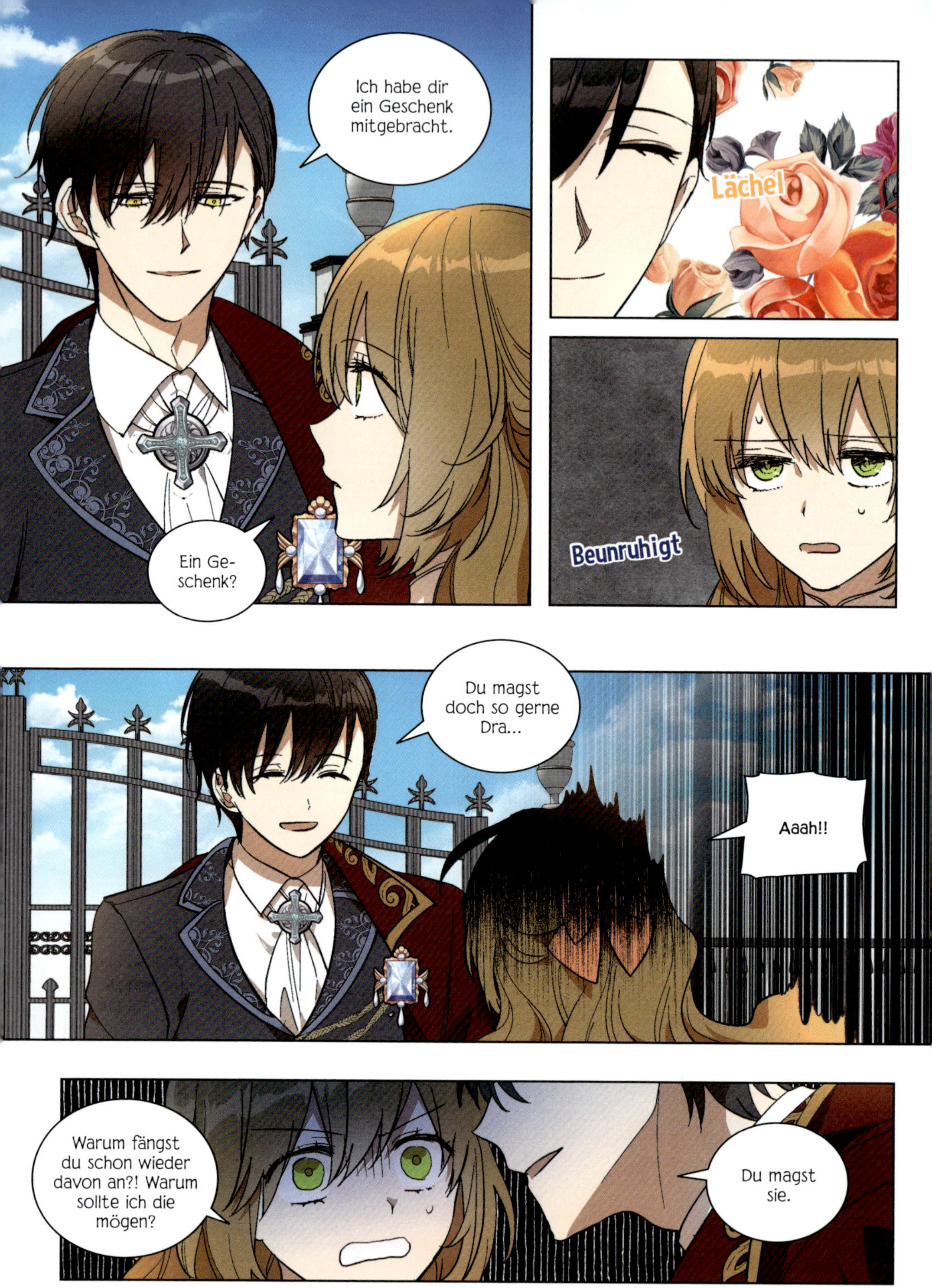
Ich habe dir ein Geschenk mitgebracht.
Ein Geschenk?
Lächel
Beunruhigt
Du magst doch so gerne Dra...
Aaah!!
Warum fängst du schon wieder davon an?! Warum sollte ich die mögen?
Du magst sie.

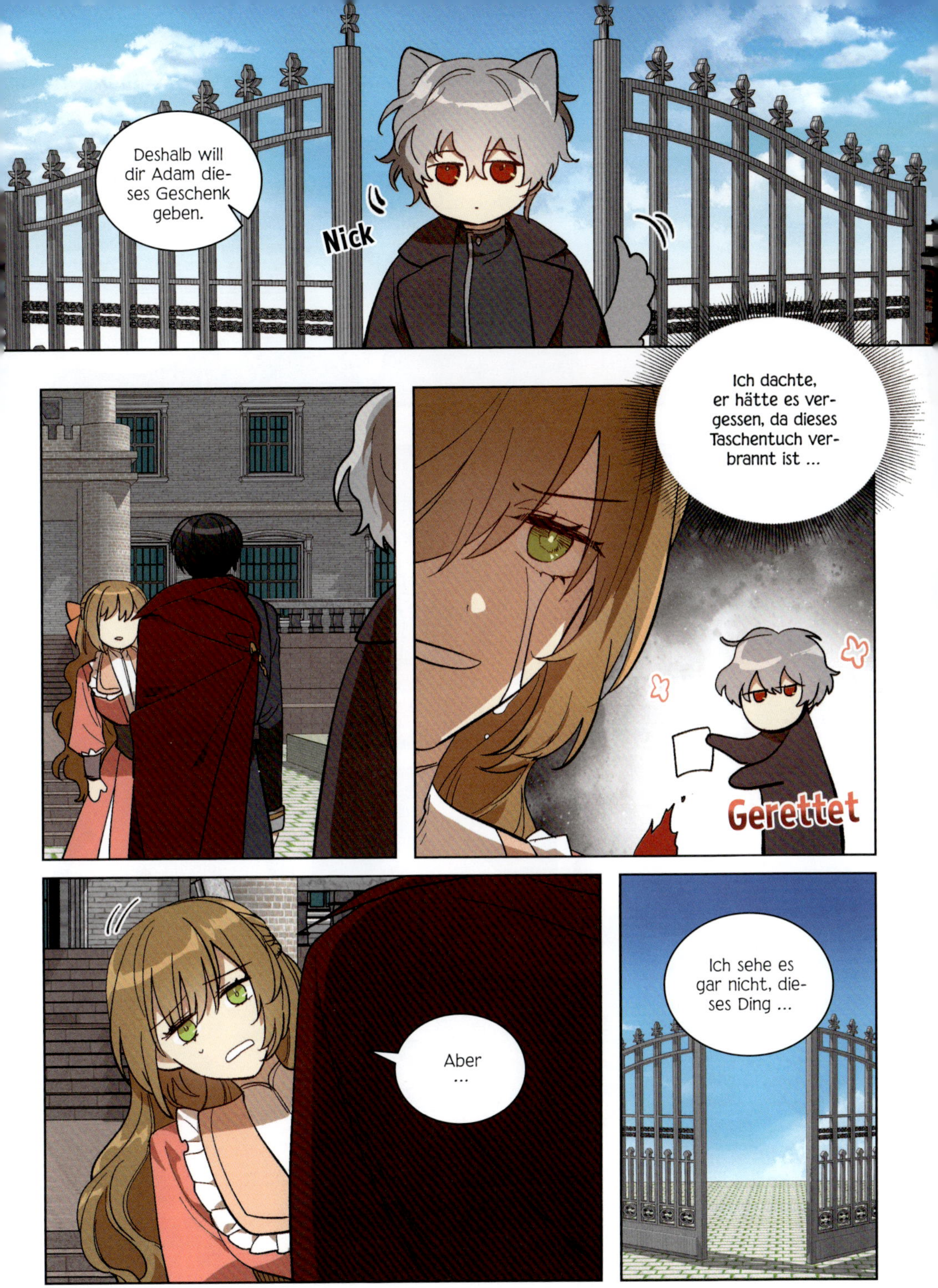
Deshalb will dir Adam dieses Geschenk geben.
Nick
Ich dachte, er hätte es vergessen, da dieses Taschentuch verbrannt ist ...
Gerettet
Aber ...
Ich sehe es gar nicht, dieses Ding ...

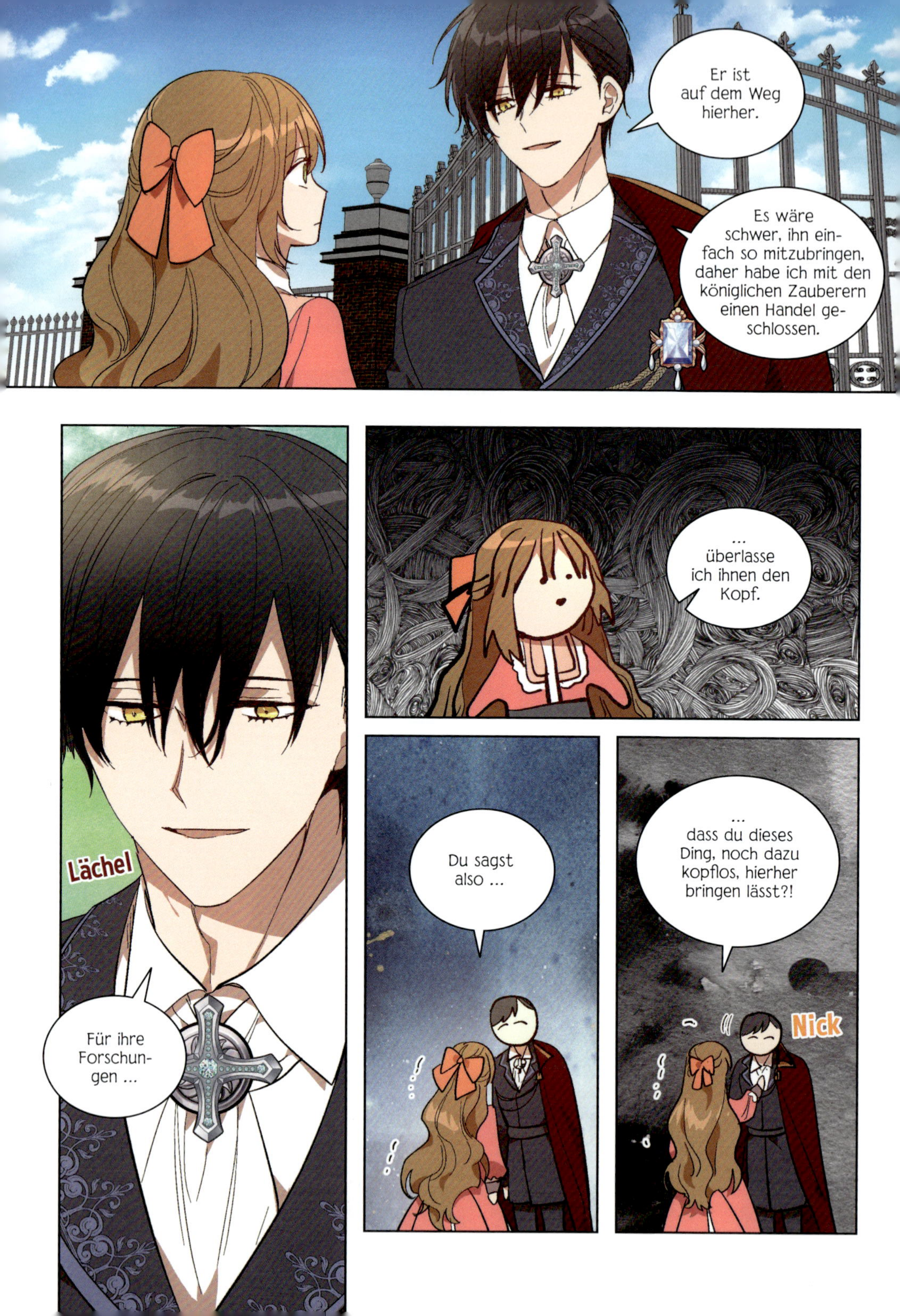
Er ist auf dem Weg hierher.
Es wäre schwer, ihn ein-fach so mitzubringen, daher habe ich mit den königlichen Zauberern einen Handel ge-schlossen.
Lächel
Für ihre Forschun-gen ...
... überlasse ich ihnen den Kopf.
Du sagst also ...
... dass du dieses Ding, noch dazu kopflos, hierher bringen lässt?!
Nick

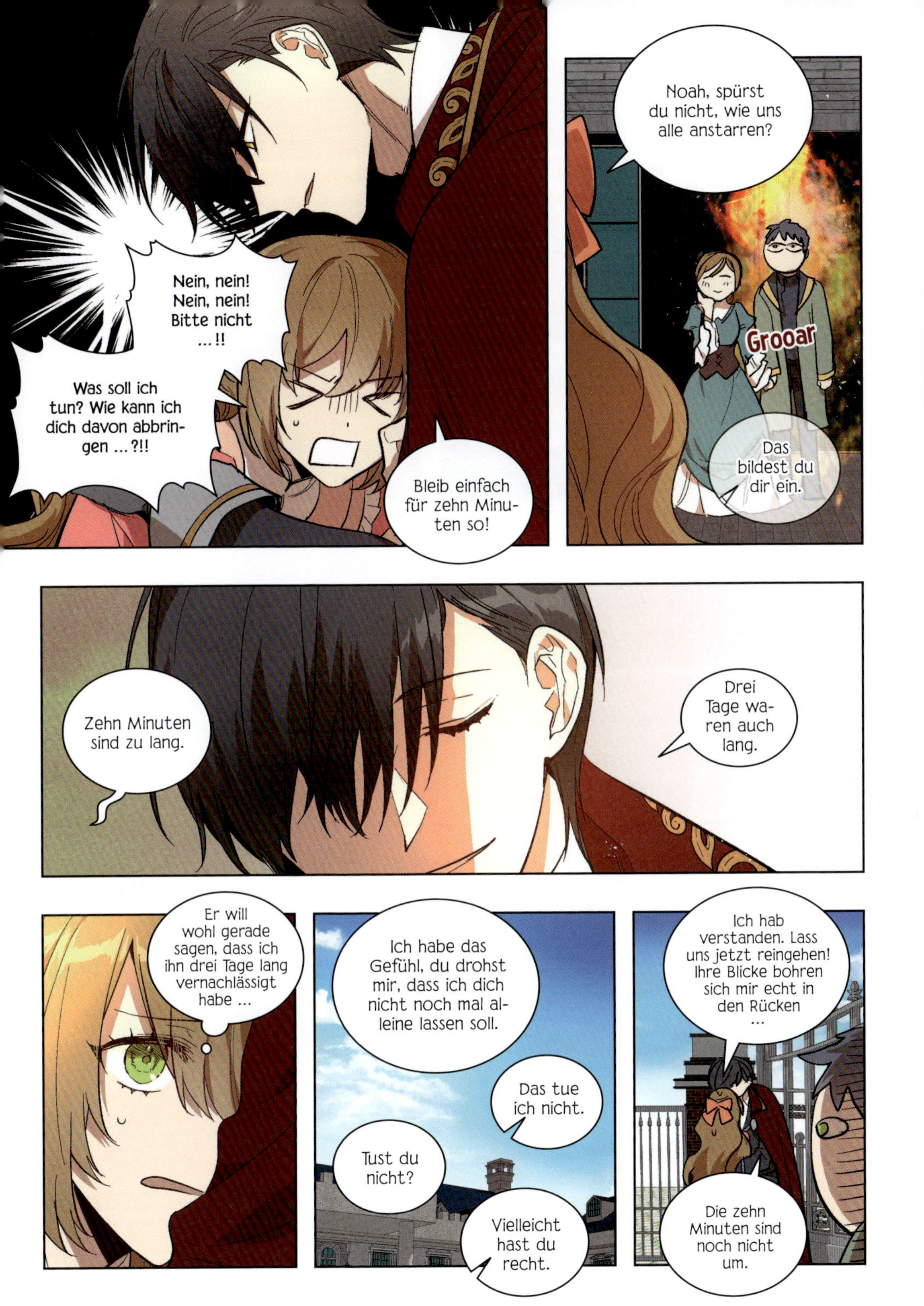

Nein, nein! Nein, nein! Bitte nicht ...!!
Was soll ich tun? Wie kann ich dich davon abbringen ...?!!
Bleib einfach für zehn Minuten so!
Noah, spürst du nicht, wie uns alle anstarren?
Grooar
Das bildest du dir ein.
Zehn Minuten sind zu lang.
Drei Tage waren auch lang.
Er will wohl gerade sagen, dass ich ihn drei Tage lang vernachlässigt habe ...
Ich habe das Gefühl, du drohst mir, dass ich dich nicht noch mal alleine lassen soll.
Das tue ich nicht.
Tust du nicht?
Vielleicht hast du recht.
Ich hab verstanden. Lass uns jetzt reingehen! Ihre Blicke bohren sich mir echt in den Rücken ...
Die zehn Minuten sind noch nicht um.

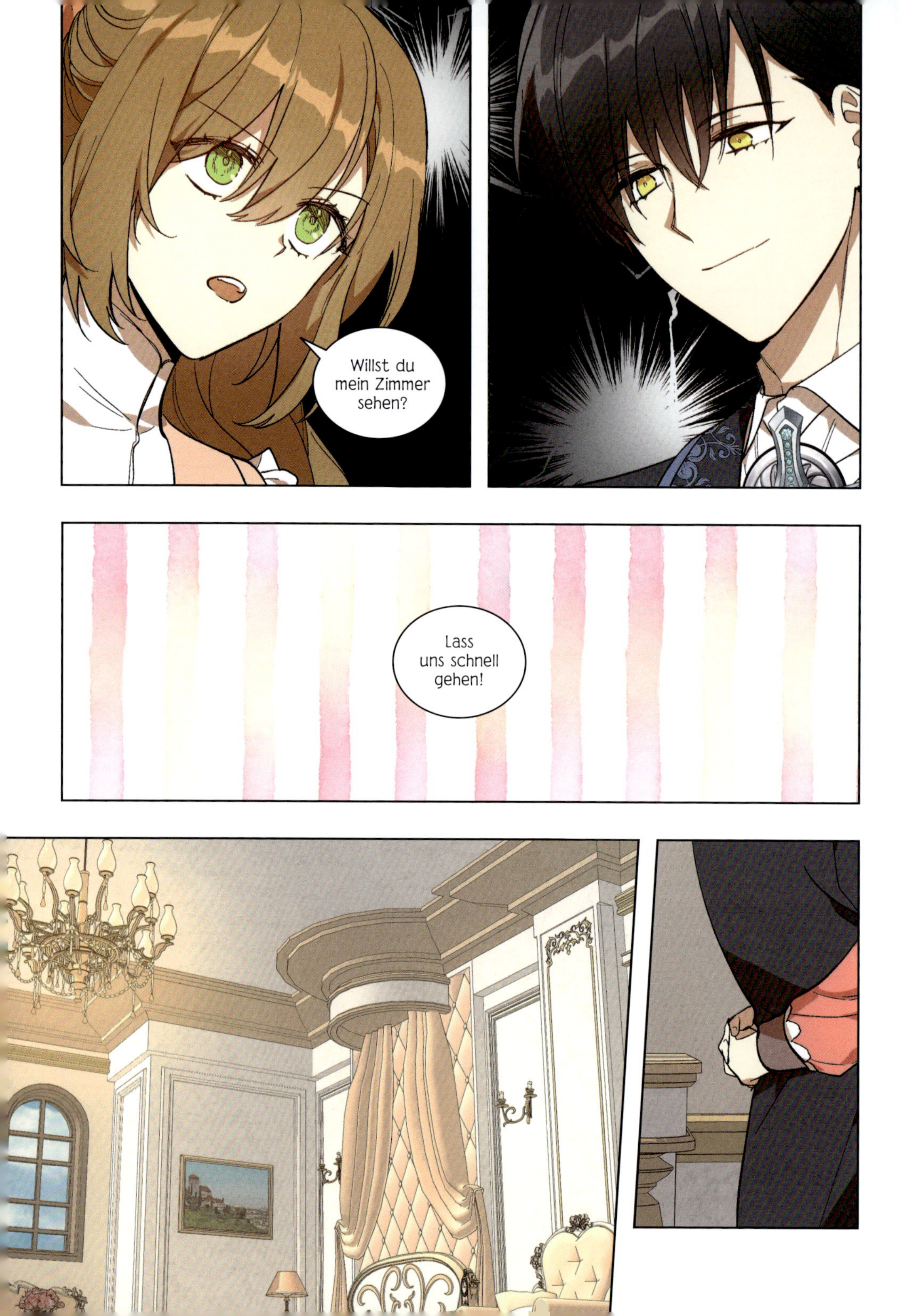
Willst du mein Zimmer sehen?
Lass uns schnell gehen!

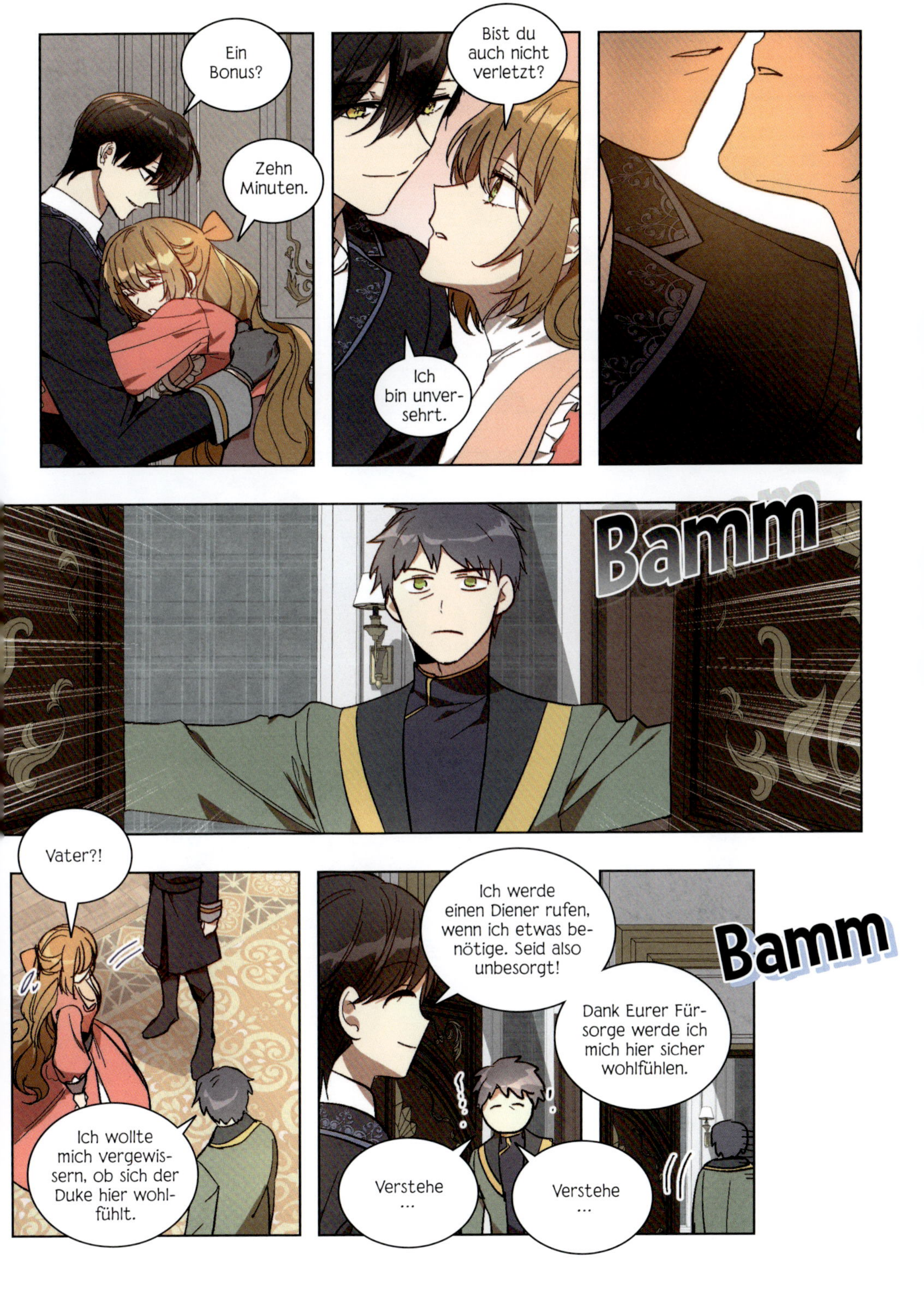

Ein Bonus?
Zehn Minuten.
Bist du auch nicht verletzt?
Ich bin unver-sehrt.
Bamm
Vater?!
Ich wollte mich vergewis-sern, ob sich der Duke hier wohl-fühlt.
Bamm
Ich werde einen Diener rufen, wenn ich etwas be-nötige. Seid also unbesorgt!
Dank Eurer Für-sorge werde ich mich hier sicher wohlfühlen.
Verstehe …
Verstehe …

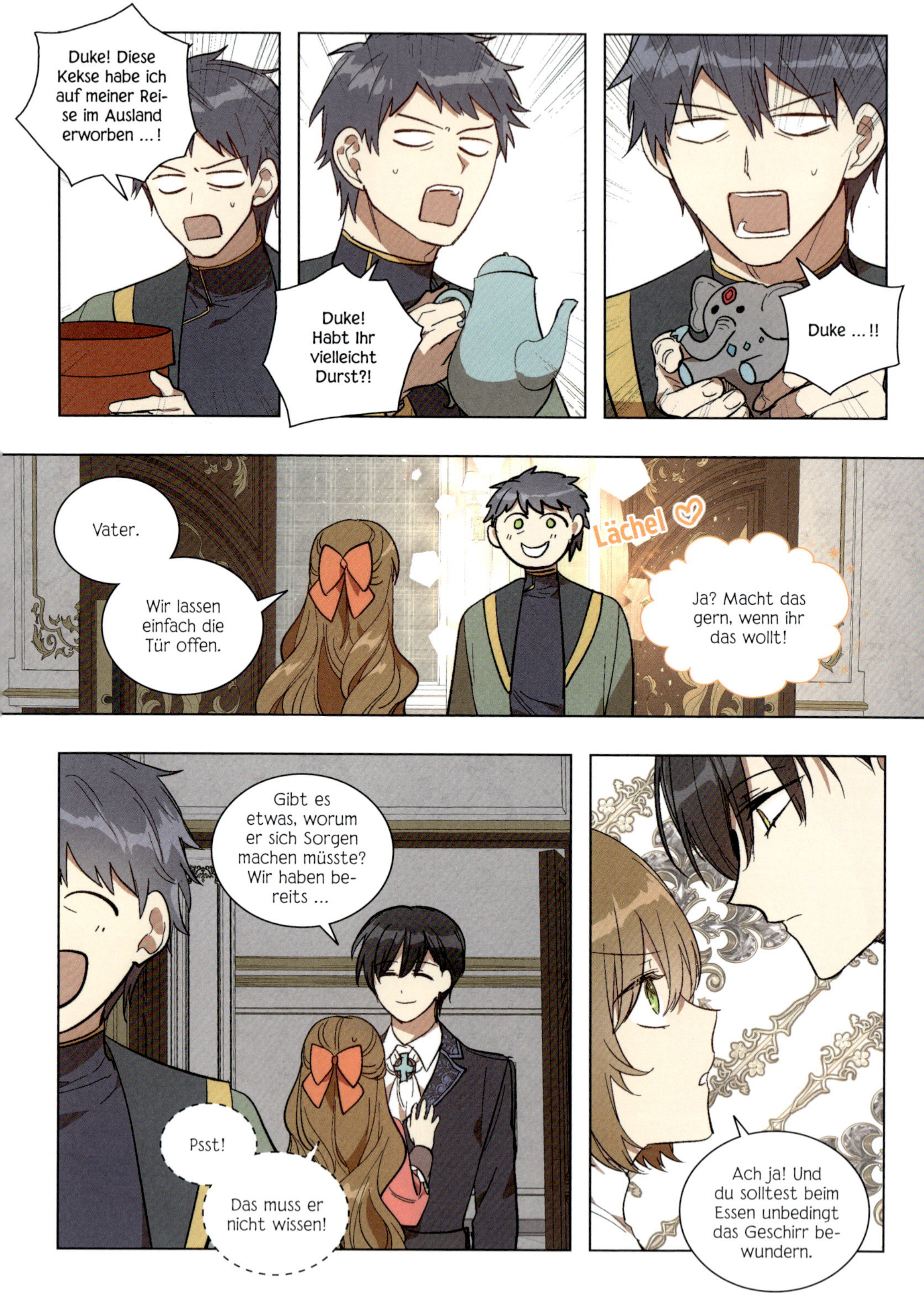
Duke! Diese Kekse habe ich auf meiner Reise im Ausland erworben ...!
Duke! Habt Ihr vielleicht Durst?!
Duke ...!!
Vater.
Wir lassen einfach die Tür offen.
Lächel
Ja? Macht das gern, wenn ihr das wollt!
Gibt es etwas, worum er sich Sorgen machen müsste? Wir haben bereits ...
Psst!
Das muss er nicht wissen!
Ach ja! Und du solltest beim Essen unbedingt das Geschirr bewundern.

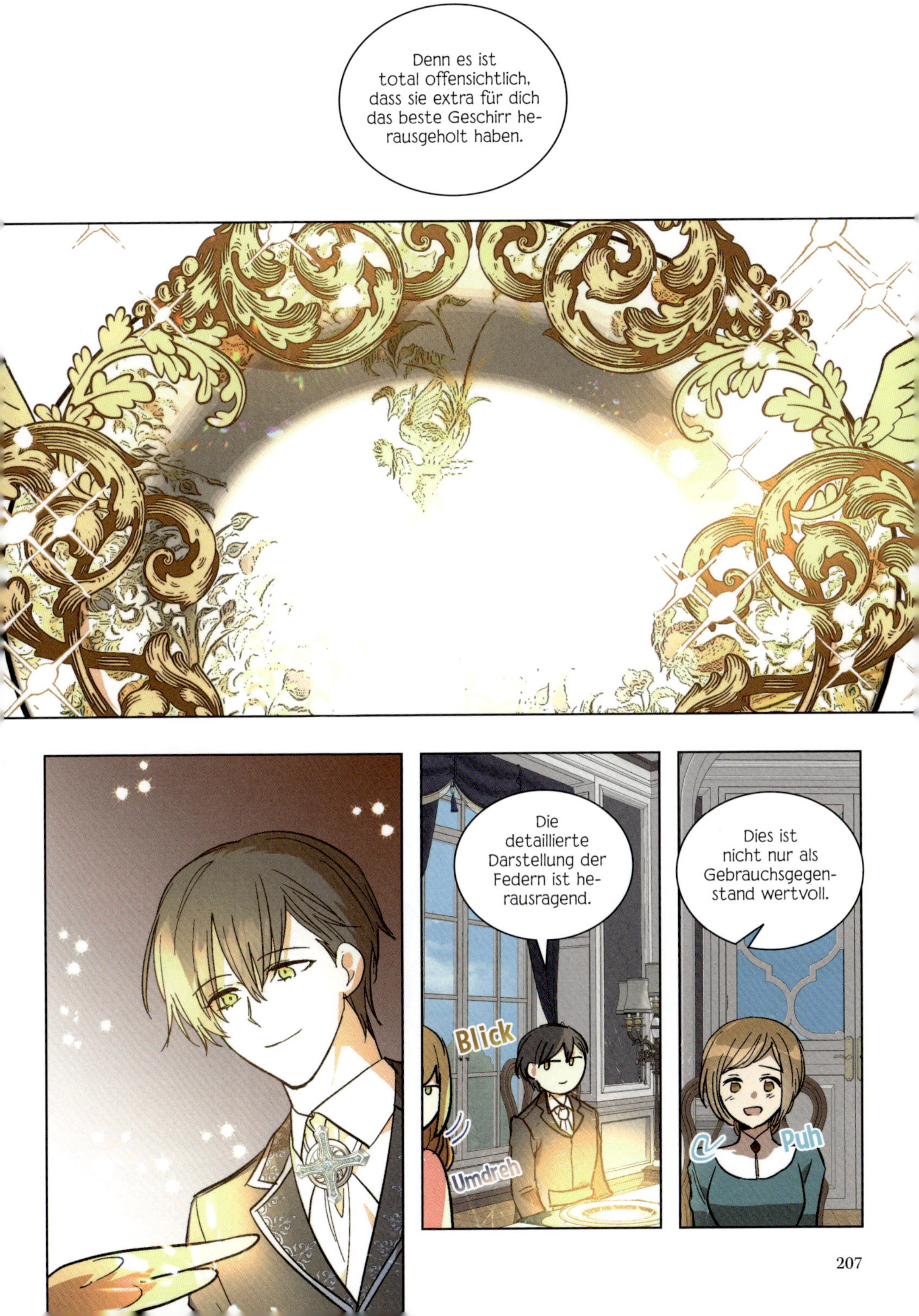
Denn es ist total offensichtlich, dass sie extra für dich das beste Geschirr herausgeholt haben.
Die detaillierte Darstellung der Federn ist herausragend.
Blick
Umdreh
Dies ist nicht nur als Gebrauchsgegenstand wertvoll.
Puh

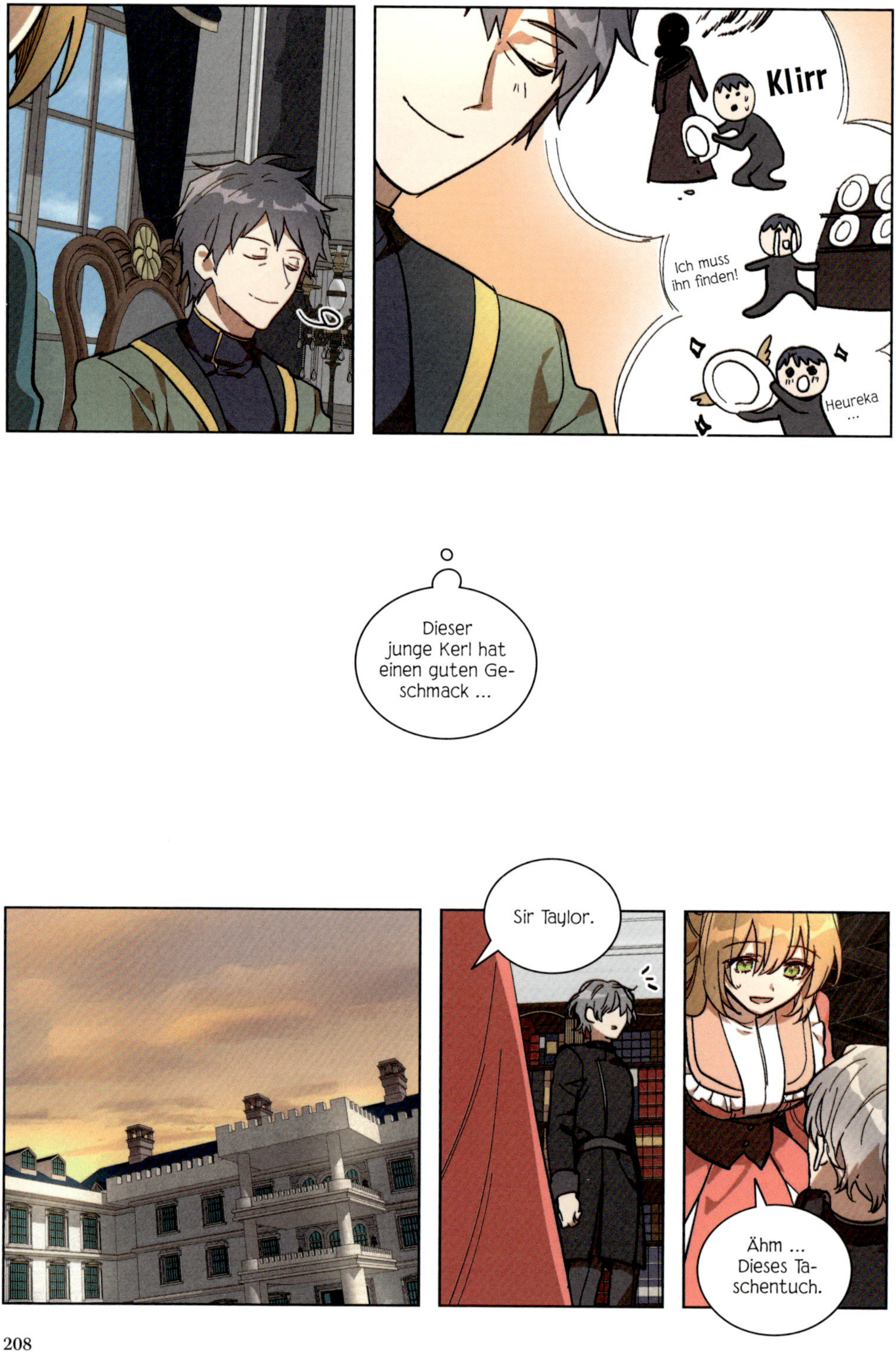
Klirr
Ich muss ihn finden!
Heureka ...
Dieser junge Kerl hat einen guten Geschmack ...
Sir Taylor.
Ähm ... Dieses Taschentuch.

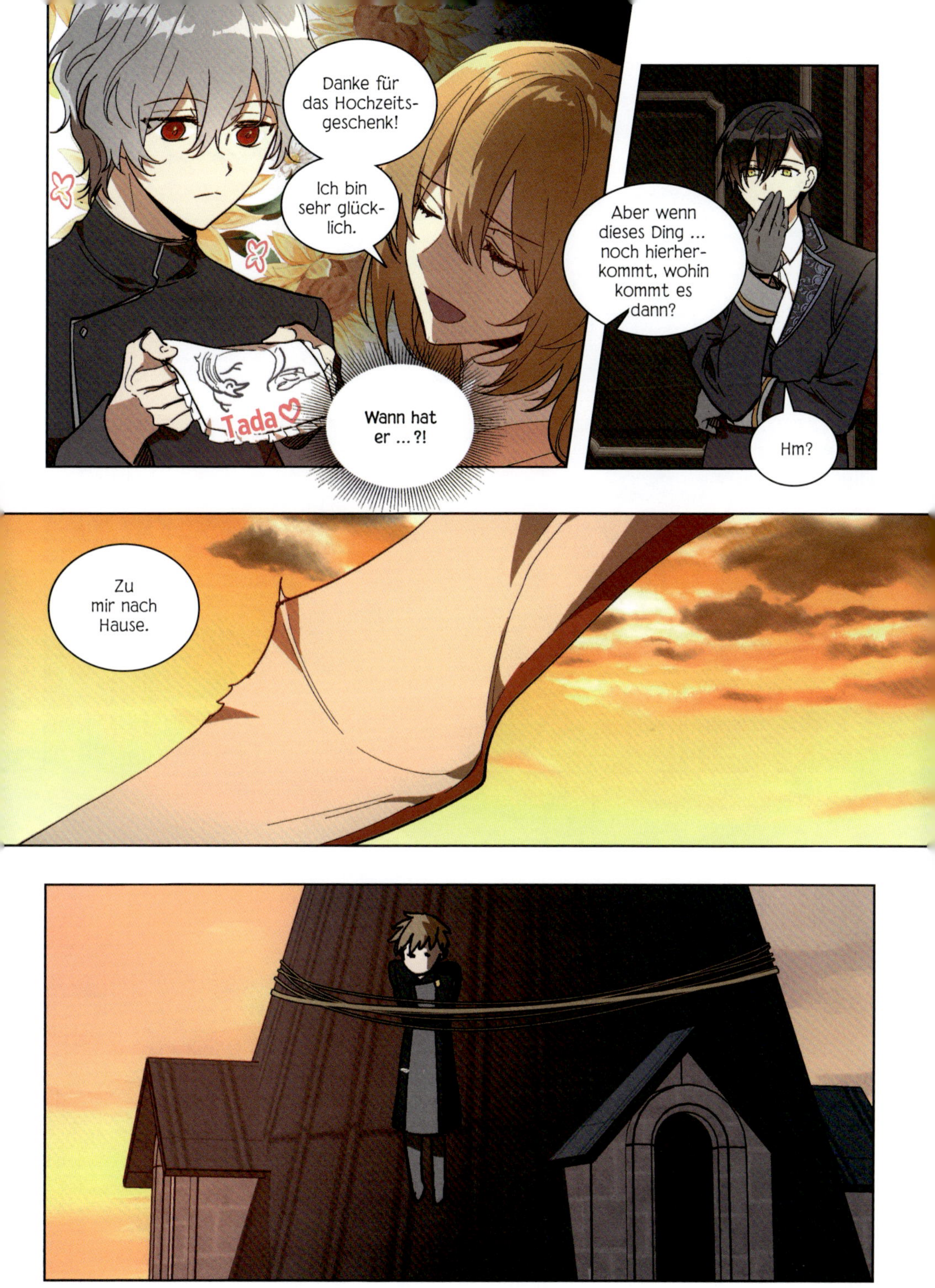
Danke für das Hochzeitsgeschenk!
Ich bin sehr glücklich.
Tada♡
Wann hat er ...?!
Aber wenn dieses Ding ... noch hierherkommt, wohin kommt es dann?
Hm?
Zu mir nach Hause.

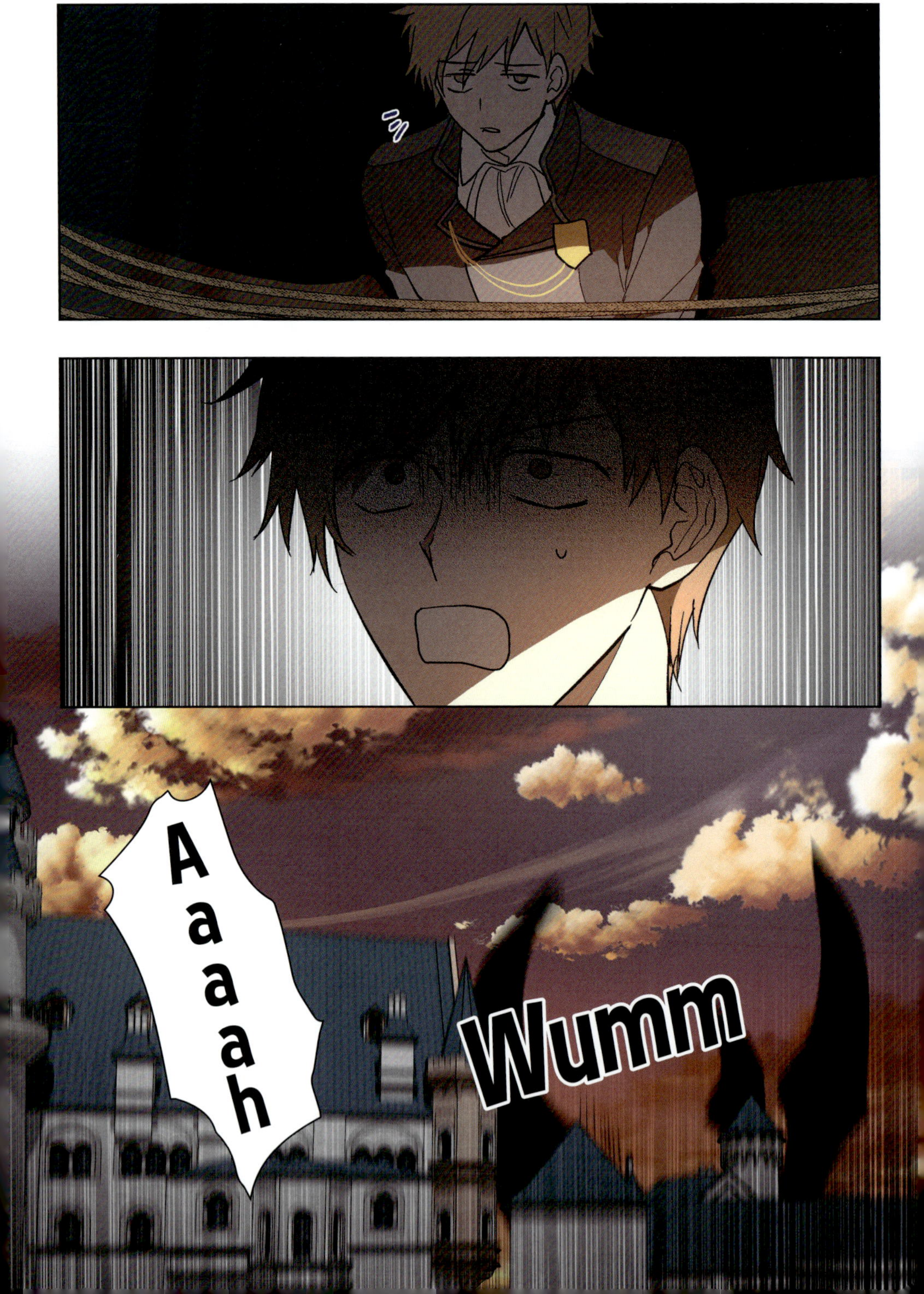
Aaaah
Wumm

RAELIANA

Warum sie die Verlobte des Dukes wurde

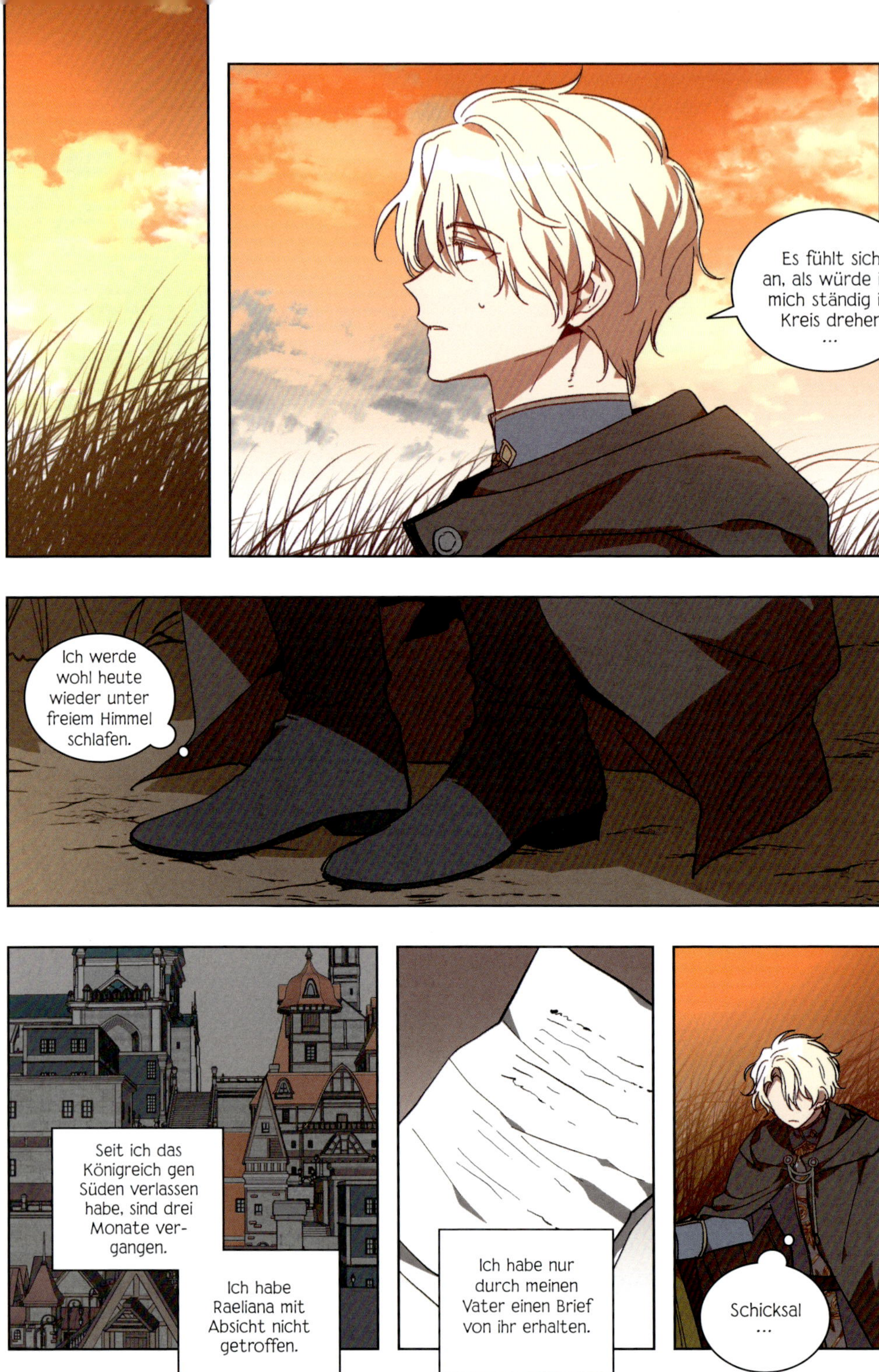
Es fühlt sich an, als würde ich mich ständig im Kreis drehen …
Ich werde wohl heute wieder unter freiem Himmel schlafen.
Seit ich das Königreich gen Süden verlassen habe, sind drei Monate vergangen.
Ich habe Raeliana mit Absicht nicht getroffen.
Ich habe nur durch meinen Vater einen Brief von ihr erhalten.
Schicksal …

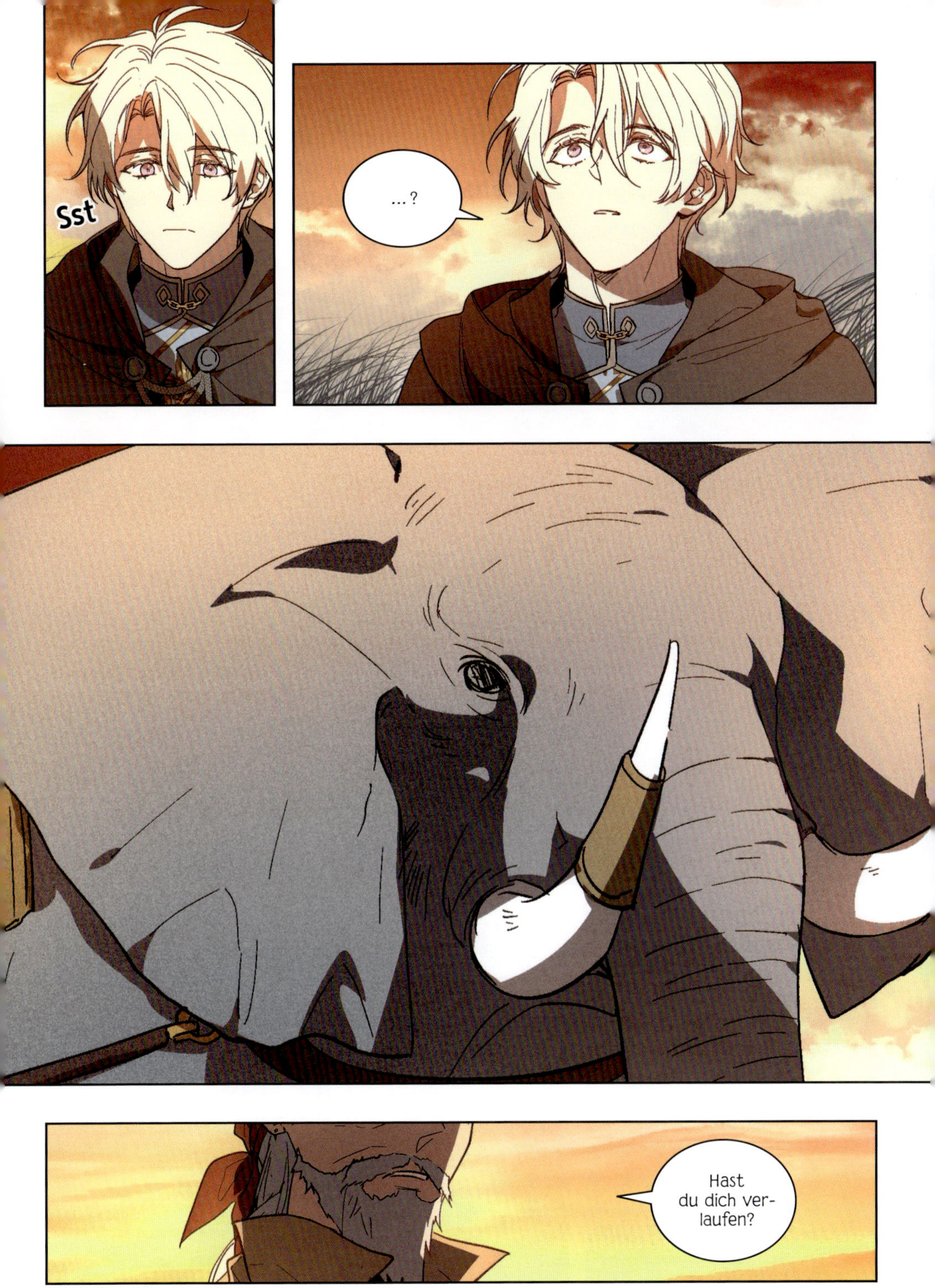
Sst
...?
Hast du dich ver-laufen?

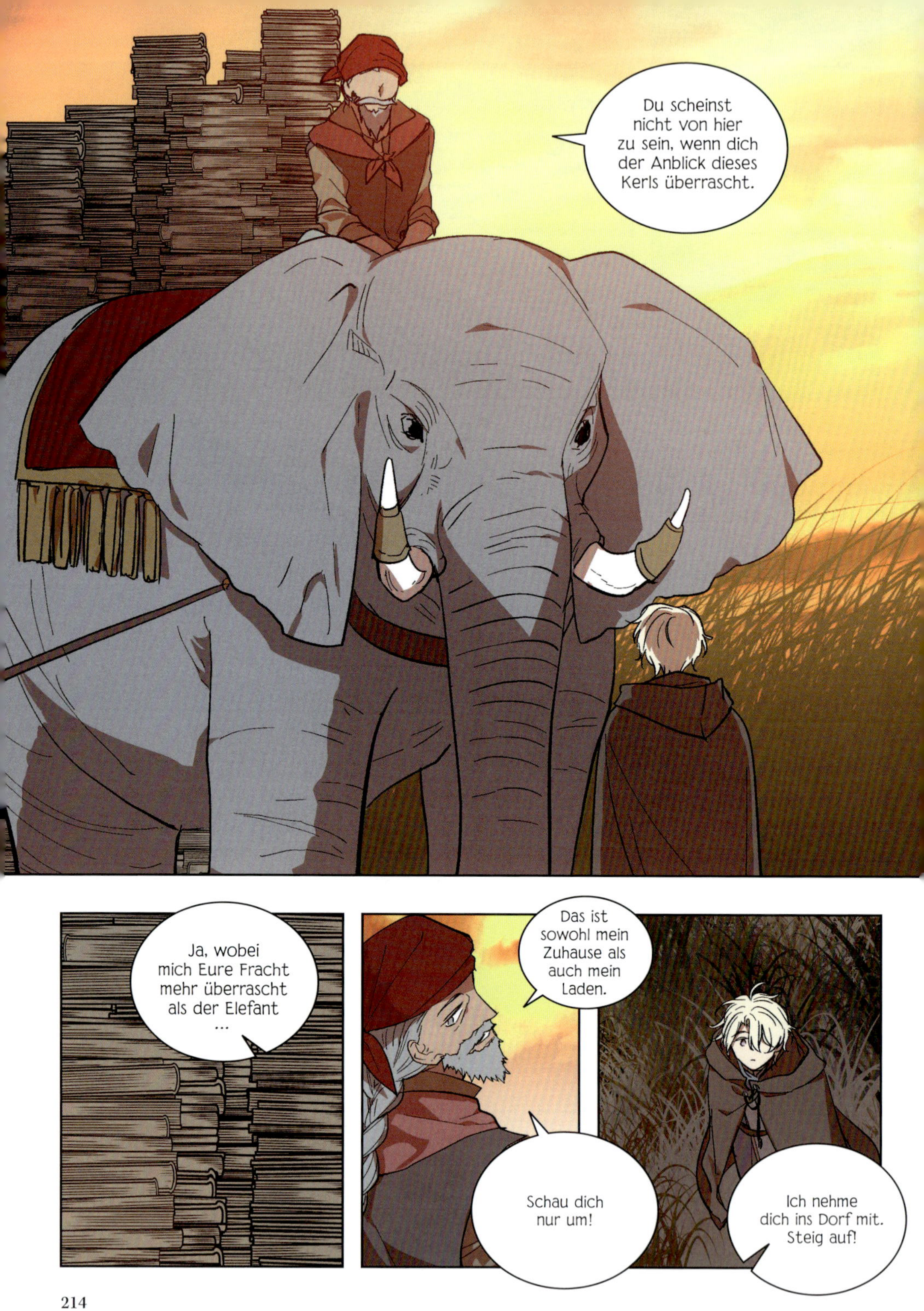
Du scheinst nicht von hier zu sein, wenn dich der Anblick dieses Kerls überrascht.
Ja, wobei mich Eure Fracht mehr überrascht als der Elefant ...
Das ist sowohl mein Zuhause als auch mein Laden.
Schau dich nur um!
Ich nehme dich ins Dorf mit. Steig auf!

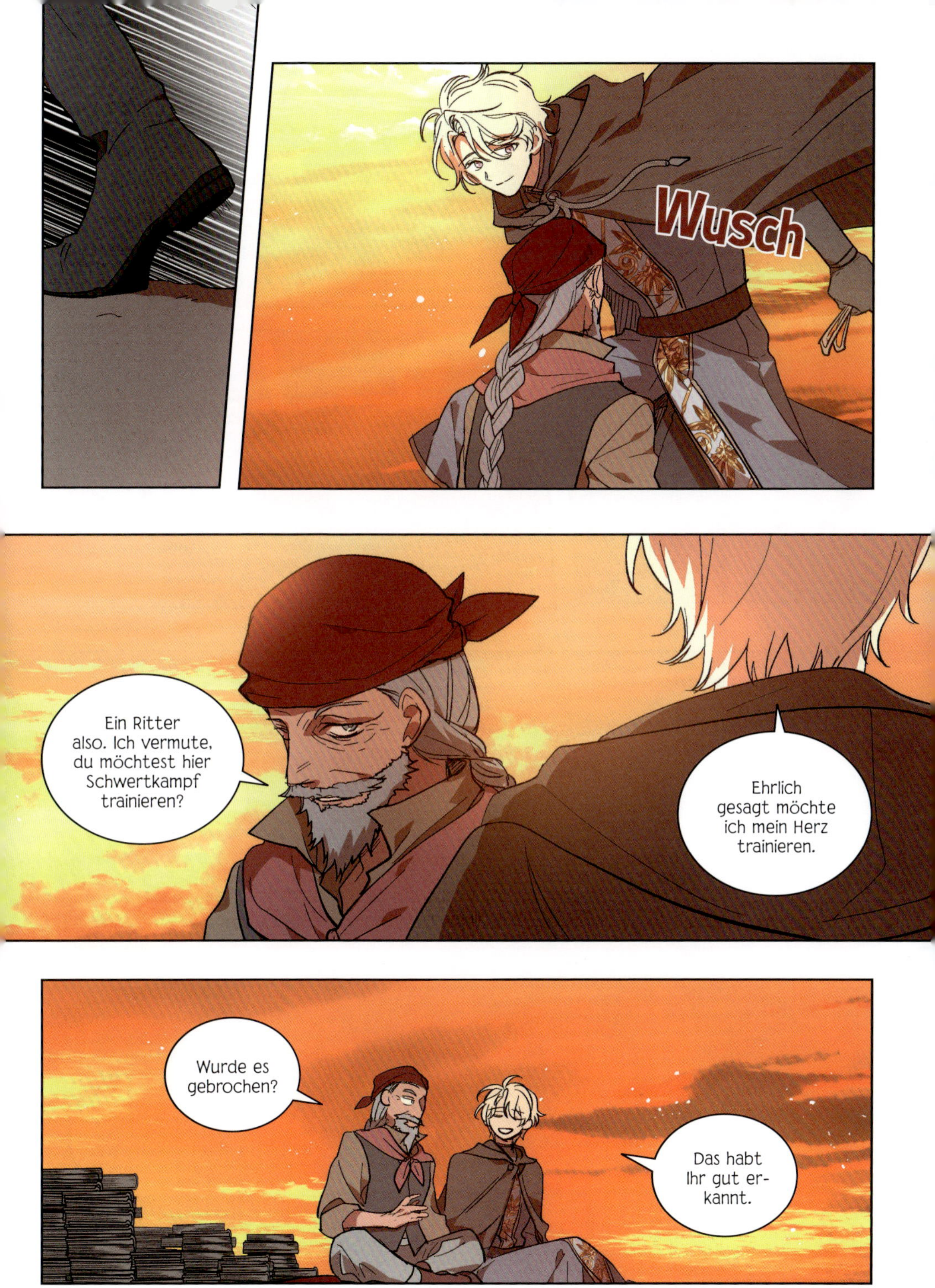
Wusch
Ein Ritter also. Ich vermute, du möchtest hier Schwertkampf trainieren?
Ehrlich gesagt möchte ich mein Herz trainieren.
Wurde es gebrochen?
Das habt Ihr gut erkannt.

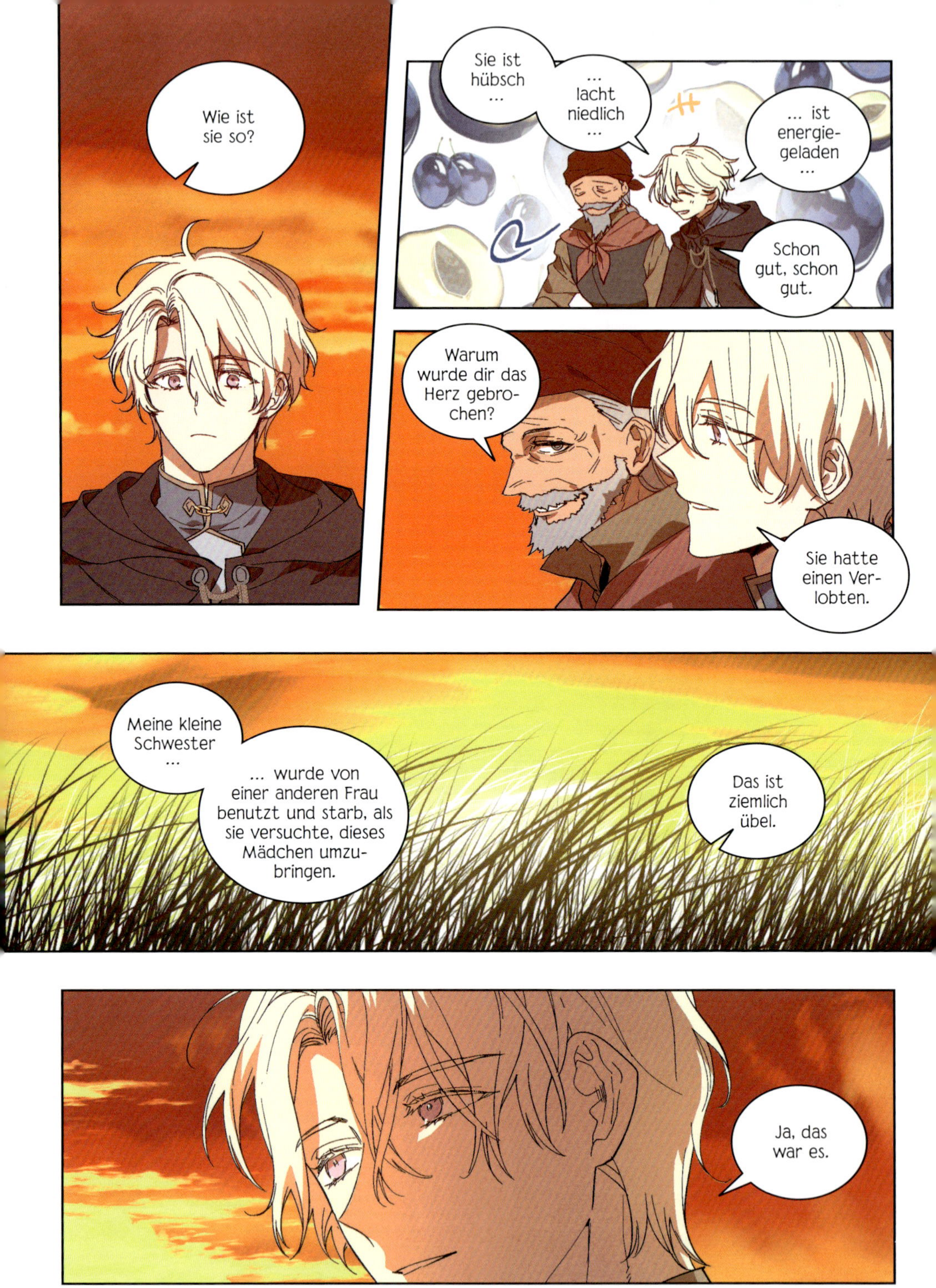
Wie ist sie so?
Sie ist hübsch …
… lacht niedlich …
… ist energiegeladen …
Schon gut, schon gut.
Warum wurde dir das Herz gebrochen?
Sie hatte einen Verlobten.
Meine kleine Schwester …
… wurde von einer anderen Frau benutzt und starb, als sie versuchte, dieses Mädchen umzubringen.
Das ist ziemlich übel.
Ja, das war es.

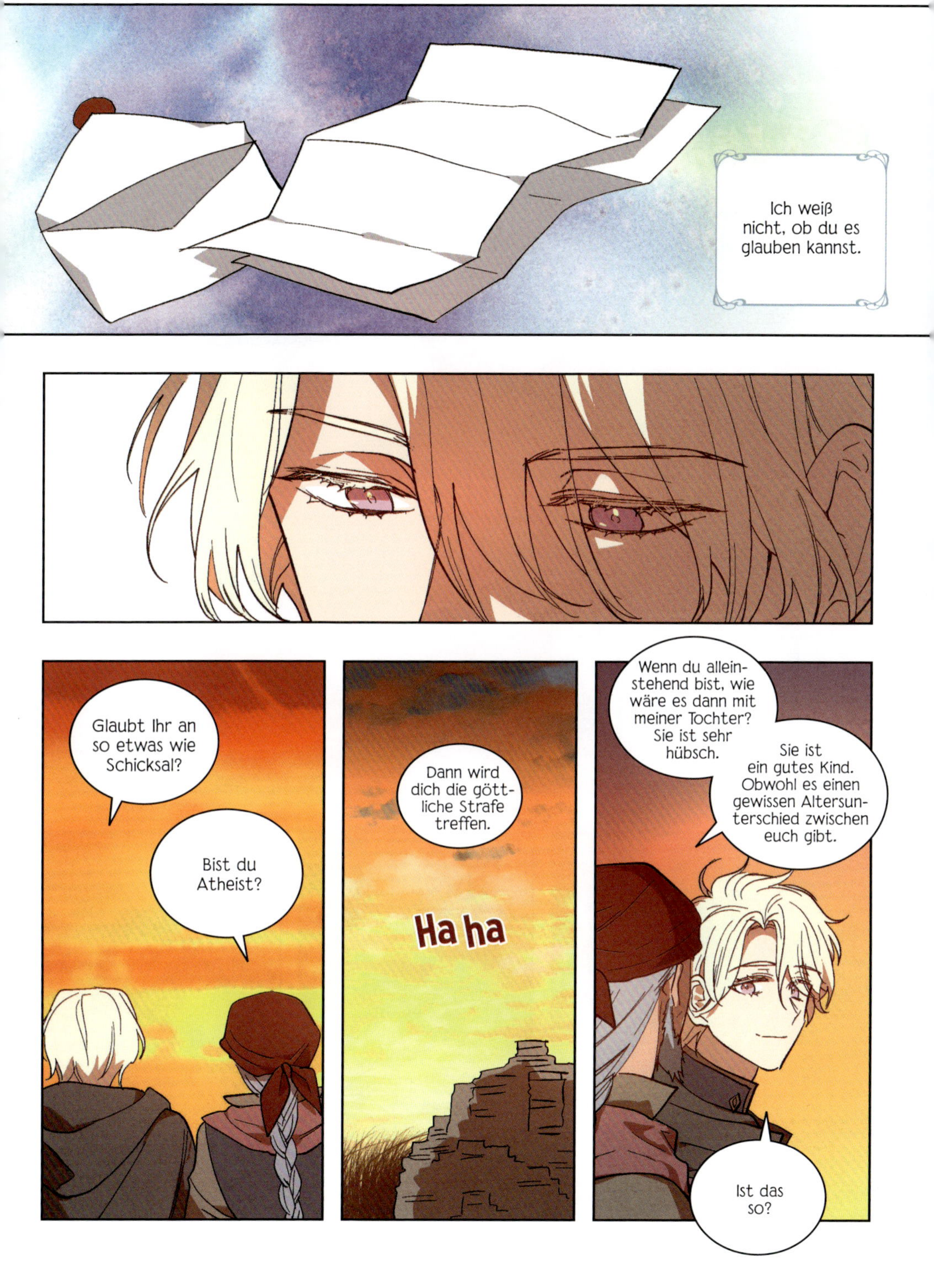
Ich weiß nicht, ob du es glauben kannst.
Glaubt Ihr an so etwas wie Schicksal?
Bist du Atheist?
Dann wird dich die göttliche Strafe treffen.
Ha ha
Wenn du alleinstehend bist, wie wäre es dann mit meiner Tochter? Sie ist sehr hübsch.
Sie ist ein gutes Kind. Obwohl es einen gewissen Altersunterschied zwischen euch gibt.
Ist das so?

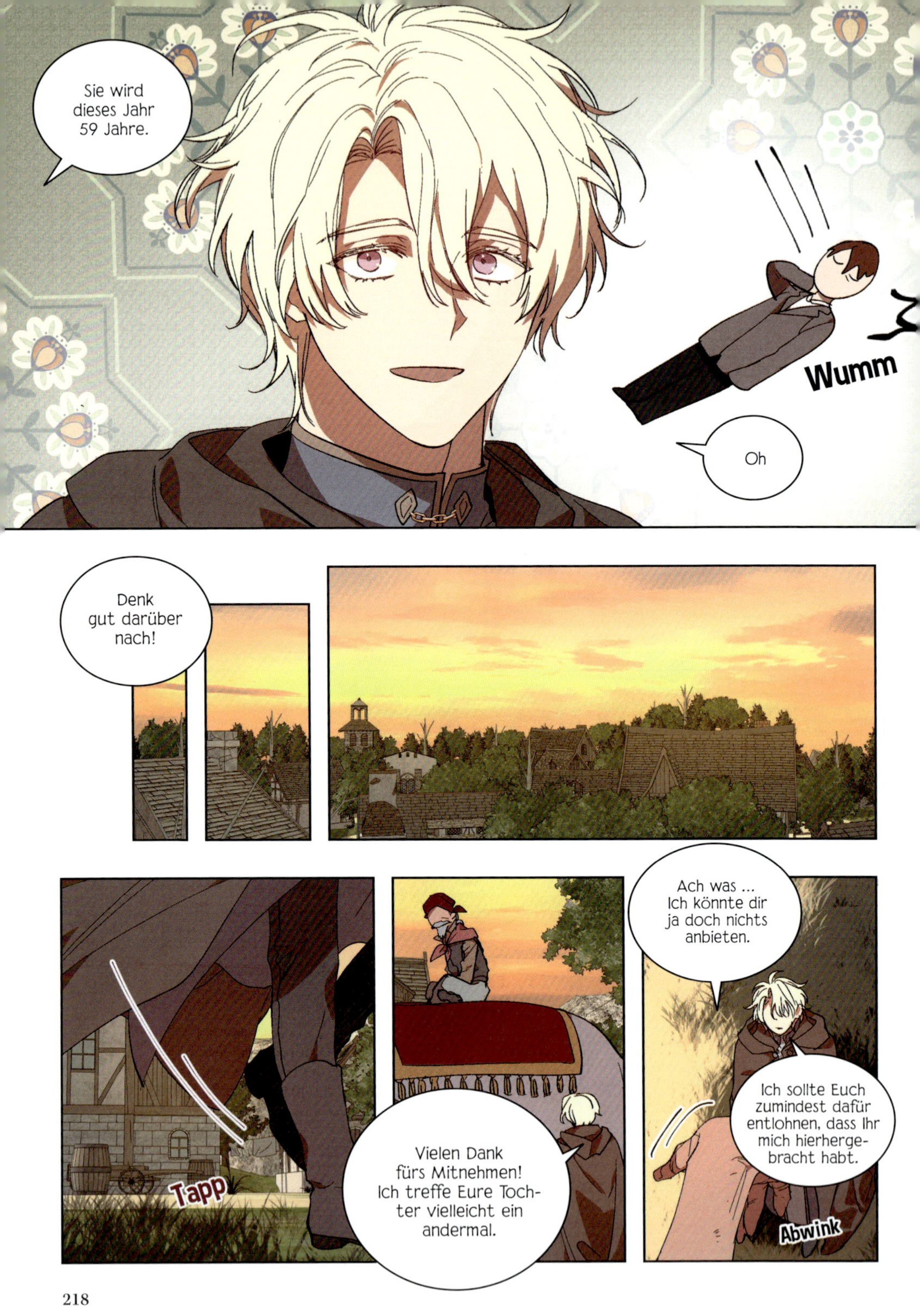
Sie wird dieses Jahr 59 Jahre.
Wumm
Oh
Denk gut darüber nach!
Tapp
Vielen Dank fürs Mitnehmen! Ich treffe Eure Tochter vielleicht ein andermal.
Ach was ... Ich könnte dir ja doch nichts anbieten.
Ich sollte Euch zumindest dafür entlohnen, dass Ihr mich hierhergebracht habt.
Abwink

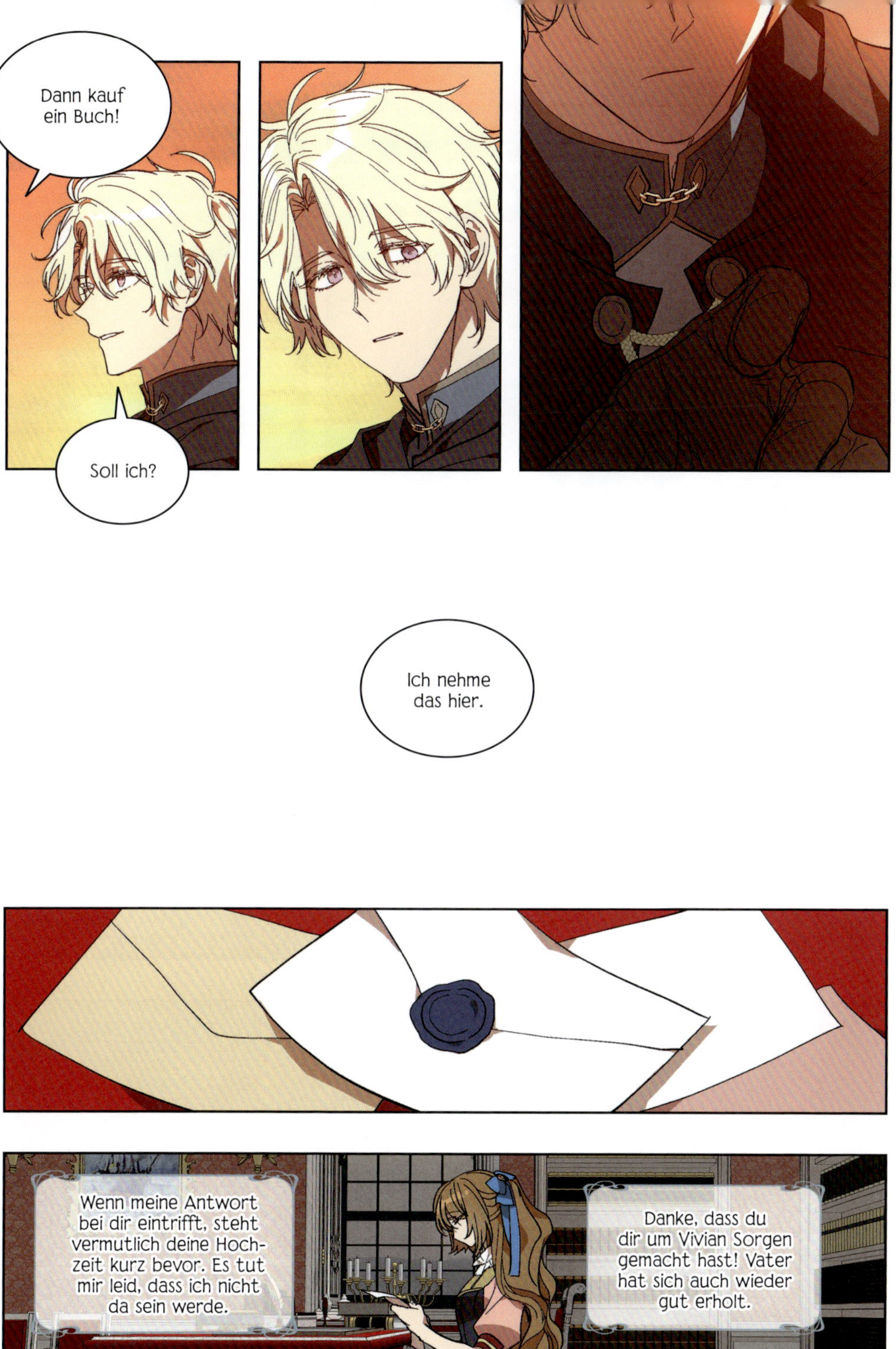
Dann kauf ein Buch!
Soll ich?
Ich nehme das hier.
Wenn meine Antwort bei dir eintrifft, steht vermutlich deine Hochzeit kurz bevor. Es tut mir leid, dass ich nicht da sein werde.
Danke, dass du dir um Vivian Sorgen gemacht hast! Vater hat sich auch wieder gut erholt.

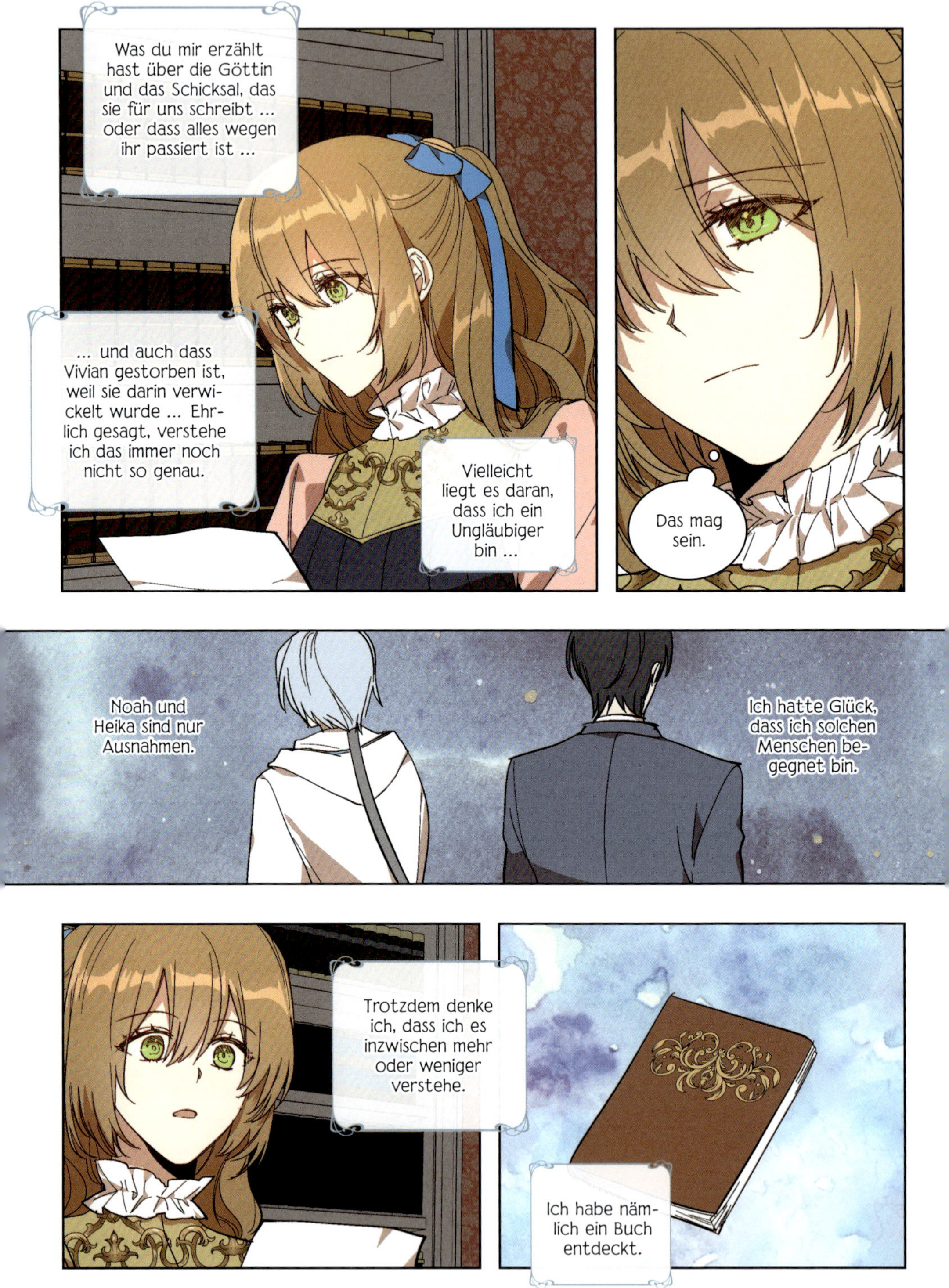
Was du mir erzählt hast über die Göttin und das Schicksal, das sie für uns schreibt … oder dass alles wegen ihr passiert ist …
… und auch dass Vivian gestorben ist, weil sie darin verwickelt wurde … Ehrlich gesagt, verstehe ich das immer noch nicht so genau.
Vielleicht liegt es daran, dass ich ein Ungläubiger bin …
Das mag sein.
Noah und Heika sind nur Ausnahmen.
Ich hatte Glück, dass ich solchen Menschen begegnet bin.
Trotzdem denke ich, dass ich es inzwischen mehr oder weniger verstehe.
Ich habe nämlich ein Buch entdeckt.

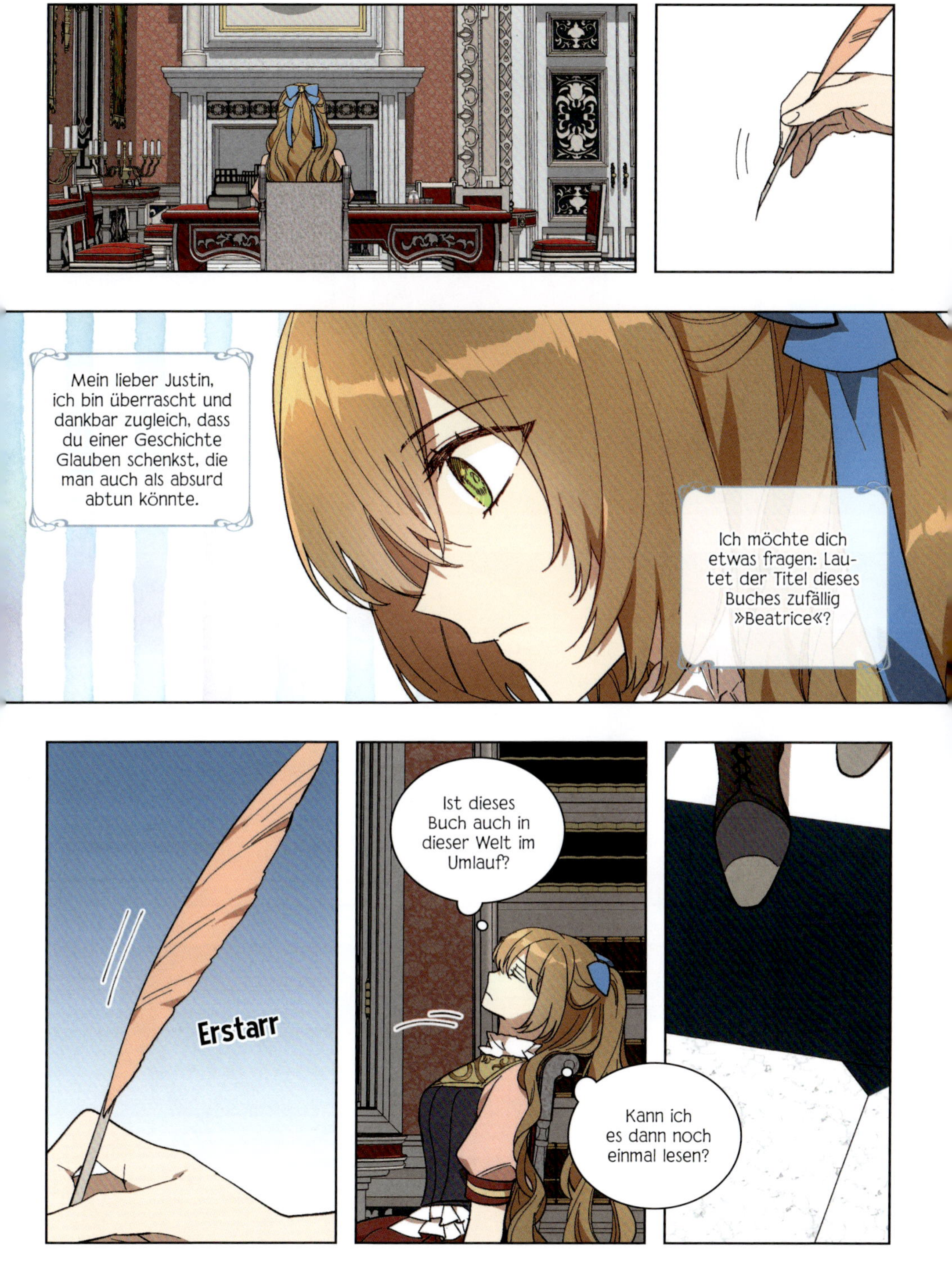
Mein lieber Justin, ich bin überrascht und dankbar zugleich, dass du einer Geschichte Glauben schenkst, die man auch als absurd abtun könnte.
Ich möchte dich etwas fragen: Lautet der Titel dieses Buches zufällig »Beatrice«?
Erstarr
Ist dieses Buch auch in dieser Welt im Umlauf?
Kann ich es dann noch einmal lesen?

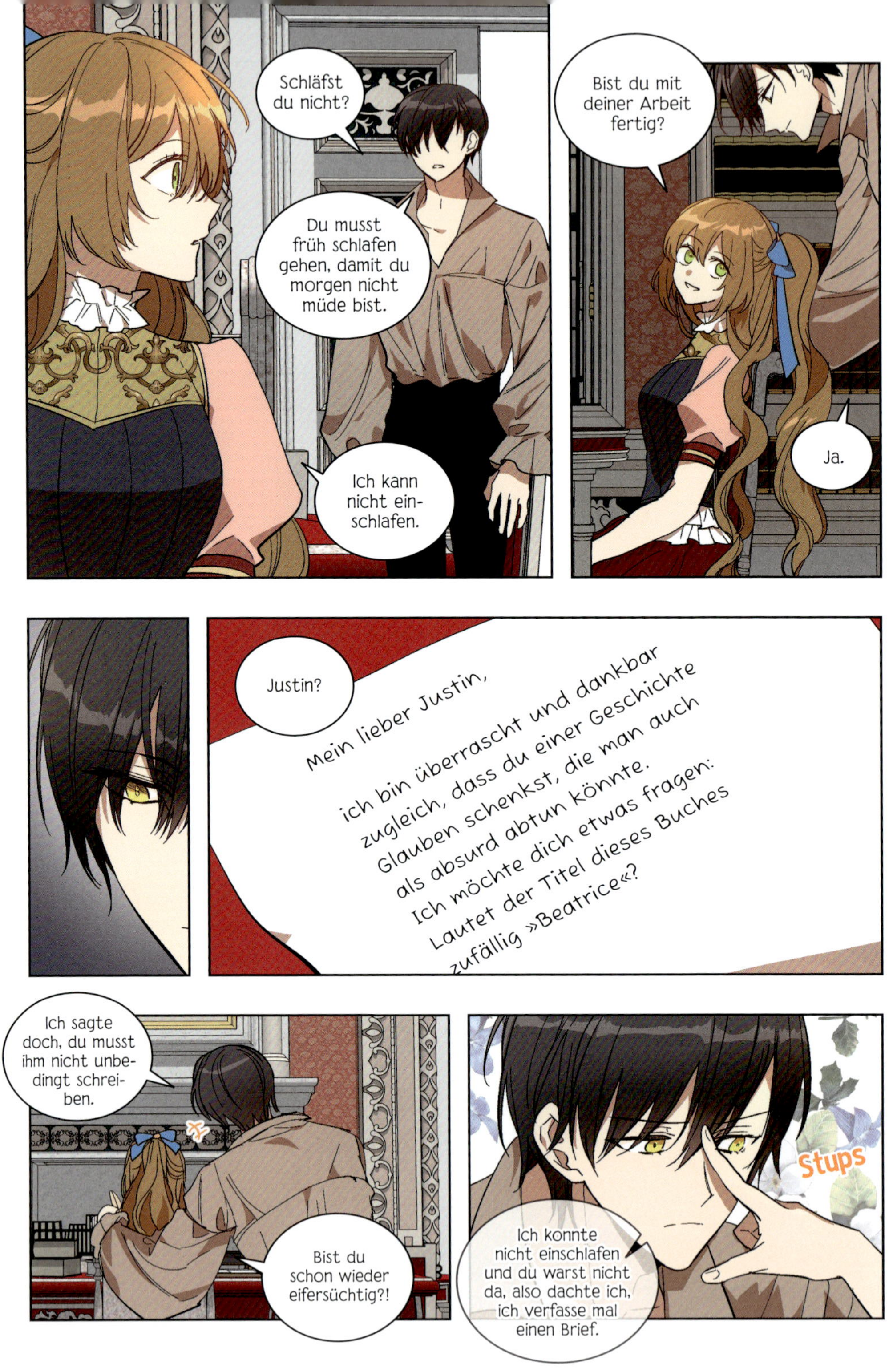
Schläfst du nicht?
Du musst früh schlafen gehen, damit du morgen nicht müde bist.
Ich kann nicht ein-schlafen.
Bist du mit deiner Arbeit fertig?
Ja.
Justin?
Mein lieber Justin,
ich bin überrascht und dankbar zugleich, dass du einer Geschichte Glauben schenkst, die man auch als absurd abtun könnte. Ich möchte dich etwas fragen: Lautet der Titel dieses Buches zufällig »Beatrice«?
Ich sagte doch, du musst ihm nicht unbedingt schreiben.
Bist du schon wieder eifersüchtig?!
Ich konnte nicht einschlafen und du warst nicht da, also dachte ich, ich verfasse mal einen Brief.
Stups

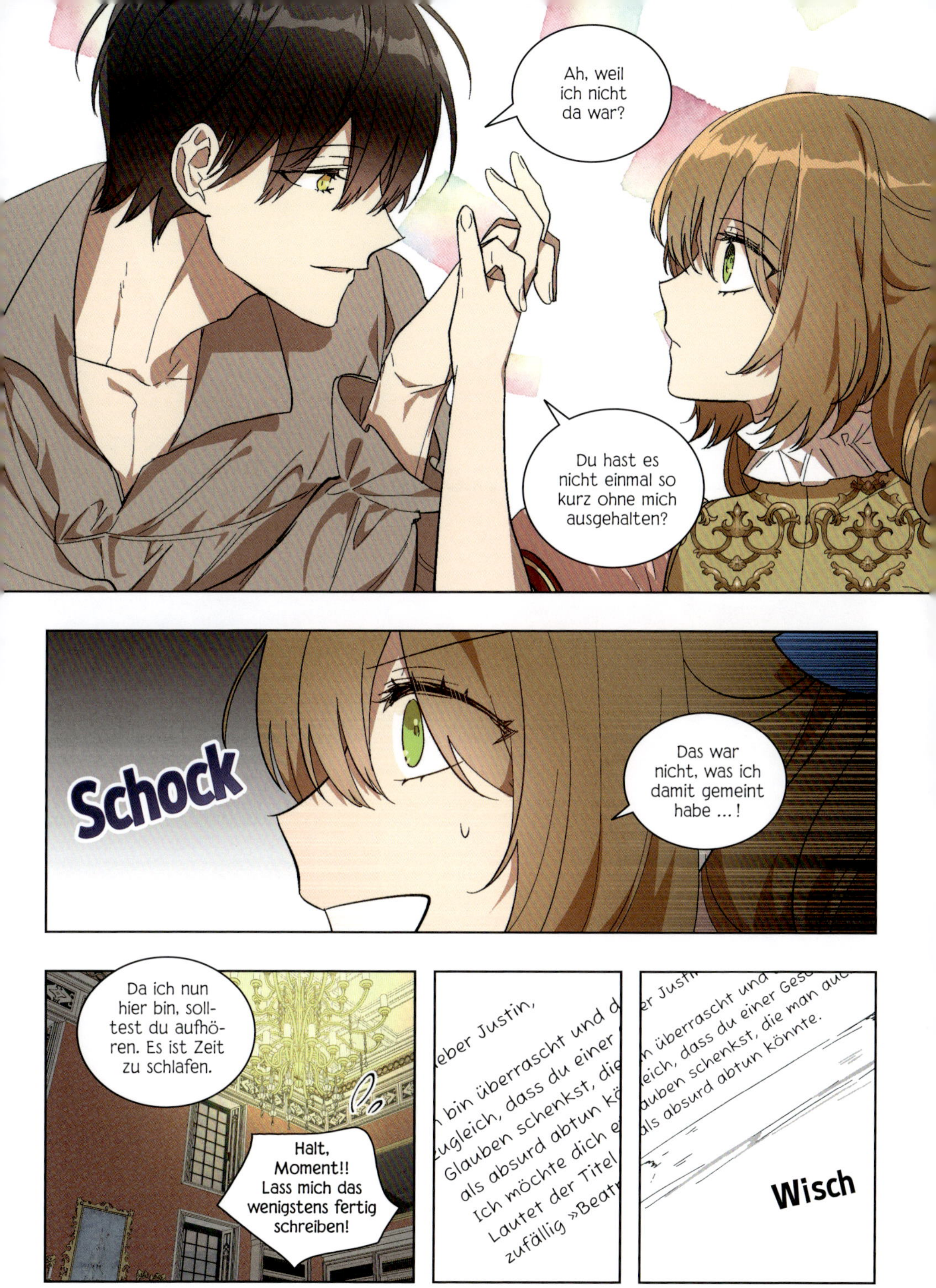
Ah, weil ich nicht da war?
Du hast es nicht einmal so kurz ohne mich ausgehalten?
Schock
Das war nicht, was ich damit gemeint habe ...!
Da ich nun hier bin, solltest du aufhören. Es ist Zeit zu schlafen.
Halt, Moment!! Lass mich das wenigstens fertig schreiben!
eber Justin,
bin überrascht und d
ugleich, dass du einer
Glauben schenkst, di
als absurd abtun kö
Ich möchte dich e
Lautet der Titel
zufällig »Beat
als absurd abtun könnte.
Wisch

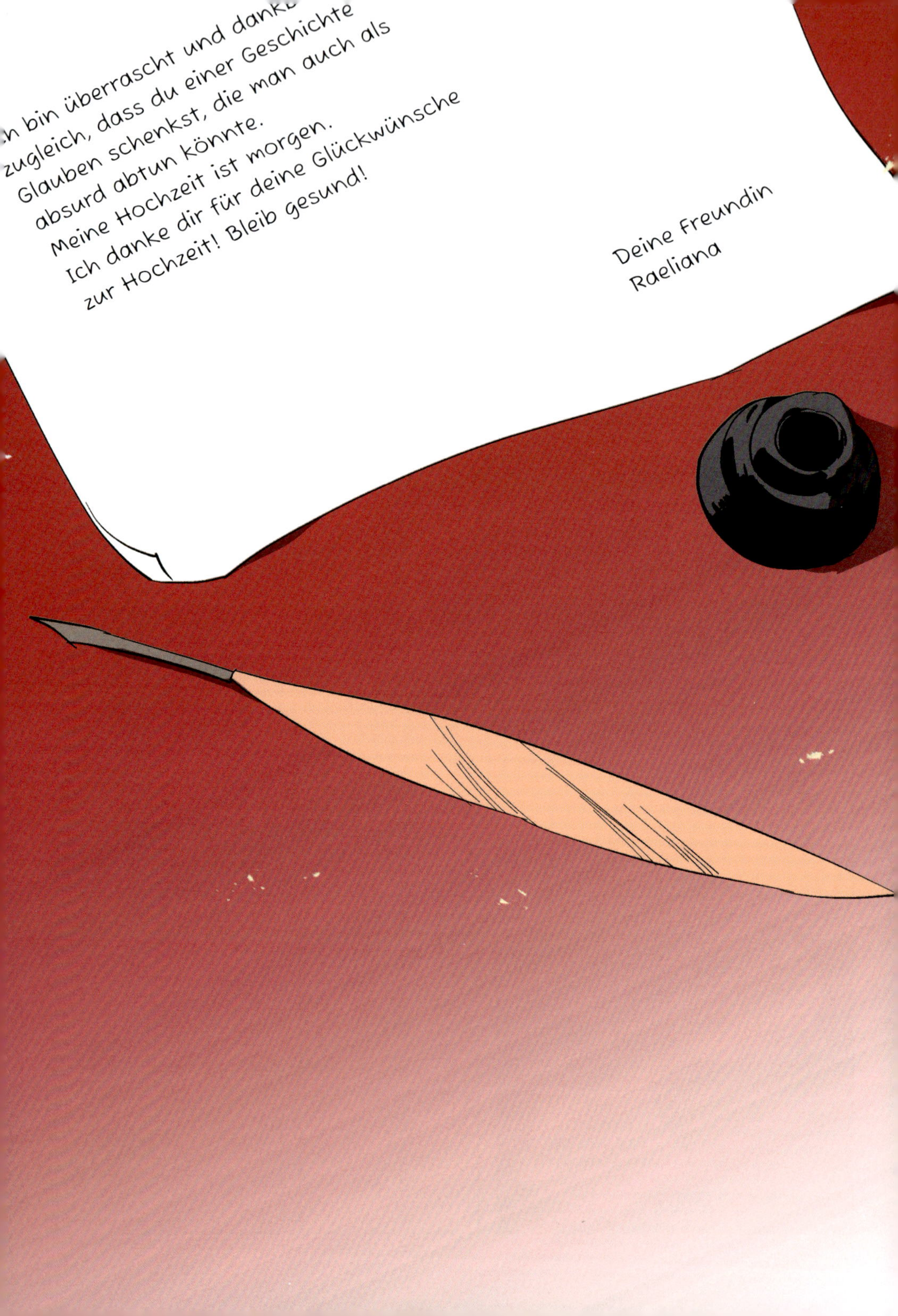
h bin überrascht und dank
zugleich, dass du einer Geschichte
Glauben schenkst, die man auch als
absurd abtun könnte.
Meine Hochzeit ist morgen.
Ich danke dir für deine Glückwünsche
zur Hochzeit! Bleib gesund!
Deine Freundin
Raeliana

RAELIANA

Warum sie die Verlobte
des Dukes wurde

Kapitel 26

Und so lebten sie …

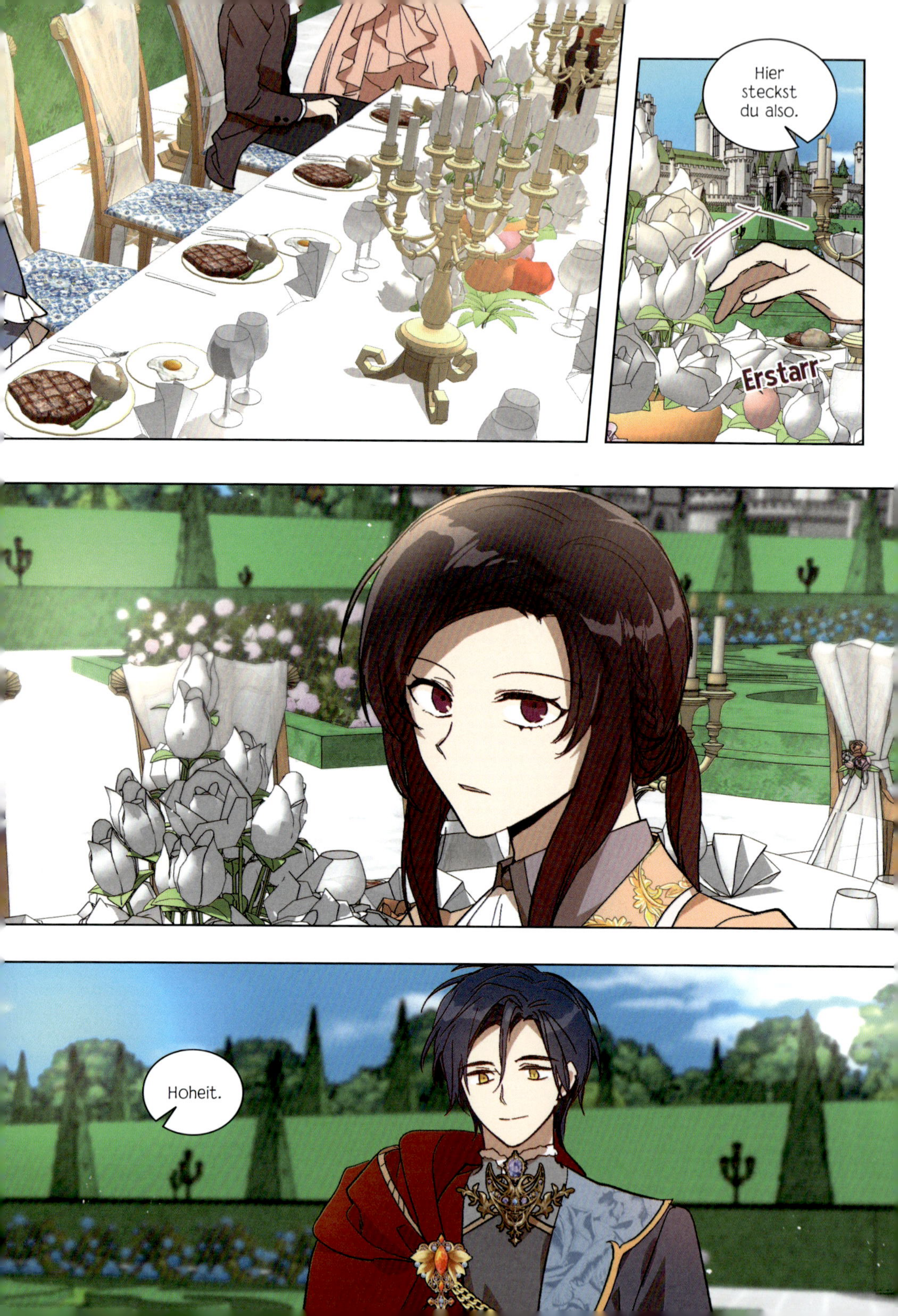
Hier steckst du also.
Erstarr
Hoheit.

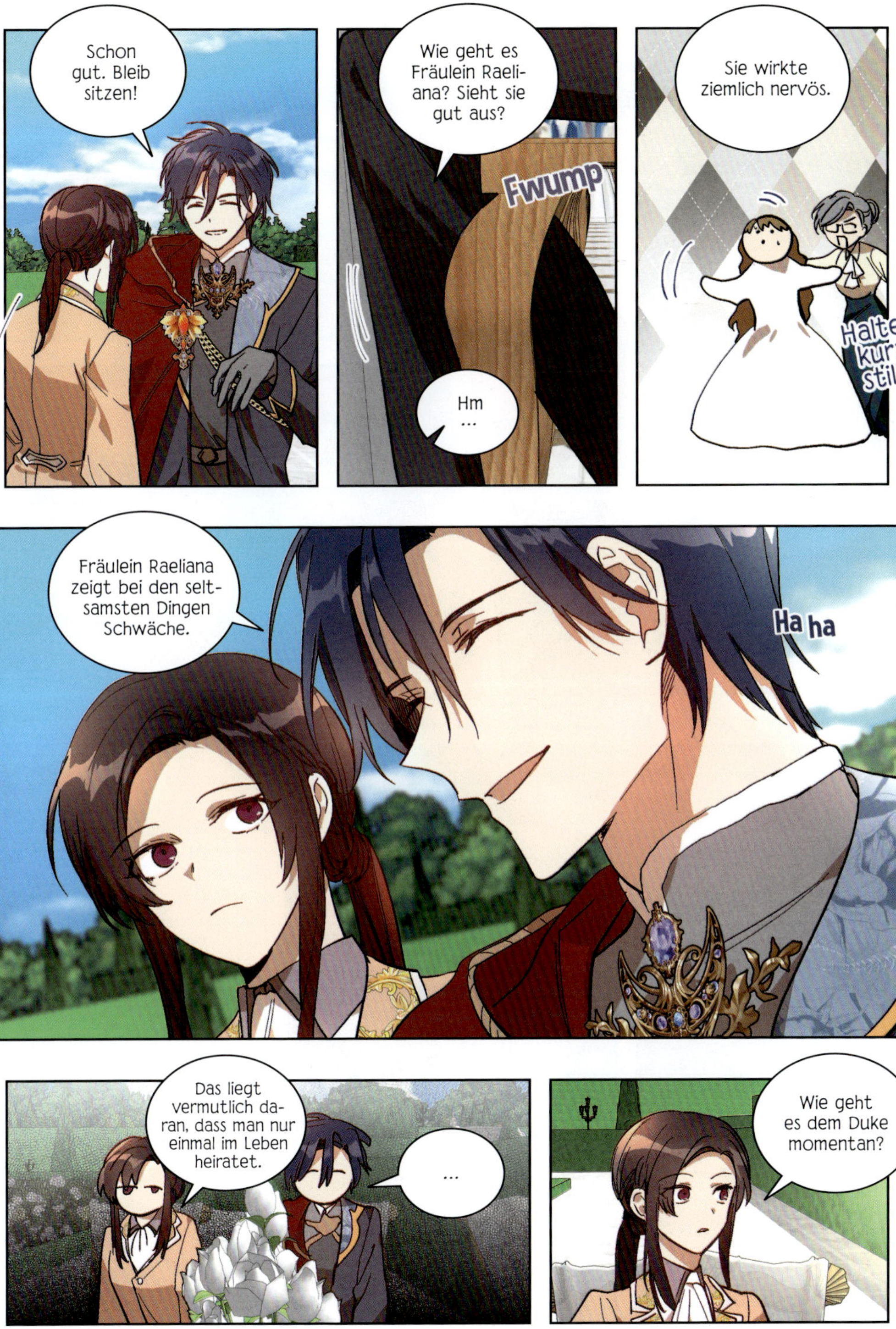
Schon gut. Bleib sitzen!
Wie geht es Fräulein Raeliana? Sieht sie gut aus?
Fwump
Hm ...
Sie wirkte ziemlich nervös.
Haltet kurz still!
Fräulein Raeliana zeigt bei den seltsamsten Dingen Schwäche.
Ha ha
Das liegt vermutlich daran, dass man nur einmal im Leben heiratet.
...
Wie geht es dem Duke momentan?

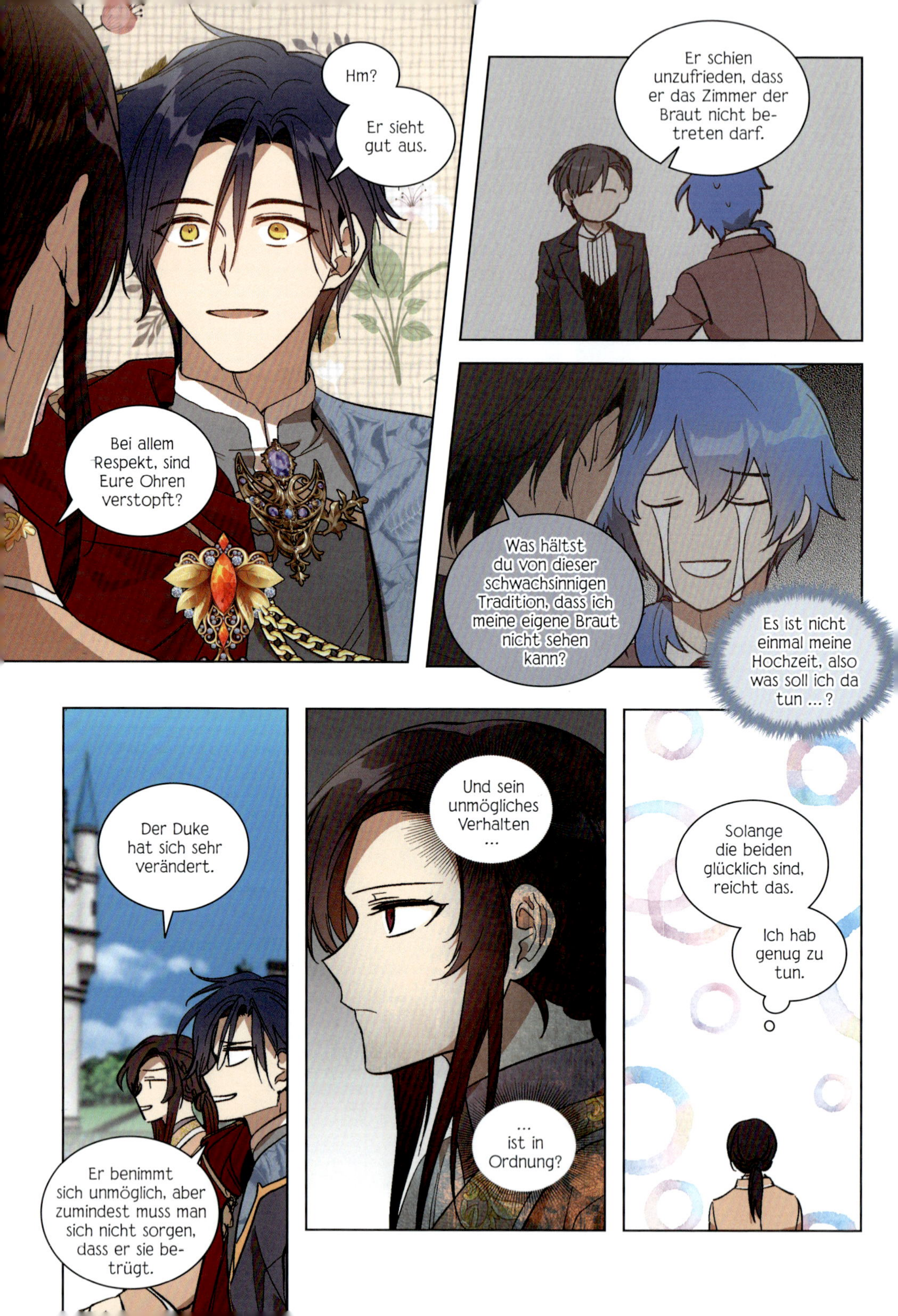
Hm?
Er sieht gut aus.
Bei allem Respekt, sind Eure Ohren verstopft?
Er schien unzufrieden, dass er das Zimmer der Braut nicht betreten darf.
Was hältst du von dieser schwachsinnigen Tradition, dass ich meine eigene Braut nicht sehen kann?
Es ist nicht einmal meine Hochzeit, also was soll ich da tun ...?
Der Duke hat sich sehr verändert.
Er benimmt sich unmöglich, aber zumindest muss man sich nicht sorgen, dass er sie betrügt.
Und sein unmögliches Verhalten ...
... ist in Ordnung?
Solange die beiden glücklich sind, reicht das.
Ich hab genug zu tun.

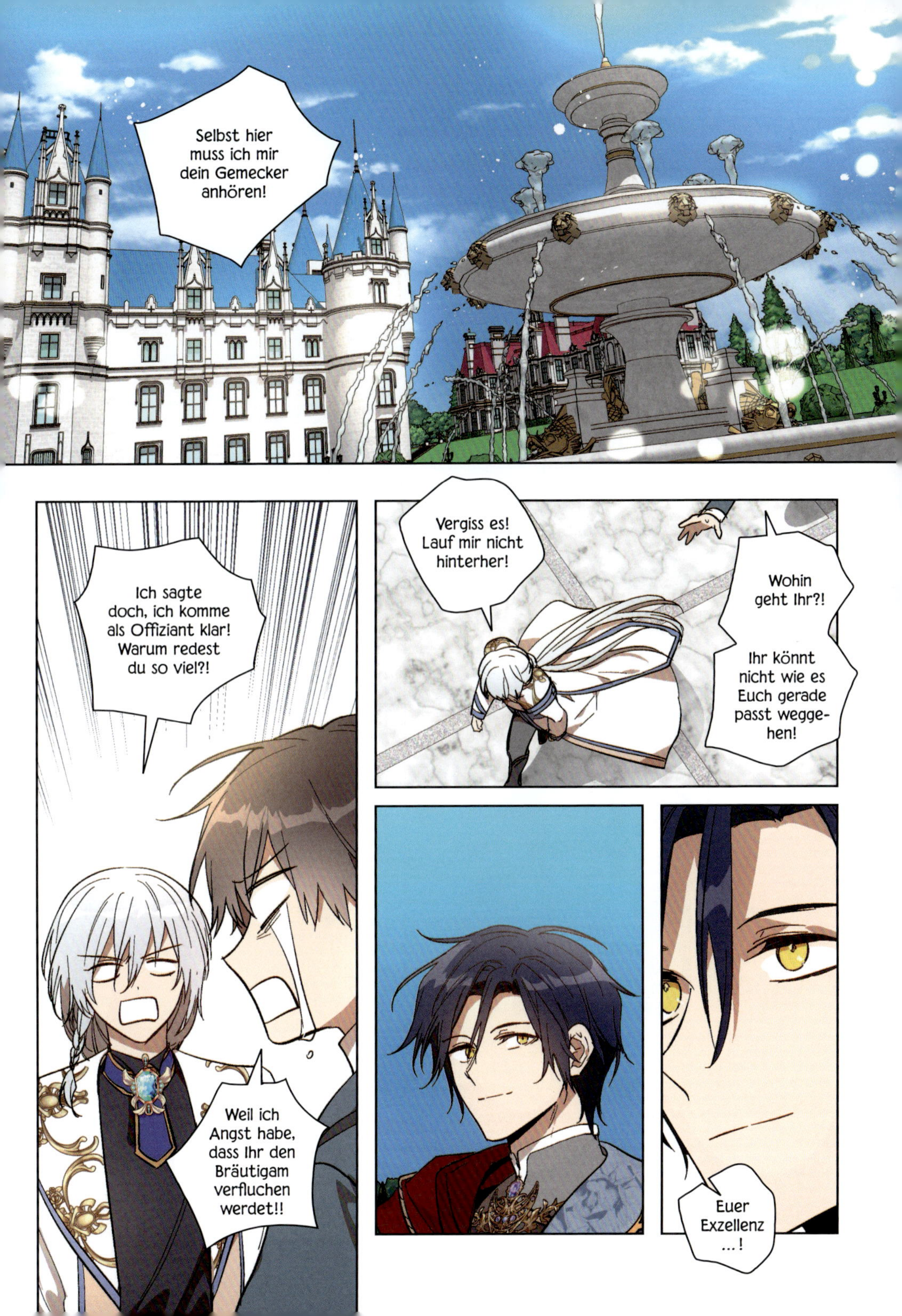
Selbst hier muss ich mir dein Gemecker anhören!
Ich sagte doch, ich komme als Offiziant klar! Warum redest du so viel?!
Weil ich Angst habe, dass Ihr den Bräutigam verfluchen werdet!!
Vergiss es! Lauf mir nicht hinterher!
Wohin geht Ihr?!
Ihr könnt nicht wie es Euch gerade passt weggehen!
Euer Exzellenz ...!

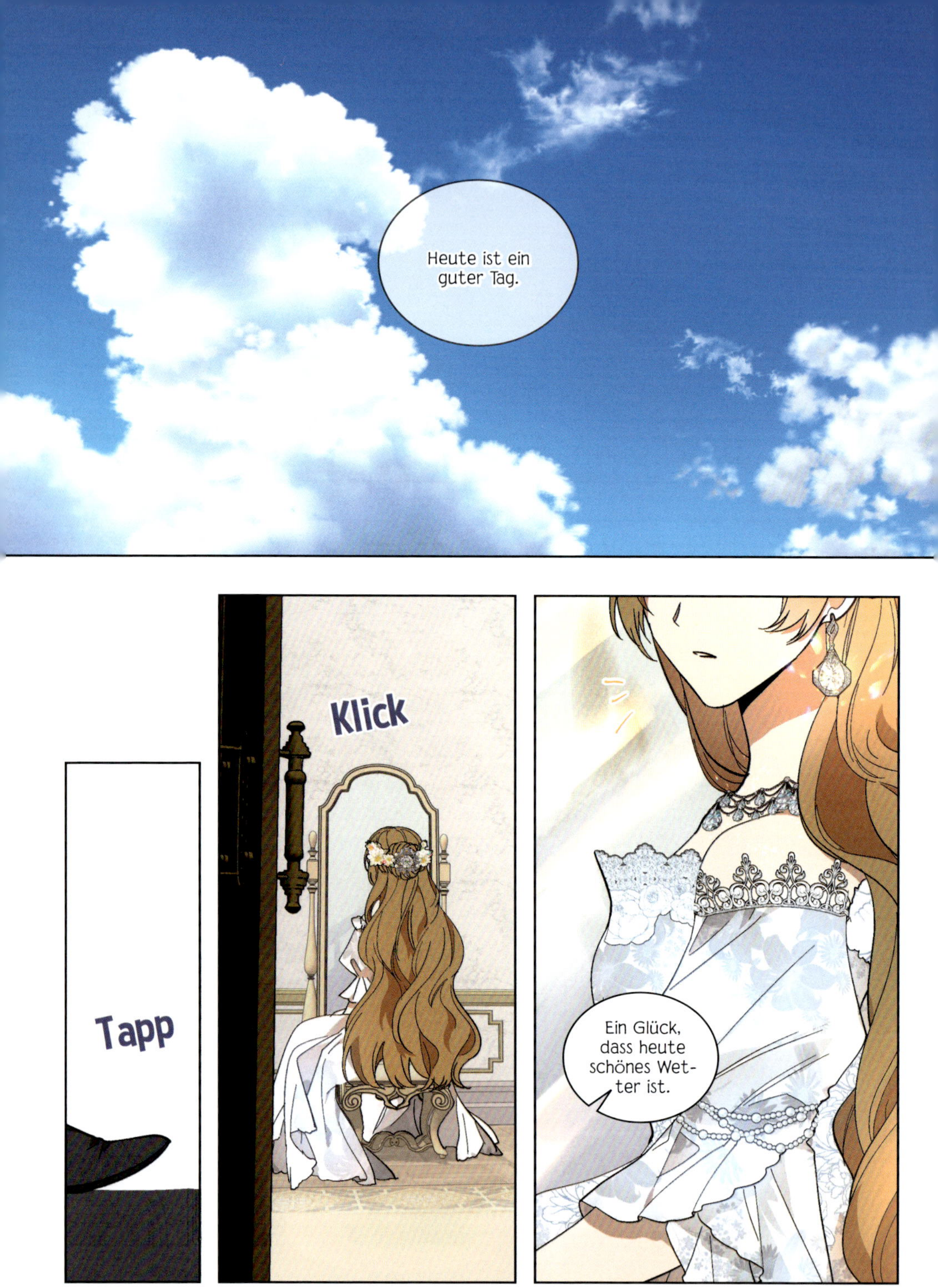
Heute ist ein guter Tag.
Klick
Tapp
Ein Glück, dass heute schönes Wetter ist.

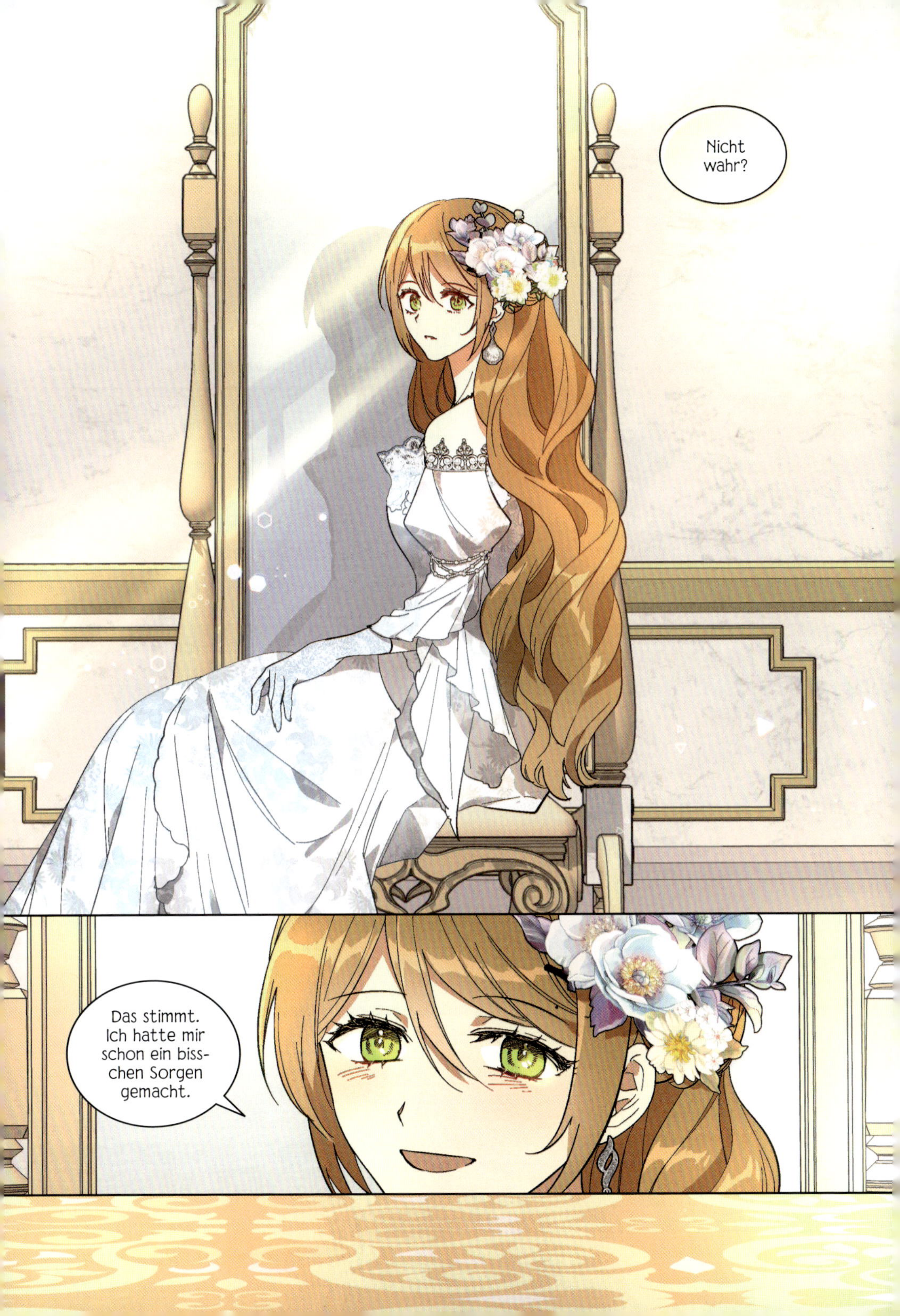
Nicht wahr?
Das stimmt. Ich hatte mir schon ein bisschen Sorgen gemacht.

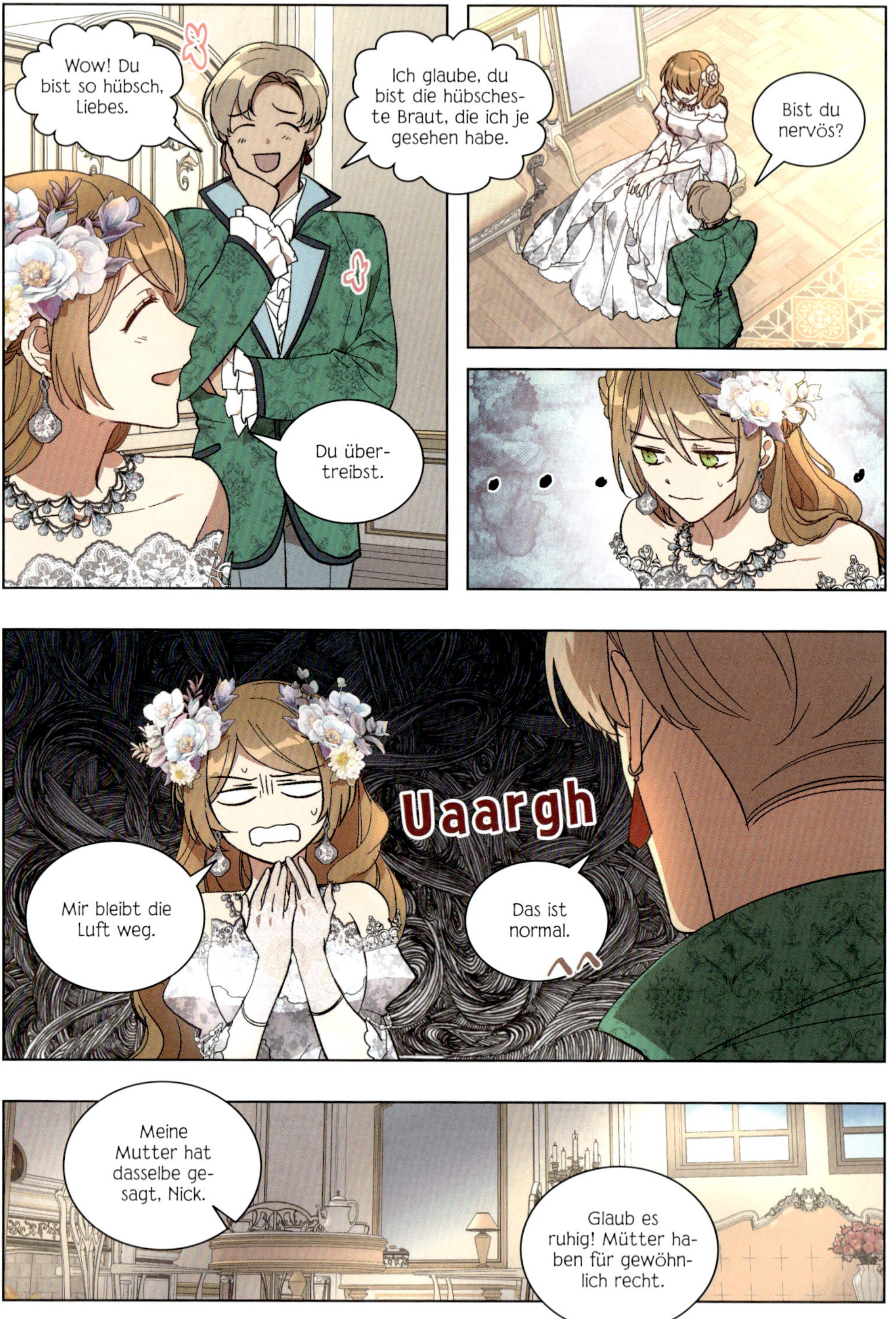
Wow! Du bist so hübsch, Liebes.
Ich glaube, du bist die hübscheste Braut, die ich je gesehen habe.
Du übertreibst.
Bist du nervös?
. . . .
Uaargh
Mir bleibt die Luft weg.
Das ist normal.
Meine Mutter hat dasselbe gesagt, Nick.
Glaub es ruhig! Mütter haben für gewöhnlich recht.

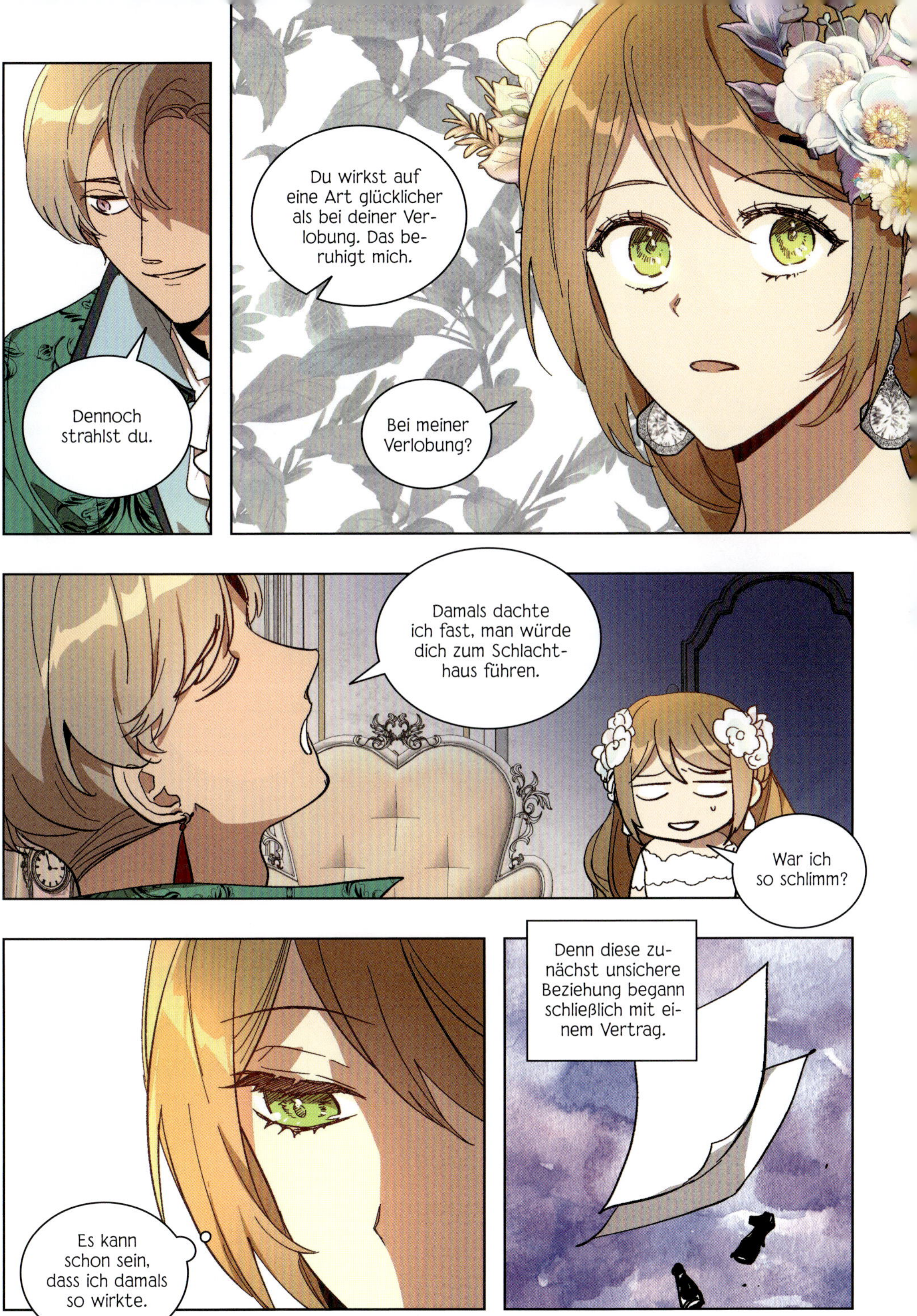
Dennoch strahlst du.
Du wirkst auf eine Art glücklicher als bei deiner Verlobung. Das beruhigt mich.
Bei meiner Verlobung?
Damals dachte ich fast, man würde dich zum Schlachthaus führen.
War ich so schlimm?
Es kann schon sein, dass ich damals so wirkte.
Denn diese zunächst unsichere Beziehung begann schließlich mit einem Vertrag.

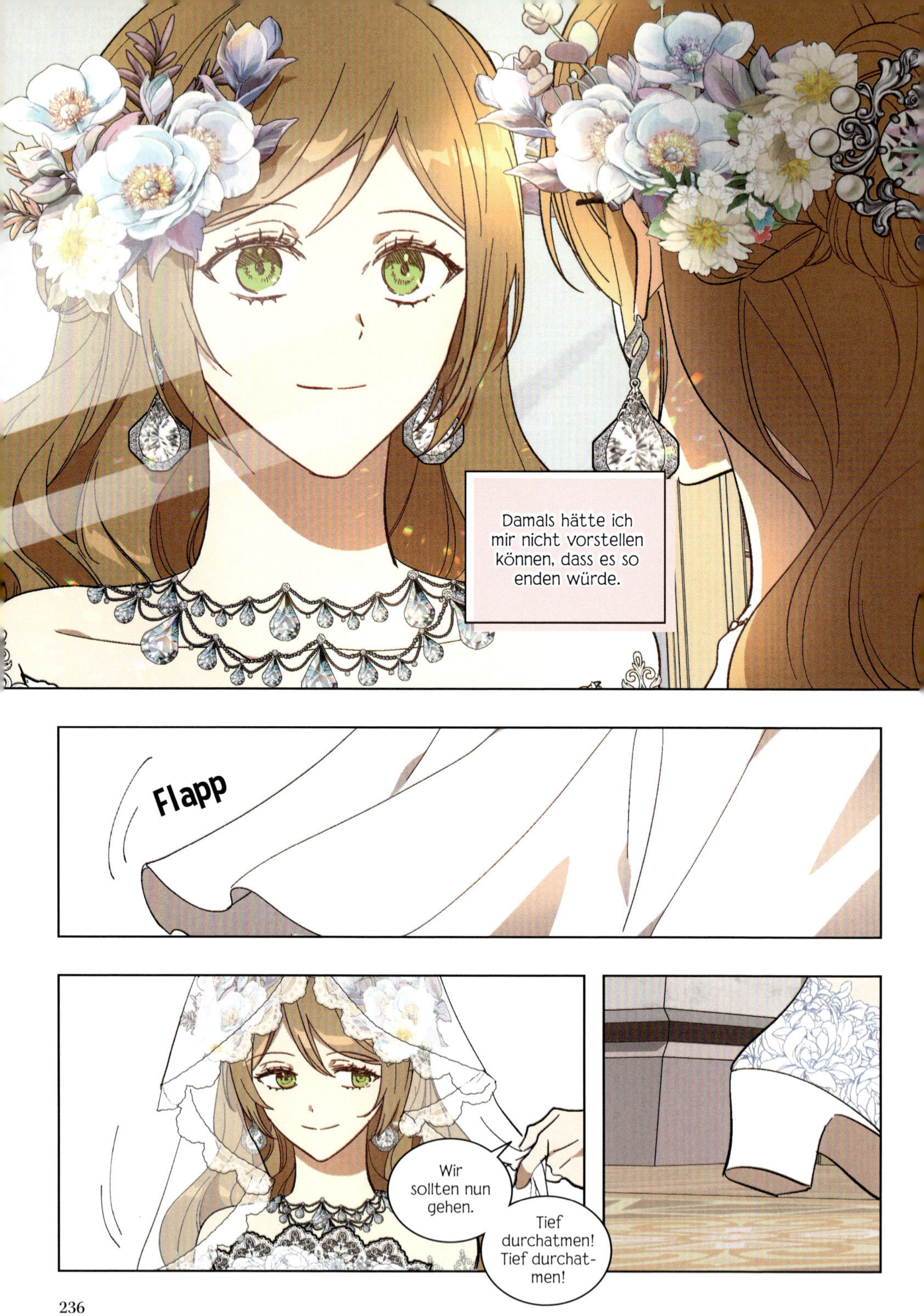
Damals hätte ich mir nicht vorstellen können, dass es so enden würde.
Flapp
Wir sollten nun gehen.
Tief durchatmen! Tief durchatmen!

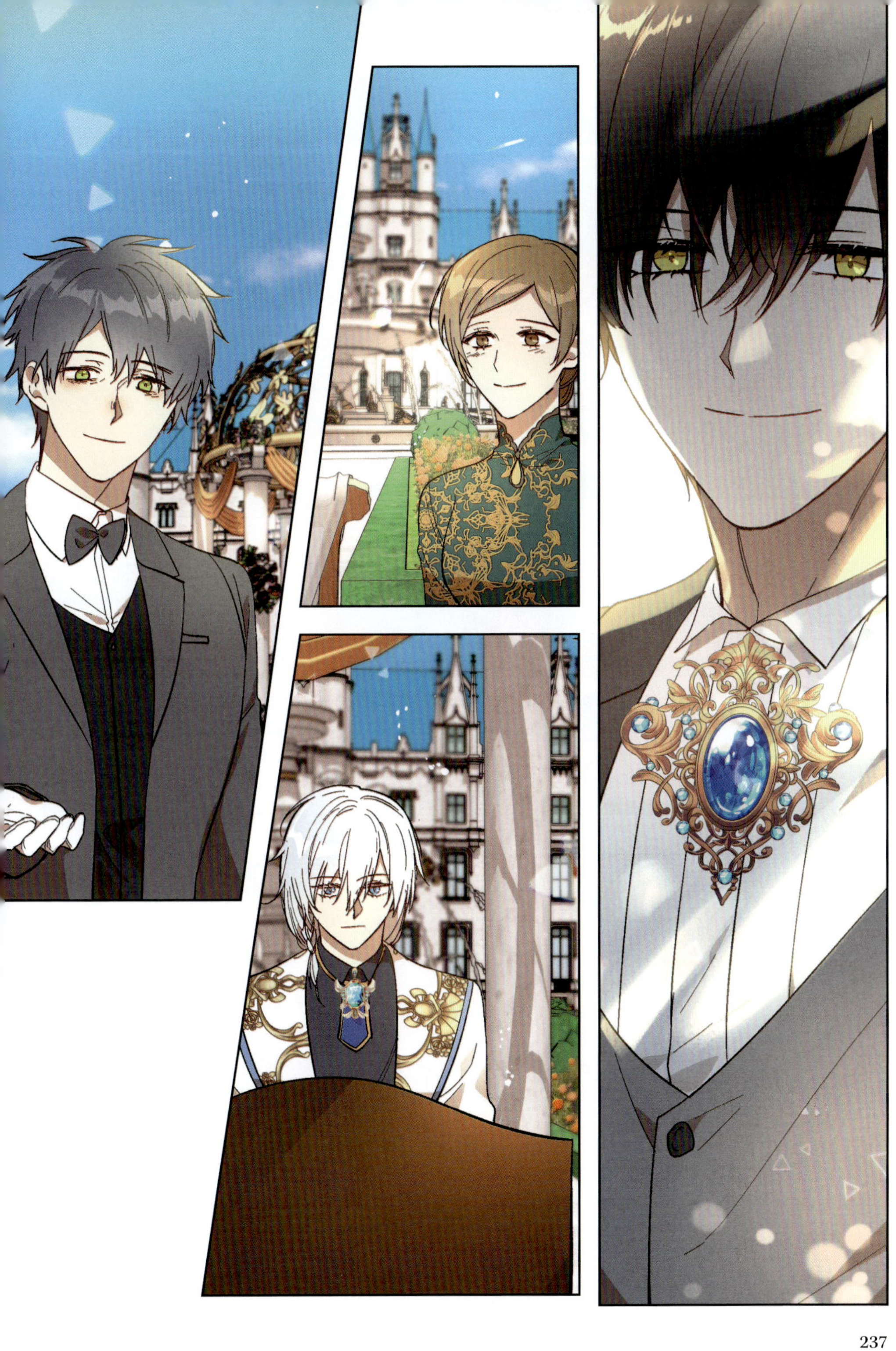

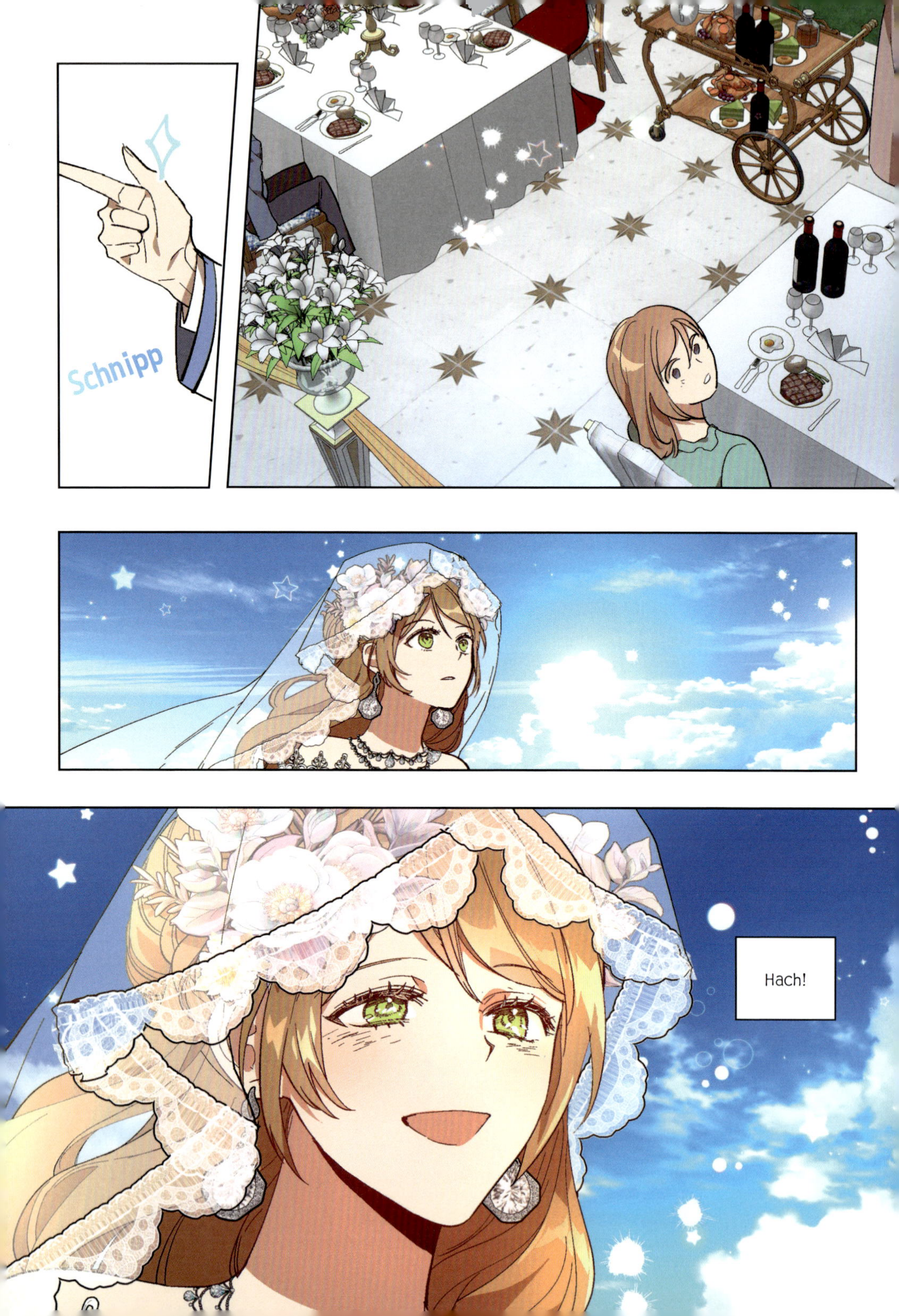
Schnipp
Hach!

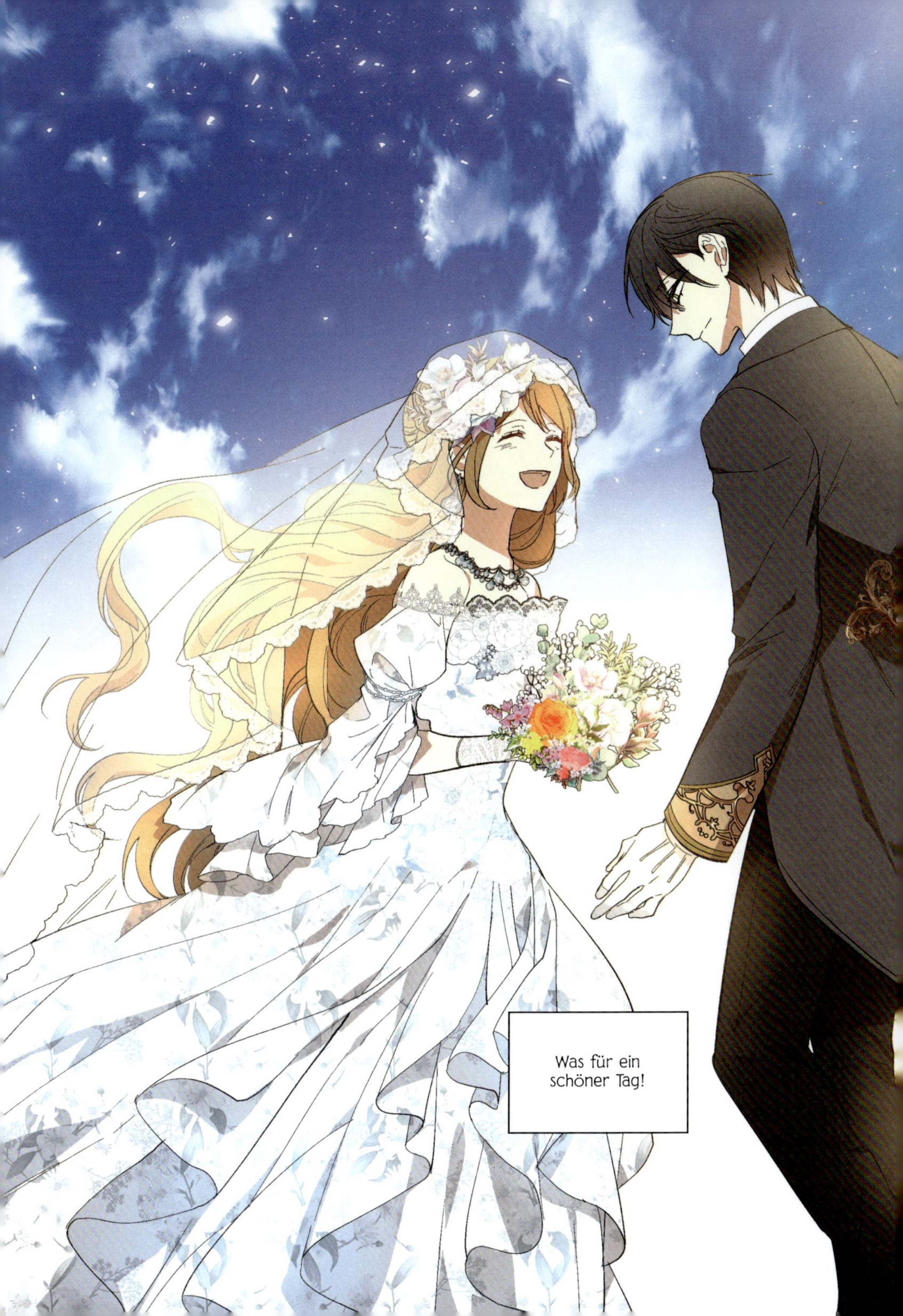
Was für ein
schöner Tag!

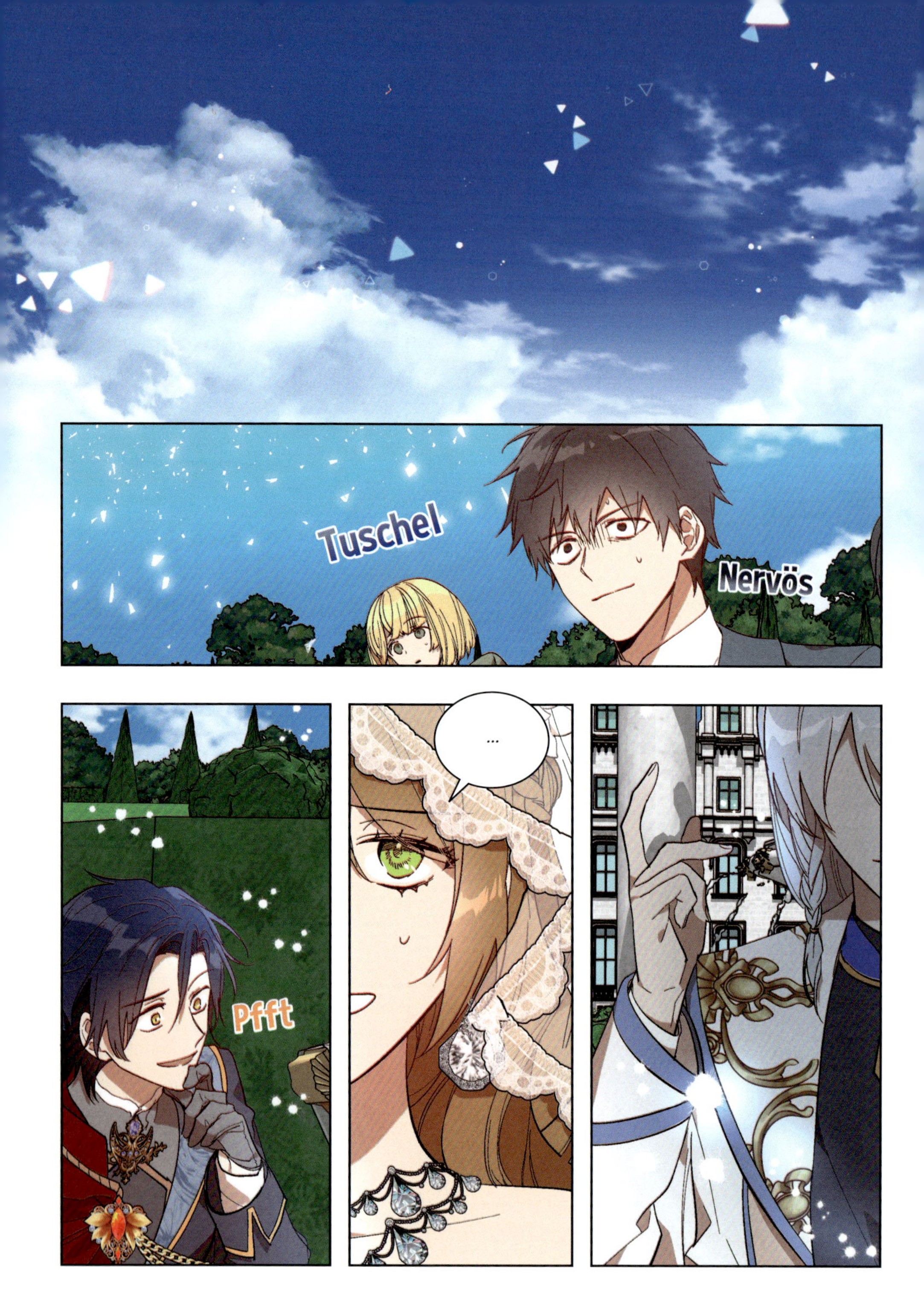
Tuschel
Nervös
...
Pfft

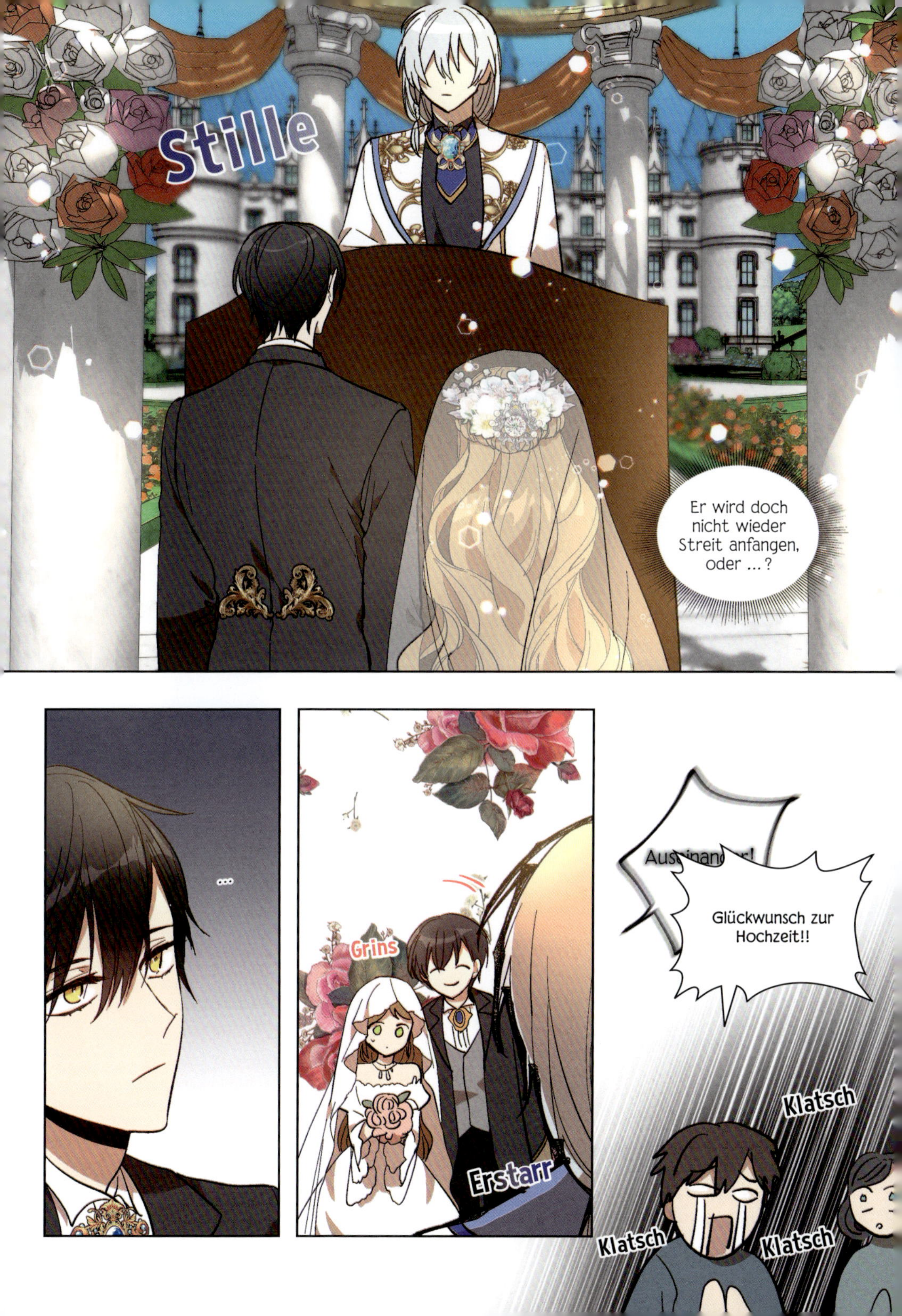
Stille
Er wird doch nicht wieder Streit anfangen, oder ...?
...
Grins
Erstarr
Glückwunsch zur Hochzeit!!
Klatsch
Klatsch
Klatsch

RAELIANA

Warum sie die Verlobte des Dukes wurde

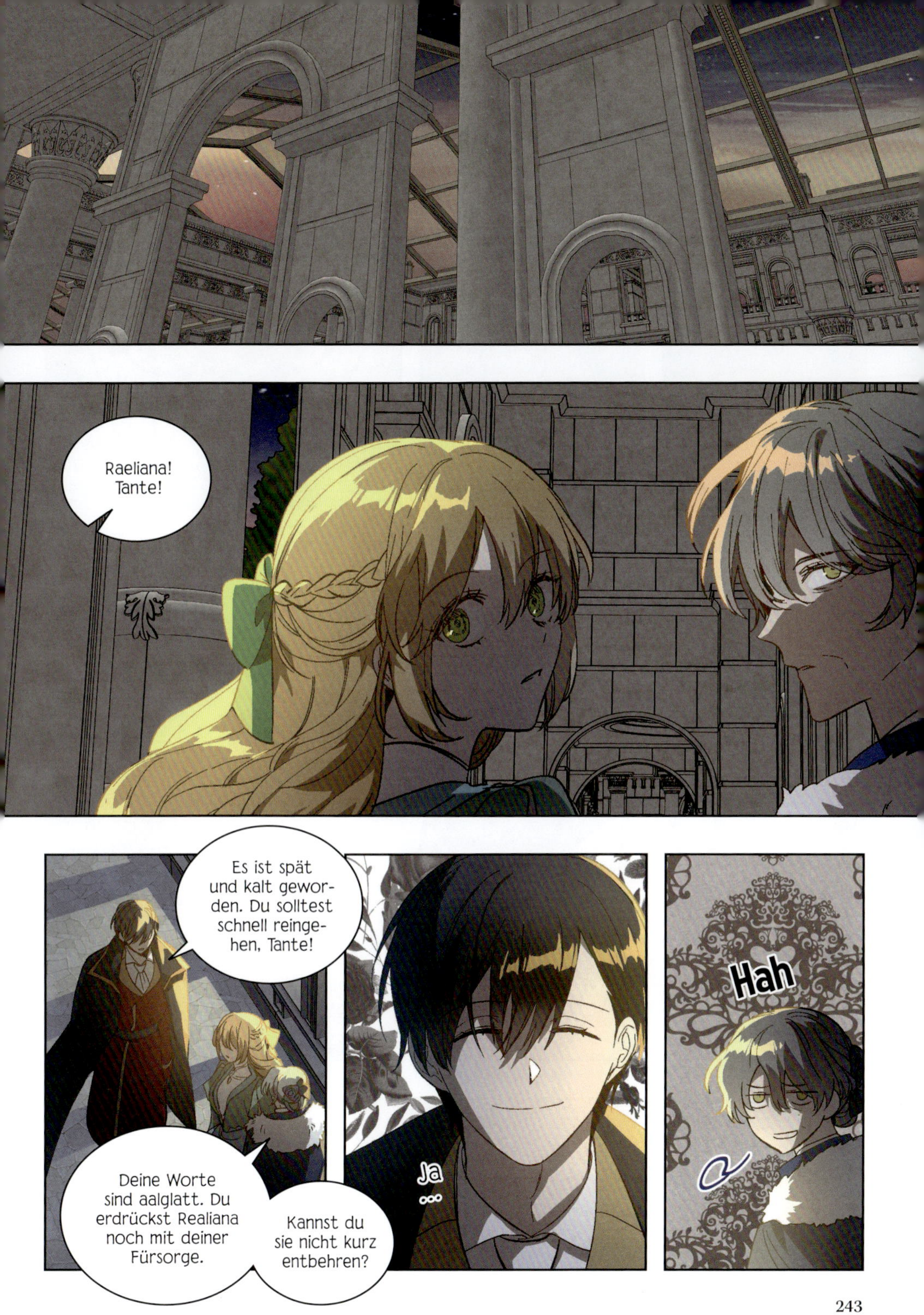
Raeliana!
Tante!
Es ist spät und kalt geworden. Du solltest schnell reingehen, Tante!
Deine Worte sind aalglatt. Du erdrückst Realiana noch mit deiner Fürsorge.
Kannst du sie nicht kurz entbehren?
Ja …
Hah

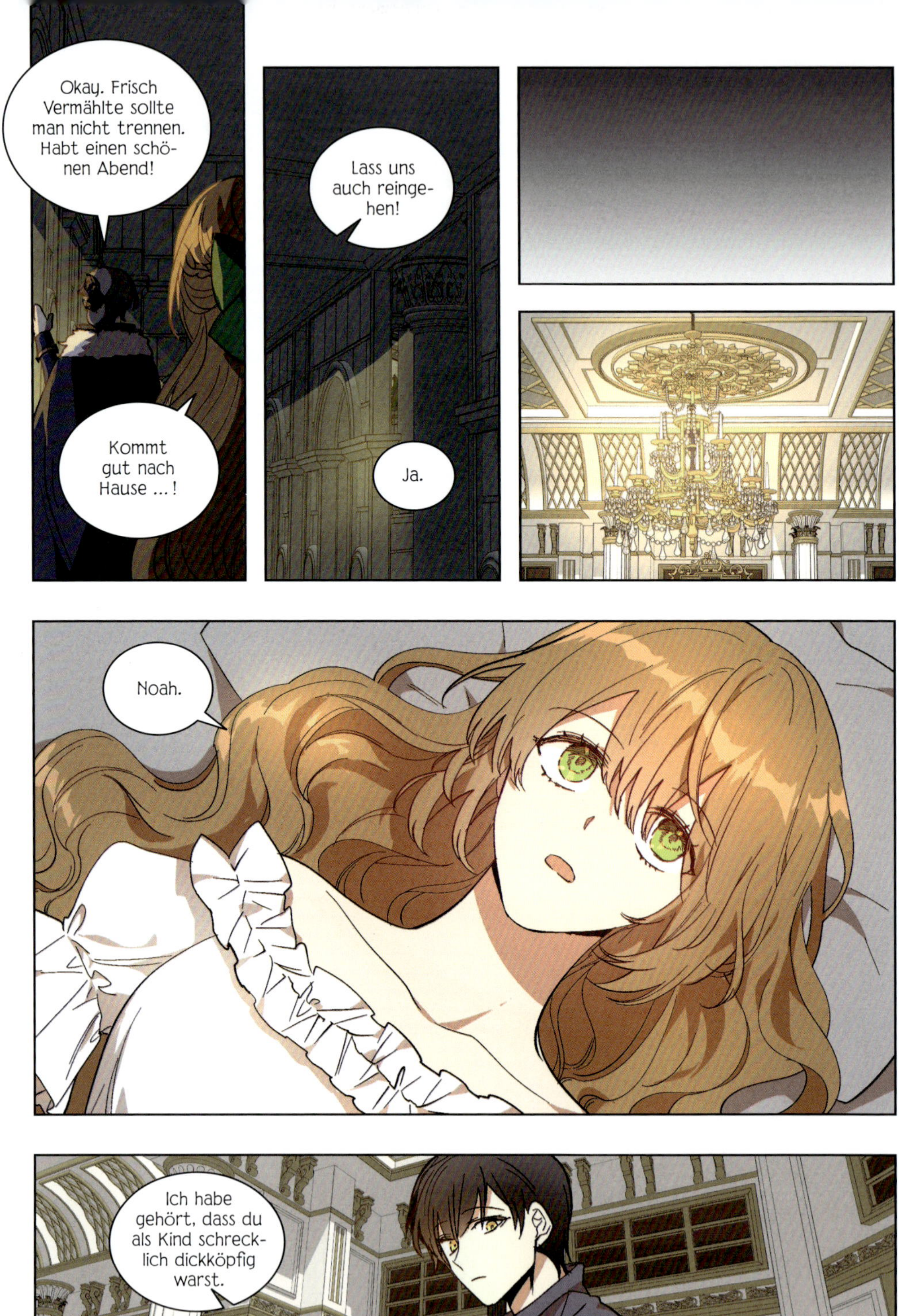
Okay. Frisch Vermählte sollte man nicht trennen. Habt einen schönen Abend!
Kommt gut nach Hause ...!
Lass uns auch reingehen!
Ja.
Noah.
Ich habe gehört, dass du als Kind schrecklich dickköpfig warst.

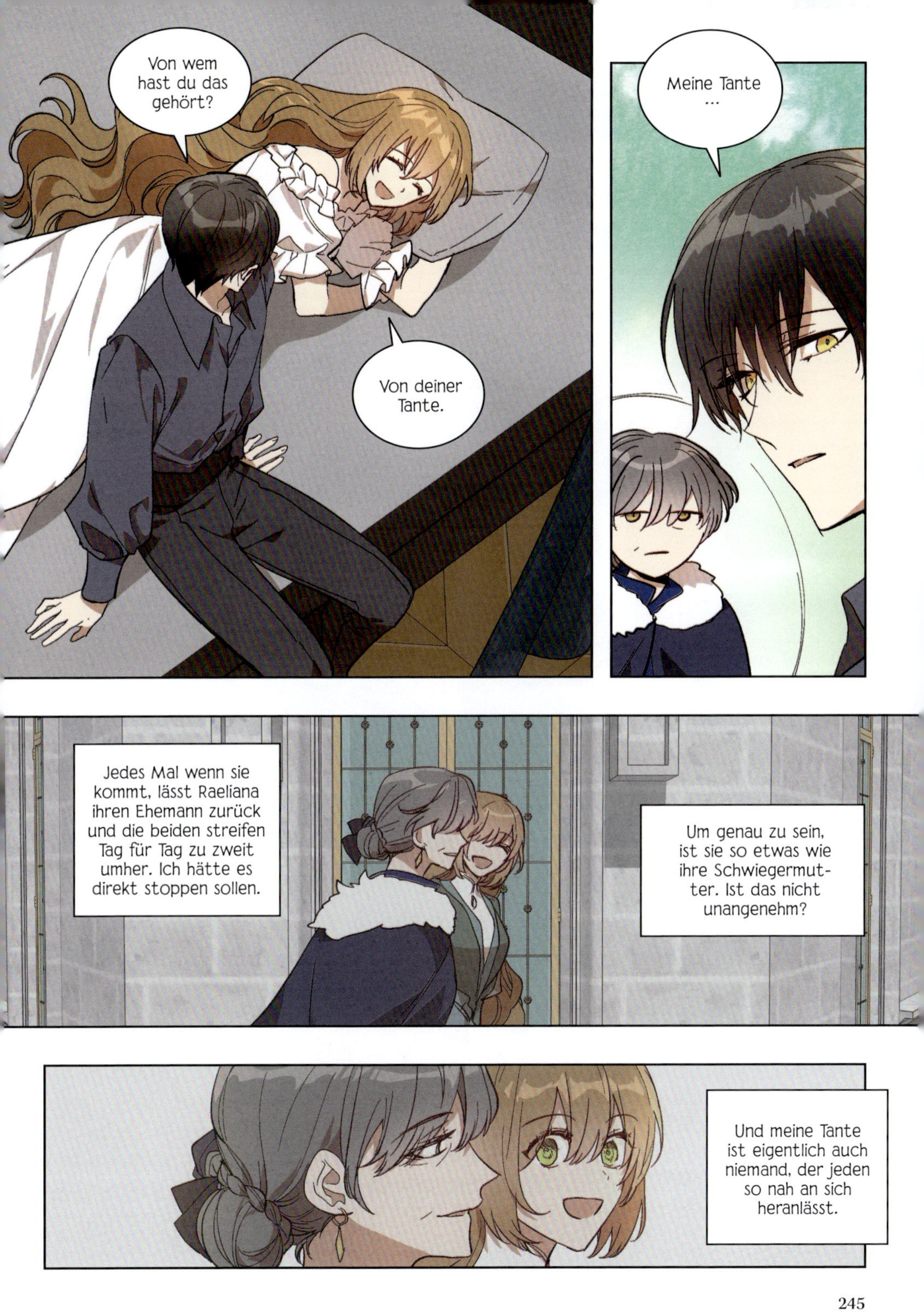
Von wem hast du das gehört?
Von deiner Tante.
Meine Tante …
Jedes Mal wenn sie kommt, lässt Raeliana ihren Ehemann zurück und die beiden streifen Tag für Tag zu zweit umher. Ich hätte es direkt stoppen sollen.
Um genau zu sein, ist sie so etwas wie ihre Schwiegermutter. Ist das nicht unangenehm?
Und meine Tante ist eigentlich auch niemand, der jeden so nah an sich heranlässt.

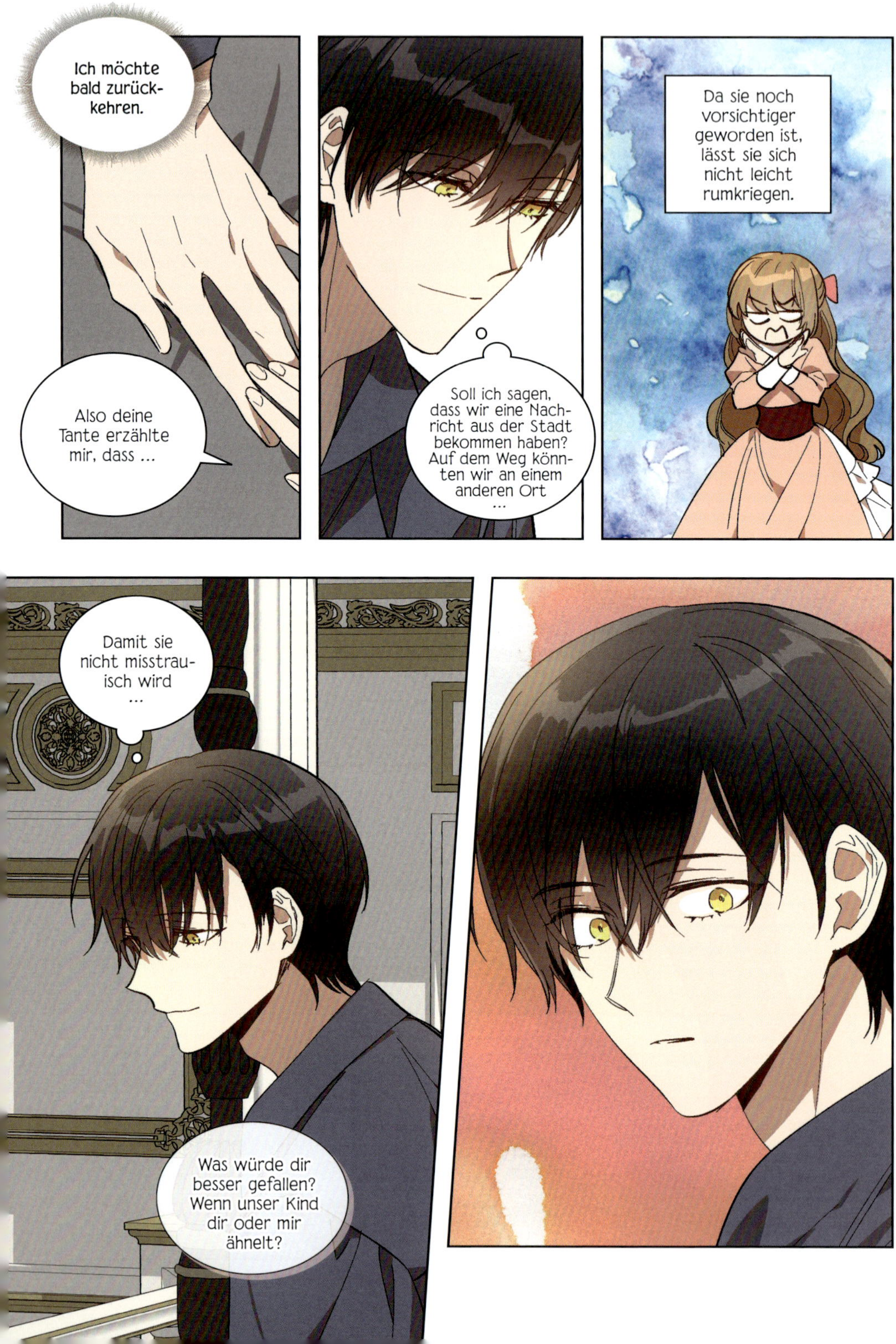
Ich möchte bald zurück-kehren.
Also deine Tante erzählte mir, dass ...
Soll ich sagen, dass wir eine Nach-richt aus der Stadt bekommen haben? Auf dem Weg könn-ten wir an einem anderen Ort ...
Da sie noch vorsichtiger geworden ist, lässt sie sich nicht leicht rumkriegen.
Damit sie nicht misstrau-isch wird ...
Was würde dir besser gefallen? Wenn unser Kind dir oder mir ähnelt?

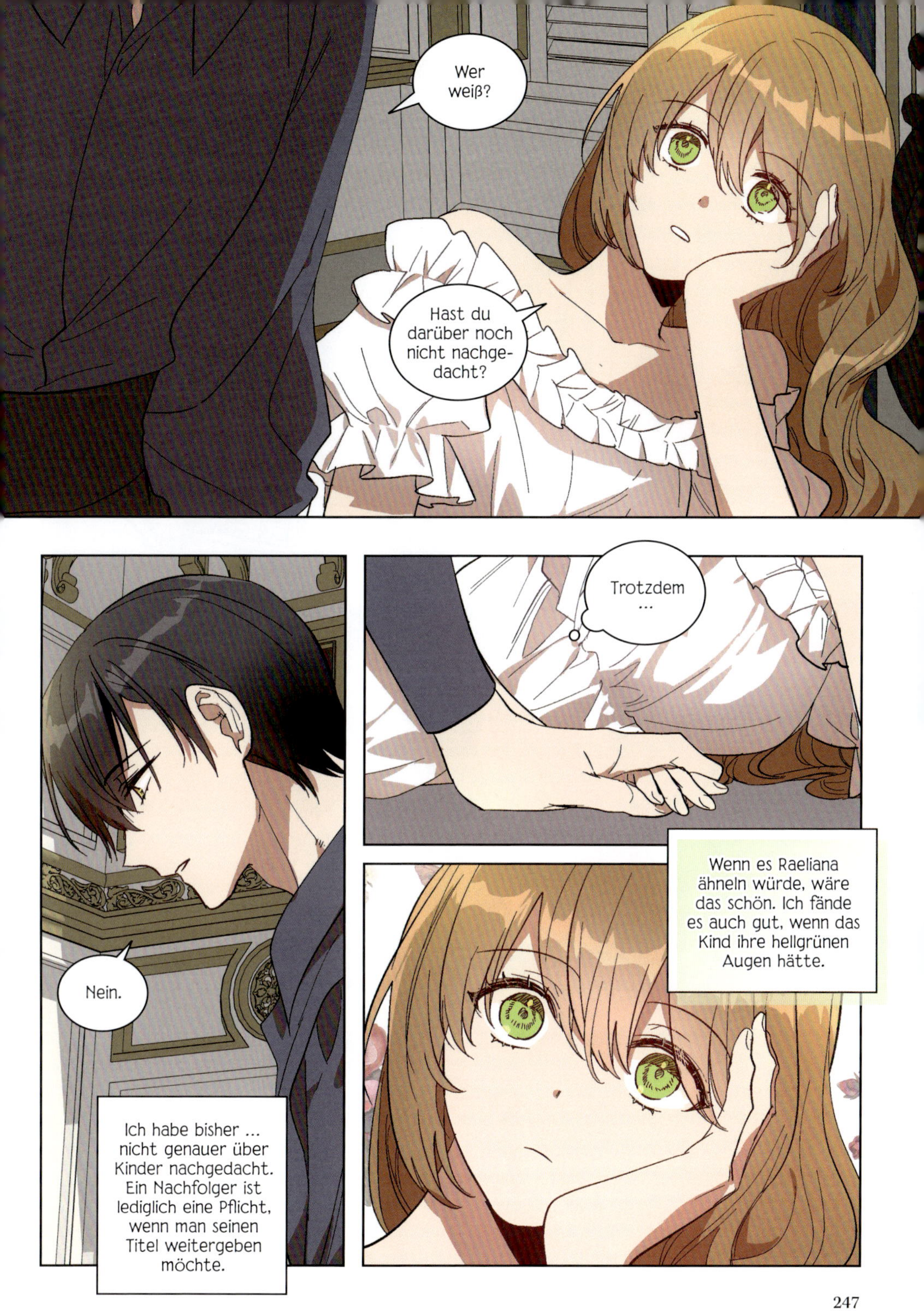
Wer weiß?
Hast du darüber noch nicht nachgedacht?
Nein.
Ich habe bisher … nicht genauer über Kinder nachgedacht. Ein Nachfolger ist lediglich eine Pflicht, wenn man seinen Titel weitergeben möchte.
Trotzdem …
Wenn es Raeliana ähneln würde, wäre das schön. Ich fände es auch gut, wenn das Kind ihre hellgrünen Augen hätte.

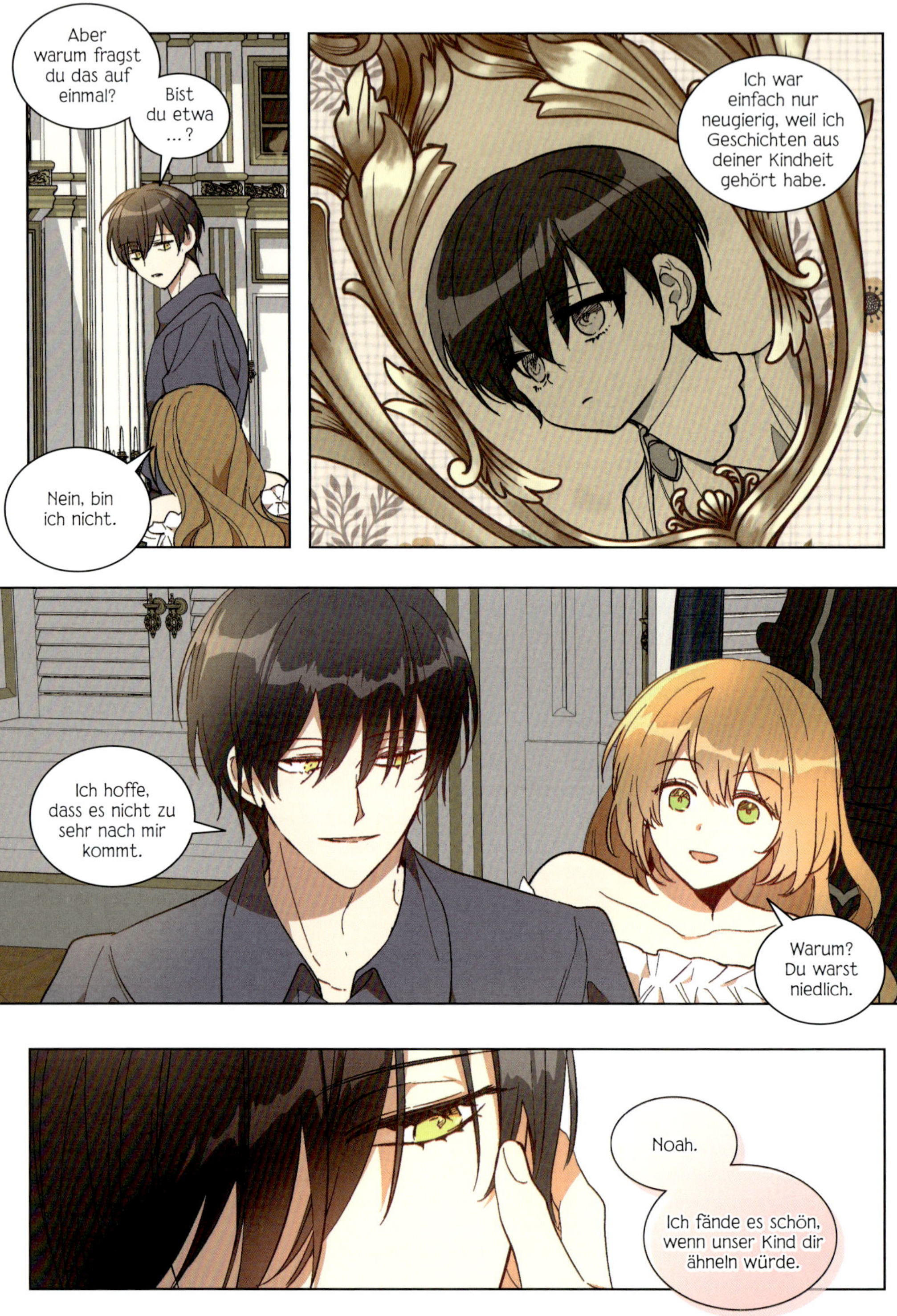
Aber warum fragst du das auf einmal?
Bist du etwa ...?
Nein, bin ich nicht.
Ich war einfach nur neugierig, weil ich Geschichten aus deiner Kindheit gehört habe.
Ich hoffe, dass es nicht zu sehr nach mir kommt.
Warum? Du warst niedlich.
Noah.
Ich fände es schön, wenn unser Kind dir ähneln würde.

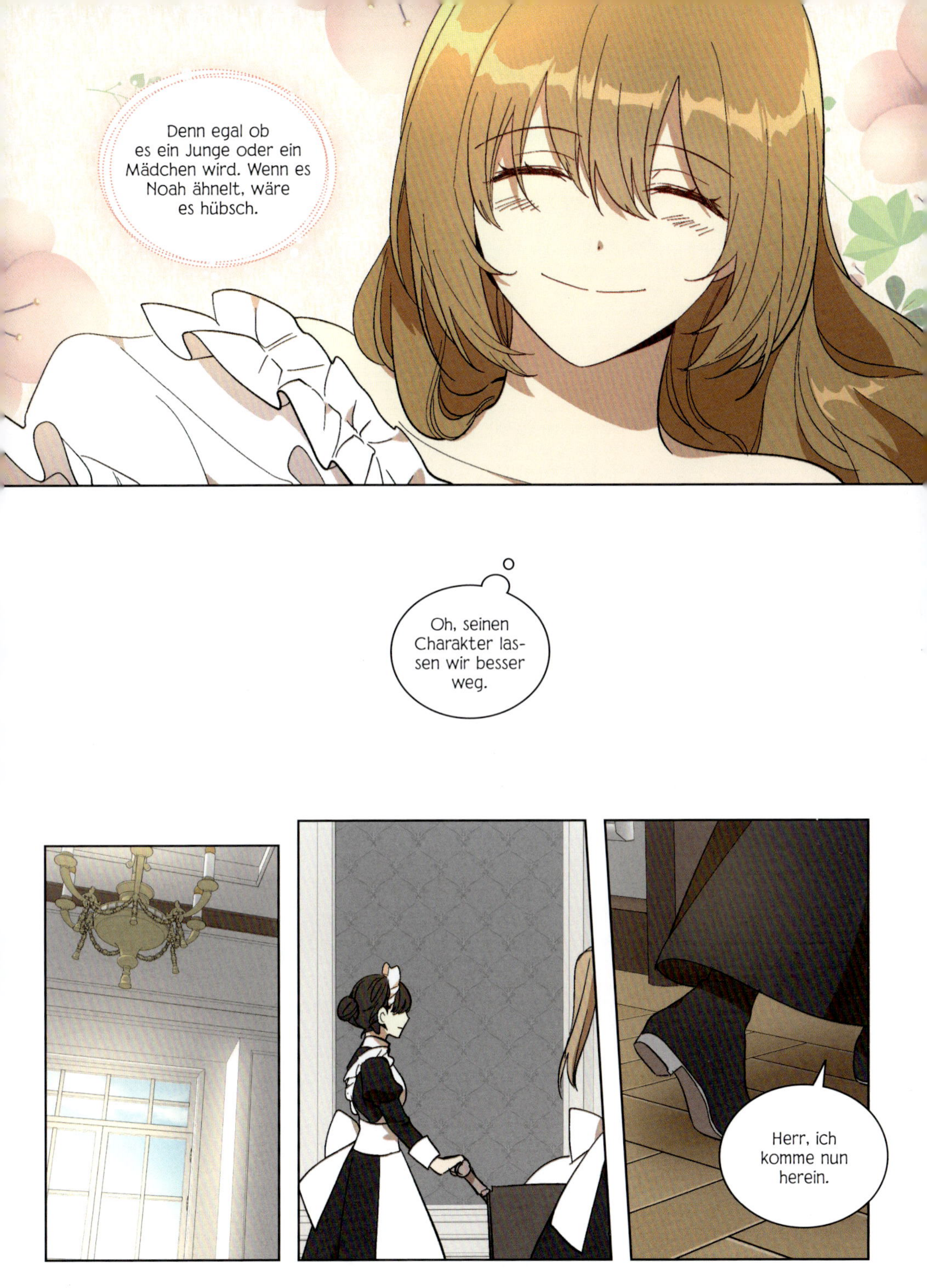
Denn egal ob es ein Junge oder ein Mädchen wird. Wenn es Noah ähnelt, wäre es hübsch.
Oh, seinen Charakter lassen wir besser weg.
Herr, ich komme nun herein.

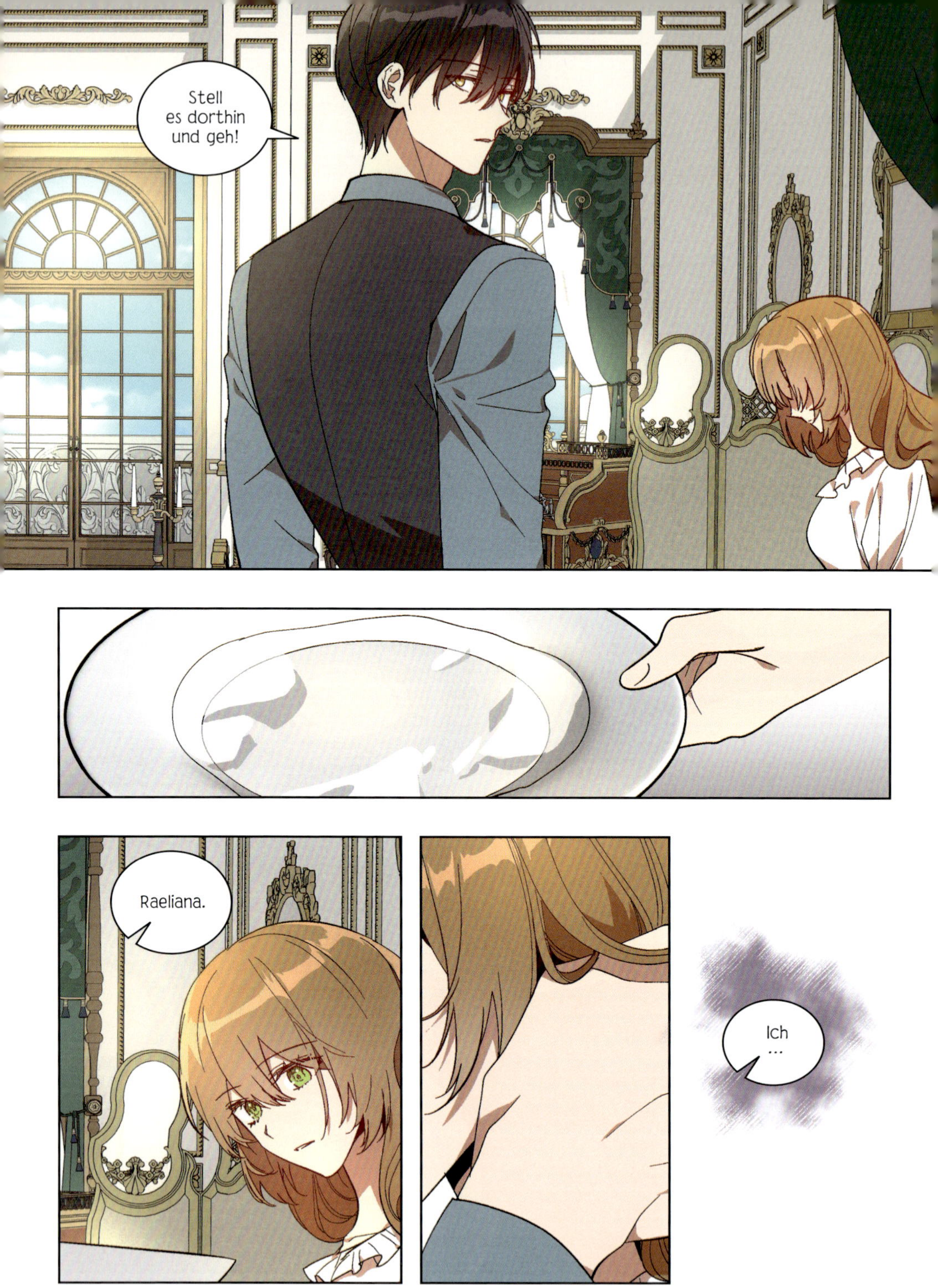
Stell es dorthin und geh!
Raeliana.
Ich …

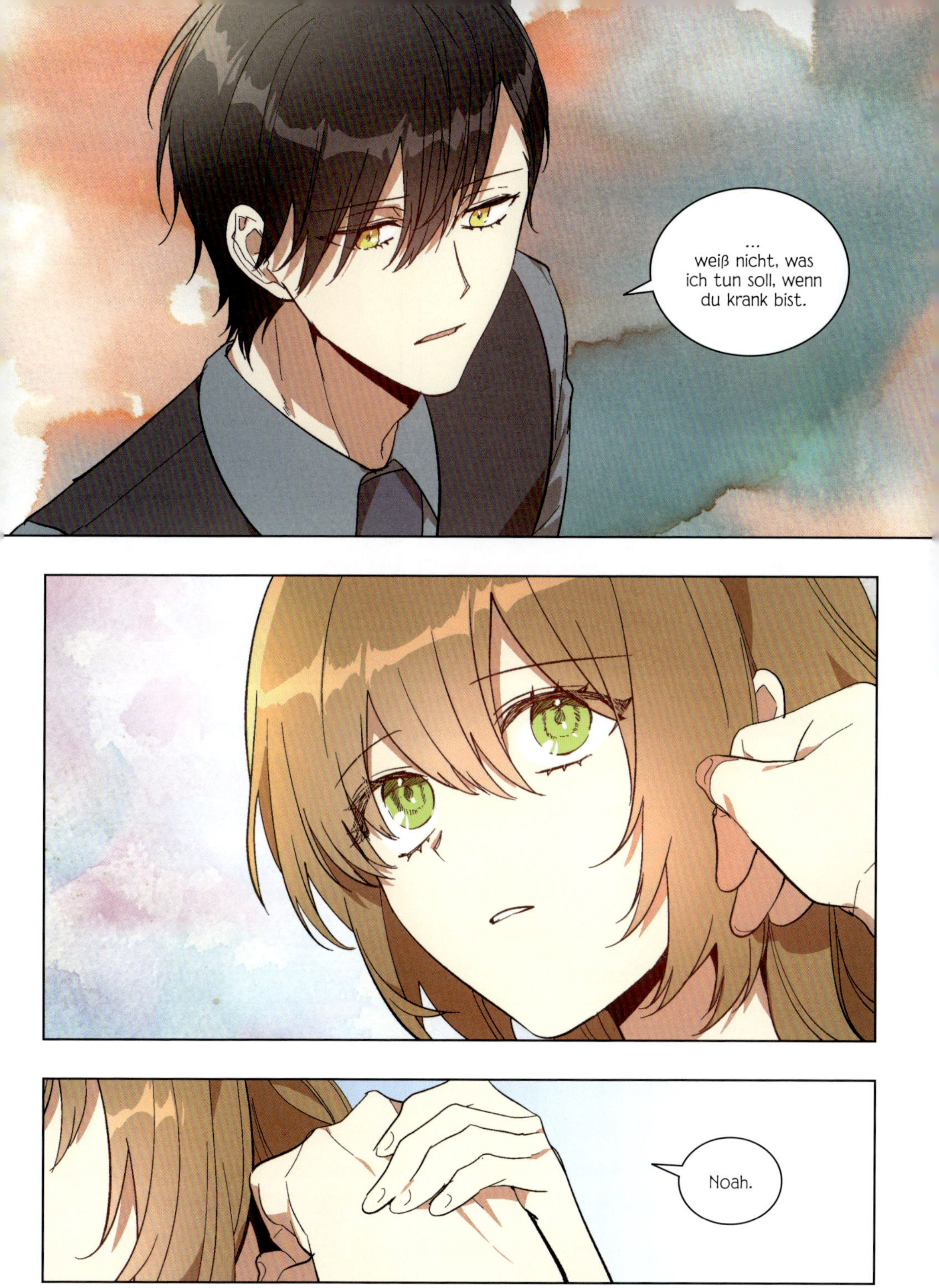
...
weiß nicht, was
ich tun soll, wenn
du krank bist.
Noah.

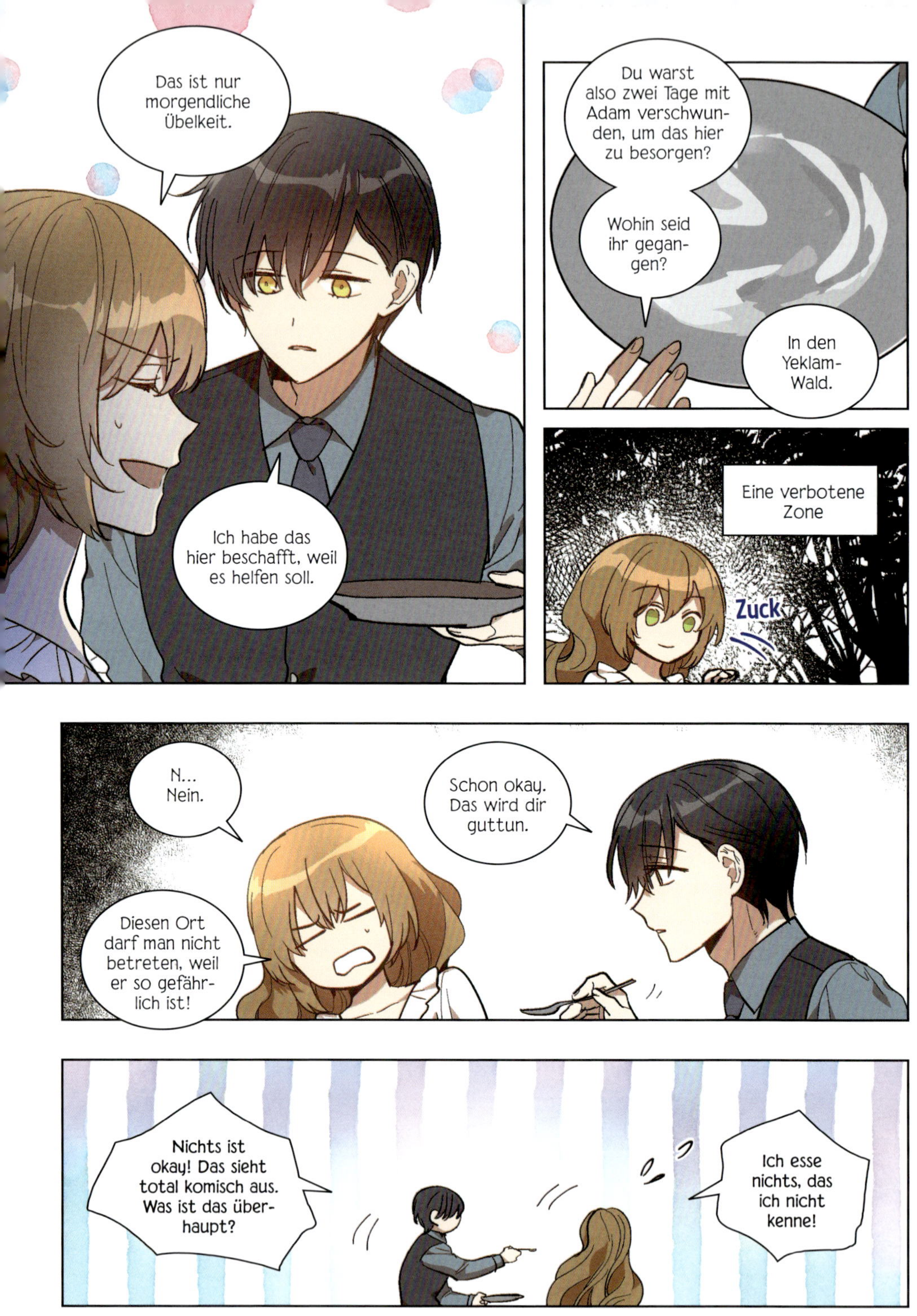

Das ist nur morgendliche Übelkeit.
Ich habe das hier beschafft, weil es helfen soll.
Du warst also zwei Tage mit Adam verschwunden, um das hier zu besorgen?
Wohin seid ihr gegangen?
In den Yeklam-Wald.
Eine verbotene Zone
Zuck
N... Nein.
Diesen Ort darf man nicht betreten, weil er so gefährlich ist!
Schon okay. Das wird dir guttun.
Nichts ist okay! Das sieht total komisch aus. Was ist das überhaupt?
Ich esse nichts, das ich nicht kenne!

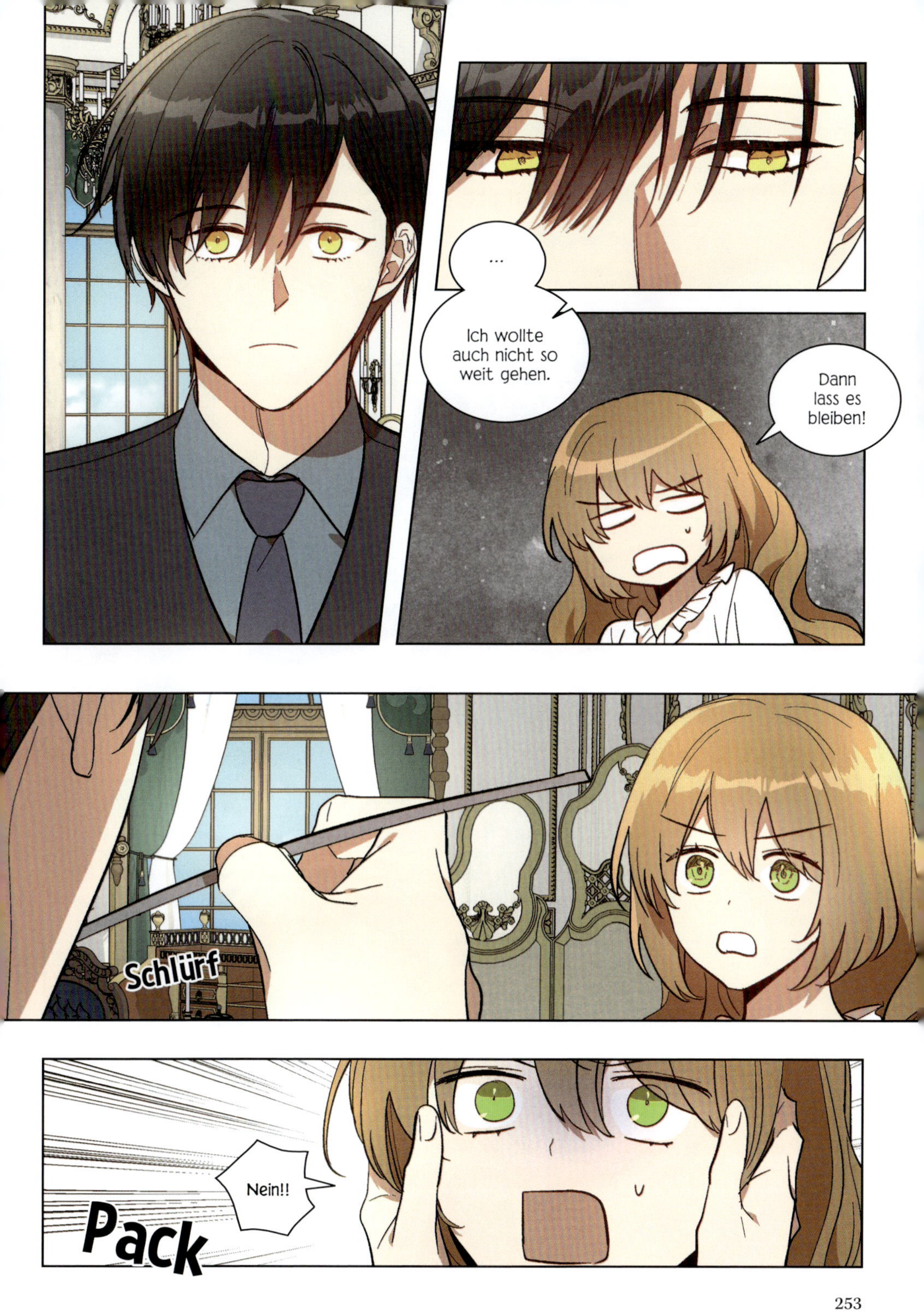
...
Ich wollte auch nicht so weit gehen.
Dann lass es bleiben!
Schlürf
Nein!!
Pack

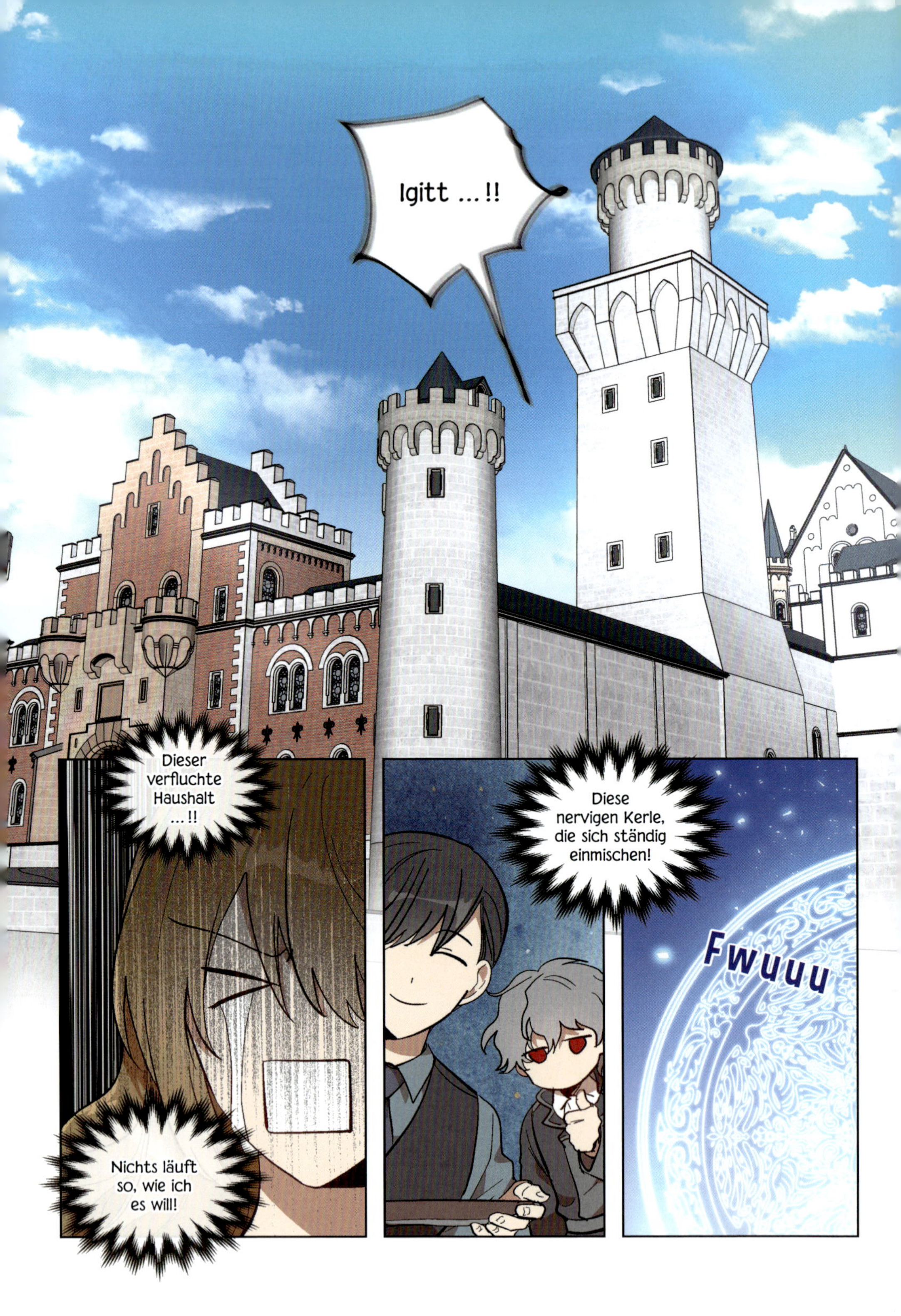
Igitt ... !!
Dieser verfluchte Haushalt ... !!
Nichts läuft so, wie ich es will!
Diese nervigen Kerle, die sich ständig einmischen!
Fwuuu

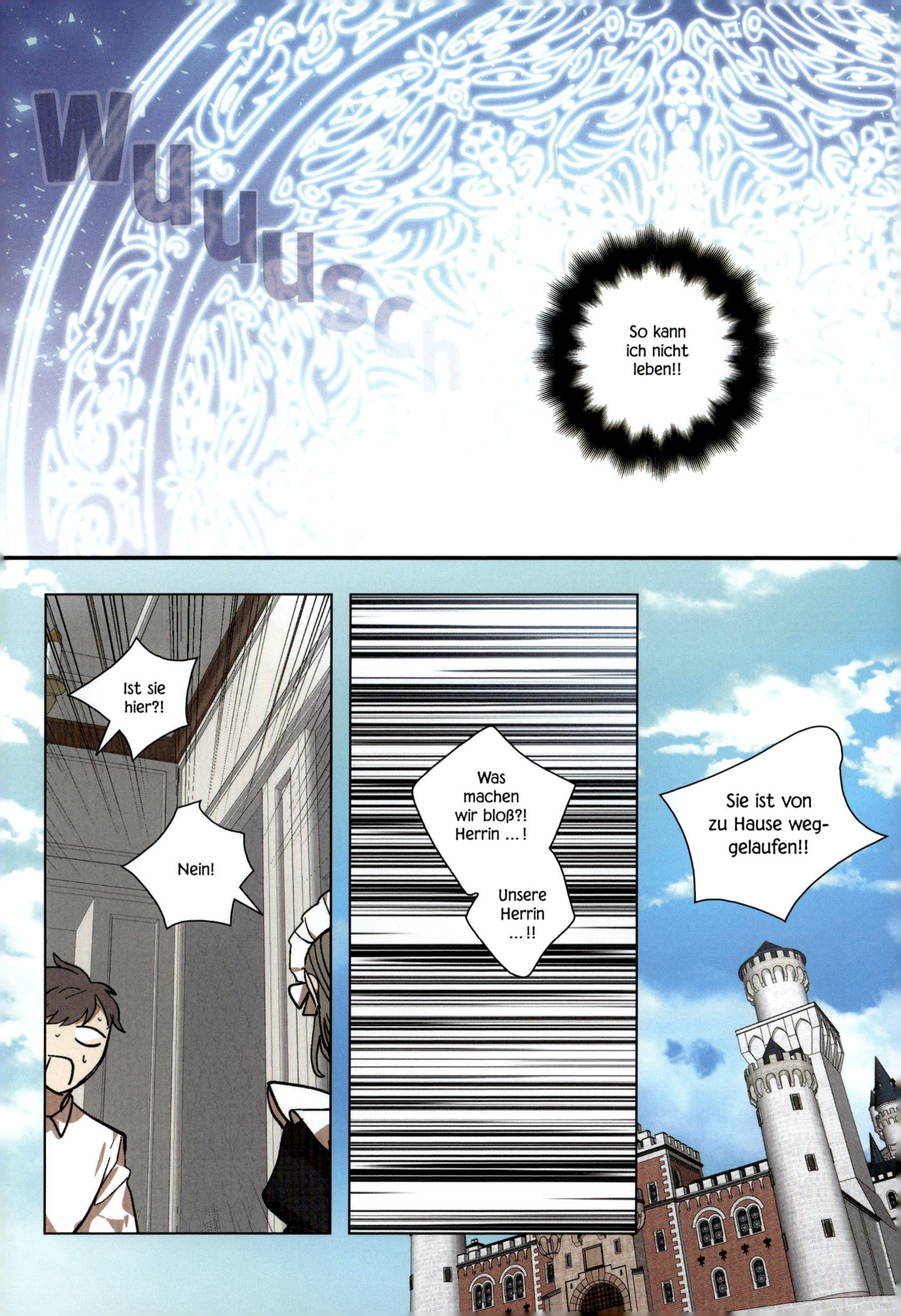
Wuuusch
So kann ich nicht leben!!
Ist sie hier?!
Nein!
Was machen wir bloß?! Herrin ... !
Unsere Herrin ... !!
Sie ist von zu Hause weggelaufen!!

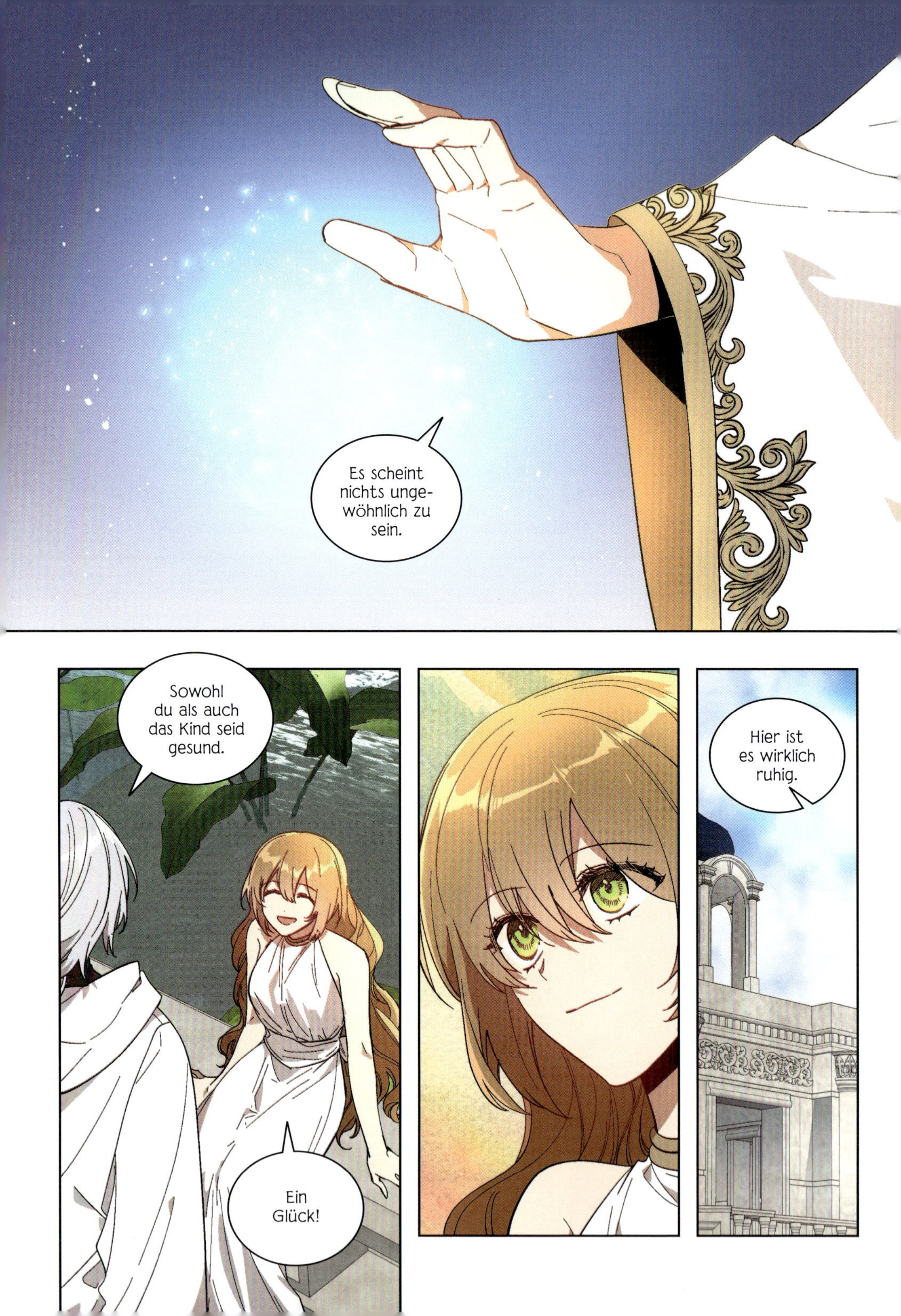
Es scheint nichts unge-wöhnlich zu sein.
Sowohl du als auch das Kind seid gesund.
Ein Glück!
Hier ist es wirklich ruhig.

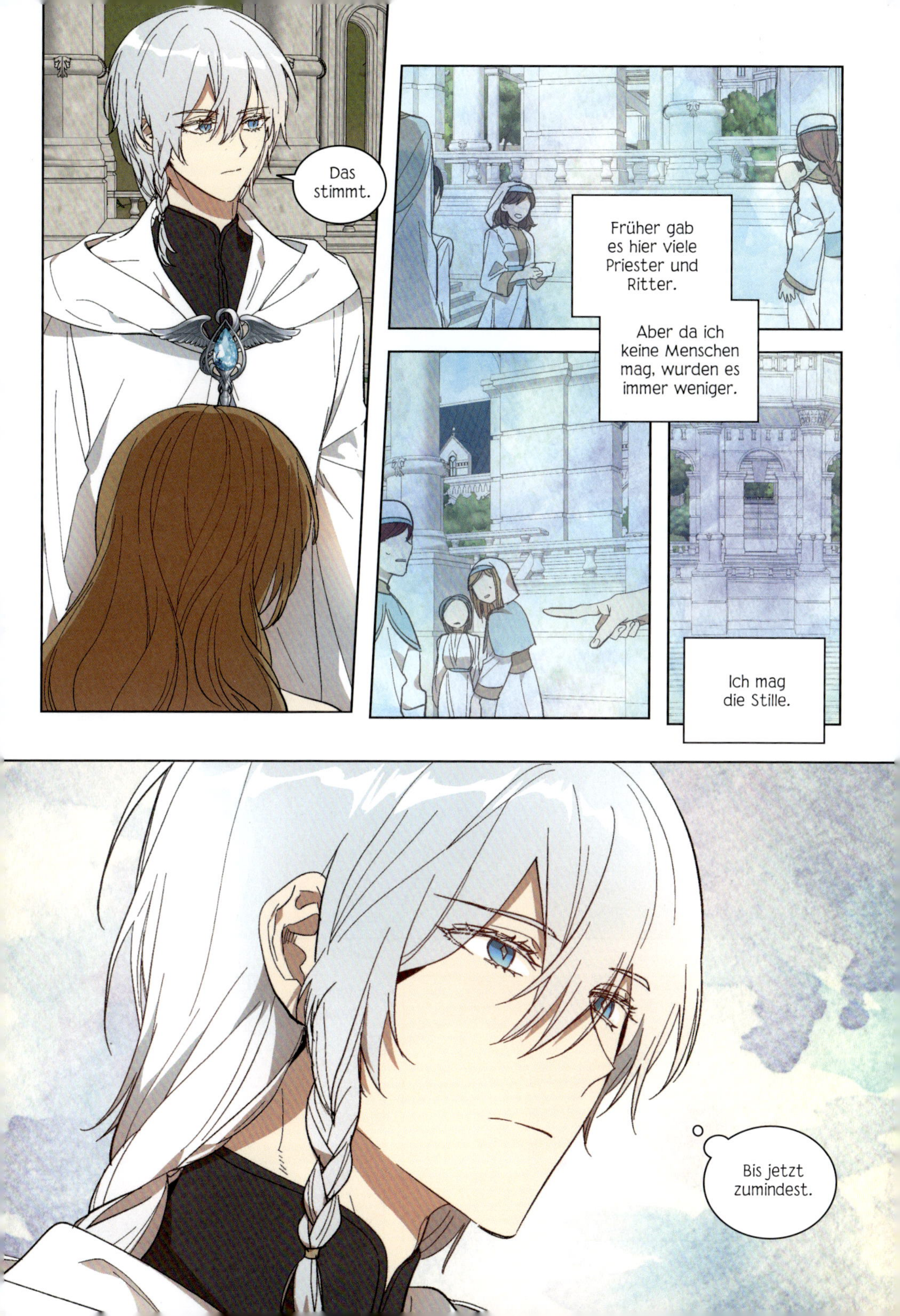
Das stimmt.
Früher gab es hier viele Priester und Ritter.
Aber da ich keine Menschen mag, wurden es immer weniger.
Ich mag die Stille.
Bis jetzt zumindest.

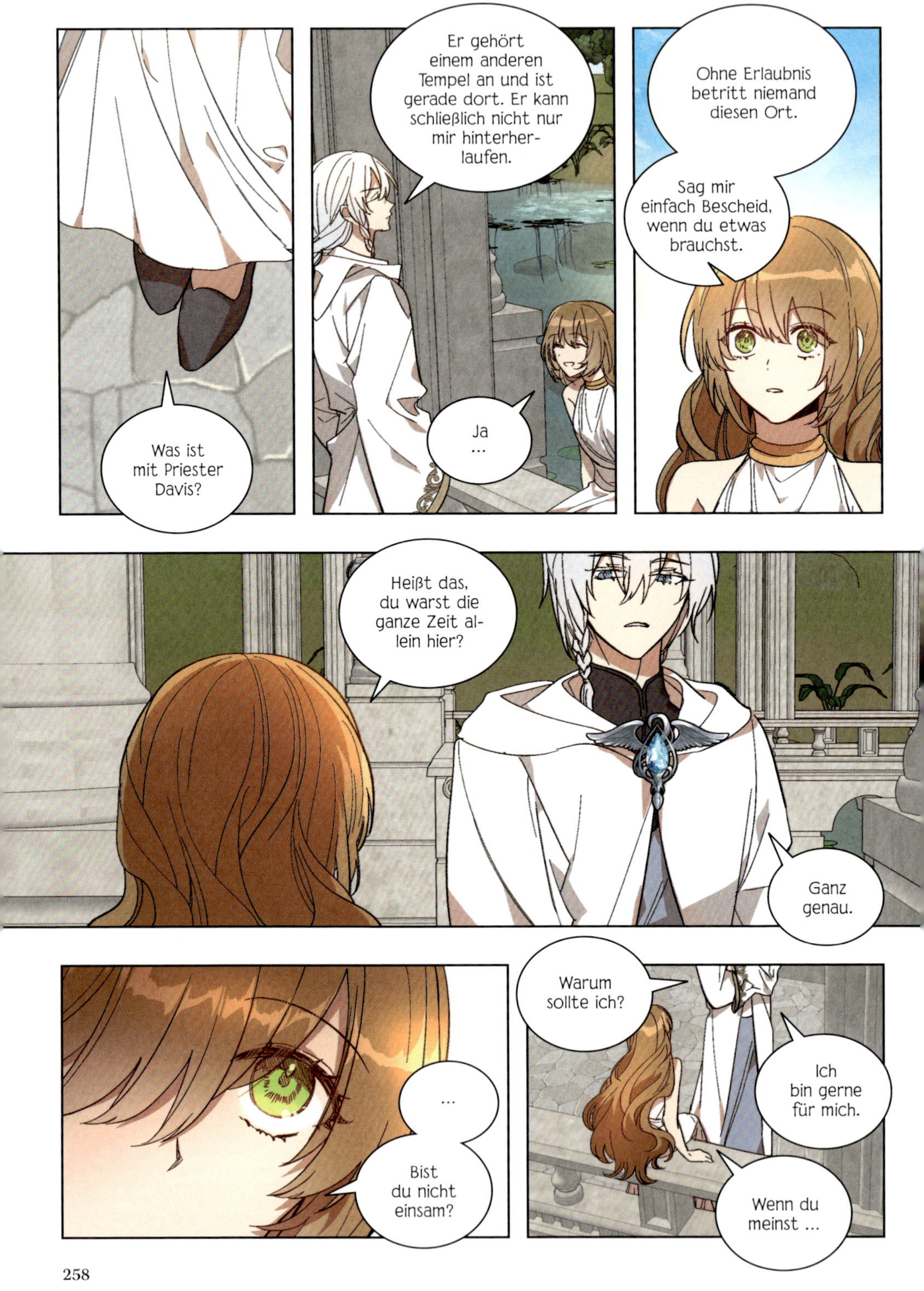
Was ist mit Priester Davis?
Er gehört einem anderen Tempel an und ist gerade dort. Er kann schließlich nicht nur mir hinterherlaufen.
Ja …
Ohne Erlaubnis betritt niemand diesen Ort.
Sag mir einfach Bescheid, wenn du etwas brauchst.
Heißt das, du warst die ganze Zeit allein hier?
Ganz genau.
…
Bist du nicht einsam?
Warum sollte ich?
Ich bin gerne für mich.
Wenn du meinst …

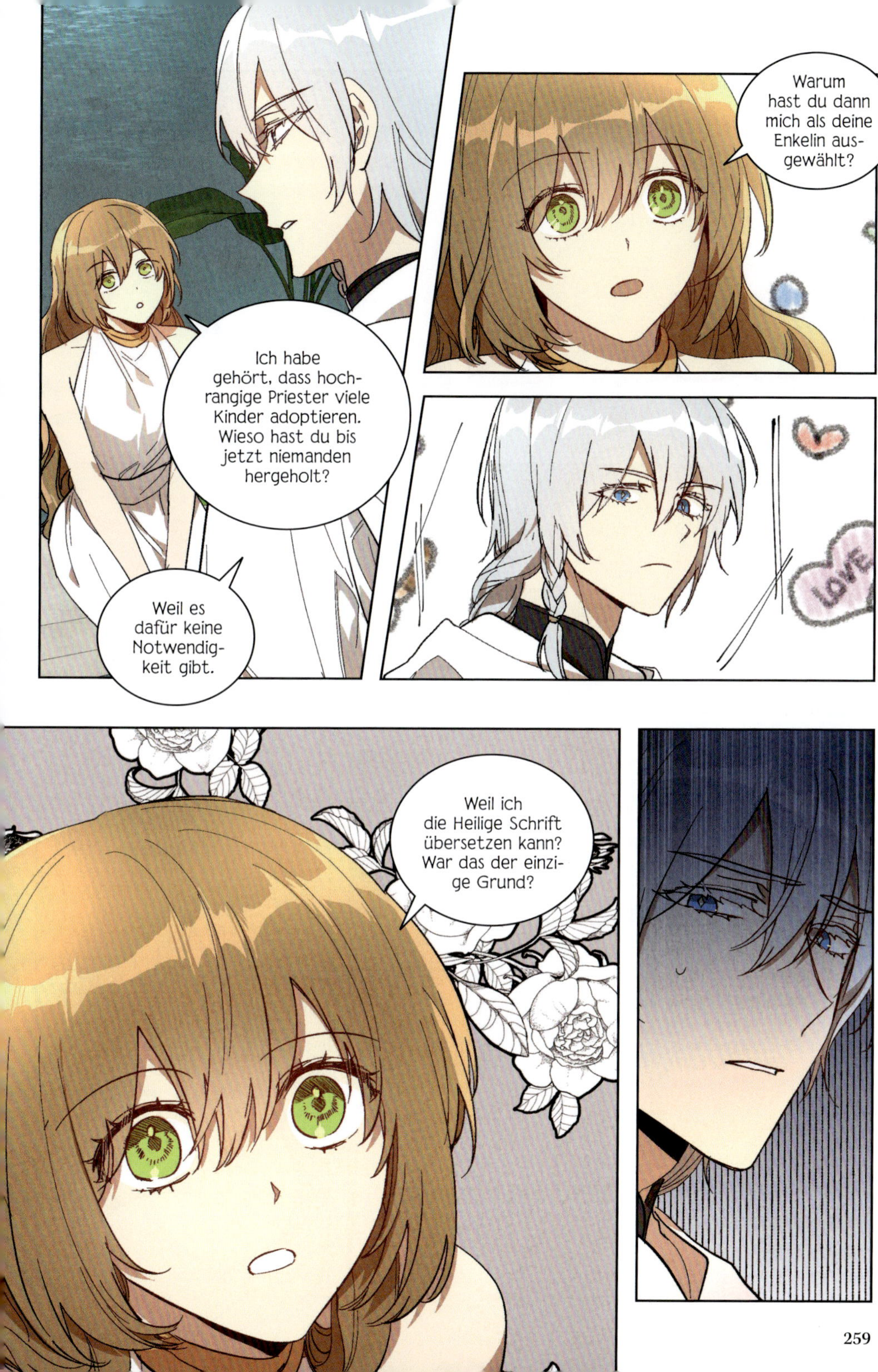
Ich habe gehört, dass hochrangige Priester viele Kinder adoptieren. Wieso hast du bis jetzt niemanden hergeholt?
Weil es dafür keine Notwendigkeit gibt.
Warum hast du dann mich als deine Enkelin ausgewählt?
LOVE
Weil ich die Heilige Schrift übersetzen kann? War das der einzige Grund?

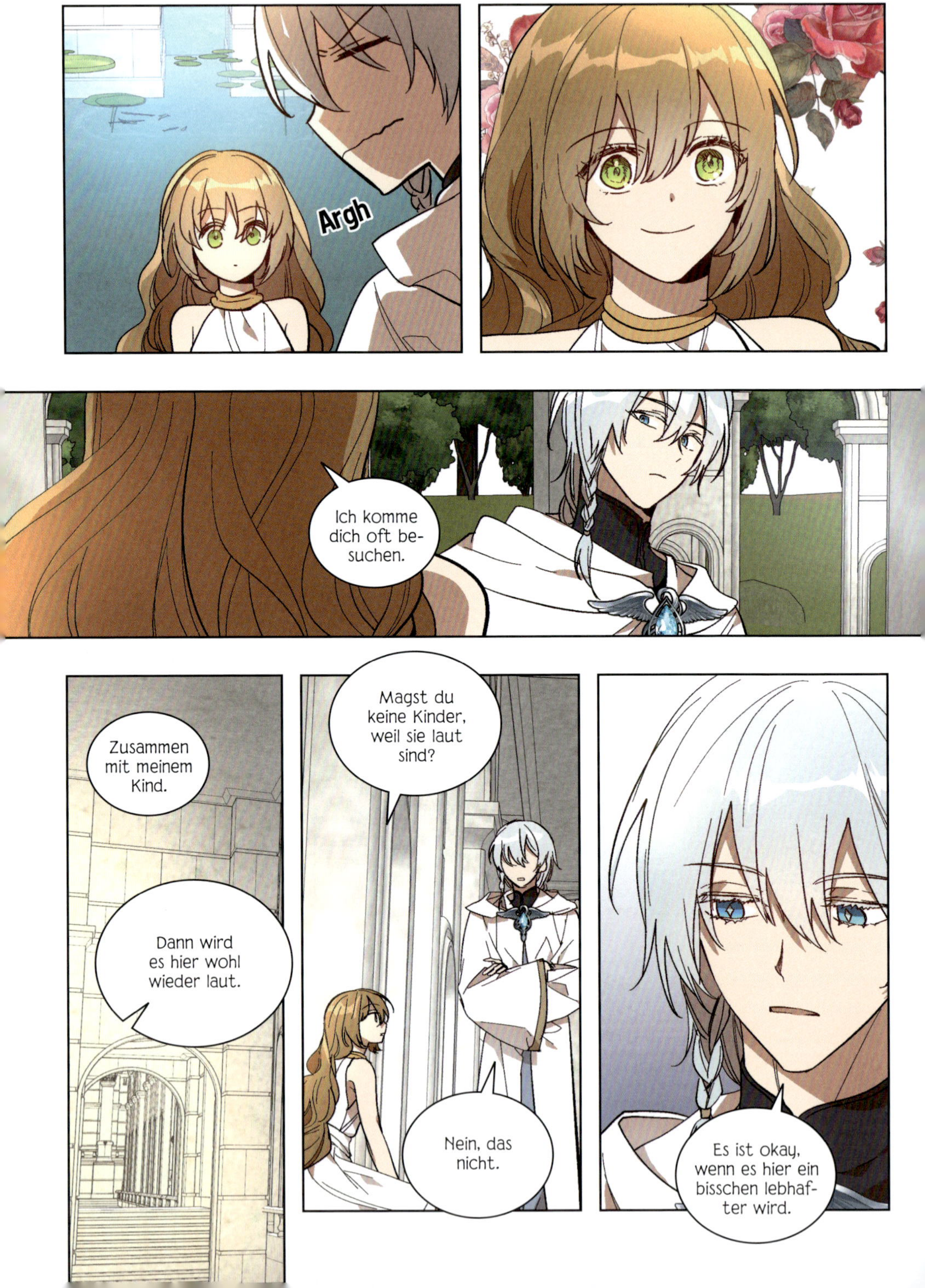
Argh
Ich komme dich oft besuchen.
Zusammen mit meinem Kind.
Dann wird es hier wohl wieder laut.
Magst du keine Kinder, weil sie laut sind?
Nein, das nicht.
Es ist okay, wenn es hier ein bisschen lebhafter wird.

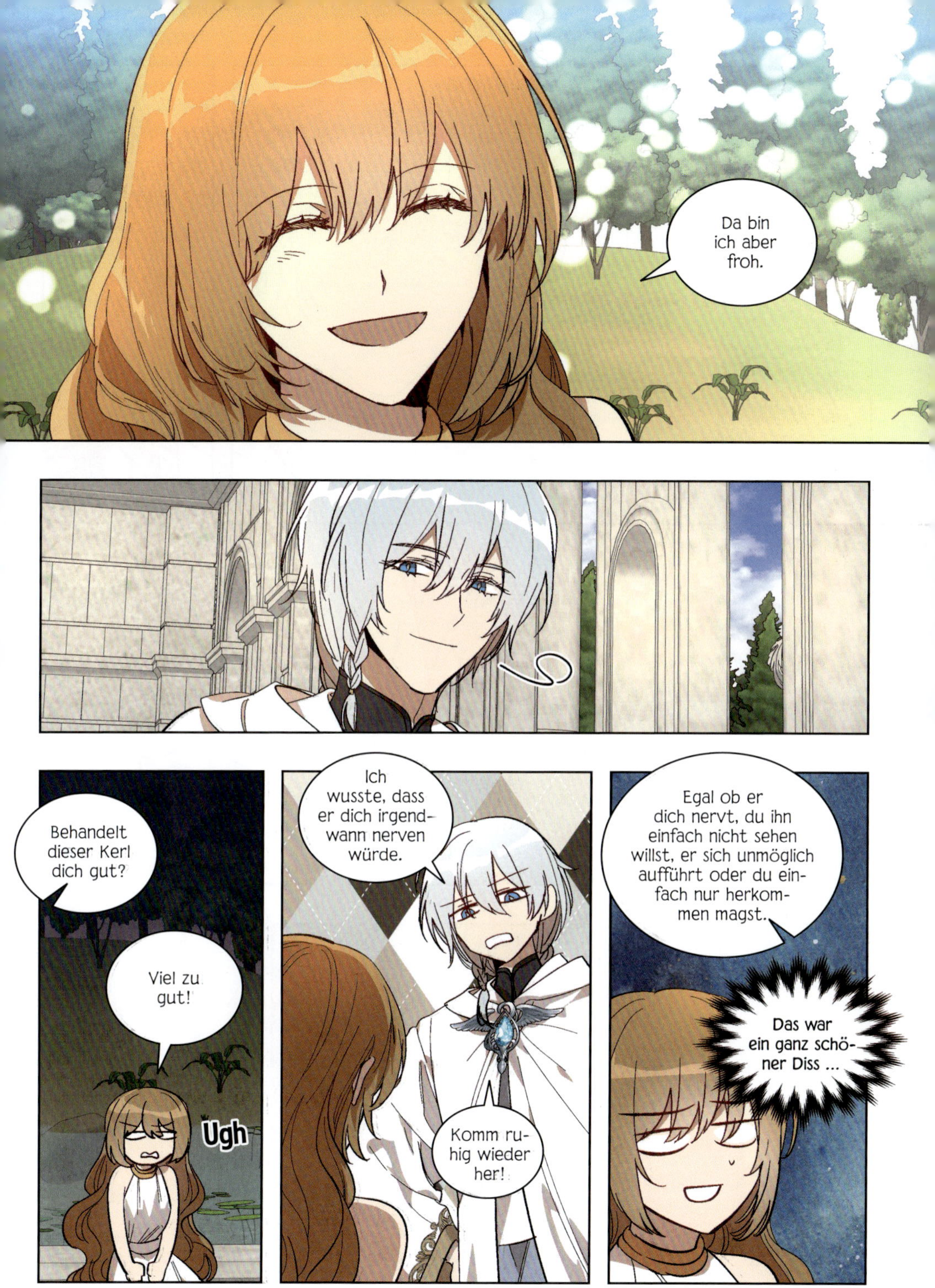
Da bin ich aber froh.
Behandelt dieser Kerl dich gut?
Viel zu gut!
Ugh
Ich wusste, dass er dich irgendwann nerven würde.
Komm ruhig wieder her!
Egal ob er dich nervt, du ihn einfach nicht sehen willst, er sich unmöglich aufführt oder du einfach nur herkommen magst.
Das war ein ganz schöner Diss ...

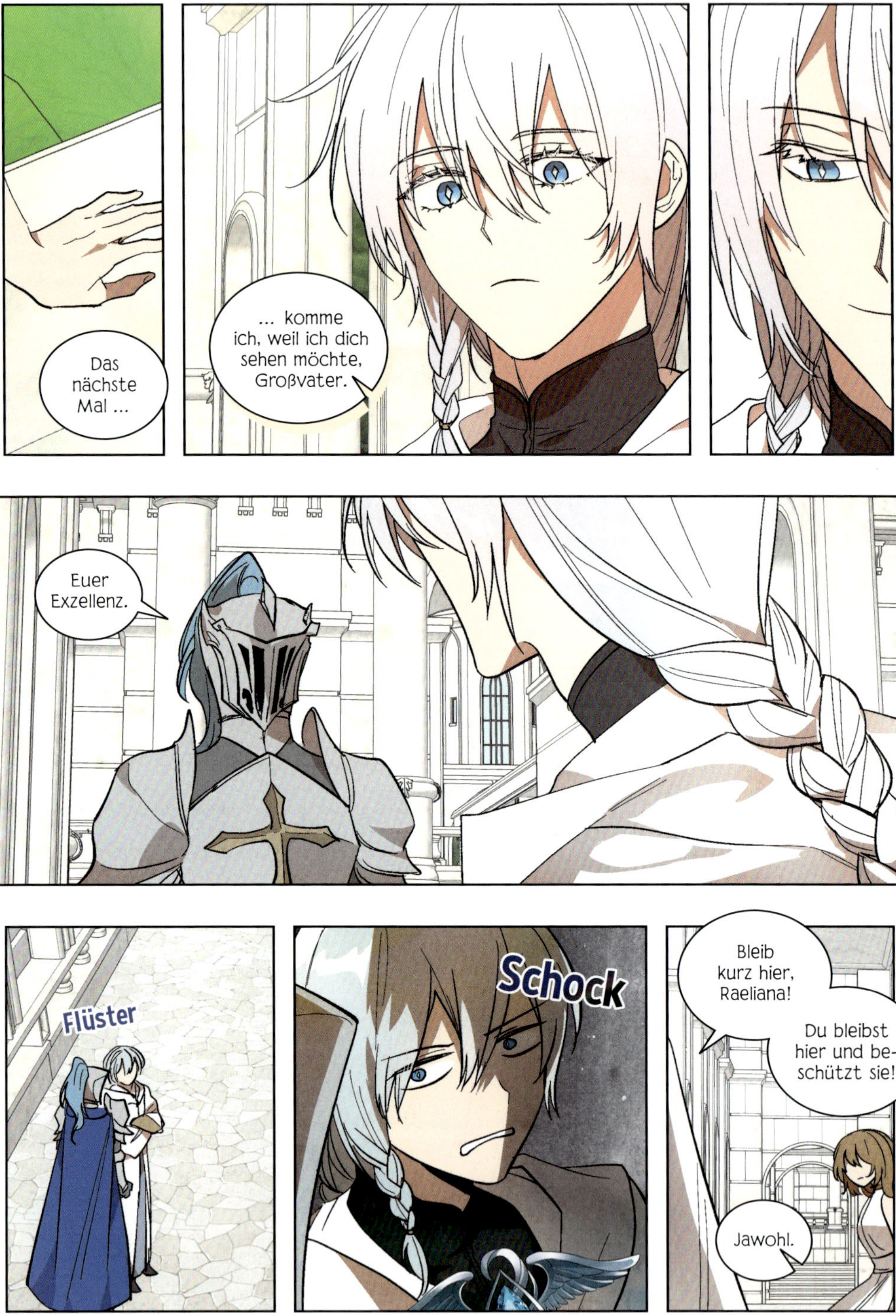
Das nächste Mal ...
... komme ich, weil ich dich sehen möchte, Großvater.
Euer Exzellenz.
Flüster
Schock
Bleib kurz hier, Raeliana!
Du bleibst hier und beschützt sie!
Jawohl.

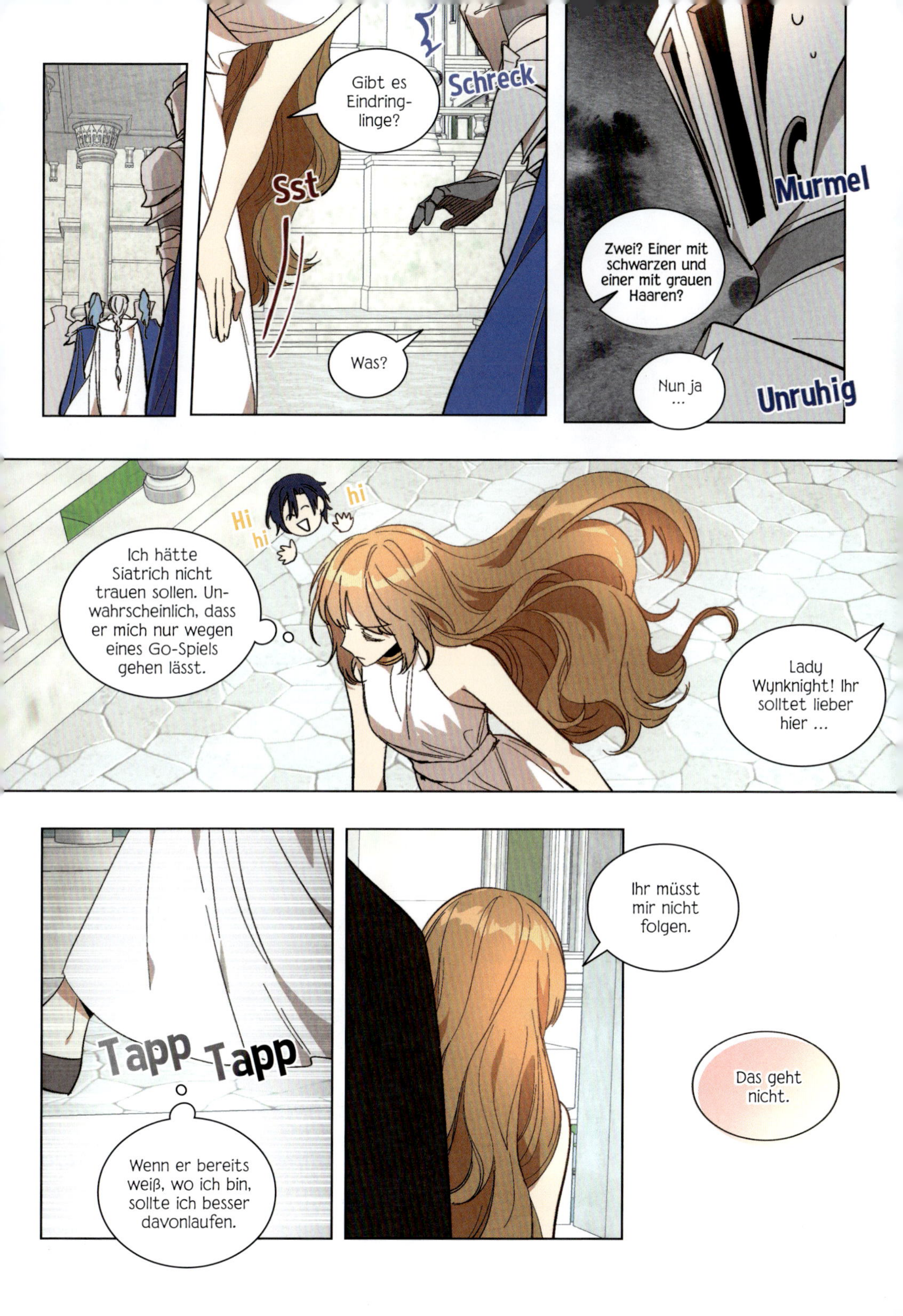
Gibt es Eindring-linge?
Schreck
Sst
Was?
Murmel
Zwei? Einer mit schwarzen und einer mit grauen Haaren?
Nun ja …
Unruhig
Hi hi hi
Ich hätte Siatrich nicht trauen sollen. Un-wahrscheinlich, dass er mich nur wegen eines Go-Spiels gehen lässt.
Lady Wynknight! Ihr solltet lieber hier …
Tapp Tapp
Wenn er bereits weiß, wo ich bin, sollte ich besser davonlaufen.
Ihr müsst mir nicht folgen.
Das geht nicht.

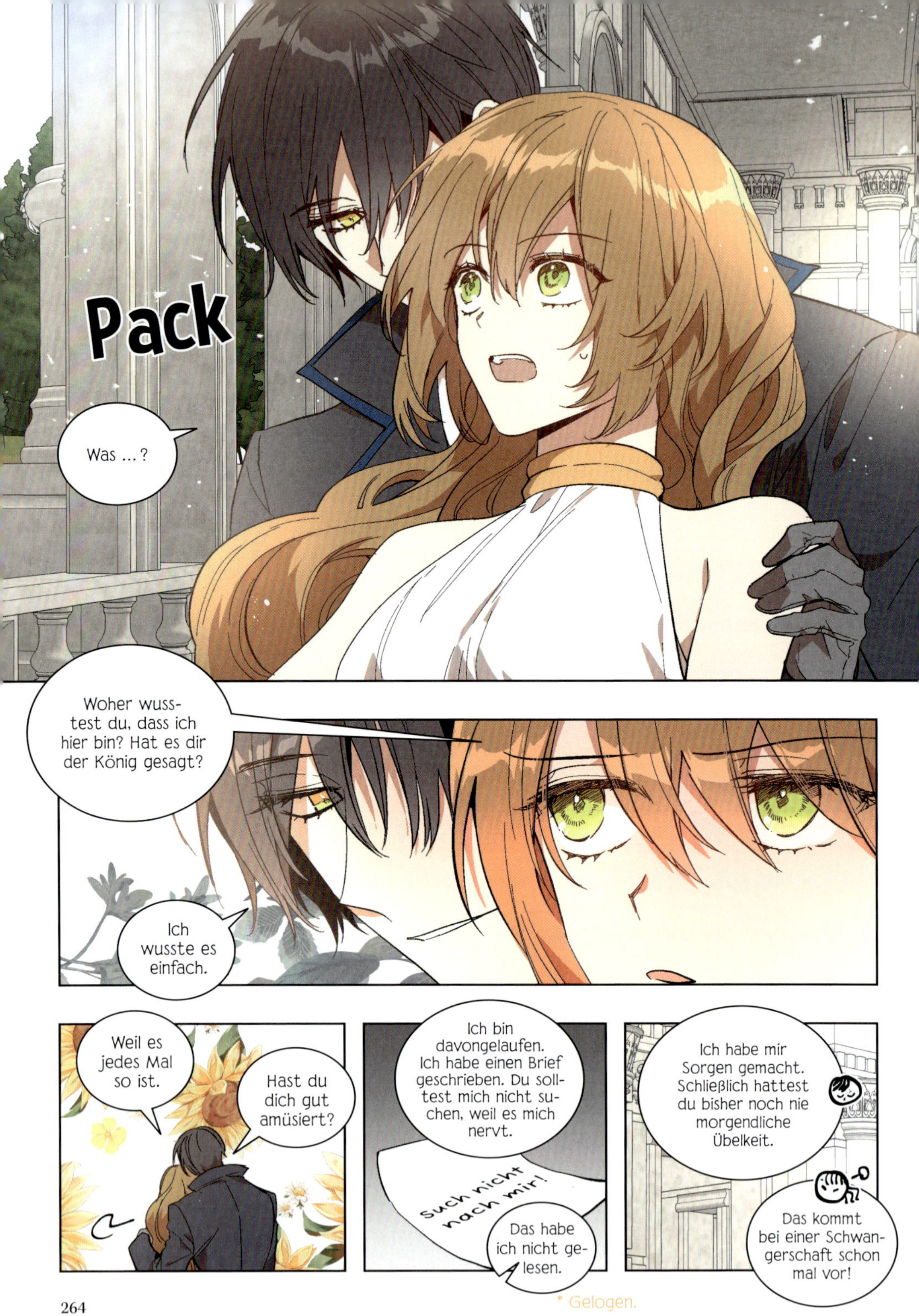
Pack
Was ...?
Woher wusstest du, dass ich hier bin? Hat es dir der König gesagt?
Ich wusste es einfach.
Weil es jedes Mal so ist.
Hast du dich gut amüsiert?
Ich bin davongelaufen. Ich habe einen Brief geschrieben. Du solltest mich nicht suchen, weil es mich nervt.
Such nicht nach mir!
Das habe ich nicht gelesen.
Ich habe mir Sorgen gemacht. Schließlich hattest du bisher noch nie morgendliche Übelkeit.
Das kommt bei einer Schwangerschaft schon mal vor!

* Gelogen.

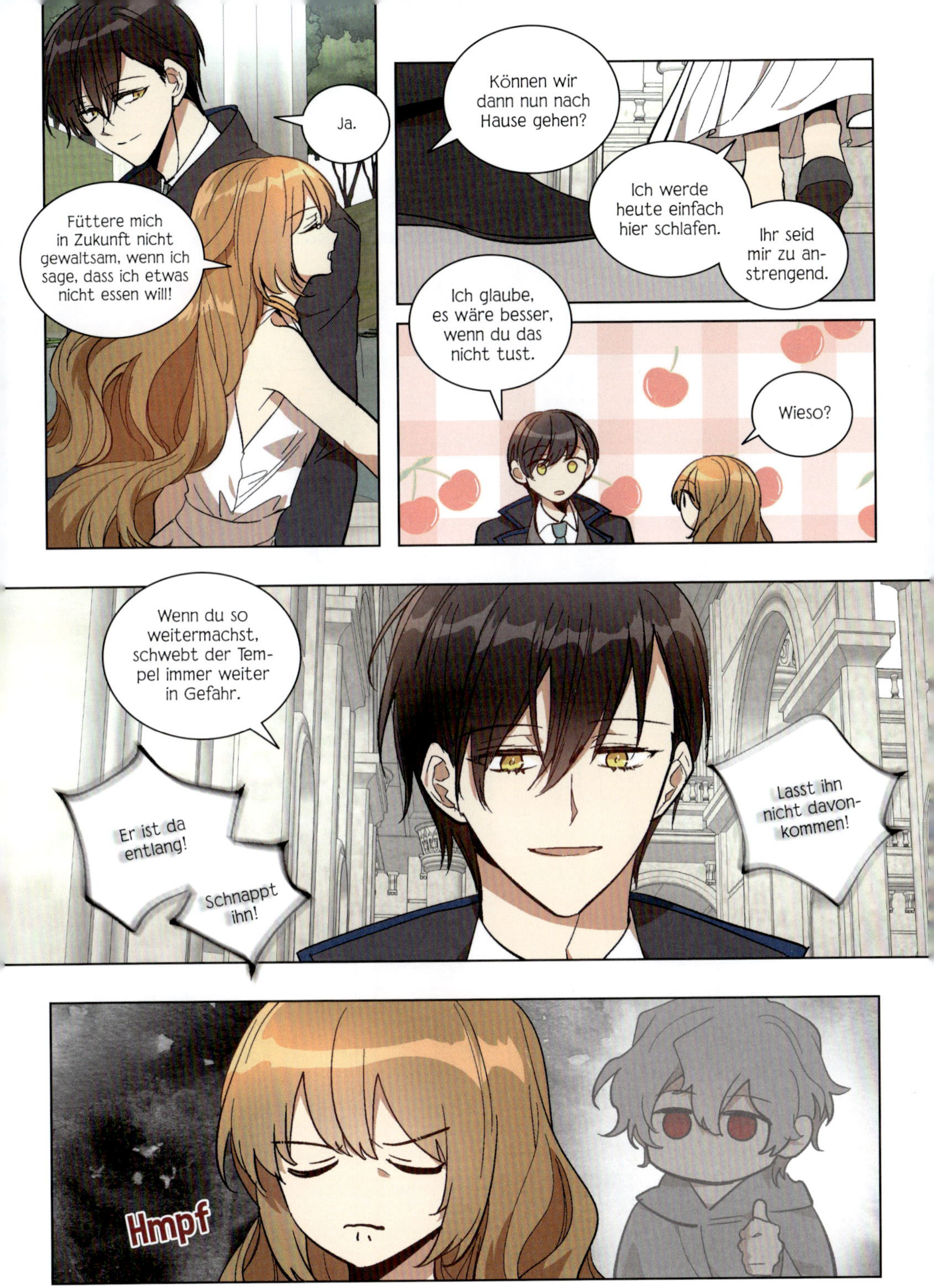
Ja.
Füttere mich in Zukunft nicht gewaltsam, wenn ich sage, dass ich etwas nicht essen will!
Können wir dann nun nach Hause gehen?
Ich werde heute einfach hier schlafen.
Ihr seid mir zu anstrengend.
Ich glaube, es wäre besser, wenn du das nicht tust.
Wieso?
Wenn du so weitermachst, schwebt der Tempel immer weiter in Gefahr.
Er ist da entlang!
Schnappt ihn!
Lasst ihn nicht davonkommen!
Hmpf

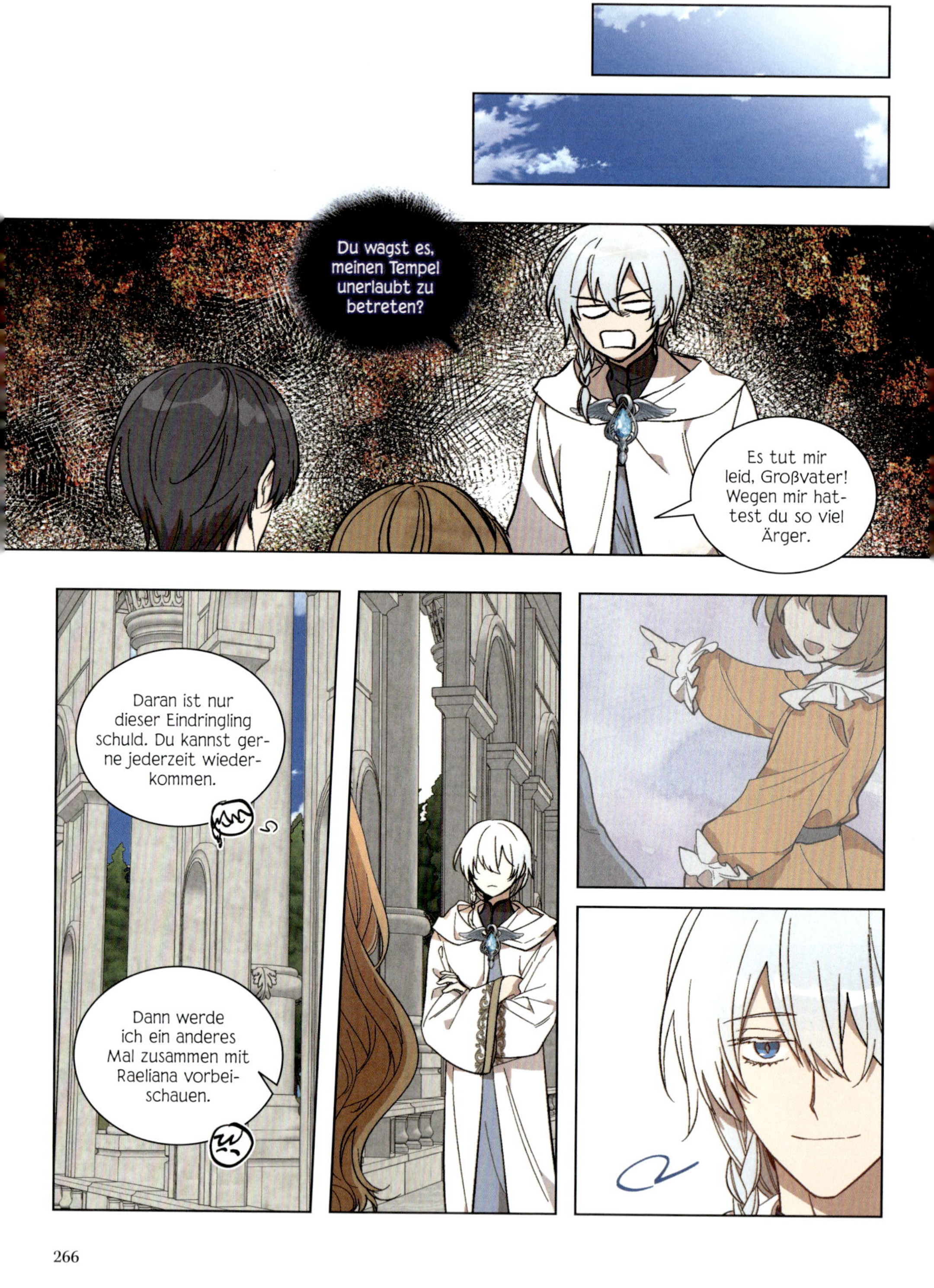
Du wagst es, meinen Tempel unerlaubt zu betreten?
Es tut mir leid, Großvater! Wegen mir hattest du so viel Ärger.
Daran ist nur dieser Eindringling schuld. Du kannst gerne jederzeit wiederkommen.
Dann werde ich ein anderes Mal zusammen mit Raeliana vorbeischauen.

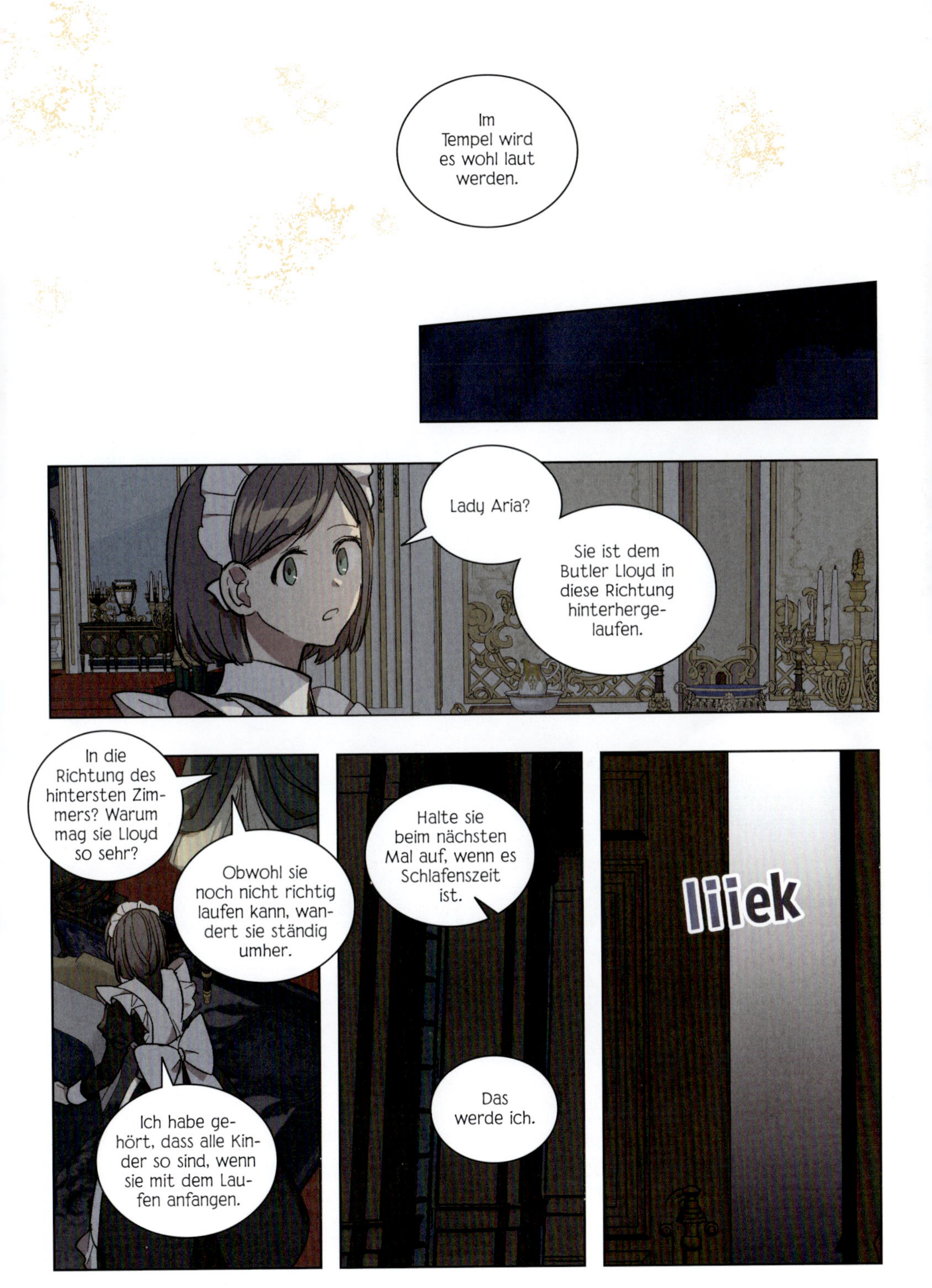
Im Tempel wird es wohl laut werden.
Lady Aria?
Sie ist dem Butler Lloyd in diese Richtung hinterhergelaufen.
In die Richtung des hintersten Zimmers? Warum mag sie Lloyd so sehr?
Obwohl sie noch nicht richtig laufen kann, wandert sie ständig umher.
Ich habe gehört, dass alle Kinder so sind, wenn sie mit dem Laufen anfangen.
Halte sie beim nächsten Mal auf, wenn es Schlafenszeit ist.
Das werde ich.
Iiiek

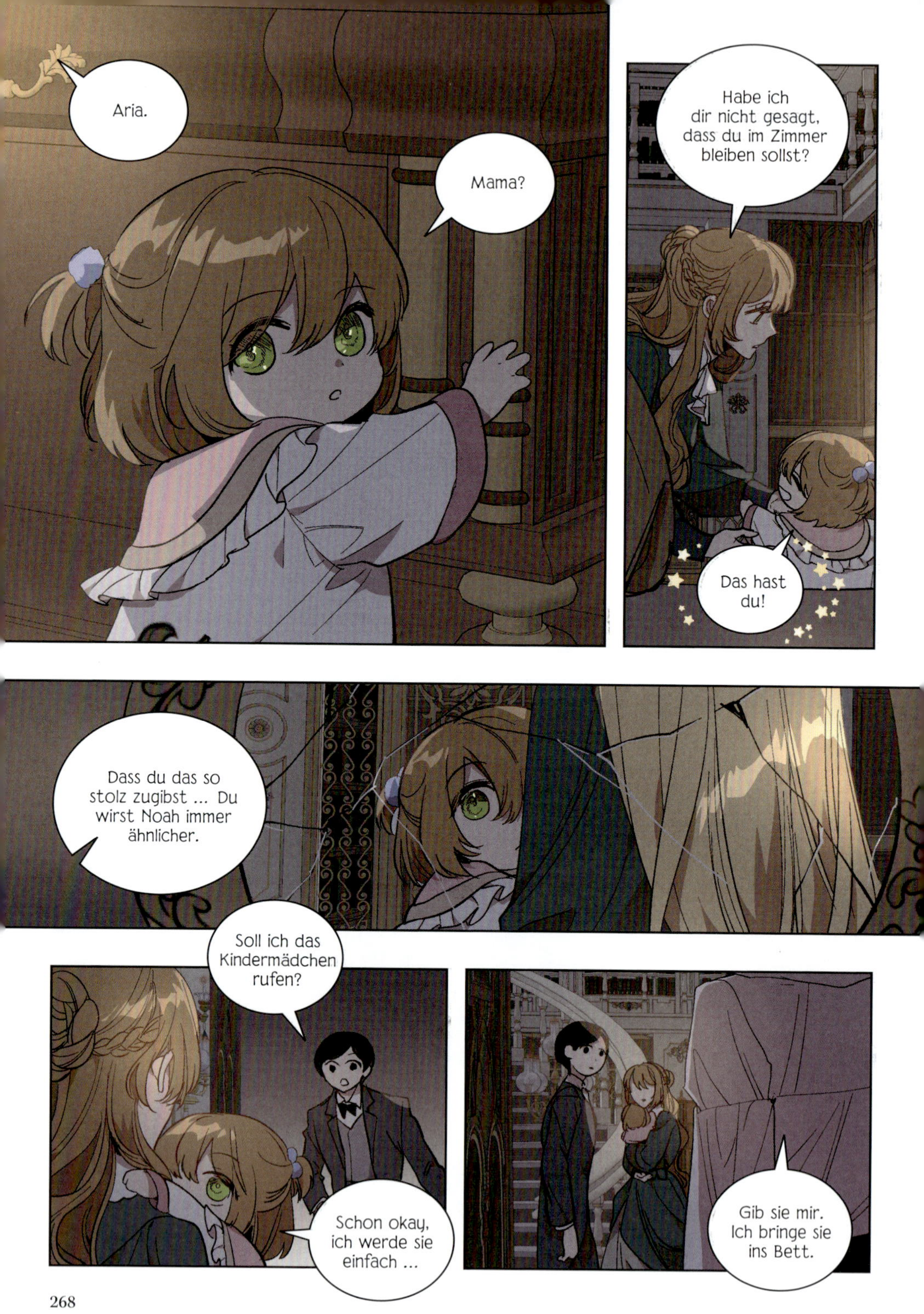
Aria.
Mama?
Habe ich dir nicht gesagt, dass du im Zimmer bleiben sollst?
Das hast du!
Dass du das so stolz zugibst ... Du wirst Noah immer ähnlicher.
Soll ich das Kindermädchen rufen?
Schon okay, ich werde sie einfach ...
Gib sie mir. Ich bringe sie ins Bett.

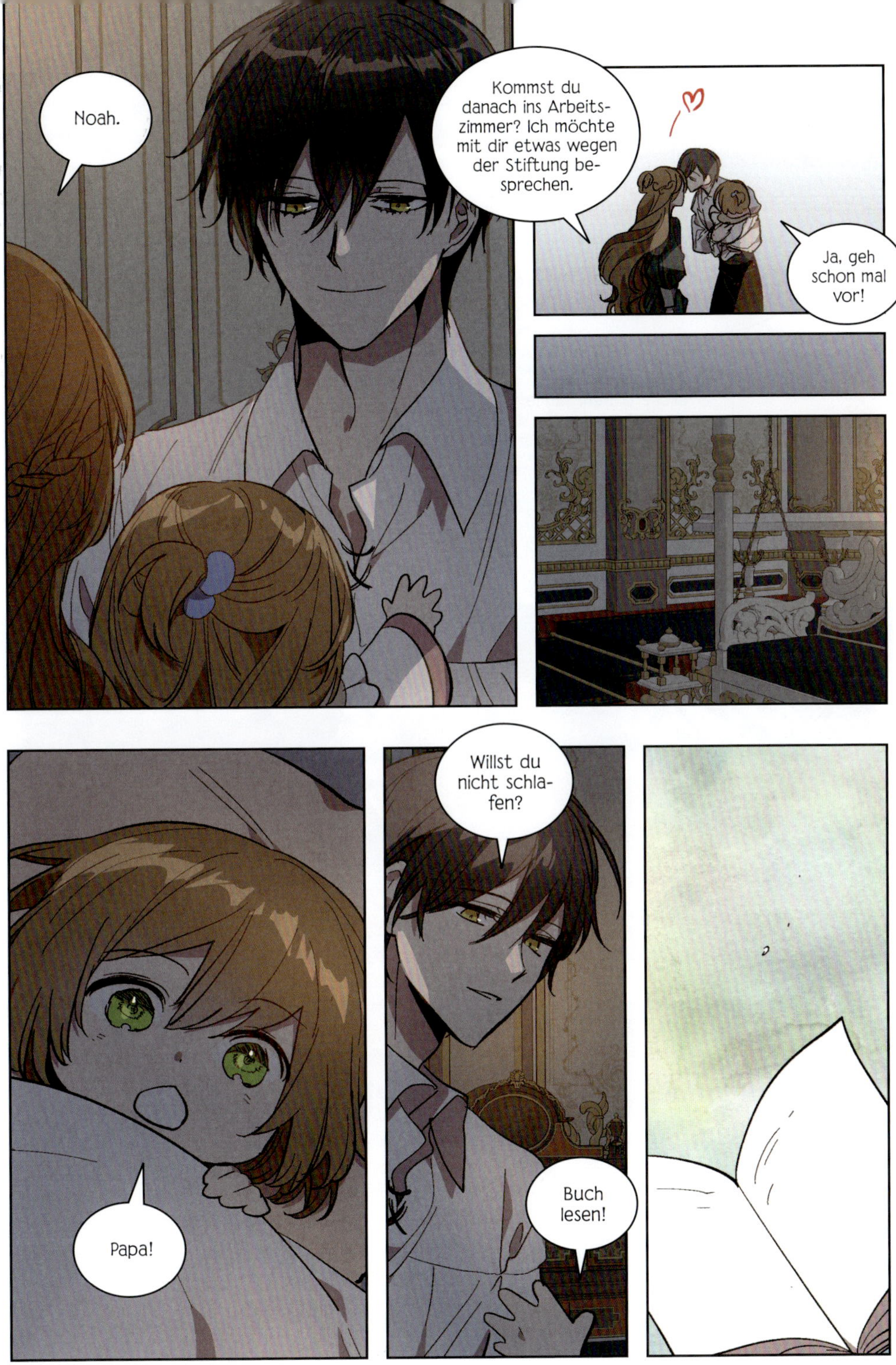

Noah.
Kommst du danach ins Arbeitszimmer? Ich möchte mit dir etwas wegen der Stiftung besprechen.
Ja, geh schon mal vor!
Papa!
Willst du nicht schlafen?
Buch lesen!

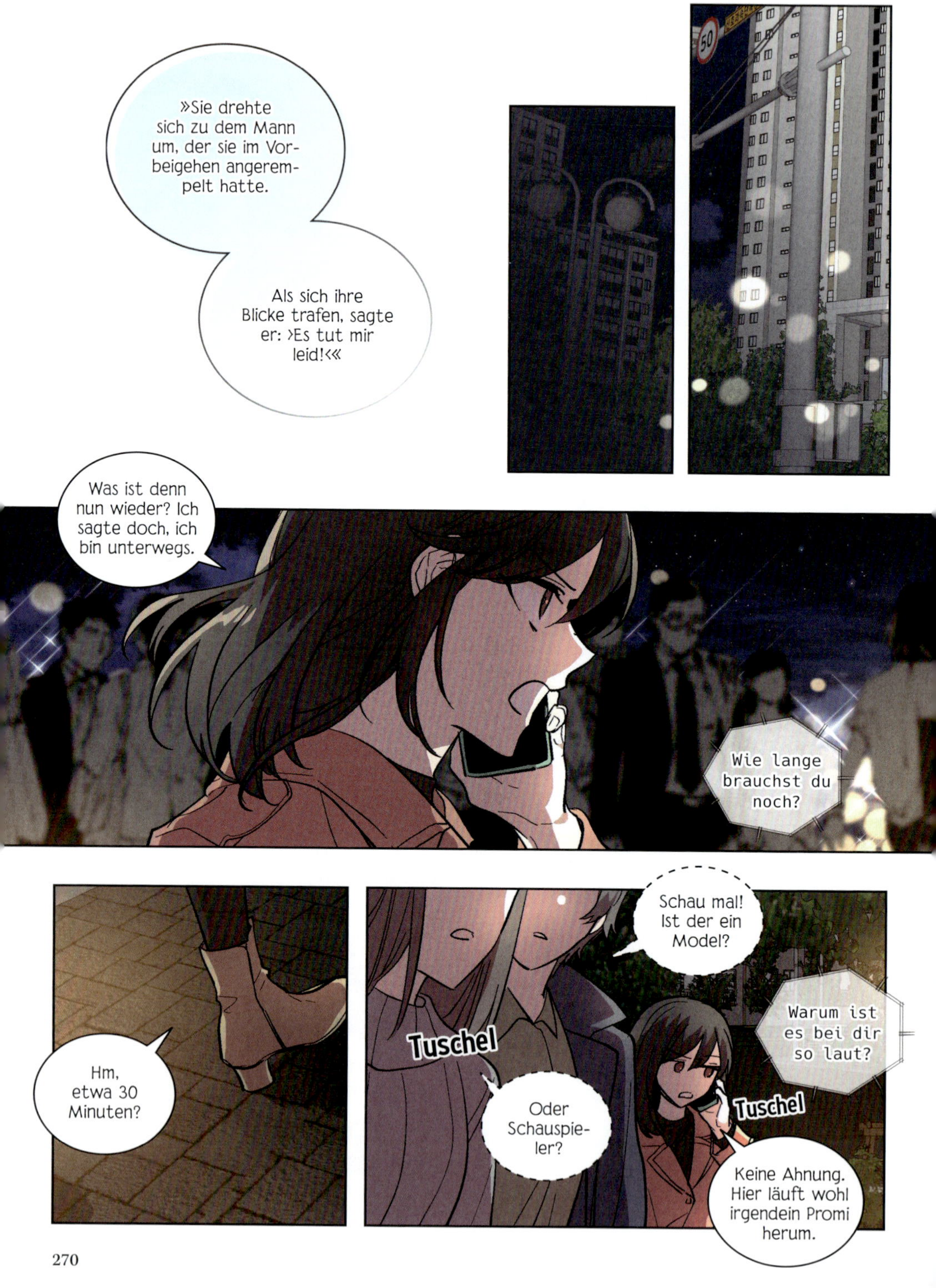
»Sie drehte sich zu dem Mann um, der sie im Vorbeigehen angerempelt hatte.
Als sich ihre Blicke trafen, sagte er: ›Es tut mir leid!‹«
Was ist denn nun wieder? Ich sagte doch, ich bin unterwegs.
Wie lange brauchst du noch?
Hm, etwa 30 Minuten?
Schau mal! Ist der ein Model?
Warum ist es bei dir so laut?
Tuschel
Oder Schauspieler?
Tuschel
Keine Ahnung. Hier läuft wohl irgendein Promi herum.

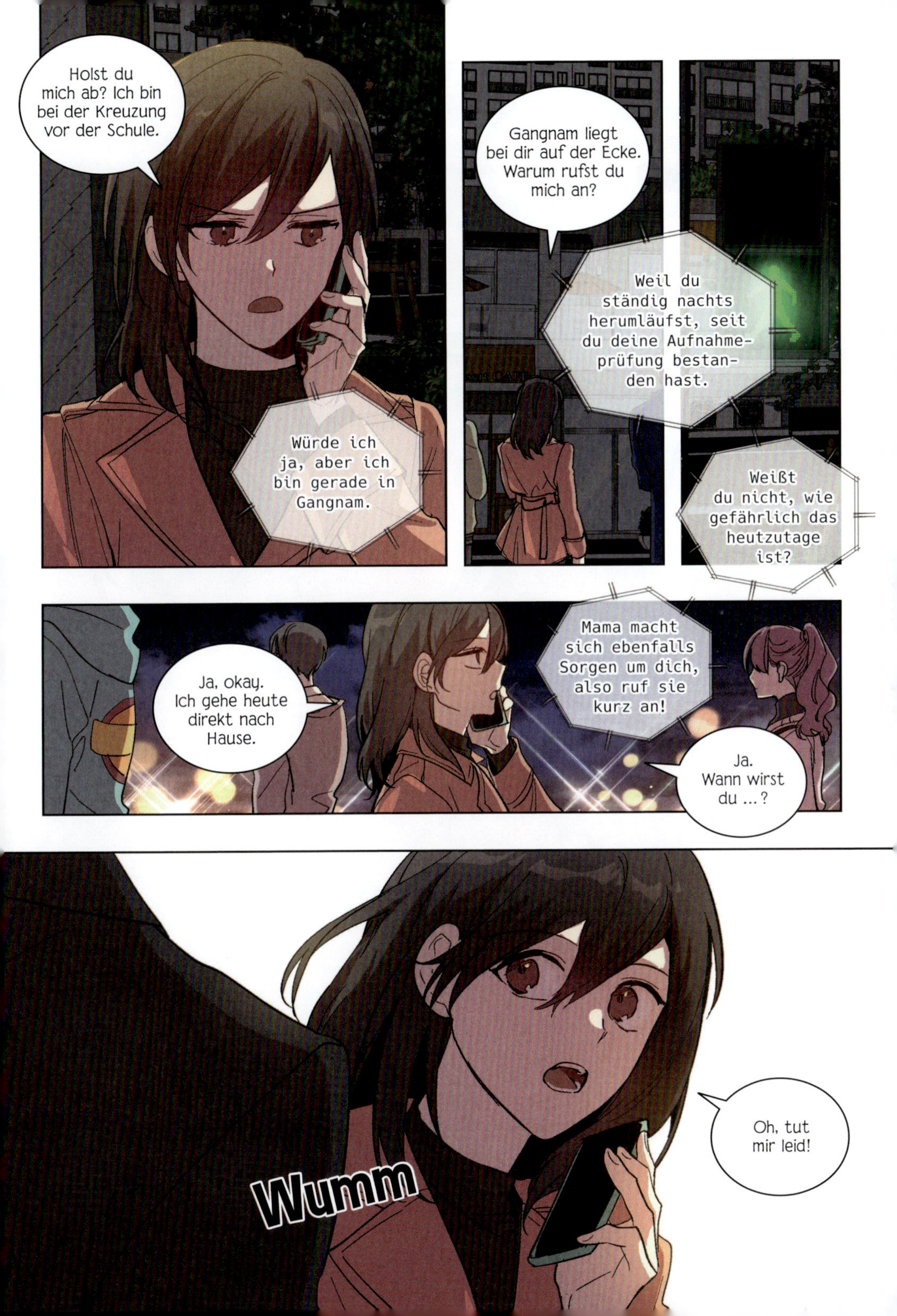
Holst du mich ab? Ich bin bei der Kreuzung vor der Schule.
Würde ich ja, aber ich bin gerade in Gangnam.
Gangnam liegt bei dir auf der Ecke. Warum rufst du mich an?
Weil du ständig nachts herumläufst, seit du deine Aufnahmeprüfung bestanden hast.
Weißt du nicht, wie gefährlich das heutzutage ist?
Mama macht sich ebenfalls Sorgen um dich, also ruf sie kurz an!
Ja, okay. Ich gehe heute direkt nach Hause.
Ja. Wann wirst du ...?
Wumm
Oh, tut mir leid!

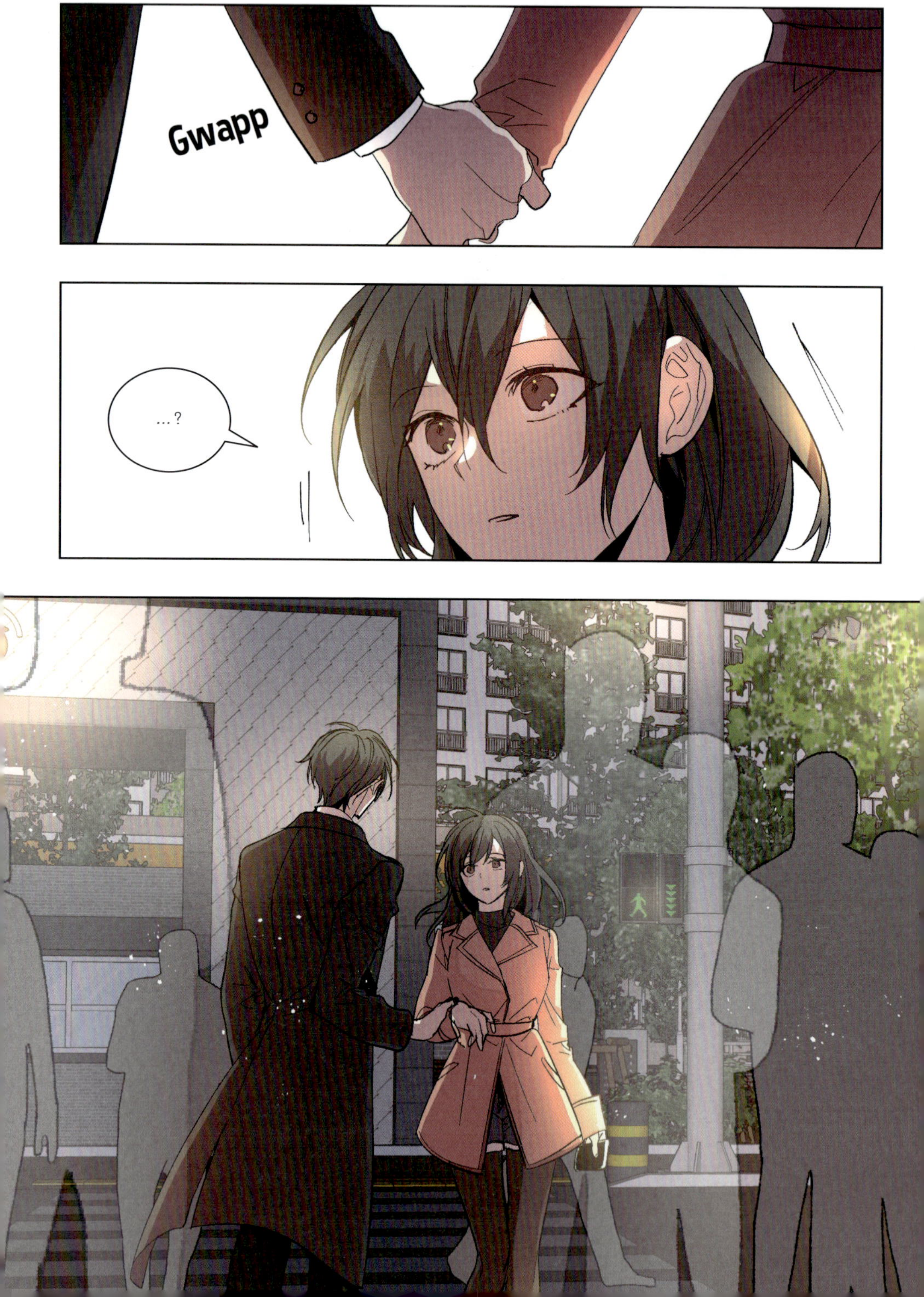
Gwapp
...?

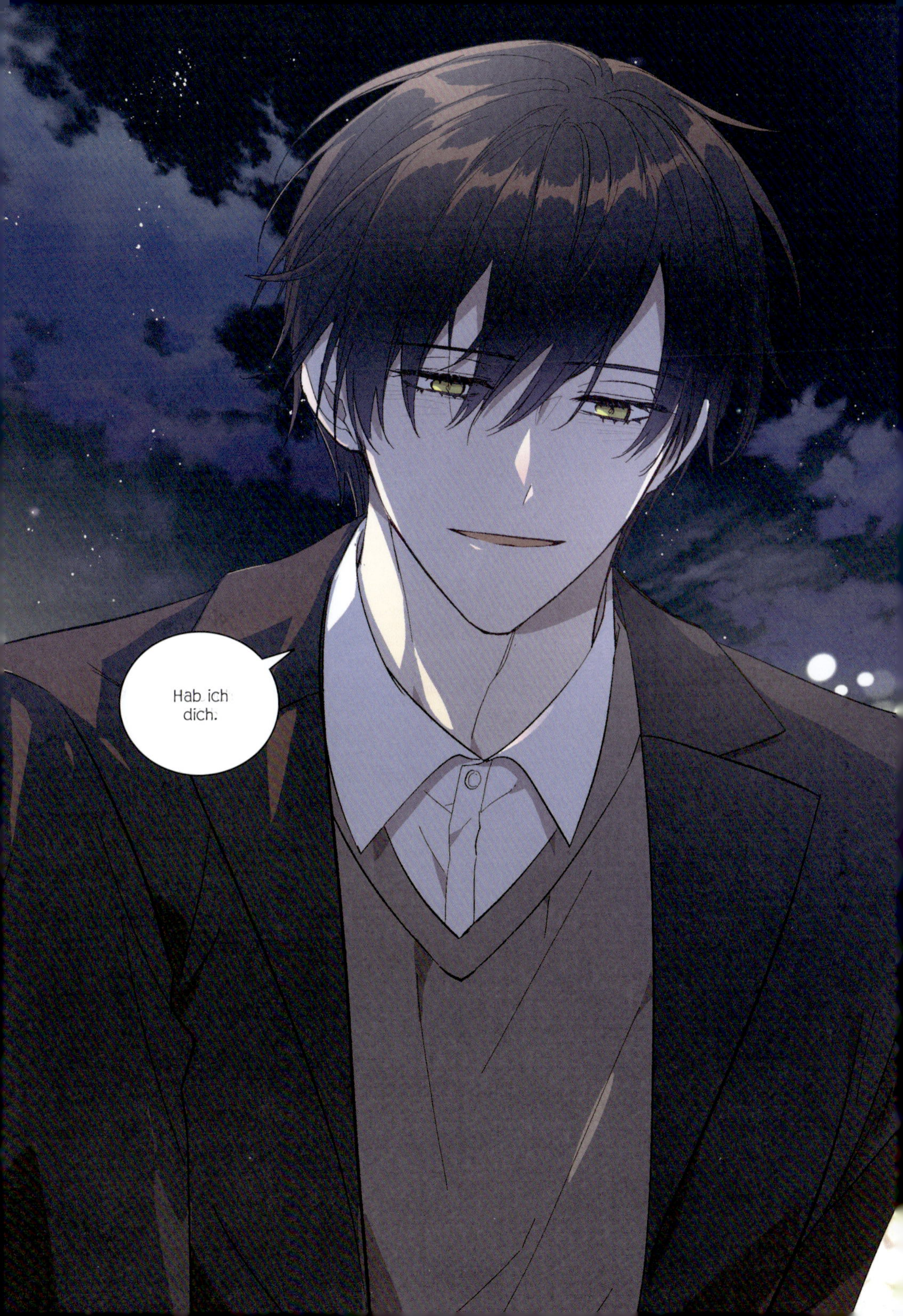
Hab ich dich.

RAELIANA

Warum sie die Verlobte des Dukes wurde

Nachwort

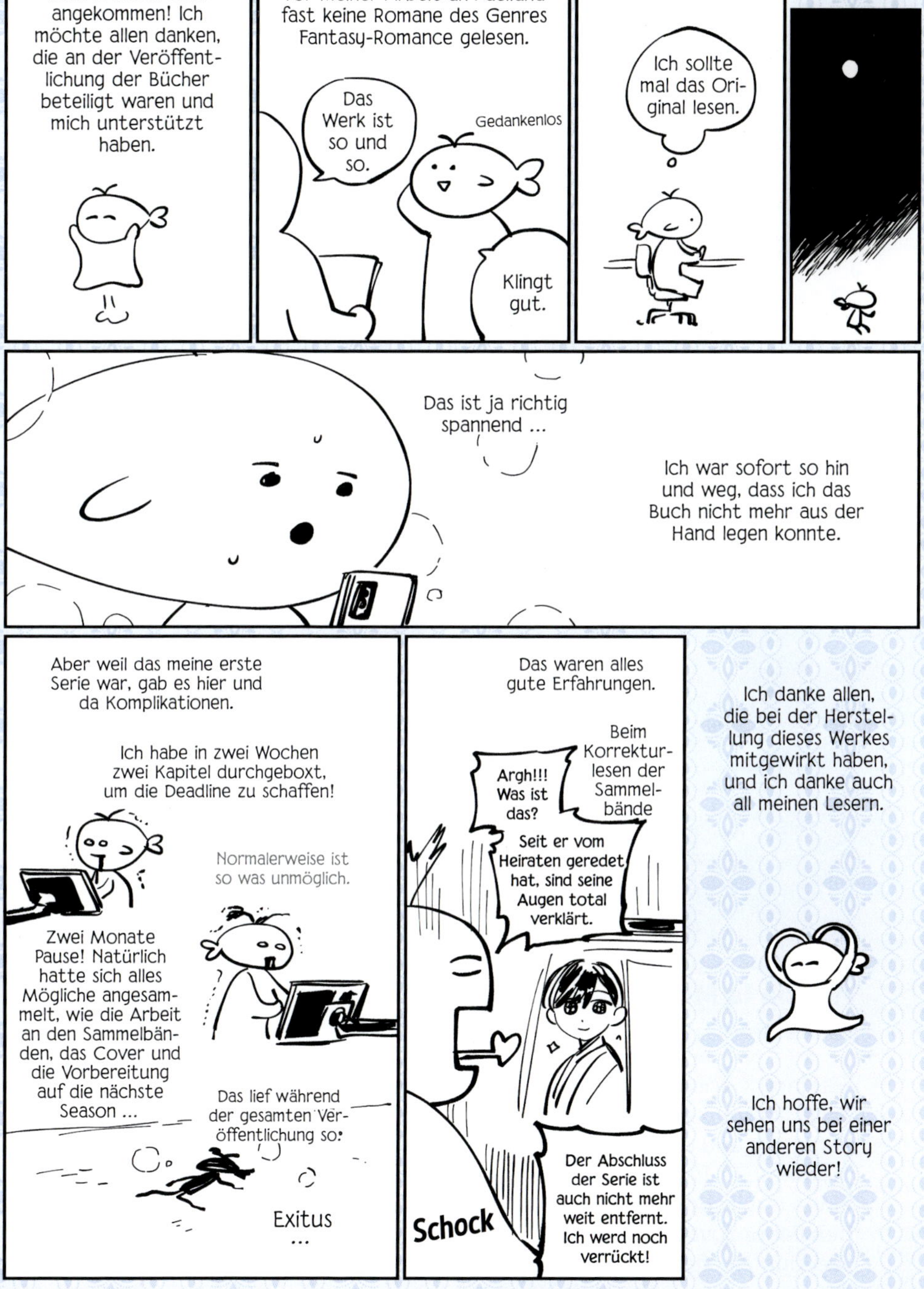

Endlich sind wir beim letzten Band angekommen! Ich möchte allen danken, die an der Veröffentlichung der Bücher beteiligt waren und mich unterstützt haben.
Ehrlich gesagt hatte ich vor meiner Arbeit an *Raeliana* fast keine Romane des Genres Fantasy-Romance gelesen.
Das Werk ist so und so.
Gedankenlos
Klingt gut.
Ich sollte mal das Original lesen.
Das ist ja richtig spannend …
Ich war sofort so hin und weg, dass ich das Buch nicht mehr aus der Hand legen konnte.
Aber weil das meine erste Serie war, gab es hier und da Komplikationen.
Ich habe in zwei Wochen zwei Kapitel durchgeboxt, um die Deadline zu schaffen!
Normalerweise ist so was unmöglich.
Zwei Monate Pause! Natürlich hatte sich alles Mögliche angesammelt, wie die Arbeit an den Sammelbänden, das Cover und die Vorbereitung auf die nächste Season …
Das lief während der gesamten Veröffentlichung so:
Exitus …
Das waren alles gute Erfahrungen.
Beim Korrekturlesen der Sammelbände
Argh!!! Was ist das?
Seit er vom Heiraten geredet hat, sind seine Augen total verklärt.
Der Abschluss der Serie ist auch nicht mehr weit entfernt. Ich werd noch verrückt!
Schock
Das wurde korrigiert.
Ich danke allen, die bei der Herstellung dieses Werkes mitgewirkt haben, und ich danke auch all meinen Lesern.
Ich hoffe, wir sehen uns bei einer anderen Story wieder!

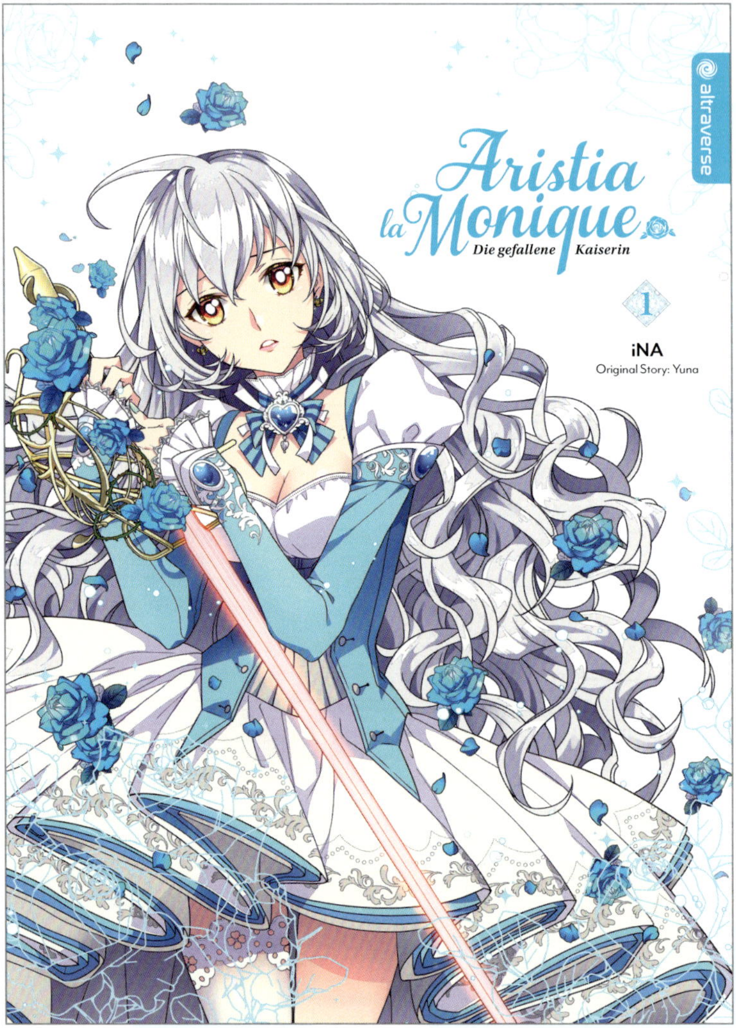

Aristia la Monique – Die gefallene Kaiserin

iNA | Yuna

Seit ihrer Geburt wurde Aristia in dem Glauben erzogen, dass sie eines Tages Kaiserin sein würde. Als wie aus dem Nichts eine geheimnisvolle Frau auftaucht und den Platz an der Seite des Kaisers einnimmt, bricht ihre Welt zusammen. Unfähig, sich in dieses neue Leben zu fügen, erleidet Aristia einen tragischen Tod. Doch sie verschwindet nicht – sondern erwacht sieben Jahre zuvor! Gelingt es ihr dieses Mal, dem Schicksal eine glückliche Wendung zu geben?

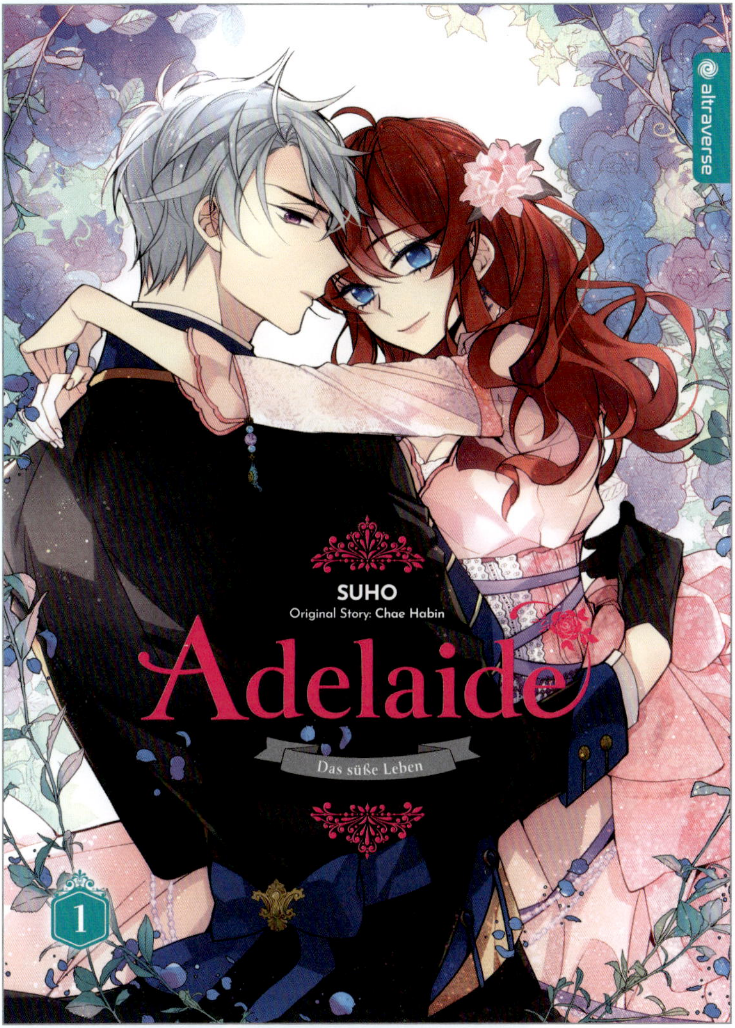

Romance 13+

Adelaide – Das süße Leben

SUHO | Chae Habin

Adelaide wurde wiedergeboren und lebt gelangweilt in einer fremden Welt. Ihr neues Dasein als adelige Tochter macht sie nicht besonders glücklich. Als sie 17 Jahre alt ist, erfährt sie vom Auftauchen einer geheimnisvollen Frau und setzt alles daran, diese kennenzulernen. Vielleicht stammt die Frau ja aus ihrer alten Welt, an die sie sich noch bestens erinnert! In der Folge erwarten Adelaide viele Überraschungen und ihr Leben ist plötzlich alles andere als langweilig!

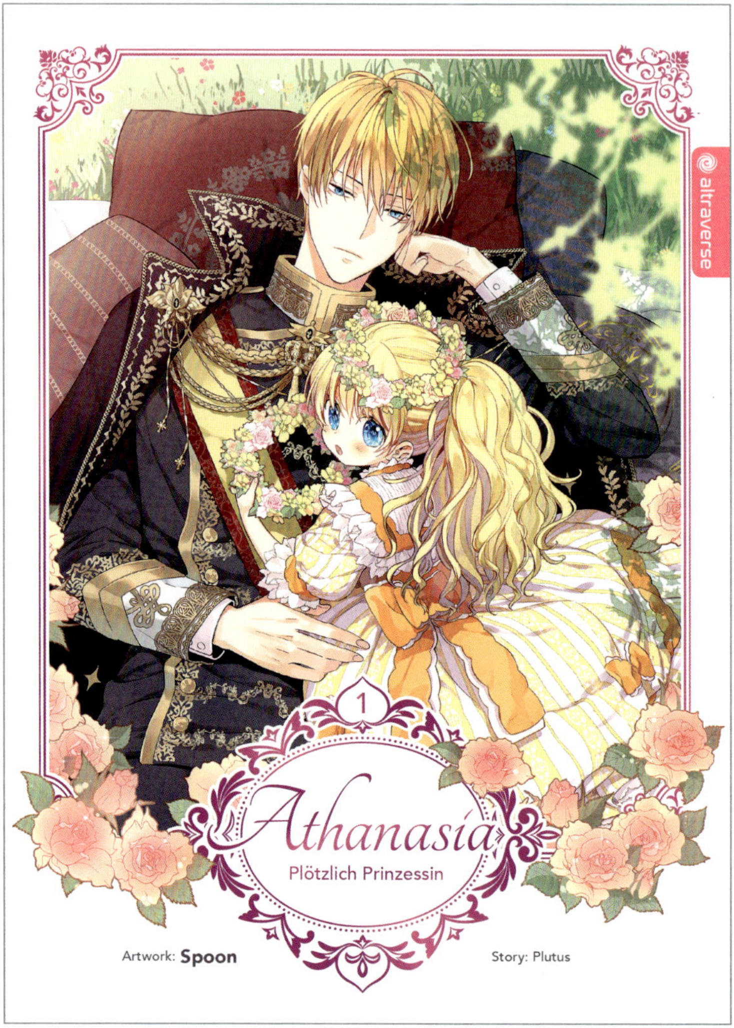

Athanasia – Plötzlich Prinzessin

Spoon | Plutus

Wiedergeboren als Prinzessin! Besser hätte es Athanasia kaum treffen können. Wäre nicht der Kaiser ein grausamer Tyrann, der sein Kind ablehnt und vernachlässigt. Noch als Baby wird Athanasia bewusst, dass sie eine Überlebensstrategie braucht. Andernfalls wird sie an ihrem 18. Geburtstag auf Geheiß ihres eigenen Vaters sterben! Damit es so weit nicht kommt, macht sich die Prinzessin daran, ihr Schicksal zu verändern ...

Romance 13+

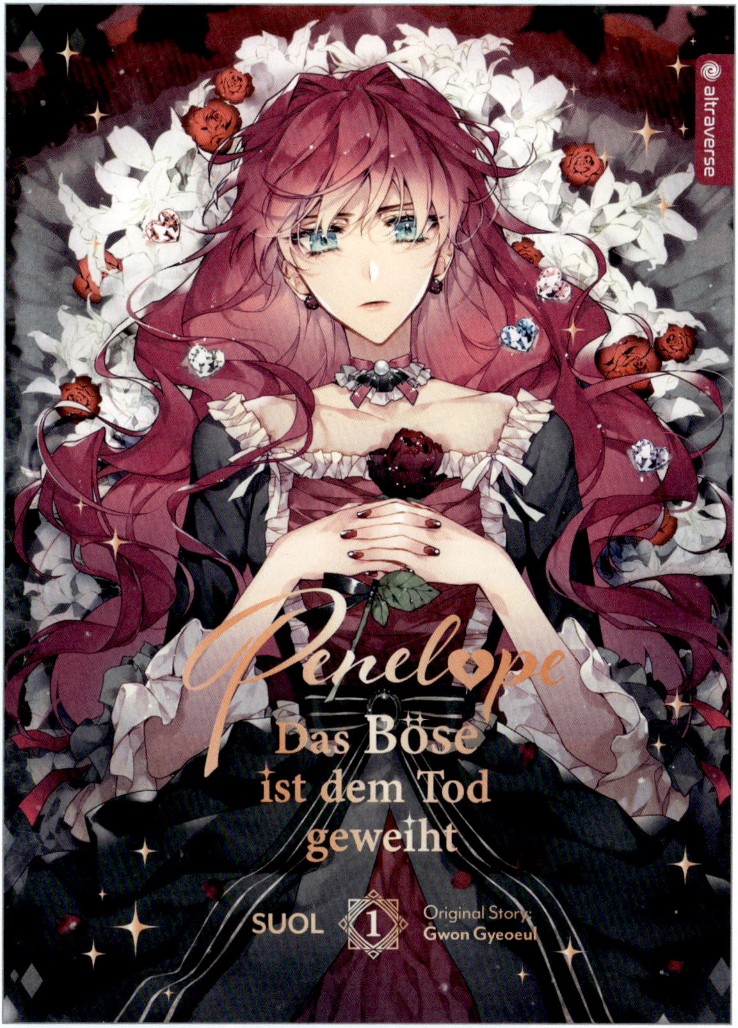

Penelope – Das Böse ist dem Tod geweiht
SUOL | Gwon Gyeoeul

Im Dating-Simulation-Game *Daughter of the Duke – Love Project* schlüpft man in die Rolle von Ivonne, die den idealen Partner aus einer Reihe von Männern auswählen muss. Eine junge Frau zockt das Game so lange, bis ihr die Augen zufallen. Als sie erwacht, findet sie sich in der Welt des Spiels wieder – als die böse Gegenspielerin Penelope Eckhart, der ein grausames Ende bevorsteht!

altraverse

Deutsche Ausgabe / German Edition
Altraverse GmbH – Hamburg 2024
Aus dem Koreanischen von Katharina Schmölders

The Reason Why Raeliana Ended up at the Duke's Mansion vol.9

First published in Korea in 2017 by D&C MEDIA
German translation rights arranged with Altraverse GmbH
through D&C MEDIA

Redaktion: Denise Cho
Herstellung: Cathrin Hamester, Katharina Kaven
Lettering: Vibrant Publishing Studio

Druck: Silber Druck oHG
Printed in Germany

ISBN 978-3-7539-2124-2
1. Auflage 2024

www.altraverse.de